Découvrez l'histoire par les archives de presse

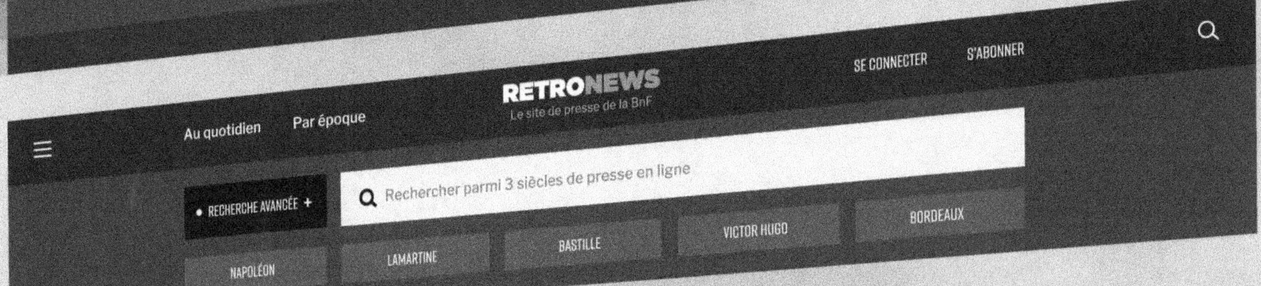

RETRONEWS

Le site de presse de la BnF

www.retronews.fr

LE PAYS POITEVIN

Revue Mensuelle

Illustrée

50 cent.

LE PAYS POITEVIN

Vienne, Deux-Sèvres, Vendée, Charente, Charente-Inférieure

REVUE MENSUELLE ILLUSTRÉE

PUBLIÉE SOUS LE PATRONAGE DU COMITÉ POITOU-CHARENTES D'ETHNOGRAPHIE & D'ART POPULAIRE

SOUS LA DIRECTION DE

Gustave BOUCHER	Constant ROY
Délégué régional de la Société d'Ethnographie nationale et d'Art populaire.	*Agrégé de l'Université, Professeur au Lycée de Poitiers.*

Rédaction : 12, rue du Moulin-à-Vent, POITIERS. — Administration : LIGUGÉ (Vienne)

Abonnement annuel : Province, 5 fr. ; — Paris, 6 fr. ; — Étranger : 8 fr.

Par recouvrement, 50 centimes en plus

Les abonnés peuvent recevoir la revue roulée en tube moyennant un supplément de 10 centimes par numéro

COMITÉ POITOU-CHARENTES D'ETHNOGRAPHIE & D'ART POPULAIRE

Fondé en 1895

PRÉSIDENTS

POUR LA SECTION RELIGIEUSE	POUR LA SECTION PROFANE
Dom CHAMARD, *Prieur de l'Abbaye de Liguicé*	M. Th. LÉAUD, *Conservateur du Musée de Niort*

SECRÉTAIRES

M. Gustave BOUCHER M. Constant ROY

Programme.

Le Comité Poitou-Charentes d'Ethnographie et d'Art populaire, et le *Pays Poitevin* qui en est l'organe indépendant, ont pour but :

De provoquer la création de musées d'ethnographie, d'histoire, d'art populaire, d'art religieux et profane, d'industrie, de commerce, destinés à assurer la conservation des objets de bibliographie et d'iconographie, de beaux-arts, d'art domestique (meubles, poteries, costumes, bijoux), propres à fournir aux artistes et aux historiens des documents sur l'histoire, la tradition, les idées, les mœurs et l'art en Poitou ;

De patronner les musées de ce genre déjà existants ;

D'organiser annuellement des congrès et des expositions, sur un point déterminé, de l'histoire ou des traditions locales, religieuses ou profanes ;

De restaurer ou de soutenir les fêtes corporatives, patronales, commémoratives, etc.

D'encourager par des concours le port des costumes locaux ;

De mettre en lumière les industries d'art local, les œuvres originales des artisans ;

De patronner les productions de l'art dramatique local, la publication et la diffusion d'œuvres des artistes, littérateurs et musiciens poitevins ;

De poursuivre, dans les écoles d'art et dans les écoles professionnelles régionales, la création d'un enseignement de dessin basé sur la tradition, l'étude de la faune et de la flore locales ; et dans les facultés, la création d'une chaire d'ethnologie et de philologie poitevines ;

De poursuivre, dans les séminaires, la création de cours d'esthétique et d'archéologie, également basés sur les traditions locales ;

De favoriser la restauration du chant grégorien dans les paroisses ;

De favoriser la restauration de l'art religieux (décoratif, pictural et sculptural), par le groupement d'artistes s'inspirant dans leurs œuvres de la tradition, de la théologie et de la liturgie, et ayant pour mission de remplacer, dans les églises du Poitou, les productions actuelles du commerce par des œuvres d'art originales.

COMITÉ POITOU-CHARENTES D'ETHNOGRAPHIE ET D'ART POPULAIRE

ACTES DU COMITÉ & ŒUVRES PATRONNÉES

ANNÉE 1896

Musée Poitevin d'Ethnographie et d'Art populaire, fondé à Niort.

Exposition d'Ethnographie et d'Art populaire, tenue à Niort en mai-juin 1896.

Premier Congrès de la Tradition en Poitou et Charentes, tenu à Niort en mai-juin 1896.

Création d'une Société régionale de la « Schola Cantorum ».

Restauration de la fête corporative de la Saint-Jean, à Niort.

ANNÉE 1897

Publication du volume : La Tradition en Poitou et Charentes.

Fête du jubilé du poète Émile du Tiers, à Termenteuil.

Concours de Costumes à Termenteuil et à Chef-Boutonne.

Exposition des Œuvres du peintre De Parny, à Niort.

Création du Théâtre en plein air (légendes, mystères, moralités, pastorales, empruntés à l'histoire du Poitou et joués sur les lieux mêmes de l'action).

    Répertoire du Théâtre en plein air. — Du Dr Pierre Corneille : Bonne Fée, pastorale jouée dans les ruines du château Salbart, à l'occasion du jubilé Émile du Tiers ; — La Légende de Chambrille, représentée dans le parc de La Mothe-Saint-Héray, à l'occasion de la fête des Rosières.

    De M. Auguste Gaud : La Dame de Chambrille, à-propos, représenté à l'occasion de la fête susmentionnée ; — Un Pésan de chez nous, moralité patoise, jouée dans le parc municipal de Chef-Boutonne, à l'occasion de l'inauguration de l'Hôtel de Ville.

Création du Musée du Poitou chrétien, à Ligugé.

Contribution à la célébration du quinzième centenaire de saint Martin, à Ligugé.

ANNÉE 1898

Publication du " Pays Poitevin ", revue mensuelle illustrée.

◆ PROJETS ◆

ANNÉE 1898

THÉÂTRE EN PLEIN AIR

Saint Martin, mystère en deux tableaux avec chœurs, du R. P. Chauvin, bénédictin. — Sera joué à Ligugé le 14 juillet 1898.

FÊTE LITTÉRAIRE ET ETHNOGRAPHIQUE

Pose d'un médaillon d'Émile du Tiers ; fête littéraire ; concours de costumes. — A Échiré, en octobre.

CONGRÈS

Deuxième Congrès de la Tradition en Poitou et Charentes : " L'Hagiographie et la Légende Dorée en Poitou et Charentes ". — Se tiendra à Poitiers et à Ligugé les 10, 11 et 12 novembre.

Exposition des documents envoyés au Comité.

ANNÉE 1899

CONGRÈS

Troisième Congrès de la Tradition en Poitou et Charentes : " Le Folk-Lore Poitevin ".

Exposition des documents envoyés au Comité. — Se tiendra à Poitiers.

THÉÂTRE EN PLEIN AIR

Mélusine, drame légendaire de M. Constant Roy. — Sera joué à Lusignan.

PUBLICATIONS

Le deuxième recueil de la Tradition en Poitou et Charentes : " Hagiographie et Légende Dorée ".

Mélusine, drame légendaire de M. Constant Roy.

Publication du troisième volume de la Tradition en Poitou et Charentes : " Le Folk-Lore Poitevin ".

LE PAYS POITEVIN

BULLETIN — CHRONIQUE — BIBLIOGRAPHIE

AVIS

Cette partie de la Revue, employée aujourd'hui à la présentation et à l'historique de notre œuvre, sera à l'avenir consacrée au mouvement régionaliste en Poitou et dans les autres provinces, par l'annonce, les comptes rendus et la critique des fêtes locales, des expositions, etc. Nous y reproduirons les opinions des maîtres sur la décentralisation et la reconstitution des provinces. Les comptes rendus bibliographiques y trouveront aussi leur place.

Le " Pays Poitevin "

La fondation du " Pays Poitevin " est la conséquence logique et nécessaire des efforts tentés depuis trois ans en Poitou pour rendre à notre vieille et glorieuse province la conscience de son génie propre.

Son programme pourrait paraître utopique si les mêmes initiatives qui ont présidé à la création de la Société du Costume poitevin, de la Société d'Ethnographie nationale et d'Art populaire, du Comité Poitou-Charentes, et aujourd'hui du " Pays Poitevin ", n'avaient derrière elles trois années d'expérience, trois années de résultats féconds et d'incontestables succès.

Fondation à Niort d'un Musée d'ethnographie poitevine, et à Ligugé du Musée du Poitou chrétien; Congrès; publication d'un volume sur la Tradition, apprécié comme le plus important et le meilleur paru sur la matière; Expositions d'ethnographie, de beaux-arts, d'art religieux; fondation d'une Société régionale de la Schola Cantorum pour la réforme du chant liturgique; restauration sur divers points des fêtes patronales, corporatives; élan nouveau donné aux pèlerinages des Saints poitevins; création du théâtre en plein air; concours de costumes et de coiffes; fêtes en l'honneur de poètes; concerts profanes et sacrés avec audition d'œuvres locales, etc., etc.: voilà ce qui a été réalisé depuis trois ans par le groupement dont le " Pays Poitevin " est l'émanation directe, voilà ce qu'il importe de continuer.

C'est pour démontrer l'importance de cet apostolat collectif que nous consacrons les pages qui suivent à un historique rétrospectif du mouvement régionaliste poitevin en ces trois dernières années, historique composé d'articles parus à des dates différentes sous des signatures diverses — d'aucunes illustres — et non pas rédigé pour la circonstance.

Dans notre œuvre populaire, de large et générale coopération, l'érudition est le moyen, la résurrection de l'âme poitevine le but; le " Pays Poitevin " est infiniment reconnaissant à M. l'abbé Bleau, chanoine honoraire, et aumônier du Lycée de Poitiers, de l'avoir si éloquemment défini. Par sa double qualité de prêtre et d'universitaire, M. l'abbé Bleau symbolise les deux forces sur lesquelles nous

nous appuyons : le Clergé pour notre section religieuse, l'Enseignement pour notre section profane.

Dès la première heure, la sympathie et les encouragements du distingué Prélat qui préside aux destinées de l'Église de Poitiers n'ont pas fait défaut à notre œuvre. Les mêmes sympathies et les mêmes encouragements nous sont venus de la part de M. le Recteur de l'Université de Poitiers, qui a bien voulu autoriser l'un des membres de cette Université à prendre la co-direction du " Pays Poitevin " et à s'adresser au corps enseignant pour le troisième Congrès de la Tradition en Poitou et Charentes.

Au nom du Gouvernement, M. Georges Lafenestre, délégué de M. le Ministre de l'Instruction publique et des Beaux-Arts, remerciait, il y a deux ans, la ville de Niort du « grand exemple de concorde et d'initiative qu'elle venait de donner » et proclamait « l'union de la petite famille poitevine faite sans effort, spontanément, généreusement », grâce au Comité d'Ethnographie et d'Art populaire.

« Ecclésiastiques et bourgeois, gentilshommes et paysans, artistes et artisans, érudits et ignorants, chrétiens et libres-penseurs, les bleus et les blancs, se sont, ajoutait-il, trouvés d'accord cette fois dans ce retour d'affection filiale pour leurs traditions de famille, glorieuses ou aimables, et dans cette manifestation d'un désir, qui est le privilège et la force de toutes les nobles races, — non pas le désir de s'ensevelir dans le regret stérile des choses disparues, mais celui de reprendre des forces nouvelles pour les transformations à venir, dans les éléments persistants et durables de ce passé, dans les éléments ethniques et moraux, dans les éléments intellectuels et populaires. »

Ce sont là paroles de haute sagesse. Le " Pays Poitevin " fera tous ses efforts pour en mériter à son tour l'application.

LE " PAYS POITEVIN ".

L'AME POITEVINE

C'EST une vérité d'observation que chaque race, chaque peuple, chaque province et même chaque cité, possède ce qu'on appelle une âme, c'est-à-dire un caractère, des qualités, des mœurs, et une manière de penser, qui lui sont propres.

Mais, à l'inverse de l'âme individuelle qui constitue la plus noble partie de l'être humain, l'âme ethnique d'une race ou d'un peuple est une résultante des multiples éléments qui se retrouvent aux origines de ce peuple ou de cette race.

Il est même avéré, bien que l'âme individuelle soit distincte de la matière, qu'elle subit cependant les influences du corps et des sens auxquels elle est si étroitement unie dans le composé humain, ainsi que les influences ataviques qui se transmettent par voie d'hérédité.

A plus forte raison, ce qu'on est convenu d'appeler l'âme d'un peuple doit-il être conçu comme un ensemble de qualités ancestrales, comme une résultante de tous les éléments héréditaires dont ce peuple a été formé à travers les siècles.

C'est ainsi que l'âme française est une résultante, en laquelle se sont harmonieusement fondues les diverses qualités de trois races successives : d'abord les qualités de la race celtique ou gauloise, amoureuse de gaieté, de franc rire, de hardiesse, en même temps que de mystiques rêveries et de naïves croyances ; puis les qualités de la race latine, particulièrement apte aux idées de gouvernement, d'administration, de droit, de jurisprudence et de recherches philosophiques ; enfin les qualités de la race franque ou germanique, si éprise de liberté, d'indépendance, d'égalité et de fierté belliqueuse.

De plus, pour parfaire l'admirable constitution de l'âme française, surajoutez à tout cela les qualités supérieures qui lui viennent de l'Évangile et du baptême chrétien : la passion de la justice, le dévouement chevaleresque, l'amour des humbles et des opprimés, l'enthousiasme du bien et le sentiment délicat de l'honneur. Alors vous connaîtrez véritablement l'âme nationale de notre pays.

Eh bien ! de même, voulez-vous connaître l'âme poitevine ?

Il s'agit, pour cela, de rechercher dans les générations ancestrales et dans les siècles antérieurs les éléments complexes dont elle est la résultante.

Or, si je ne me trompe, cinq éléments principaux ont contribué à former l'âme ethnique de notre vieille province : l'élément gallo-romain, l'élément scythique, l'élément chrétien, l'élément médiéval et l'élément intellectuel.

Le premier, l'élément gallo-romain, qui a laissé parmi nous tant de monuments archéologiques et d'inscriptions remarquables, est la source primitive de notre histoire, de nos coutumes et de nos mœurs.

Le deuxième, l'élément scythique, importé sur les bords du Clain, de la Vienne et de la Sèvre, par la tribu des Teïfales, que les empereurs romains exilèrent d'Orient au pays des Pictons, est sans doute la source des récits légendaires de la Femme-Serpent et de la Fée Mélusine, qui ont acquis et conservé tant de vogue en notre contrée.

Le troisième, l'élément chrétien, est celui qui nous valut tant de récits et d'épisodes, relatifs à ces grands et illustres aïeux qui se nomment saint Martial, saint Hilaire, saint Martin, sainte Radegonde et autres Saints qui rayonnèrent autour de ceux-là.

Mais surtout l'élément chrétien jeta dans l'âme poitevine des semences de foi tellement indéracinables, qu'elles sont encore vivaces et fécondes de notre temps.

Le quatrième, l'élément médiéval, est tout à la fois un élément religieux, patriotique et guerrier : élément religieux, par la fondation de nos vieilles églises et de nos antiques monastères ; puis élément patriotique et guerrier, par le souvenir des nombreux combats livrés dans les plaines du Poitou contre les Wisigoths, les Sarrazins et les Anglais, comme par le souvenir de Clovis, de Charles Martel, de Jean le Bon, d'Éléonore d'Aquitaine, de Duguesclin, de l'héroïque Jeanne d'Arc et de Charles VII.

L'élément médiéval se distingue encore dans l'âme poitevine par un certain esprit de satire et de fine malice.

On sait, en effet, que le peuple du moyen âge, privé des libertés politiques, s'en vengeait assez largement contre les puissants du jour, les seigneurs féodaux, les moines et les hommes d'Église, par la liberté du conte et de la chanson.

Enfin, le cinquième élément, qui se retrouve aussi jusqu'à notre époque, est l'élément intellectuel, qui a fait de l'âme poitevine une âme studieuse, réfléchie, un peu lente pour l'action, et de Poitiers une ville éminemment universitaire, propre à l'étude du droit, des lettres et des sciences.

Voilà, me semble-t-il, la psychologie ou l'état d'âme de notre Poitou.

C'est à faire revivre les divers éléments de cette âme aux multiples aspects que le *Pays Poitevin* a l'heureuse pensée de vouloir se consacrer.

Traditions, contes, légendes, récits historiques, tout ce qui aura pour but de fixer quelque trait de la physionomie de notre vénérable aïeule, la bonne et vieille province du Haut et du Bas-Poitou : il lui sera fait ici bon accueil, avec joie et reconnaissance.

Levez-vous donc de tous les points de l'horizon ! De la Vienne, des Deux-Sèvres, des Charentes, du Bocage et du Marais, de la Gâtine et du Mellois, levez-vous, conteurs, historiens et poètes !

Faites-nous prier, faites-nous chanter, faites-nous pleurer, faites-nous sourire, et montrez-nous dans ses manifestations les plus variées, dans sa vie religieuse, dans sa vie paysanne, dans sa vie passée et dans sa vie moderne, l'âme poitevine !...

A. Bleau.

LA TRADITION EN POITOU

J'ai dit ici-même, il y a un an, avec quelle ardeur je souhaitais le réveil du culte de nos vieilles traditions provinciales, j'adjurais quelques-unes de nos sociétés locales ou de nos municipalités de recueillir ou de mettre en lieu sûr les témoins de l'existence familière d'autrefois, qui mieux que les monuments officiels et les travaux des historiens, nous rendent la physionomie, la couleur et la saveur des époques disparues. Je rêvais, quelque part, au chef-lieu d'une de nos provinces, une sorte de sauvetage des vestiges de l'art populaire ancien, un essai de résurrection de traditions évanouies. C'était un beau rêve, mais je craignais fort, je l'avoue, qu'il ne restât à l'état de rêve.

Eh bien ! non ; tout récemment, à Niort, j'ai goûté la délicieuse satisfaction qu'on éprouve à voir un de ses plus chers souhaits exaucés.

Les Niortais ont hérité de leur aïeule Mélusine la clé d'or qui ouvre la porte des songes réalisés. Ils se sont servis de cette clé merveilleuse pour ouvrir une Exposition où se trouvent accumulés de véritables trésors d'art populaire et de rares reliques de la vie locale d'autrefois. Ils ont fait appel à toutes les bonnes volontés, ils ont suscité le zèle des collectionneurs vendéens et poitevins. Grâce au concours dévoué des comités de la province, ils ont su organiser, dans le spacieux emplacement d'un ancien manège, une admirable résurrection de l'existence bourgeoise et familière du temps jadis. Pendant trois jours, j'ai assisté à cette évocation du passé et j'en reviens tout ébloui et charmé. Comme Don Quichotte se réveillant au seuil de la caverne enchantée de Montesinos, je voudrais pouvoir raconter quelques-unes des jouissances esthétiques que j'ai savourées là-bas.

Et d'abord, dans la vaste nef ogivale de Saint-André, la messe grégorienne chantée sous la direction du P. Lhoumeau et de M. Bordes, chef de la maîtrise de Saint-Gervais. L'église, bondée de fidèles, les bancs du chœur occupés par des centaines de membres du clergé régulier ou séculier : Capucins, Bénédictins, curés des paroisses de Gâtine, du Marais et du Bocage ; l'évêque de Poitiers, Mgr Pelgé, crosse en main et mitre en tête, bénissant la foule ; les chanteurs de la maîtrise, aux voix très pures, à la méthode impeccable, exécutant, en chœurs alternés, le *Kyrie* et le *Gloria* du style grégorien ; et, tenant l'orgue, un Père Bénédictin de l'abbaye de Ligugé, Dom Parisot, un orientaliste et un savant virtuose, tel l'un de ces musiciens florentins qui jouent leur divine musique dans un bas-relief de Lucca della Robbia.

Puis, ce sont les promenades à travers l'Exposition proprement dite, où je suis guidé par le spirituel président du Comité niortais, M. Léaud, et par M. Paul Mercier. Le porche de la rustique entrée rappelle les abords des *borderies* du Poitou ; aux murailles du couloir sont accrochés les instruments de travail rural, maintenant tombés en désuétude : le fléau des batteurs, la faucille dentée des *méliveurs*, les colliers des mulets et les jougs des bœufs. — A gauche, sur la cour, une très exacte restitution d'une cuisine de ferme vendéenne, due à un excellent artiste niortais, M. Escudier. Tout y est : depuis la haute cheminée avec ses landiers de fer forgé, le *chareuil*, ou lampe rustique, la tige de fer où l'on pique les *oribus* (chandelles de résine), le dressoir garni de faïences poitevines, la huche dans laquelle se dressent le rouet et le dévidoir familiers, jusqu'aux hôtes du logis, dans leurs habits de travail. — Comme pendant, sur le jardin, deux membres du Comité, MM. G. Boucher et Süter, ont reproduit la chambre à coucher d'une bourgeoise niortaise du dix-huitième siècle, avec son lit à la duchesse, ses tentures en camaïeu rouge, son prie-Dieu et son rouet. — Près du grand hall, où sont exposés de nombreux tableaux d'artistes poitevins et qui sert aussi de salle de spectacle, je remarque une très complète collection de photographies des églises et des châteaux du Poitou et de la Vendée, exécutées et publiées par M. Jules Robuchon, éditeur à Fontenay-le-Comte. Au premier étage, les parois du palier sont décorées par une précieuse série d'eaux-fortes de M. Escudier, faisant connaître aux étrangers toutes les variétés des costumes poitevins ou vendéens, et par de curieuses lithographies de Gellé, un dessinateur niortais, représentant des fêtes niortaises et nous initiant aux intimités de la vie locale vers 1830 et 1840.

C'est à ce premier étage que se trouvent les plus affriolantes attractions de cette Exposition d'ethnographie populaire : — les toilettes de gala et de travail des aïeules ; les bercelonnettes des enfants ; les *bourgnes* de joncs tressés où ils apprennent à marcher, et les *virounoux* où on les attache quand les parents vaquent à la besogne quotidiennne. Là, sont les collections de coiffes du pays, rassemblées par M. H. Gélin, conservateur du musée de la Société du Costume poitevin, depuis la *grisette* de Niort, avec sa neigeuse architecture de dentelles, jusqu'à la *mothaise*, pareille à un hennin, et la *cabanière* plus modeste du Marais ; là, on a rassemblé tous les ustensiles culinaires, tous les instruments des travaux rustiques ou domestiques d'autrefois : *chareuils* aux formes de lampes antiques, *buires* de terre ou de métal, *cornes* servant à hucher les moissonneurs, quenouilles délicatement ouvrées, fuseaux, dévidoirs, giroindes, et jusqu'aux immenses parapluies rouges que la paysanne emportait aux foires ou aux *ballades*. Puis viennent les opulentes collections de bijoux poitevins prêtées par MM. Gandriau et d'autres généreux amateurs. Sous les vitrines, s'étalent les pendants d'oreilles, les *esclavages* d'or enrichis de pierres vertes ou roses, les bagues d'argent, les agrafes de capes, les boutons de cols, les boucles de souliers taillées en pointes de diamant, les chaînettes à couteaux et à ciseaux, toutes les productions si intéressantes de l'antique orfèvrerie locale. Une pièce voisine, très artistement installée par M. Henri Clouzot, le libraire bibliophile, renferme de curieux exemplaires des ouvrages imprimés à Niort depuis le seizième siècle, et des recueils relatifs aux patois et dialectes poitevins.

Enfin, nous arrivons au *clou* de l'Exposition, à la salle où MM. René Valette et Baguenier-Désormeaux ont réuni tous les documents relatifs aux guerres de Vendée. Là, se trouvent installés pour quelques semaines des trésors historiques qu'on ne verra plus : manuscrit original des *Mémoires* de Mme de La Rochejaquelein, lettres, proclamations, laissez-passer, portraits de Charette, Stofflet, d'Elbée et La Rochejaquelein ; et dans un angle, comme une évocation de cette héroïque guerre civile, — le fauteuil sur lequel on transporta d'Elbée blessé et où on le fusilla. Le velours d'Utrecht rouge, déchiqueté par les balles, ajoute je ne sais quoi de plus tragique encore à ce terrible épisode de l'insurrection.

Pendant trois jours pleins, j'ai vécu au milieu de ces ressouvenirs et je m'en suis imprégné. Au banquet du soir, où se trouvaient fraternellement attablés des gens de toute opinion, j'ai dégusté un pantagruélique menu poitevin : soupe *Mélusine*, *bijuots* de La Mothe au gratin, gigot aux *moujettes*, fromage Cha-

bichou, *tourteau fromagé*, tourtisseaux et craquelins, angélique de Niort, etc. Après souper, nous avons eu la comédie : une pièce jouée par l'auteur, un jardinier de Melle, et par une quinzaine de ses compatriotes. Cette « farce », comme elle est modestement qualifiée sur l'affiche, est écrite en patois. C'est une étude très malicieuse et très finement observée des mœurs paysannes d'il y a une quarantaine d'années. L'intrigue est enfantine, mais les détails sont d'un vrai comique et le dialogue a des qualités de franchise et de vivacité remarquables. Ces amateurs interprètent leur rôle avec un naturel exquis.

(Le Journal.) ANDRÉ THEURIET.

LES FÊTES ETHNOGRAPHIQUES DE NIORT

Les gracieuses et utiles fêtes de Niort sont closes depuis hier. J'ai dit, en commençant, qu'elles avaient réussi à créer, hors de la politique, au-dessus des querelles quotidiennes, une zone neutre où les partisans des doctrines les plus diverses pouvaient se rencontrer et s'entendre. De tels résultats sont rares en province. Ils ne sont point faits pour déplaire aux hommes politiques vraiment dignes de leur mandat. C'est précisément un de nos représentants les plus estimés, un sénateur républicain, l'honorable M. Girard, maire de Melle, qui, dans le banquet d'adieu, que présidait M. Georges Lafenestre, a noté ce bienfait avec le plus de justesse et de bonheur. « Il faut féliciter et remercier, a-t-il dit, la Société d'Ethnographie nationale et d'Art populaire. Vraiment *nationale* par le patriotisme élevé dont elle est animée, vraiment *populaire* par l'entente cordiale qu'elle désire établir entre les humbles de cœur et les riches d'esprit, elle a su, par une trêve salutaire, interrompre chez nous l'antagonisme ardent des partis. Elle a su grouper, pour une œuvre collective, les bonnes volontés qui s'offraient à elle et qui, venant des points les plus opposés, ont pu trouver, dans des régions plus hautes que le terrain des batailles éphémères, une tâche supérieure à tous les dissentiments. »

Les fins lettrés de la ville de Niort ne sont point des mandarins. Le caractère résolument populaire des représentations théâtrales, des lectures, des conférences offertes au public par les organisateurs de l'Exposition niortaise n'a pas effarouché la délicatesse de leur goût. Ils ont compris qu'on ne pouvait pas décentraliser avec des acteurs de l'Odéon ou avec des monologuistes de la Bodinière. Ils sont venus, et à leur suite bon nombre d'ouvriers, entendre des comédies patoises, toutes saturées du gros sel des anciennes farces. Et ils ont applaudi, comme de juste, la résurrection des vieux noëls poitevins, mélodies mélancoliques et allègres, qui tantôt rasent le sol comme un oiseau blessé, tantôt dessinent vers l'azur un vol radieux d'alouette.

(Le Temps.) GASTON DESCHAMPS.

LE THÉÂTRE POITEVIN

S'il est vrai, comme le dit Victor Hugo, que la multitude doit toujours sortir du théâtre en emportant quelque moralité austère et profonde ; si, comme l'affirme Voltaire, le théâtre instruit mieux que ne fait un gros livre, ne pourrait-on se servir, dans nos campagnes même, de cet incomparable moyen de moralisation et d'enseignement ?

Un inconnu d'hier l'a tenté dans son petit village des Vosges : M. Potecher a dressé des tréteaux en plein vent ; sur ces tréteaux, il a agencé des décors simples, auxquels la nature elle-même sert de toile de fond ; il a groupé autour de lui quelques amateurs de bonne volonté ; des jeunes femmes, des jeunes filles, lui ont généreusement prêté leur concours et, par milliers, vu l'étendue illimitée de la salle qui est une place publique, et le bon marché absolu des entrées, les bonnes gens de là-bas sont venus écouter le *Diable marchand de goutte*.

Nous aussi, en Poitou, nous avons essayé de faire du théâtre pour le populaire. C'est de ce que nous avons fait et de ce que nous voulons faire, que je voudrais entretenir aujourd'hui les lecteurs de la *Revue de l'Ouest*.

C'est sous l'inspiration de M. Gustave Boucher qu'eut lieu, il y a bientôt un an, notre première tentative.

Il s'agissait de faire, en l'honneur de du Tiers, déjà malade et perdu, une fête tout intime, et nous hésitions sur le choix des voies et moyens.

C'est alors que M. Boucher eut l'idée de faire représenter à Salbart, sur les bords de cette Sèvre que le pauvre poète aimait tant, une saynète allégorique au cours de laquelle on pût dire quelques vers de lui. Je me mis à l'ouvrage, et écrivis *Bonne Fée*.

Il avait été convenu que les ruines de Salbart nous serviraient de décors, mais les ruines telles qu'elles sont, sans adjonctions ni trucs d'aucune sorte; l'art du machiniste se borna donc à égaliser légèrement le terrain dans une douve de la vieille forteresse.

Le lieu se prêtait merveilleusement à ce que nous voulions faire ; la grande courtine qui réunit les deux plus grosses tours se trouve précisément percée d'une petite porte par laquelle devait surgir, au moment opportun, la fée inattendue ; en face, le versant de la douve se levait en pente douce comme les gradins d'un amphithéâtre : on ne pouvait trouver un lieu plus propice pour une représentation en plein air.

A vrai dire, la seule difficulté sérieuse dans notre entreprise, c'était l'interprétation ; le nom de du Tiers fit merveille : M. Jubien, instituteur à Echiré, nous découvrit et nous styla très habilement un berger et une bergère à souhait.

Mais il n'y avait pas qu'un berger et une bergère dans la pièce, il y avait une fée ! A qui confier l'emploi de ce personnage subtil et aérien ?

On trouva une fée.

Ceux qui étaient à Salbart le 13 juin n'ont certainement pas oublié cette délicieuse apparition, cette silhouette de rêve, se détachant comme un fantôme nuageux, comme une figure transparente de vapeur sur le fond gris de la muraille sombre.

C'était une *bonne fée* ; elle nous porta bonheur ; elle disposa si bien les esprits que tout le monde fut content ; elle valut à mon pauvre petit ouvrage un succès qui nous encouragea et qui me suscita des imitateurs. Au mois de septembre suivant, M. Gaud faisait représenter à Chef-Boutonne, dans le parc de la nouvelle mairie, une pièce en patois très alertement écrite et admirablement jouée, à laquelle le nombreux public fit, à deux reprises, un accueil bien mérité.

Dans le même mois de septembre, à La Mothe cette fois, M. Gaud faisait encore représenter une saynète en vers, imitée de *Bonne Fée* et intitulée *la Dame de Chambrille*, et sous le même titre je mettais moi aussi en scène cette touchante légende du Pays Mothais. Peu de temps après, à la demande de quelques amis, je faisais représenter de nouveau la *Légende de Chambrille* près de Saint-Maixent, dans la vallée du Puy-d'Enfer, et une assistance de près de 3000 personnes me prouvait, par son empressement à venir et par son attention à écouter, que le théâtre en plein air répondait incontestablement au goût du public.

Mais c'est assez parler de moi.

Je ne suis pas le seul à travailler au théâtre en plein air. D'autres, de plus habiles, s'en occupent aussi.

Je sais qu'un Père Bénédictin de Ligugé a fait un *Mystère de saint Martin* très réussi, qu'il nous montrera quelqu'un de ces jours.

Je sais également que M. Roy, professeur à Poitiers, et folk-loriste de premier ordre, écrit en ce moment un drame légendaire en vers tiré de la *Mélusine* de Jean d'Arras.

Ce mouvement est très intéressant.

Il s'agit là en effet d'un théâtre tout à fait spécial qui se rapproche beaucoup de l'antique par ses procédés.

On ne peut pas jouer n'importe quoi en plein air. Les trucs et machines faisant défaut, il faut bien laisser de côté certains moyens trop employés dans le théâtre moderne où le machiniste a souvent plus de part que le poète. Là, le poète est tout. C'est par l'ampleur de son sujet, c'est par la forme de sa phrase, c'est par l'harmonie de ses vers qu'il doit émouvoir et captiver le public.

Le théâtre en plein air est donc de l'art scénique dans la meilleure acception et à ce titre il mérite d'être encouragé.

Des auteurs poitevins se sont mis résolument à l'ouvrage et veulent tenter l'épreuve.

La parole est au public.

(Revue de l'Ouest.)   P. CORNEILLE.

UN MUSÉE D'ART CHRÉTIEN A LIGUGÉ

Au cours des inoubliables fêtes du quinzième centenaire de saint Martin, a été inauguré, à Ligugé, un Musée d'art chrétien.

La fondation de ce Musée est une nouvelle manifestation du Comité poitevin de la Société d'Ethnographie nationale et d'Art populaire. On sait que cette Société s'est proposé de réveiller toutes les traditions d'histoire et d'art qui somnolent aux provinces engourdies par plus de deux siècles de centralisation.

C'est précisément ce que rappelait au début de la séance d'inauguration, en une improvisation d'une élégante simplicité, le très actif Secrétaire général de la Société, M. Gustave Boucher. Que le mouvement artistique créé par l'idée religieuse ait été intense dans ce Poitou si croyant encore, et qui fut si tôt conquis à l'idée chrétienne, le Musée qui vient de se fonder le démontrera. Qu'il puisse se continuer encore de nos jours, aux lieux mêmes qui le virent naître, c'est la confiance de ceux à qui revient l'idée première du Musée.

Ainsi, suivant un programme très logique, après avoir constitué, dans les milieux appropriés, la section de Vendée, celle des guerres de religion, celle des industries céramiques, le Comité poitevin de la Société d'Ethnographie organisera, là où prêchèrent jadis saint Martin et saint Hilaire, la section d'Art chrétien. Il ne s'agit, bien entendu, ici, que des manifestations d'art *exclusivement poitevin*. Il ne faut même pas entendre le mot *art* en son sens étroit de perfection dans l'exécution, d'habileté de main-d'œuvre. Ce qu'on poursuit, c'est l'*expression* même de *l'âme populaire* en toute sa naïveté, avec ses savoureuses maladresses et ses touchantes gaucheries. « Du primitif ? dira-t-on. — Mais oui, du primitif ! » Et d'ailleurs, l'art vrai n'est-il pas, ainsi que l'a proclamé un éminent artiste sociologue, M. William Morris, la manifestation, l'extériorisation du plaisir qu'éprouve l'homme à son travail ? Toutes ces œuvres qu'élabora jadis un travail quotidien soutenu par les aspirations les plus élevées, toutes ces objectivations d'âmes dominées par un sentiment sincère, tout cela qu'a étouffé le moderne et centralisateur industrialisme, voilà ce qu'on veut retrouver, et l'on espère que ces vénérables reliques opéreront ce miracle de la rénovation sociale auquel aspirent, en ce siècle finissant, toutes les consciences honnêtes.

Mgr Petit, Archevêque de Besançon, a apporté sa bénédiction à l'humble salle où, sous l'ébauche du provisoire et de l'improvisé, s'aperçoivent déjà les grandes lignes de l'œuvre définitive et durable. Sa Grandeur était assistée de l'Abbé de Beauchêne, Chanoine régulier, des Abbés de Saint-Maur et de Ligugé, Bénédictins, des Abbés de la Grande-Trappe et de Fontgombaud, des délégués de la Société des Antiquaires de l'Ouest, des Comités niortais et poitevin de la Société d'Ethnograpie nationale. Ce Musée est le point de départ des études qui doivent amener ce Congrès que Poitiers organisera l'an prochain, le Congrès du Poitou chrétien.

On pourra, dès maintenant, visiter, en la salle y affectée à la Mairie de Ligugé, la collection d'objets d'art religieux, peintures, sculptures sur bois, moules à pain bénit, calices, encensoirs, etc.; moulage du pupitre, la croix de sainte Radegonde, cette troisième grande Sainte de la Trinité poitevine.

On y suivra l'histoire de saint Martin par les gravures, bijoux, insignes. Les premiers temps du christianisme s'y manifesteront par les travaux du P. de La Croix ; l'architecture religieuse y est représentée par les publications de Robuchon, les eaux-fortes de Dangy. Une place a été faite aux documents familiaux, aux faire-part, lettres de mariage, etc.

Le Musée de Ligugé recueillera principalement tout ce qui peut aider à l'histoire des Saints poitevins, par les documents biographiques, les médailles, objets populaires, etc.

Les fondateurs adressent un pressant appel à MM. les curés et séminaristes pour retrouver ces mille souvenirs sans valeur commerciale, qui seront sa richesse, et combien inestimable ! à lui.

« Martin dans la maison d'Hilaire — fut-il écrit, — c'est l'histoire de tout séminaire. » Espérons pour ce Musée, qui s'est institué sous le vocable du grand Saint dont l'été physique et spirituel nous réconforte, les destinées glorieuses et la merveilleuse germination du champ qu'ensemencèrent jadis les apôtres du Poitou chrétien.

(Le Courrier de la Vienne.)

Le Directeur-Gérant : GUSTAVE BOUCHER.

Ligugé (Vienne). — Imprimerie Saint-Martin. M. Bluté.

LE PAYS POITEVIN

CHRONIQUE — ÉCHOS — BIBLIOGRAPHIE

LA DÉCENTRALISATION

Nous reproduisons d'après la Revue de Paris *un fragment d'une étude sur les syndicats agricoles, publiée par notre compatriote M. Léopold Mabilleau, directeur du Musée social et professeur à la Sorbonne. Outre l'intérêt qui s'attache à la définition si nette que l'auteur donne de la décentralisation et de ses conséquences sociales, la note qui accompagne ce fragment donne une sanction à nos efforts en faisant ressortir l'importance des manifestations esthétiques locales et leur connexité avec le mouvement de renaissance provinciale et de liberté régionale.*

On a beaucoup vanté la décentralisation, pendant ces dernières années ; mais il ne me semble pas qu'on se soit rendu compte des changements qu'elle implique. Il ne s'agit pas, pour rendre la vie au pays anémié, de déplacer le siège de quelques organismes administratifs, ni de multiplier les conseils électifs irresponsables. Il faut enlever à l'État toutes les fonctions de surcroît qu'il a abusivement centralisées depuis cent ans, le réduire strictement aux fonctions de défense et de contrôle qui lui reviennent, l'écarter résolument de la *besogne sociale* qui est essentiellement l'œuvre des individus et des associations.

Ainsi se reconstitueront, sans troubles politiques, ces anciennes « provinces » qu'on a raison de regretter, là du moins où elles correspondaient à de réelles similitudes de caractères, de tendances et d'intérêts. L'association agricole, avec ses « unions » de divers degrés, prépare ce résultat plus sûrement qu'aucune mesure législative. Déjà les « régions » affectent une indépendance économique qui en annonce une autre. Certains pays, comme le Dauphiné, le Lyonnais, la Provence, la Bretagne, ont vu dans le mouvement syndical un moyen de ressaisir l'autonomie de leurs coutumes et de leur génie[1]. N'en concevons aucune crainte pour l'unité de la France : la renaissance des petites patries ne peut donner que plus de force à la grande.

LÉOPOLD MABILLEAU.

(*Revue de Paris*, juillet-août 1897.)

CHRONIQUE

Le Théâtre poitevin

(THÉÂTRE EN PLEIN AIR)

Le Mercure de France (*juillet 1898*), *a publié la lettre suivante :*

« Mon cher Valette,

« Voulez-vous me permettre de vous signaler une ingénieuse formule de théâtre en plein air, inaugurée en Poitou l'an dernier ? Ce sera une modeste contribution aux notes sur le provincia-lisme et le Folk-lore que le *Mercure de France* sait ne pas dédaigner.

« Cette formule me semble originale surtout par sa simplicité et son exclusivisme local. Elle peut s'énoncer ainsi :

« Étant donné un site, un paysage, des ruines, au milieu desquels s'est déroulée une action historique, est née une légende, a vécu un poète, évangélisé un saint : rajeunir ou préciser dans l'esprit populaire, à l'occasion d'une fête locale (assemblée, rosière, bachelerie, pèlerinage), cette action, cette légende, cette existence, cet apostolat, par le réalisme ou le symbole, dans le cadre naturel, sans aucun décor, rideau ni truc, avec, comme troupe improvisée, des acteurs indigènes. Il est donc indispensable que l'œuvre soit écrite pour le décor, avec unité d'action et de lieu. Il faut, avec ces moyens, devant un public déjà entraîné par sa familiarité avec les faits manifestés, qui souvent, depuis des siècles, ont sur son esprit une influence psychique considérable, évoquer l'âme même des choses environnantes; peupler l'ambiance des souvenirs dont est faite la mentalité, la spiritualité de ce peuple ; l'émouvoir par le déjà su, le déjà aimé, parfois l'uniquement su, l'uniquement aimé; par l'exagération de la vérité et de la vie.

« Ce n'est pas là un programme théorique.

« Le théâtre poitevin a déjà un groupe d'auteurs et son répertoire.

« La première représentation a eu lieu le 19 juin 1897, dans les ruines d'un vieux château féodal dont la construction est attribuée par la légende à la fée Mélusine : le château Salbart, au village de Ternenteuil, sur les bords de la Sèvre, à sept kilomètres de Niort. Il s'agissait de fêter la cinquantaine d'Émile du Tiers, un poète ami des mœurs rurales et particulièrement des costumes et des coiffes de nos paysannes poitevines, familier de ce paysage et de ces ruines. Un jeune docteur, M. Pierre Corneille, écrivit à cette occasion une moralité légendaire, en vers, où les paysans en costume traditionnel, la Sèvre, le château, la fée et le poète vivaient en d'harmonieux symboles, faisant des objets, des interprètes, du public un seul être collectif délicieusement absorbé dans la commune illusion. Plus tard, ce fut une légende galante du Pays Mothais : « La Dame de Chambrille », deux fois mise en scène par deux auteurs différents, M. Corneille et M. Auguste Gaud. Ce dernier fit encore représenter dans un paysage chef-boutonnais une scène dans laquelle le paysan défend contre le citadin ses droits à conserver son patois, ses coutumes, ses légendes, ses chansons.

« Nous voici à quatre représentations en moins d'une année, et ce n'est pas fini.

« Le 14 juillet prochain, un jeune Père Bénédictin, Dom Chauvin, fera jouer à Ligugé les épisodes locaux de la vie de saint Martin, là où le grand Thaumaturge fonda le premier monastère des Gaules et se prépara, par treize années de solitude, à son apostolat national. Un professeur du lycée de Poitiers, un dévot à Mélusine, M. Constant Roy, prépare pour Lusignan un drame légendaire sur la fée poitevine, patronne des folkloristes. Enfin, M. Corneille, voyant son ambition grandir avec le succès, vient d'écrire un drame héroïque en trois actes avec unité de temps, d'action et de lieu, n'impliquant aucun autre décor que le carrefour d'une forêt réelle, et symbolisant la lutte des Romains et des Gaulois en Poitou, les derniers efforts des Celtes et de leurs druides contre l'envahisseur. C'est un drame à grand spectacle, avec chœurs de druides, chants sacrés, procession dans le dédale du bois. La scène se passera en pleine nuit, à la lumière des

---

[1]. Dans le Dauphiné, notamment, M. de Gaillard-Bancel, le fondateur du premier en date de tous les syndicats agricoles de France, s'est fait l'éloquent apôtre de cette résurrection du génie local, qui a donné lieu aux plus intéressantes manifestations. Nous ne parlerons pas ici des « États provinciaux » tenus à diverses reprises dans la région, dont l'objet était presque exclusivement politique, mais de nombreuses fêtes locales comprenant des représentations en langue d'oc ou en dialecte dauphinois, comme celle de la comédie lyrique de M. Gatien Almeric, *Nouananto-nod*.

torches, le deuxième dimanche de septembre, près la petite ville de La Mothe-Saint-Héray.

« Je vous laisse, mon cher ami, le soin de tirer une conclusion si vous trouvez que cette tentative collective de renaissance régionaliste mérite quelque attention.

« Votre, etc...

« GUSTAVE BOUCHER. »

Le « Mystère » auquel il est fait allusion plus haut a été représenté à Ligugé le jeudi 14 et les dimanches 24 et 31 juillet, avec un grand succès et devant une affluence de peuple. Voici en quels termes l'Avenir de la Vienne rend compte de la première représentation.

Une estrade est dressée dans une prairie. Pour toile de fond, quelques feuillages, un simulacre de grotte. Voilà tous les accessoires : c'est le théâtre *en plein air* et c'est le théâtre *populaire.*

Peut-on réduire encore l'emploi des moyens artificiels ? n'est-ce pas encore là, dans toute l'acception du terme, ce cadre *naturel* que comporte une telle formule dramatique ? Quelques-uns le pensent et, simplistes intransigeants qui veulent délibérément rompre aux errements reçus, n'admettent aucun décor, aucun truc d'aucune sorte. Point de tempéraments ni de compromis : ou les prestiges cousus de fil blanc, ou les trompe-l'œil qui n'ont jamais trompé personne, ou la nature, absolument.

En présence, deux conceptions dramatiques diamétralement opposées : l'ancienne, que conditionne l'illusion, le factice, qui se manifeste par des œuvres passe-partout, des œuvres comme sans patrie ; l'autre, tout exclusive, toute locale, n'ambitionnant d'intéresser que ceux de tel cru, ceux pour qui la représentation de telle action, vie ou légende, réveillera seulement, achèvera, précisera l'imprécis, l'inachevé qui sommeillait en eux.

Dès lors, plus besoin de machiniste ; plus de théâtre à demeure. Ce site, ces ruines où vécurent les traditions particulières qu'on veut évoquer, ce sera là, et non ailleurs qu'il faudra, pour la circonstance, convier le public.

Voilà, avec celle de ne recourir qu'aux bonnes volontés de l'endroit pour le recrutement des interprètes, de préférer les risques de l'amateurisme, ses fructueux tâtonnements et ses gaucheries émues, à l'impassible et immuable impeccabilité des professionnels, les principales nécessités du théâtre en plein air.

A quelques menus détails près, la représentation donnée jeudi à Ligugé répondait à ce programme. Du Mystère où Dom Paul Chauvin a condensé la vie du Saint ligugéen, on ne devait interpréter que la seule partie consacrée au *Moine* et ayant Ligugé pour cadre.

Peut-être était-il difficile de choisir autre emplacement que celui auquel on s'arrêta en prévision d'un nombreux public ?

Les acteurs étaient des jeunes gens du terroir. Populaire enfin, la pièce l'était éminemment, par le sujet choisi, une tradition très connue, tenant bien aux entrailles du public, deux ou trois situations fort simples, et d'avance exposées par le *Meneur du jeu*, afin que nul n'ignorât ce dont il s'agissait, que tous vissent où on les menait : point de surprises, point de brusques péripéties, pas de *crise*, et lâchons le mot, pas d'*action*, au sens classique et conventionnel du mot. Ce sont des *tableaux*, dont l'ordonnancement s'élabore d'un mouvement presque insensible, où peu à peu se précise l'effet attendu.

A cette simplicité du fond répond une forme sans apprêt, et littéraire assez, cependant, pour plaire aux délicats.

La partie musicale comprend quelques-uns de ces adorables vieux airs qui sont le patrimoine de la Muse populaire, ou de l'ancienne liturgie ; quant au chant composé pour la circonstance en l'honneur de Ligugé, sa grâce naïve, le charme d'un mouvement qui se plie heureusement aux coupes de la strophe, en font une chose de tous points délicieuse.

Dans une vibrante improvisation, M. Gustave Boucher a préfacé cette nouvelle tentative de renaissance régionaliste. Après en avoir exposé l'originalité, il en a tiré l'enseignement. Elle est, a-t-il dit, la liaison du présent au passé. Elle fait intervenir, comme personnage auxiliaire, un paysan vêtu de la blouse des ancêtres. Cette blouse, saluons-la ! Qu'elle atteste, apparaissant à certains moments du drame, que nous voulons réveiller dans l'esprit du peuple des traditions trop oubliées, associer la vie passée à la vie présente et enrayer ce mal du siècle, le cosmopolitisme. Et au delà de ces scènes de pure distraction, c'est à la vie réelle que nous songeons. Honorons la blouse. Là où le costume se conserve, se conservent aussi d'autres traditions.

L'affluence était considérable et les applaudissements n'ont pas été ménagés à ces acteurs improvisés, qui avaient employé à apprendre leurs rôles une bonne part de leurs heures de repos, et dont la parfaite conviction n'était pas le moindre mérite. Le plus difficile des amateurs de couleur locale n'eût rien trouvé à reprendre aux costumes, qui étaient de la plus rigoureuse exactitude. En un mot, rien n'avait été négligé pour que le succès fût complet, et le succès a dépassé tout ce qu'on pouvait rêver.

(Le Courrier de la Vienne.) DREAMER.

Une enquête ethnographique en 1808

M. Dupont, archiviste des Deux-Sèvres, vient de rencontrer dans le dépôt confié à ses soins, le document qui suit, à l'état de brouillon :

« Niort, 7 janvier 1808.

« A. S. E. Mgr le ministre de l'Intérieur,

« Monseigneur,

« V. E. m'a fait l'honneur de me demander depuis longtemps des dessins de *costumes, charrues et habitations rurales* de mon département. Obligé de recourir aux bureaux de l'Ingénieur en chef des Ponts et Chaussées, je n'ai pu satisfaire à cette demande aussi promptement que je le désirais, mais enfin le travail est terminé et j'ai l'honneur de vous adresser une collection de *dix-neuf dessins* qui, je l'espère, rempliront vos vues ; *formes, couleurs, attitudes*, tout a été copié d'après nature et un graveur habile peut tirer parti de ces croquis.

« L'Ingénieur en chef, en me remettant ces dessins, m'engage à réclamer votre bienveillance en faveur de ses dessinateurs pour une gratification qui puisse les indemniser des frais de courses extraordinaires qu'ils ont été obligés de faire *aux foires et aux ballades* dans les diverses parties du département. Cette demande me paraît juste et je supplie V. E. de m'autoriser à leur faire payer une indemnité de 200 fr. à prendre sur les frais réservés aux dépenses imprévues de l'an 1807.

« J'ai l'honneur, etc.

« DUPIN (*Préfet des Deux-Sèvres*). »

Dans la même liasse se trouve l'accusé de réception du ministère de l'Intérieur du 11 février 1808, enregistré à l'arrivée n° 167, (janvier) au départ (de Paris) n° 17, ainsi libellé :

« A M. le Préfet des Deux-Sèvres,

« Je m'empresse de vous témoigner ma reconnaissance des dessins fort bien faits que vous avez eu l'attention de me transmettre. Ils font très bien connaître les instruments aratoires en usage parmi les habitants de votre département, leurs *demeures* et leurs *costumes.*

« Je vous serai obligé de vouloir bien de ma part remercier M. l'Ingénieur en chef de cette collection qui m'a paru faite avec beaucoup de soin et d'attention et qui remplit parfaitement le but pour lequel elle est destinée. Je prendrai en considération la demande qu'il forme d'une gratification, etc.

« *Le Maître des requêtes, secrétaire général,*

« M. DE GÉRANDO. »

Niort ayant une *Société du Costume Poitevin* et s'intéressant beaucoup à tout ce qui concerne notre folk-lore local depuis son exposition d'*ethnographie*, il devenait important de retrouver ces précieux dessins. On s'informa donc aux Archives nationales.

A la date du 19 décembre 1897, M. Paul Guérin répondait à M. Henri Clouzot qu'il avait relevé dans le registre d'ordre du ministère de l'Intérieur la mention de réception (7 février 1808) d'une lettre du Préfet des Deux-Sèvres, annonçant l'envoi de 19 planches [1] de *costumes de paysans* et d'instruments agricoles. Mais malheureusement, ajoute-t-il, ces dessins ne se trouvent pas aux Archives, où ils ne paraissent point avoir été déposés et aucune indication ne permet de savoir ce que l'envoi est devenu.

Même insuccès au cabinet des Estampes, où M. Henri Bouchot m'apprend, le 13 janvier 1898, qu'il n'existe rien de pareil, en m'engageant à m'adresser à M. Frédéric Masson.

---

1. C'est-à-dire des *dessins.*

M. F. Masson connaissait seul cette enquête : « Il est, je le sais, me dit-il [1], entré dans les intentions de l'Empereur transmises par le ministre de l'Intérieur aux agents de son département et en particulier aux préfets, de faire accompagner les grandes statistiques in-folio de vues et de monuments graphiques *sur les costumes.* » Il ignore aussi ce que nos dessins sont devenus, toutefois il signale dans une collection particulière de Paris « un énorme manuscrit ainsi constitué relatif aux départements composés de l'ancienne Hollande ».

Resterait à savoir si les dessins envoyés par les départements demeurés à la France après 1815 sont encore dans l'un de nos dépôts publics, soit au ministère de l'Intérieur, soit à l'Imprimerie Nationale, où ils pourraient avoir été apportés lorsque l'on pensait à les joindre aux statistiques in-folio. Puissent-ils n'avoir pas partagé le sort du dossier de Hollande !

(*Revue des Traditions Populaires.*) Léo Desaivre.

Nous avons vu à l'Exposition ethnographique de Saint-Jean-de-Luz, organisée au mois d'août 1897, sous le patronage de la Société d'Ethnographie nationale et d'Art populaire, une collection d'aquarelles reproduisant les costumes, les demeures et les instruments aratoires du pays. Ces aquarelles qui appartiennent à M. l'abbé Haristoy, curé de Ciboure, paraissaient bien avoir été exécutées au commencement du siècle. Peut-être ont-elles été faites pour répondre au désir de l'Empereur.

ÉCHOS

Un comité est en formation sous la présidence de M. Delphin Sagot, maire d'Echiré (Deux-Sèvres) et conseiller général, pour honorer, en octobre prochain, par des fêtes et la pose d'un médaillon, la mémoire du poète Émile du Tiers.

***

M. le comte de Clisson prépare l'exécution, pour le mois de janvier, d'un oratorio de M. le comte de Beaufranchet sur la vie de sainte Radegonde. En raison de cet événement artistique, le Congrès d'hagiographie et de légende dorée qui devait avoir lieu en novembre est repoussé de manière à coïncider avec la solennité musicale en préparation.

***

Pouvoir recueillir dans les journaux du monde entier tout ce qui paraît sur un sujet quelconque, sur une question dont on aime à s'occuper; — surtout savoir ce que l'on dit de vous et de vos œuvres dans la presse, qui ne le souhaite parmi les hommes politiques, les écrivains, les artistes ?

Le Courrier de la Presse, fondé en 1880, par M. Gallois, 21, boulevard Montmartre, à Paris, répond à ce besoin de la vie moderne avec autant de célérité que d'exactitude.

Le Courrier de la Presse *lit 6000 journaux par jour.*

Le Courrier de la Presse *reçoit sans frais les* abonnements *et* annonces *pour tous les journaux et revues.*

BIBLIOGRAPHIE

VOYAGE EN FRANCE. — 16e série : *De Vendée en Beauce* ; Haut-Poitou, Bocage, Marais, Vendée, Gâtine, Tours, Beauce, par Ardouin-Dumazet. 1 volume de 338 pages, avec 29 cartes ou croquis, broché, 3 fr. 50; reliure souple, 4 fr. — Paris, Berger-Levrault et Cie, éditeurs, 5, rue des Beaux-Arts.

Ce nouveau volume du *Voyage en France* termine la description et l'étude de la région de l'Ouest, au nord de la Gironde. Toute cette vaste et pittoresque partie de la France, qui comprend l'Angoumois, le Poitou, la Touraine, l'Orléanais, le Nivernais, le Perche, la Bretagne et la Normandie, est donc achevée, comme l'étaient déjà la région rhodanienne et la Provence.

La seizième série, qui vient de paraître, est appelée à un succès peut-être plus vif que celui des volumes précédents; elle conduit le lecteur dans une région célèbre mais peu connue, en dehors du grand souvenir historique des guerres de la Vendée. C'est une exploration pittoresque et vivante de ce pays si profondément transformé depuis un siècle, où l'on retrouverait difficilement les traces de la grande lutte.

Le volume débute par une visite à la belle vallée de la Vonne, aux ruines de la cité gallo-romaine de Sanxay, dans laquelle les archéologues ont voulu voir une Pompéi poitevine, et à la ville curieuse de Lusignan, dont le nom évoque de si grands souvenirs.

Voici Poitiers, la calme cité universitaire et parlementaire; Châtellerault, sa belle manufacture d'armes, sa banlieue peuplée de couteliers. Nous visitons les champs de bataille de Poitiers et de Vouillé, dont l'emplacement a donné lieu à tant de savantes controverses. C'est maintenant le pays de Mirebalais, avec ses souvenirs d'Arthur de Bretagne et de Moncontour; Oiron, qui nous fait rechercher les origines des belles faïences Henri II, si rares aujourd'hui dans les collections. Et, par Thouars et Cholet, nous entrons dans la Vendée historique.

Il y a là, sur les bords de la Sèvre Nantaise et de la Moine, d'admirables paysages au milieu desquels se déroulèrent les crimes de Barbe-Bleue — Gilles de Rais — et les scènes les plus terribles de la guerre de Vendée; l'auteur du *Voyage en France* les a décrits de sa plume alerte et précise; il donnera à plus d'un lecteur le désir de voir ces pays encore ignorés. Sur les Alpes Vendéennes et le Bocage, il y a quelques chapitres non moins vivants; le récit des luttes civiles, l'étude de l'agriculture et de l'industrie locale sont tissées si habilement dans cette description du pays, que ce tableau plein de couleur a tout l'attrait du roman.

Allons maintenant par la charmante ville de Fontenay-le-Comte, dans la superbe forêt de Vouvant, avant de gagner l'étrange pays qui s'appelle le Marais Vendéen. M. Ardouin-Dumazet a parcouru ces canaux ombragés, ces terres à demi insulaires, où les habitants demeurent en des « cabanes » confortables et passent une partie de leur vie sur les eaux. De Niort à Maillezais, à Marans, à Luçon, à Saint-Michel-en-l'Herm et à L'Aiguillon-sur-Mer, on fera un véritable voyage de découverte, non moins attrayant qu'une exploration au cœur de la Chine.

Puis ce sont La Roche-sur-Yon et sa curieuse foire aux chiens, Les Sables-d'Olonne et son école de pêche, les environs du lac du Grand-Lieu et la sauvage Gâtine de Bressuire et de Parthenay, par laquelle, Rabelais à la main, nous gagnons Loudun et le pays de Pantagruel avant de visiter Saumur, qui nous vaut une fort intéressante description de l'école de cavalerie.

On retrouvera, dans cette seizième série, les qualités d'observation qui ont valu au *Voyage en France* un succès si profond et durable et fait dire au rapporteur de la Société de géographie de Paris, quand cette grande association décernait le prix Félix Fournier à M. Ardouin-Dumazet :

« Ce n'est plus ici le sec et fastidieux résumé d'un auteur qui abrège des documents officiels, c'est l'impartial exposé d'efforts personnels encore tout vibrants de la lutte, et cela donne au style, avec une trame solide, une intensité de vie, une propriété d'expression qui sont la caractéristique de cet ouvrage. »

Sommaire des Revues reçues

REVUES POITEVINES

Revue d'Archéologie poitevine (juillet 1898). — Un reliquaire portatif du dix-septième siècle (X. Barbier de Montault); Etat de Sainte-Radegonde de Poitiers en 1791; Un émail de Jean II Laudin, à Poitiers (X. Barbier de Montault); Trois passeports révolutionnaires (A. Largeault); Médaille du jubilé de l'an 1700 (X. Barbier de Montault); Les anciens jeux de paume à Niort (H. Clouzot); Le caveau de Louin.
Directeur : Mgr X. Barbier de Montault. Administration : Poitiers, 4, rue de l'Eperon. — Abonnement annuel, 12 fr. (mensuel).

Mercure Poitevin (juillet 1898). — Aux lecteurs (P. Corneille); Préface (Gaston Deschamps); Poésie (Jean Philippe); Criminelle vertu (P. Corneille); Les chemineaux de la foi (Gustave Boucher); Le théâtre révolutionnaire à Parthenay (H. Clouzot); Poésie (Constant Roy); Poésie (Jean Philippe); Les artistes poitevins au Salon (L. Tider Toutant); Impressions du Grand Prix (Gaston Duplantier); Lettres poitevines (Jean Duc); Chronique littéraire, chronique théâtrale, informations.
Directeur : P. Corneille. Administration, 23, rue des Fossés, Niort. — Abonnement annuel, 12 fr. (mensuel).

Revue du Bas-Poitou (2e trimestre 1898). — La Vendée qui s'en va : Le château d'Aspremont (O. de Rochebrune et l'abbé Boutin); Un dernier mot à propos de l'origine de l'imprimerie à Poitiers (Edgard Bourloton); La vie intime de Richelieu à Luçon (Abbé Lacroix); Châteaux de Vendée : Mesnard-la-Barotière (René Valette); La verrerie gallo-romaine de Vouvent (A. Pineau); Un lieutenant de Charette : Guillaume Faugaret (Joseph Rousse); Quelques lettres inédites du général Belliard (E. Cesbron); La vente des collections Hanael Joussenume (Jof); Le recrutement de l'ancienne armée (Georges Lacoulonnière); Chronique; Cinq gravures.
Directeur : René Valette, Fontenay-le-Comte (Vendée). — Abonnement annuel, 12 fr. (trimestriel).

L'Ouest artistique et littéraire (juillet 1898). — Dîner de clôture du 20 juin 1898; Une tempête sous deux crânes (Albert Clairouin); Le songe d'Athalie (suite) (Phéno); Lys en fleur, poésie (Renée Monbrun); Un nouveau théâtre populaire (Valensol); Par amour (Jos. Parker); Fouras, poésie (A. Métay); Chronique musicale; L. de D.; A travers les livres (Philiate); Projet d'excursion en Vendée; Inauguration du monument élevé par la ville de Montreuil-Bellay; Echos.
Rédacteur en chef : Albert Clairouin. Administration, 93, boulevard Saint-Germain, Paris. — Abonnement annuel, 10 fr. (mensuel).

Revue de Bretagne, de Vendée et d'Anjou (juin 1898). — Le bassin de Goulaine (suite) (Léon Maître); Carhaix, son passé, ses châteaux célèbres et ses anciens monastères (suite) (Comtesse du Luz); Les émigrés bretons réfugiés à Bath, en Angleterre, pendant la Révolution (Charles Robert); Une expense en 1764 (O. Martin); Justice, pièce en quatre tableaux (Comtesse Olga); Poésie bretonne : Huanadeu (Pierre Lament); Poésie française : Les dames en peine (Paul Sébillot); Notices et comptes rendus (divers).
Administration : 1, rue Royale, Nantes. Revue de la Société des bibliophiles-bretons (mensuel).

Le Courrier mensuel (juillet 1898). — A travers le mois (Senel); Simple souvenir (Ensel); Les petits oiseaux du Luxembourg (Jules Delsol); Sur Notre-Dame (XXX); Le poème des roses (Gabriel Coussol); Causerie scientifique (Villard del Rhine); Illustration : Le portail de Notre-Dame de Niort (Arthur Bonneault).
Administration et rédaction : 46, rue du Clou-Bouchet, Niort. — Abonnement annuel, 2 fr. (mensuel).

---

[1]. Lettre du 16 janvier 1898.

Echo-revue (juillet 1898). — Bulletin mensuel (Georges Mercier); Marines (Fontanel); Pendant qu'au loin passaient les tambours (Van der Cruyssen); L'incendie (Grinat); Nos concours; Chronique théâtrale.

Administration et rédaction : rue du Faisan, 8, Niort. — Abonnement annuel, 3 fr. (mensuel).

Le Chabichou (mars-avril 1898). — La fête du Chabichou; Echos et nouvelles; Les rêves morts, poésie (J. Besson); Document pour l'histoire de Vivonne en Poitou (R. Brothier de Rollière); Rodolphe Salis; Liste des sociétaires.

Administration : 3, passage Nollet, Paris. — Abonnement annuel, 4 fr. (mensuel).

Bulletin de saint Martin (juillet 1898). — Avis important; La représentation du Mystère de saint Martin; Chronique; Quelques mots sur saint Jean-Baptiste (suite); Une fête de Notre-Dame dans un « pueblo » de la Vieille-Castille; Recommandations; Actions de grâces.

Administration et rédaction : Abbaye de Ligugé (Vienne). — Abonnement annuel, 1 fr. (mensuel).

L'Abeille paroissiale de Gourville (août 1898). — A la Vierge, poésie; Paroles du saint Evangile; La bonne souffrance; Une déclaration de principes; Pourquoi les curés se font journalistes? Saint Laurent; Assomption de la très sainte Vierge Marie; Cotcodè! cotcodè! cot cot cot cotcodè!!! Le meurtrier de Mgr Affre, archevêque de Paris; Main de Dieu; Le prêtre et le laboureur.

Directeur : M. l'abbé Apcher, curé de Gourville (Charente). — Abonnement annuel, 2 fr. (mensuel).

Le Messager paroissial (juin 1898). — Chronique paroissiale (L. Brouillet); Causerie agricole : Le mildiou (E. Ouvray); Soyons patriotes (A. J. Brun; Religion (Angeraud); Le repos du dimanche (Brouillet); Le vieux sergent (Giraud).

Administration : chez M. l'abbé Brouillet, curé d'Echallat, par Hiersac (Charente). — Abonnement annuel, 2 fr. (mensuel).

REVUES DIVERSES

Mélusine (mai-juin 1898). — Prières populaires et formules magiques des Pyrénées (J.-M. Camelat); La stérilité volontaire (Gaidoz); La fascination : thérapeutique (le son et le bruit) (M.-J. Tuchmann); L'abrégé des merveilles et les mille et une nuits (V. Chauvin).

Directeur : Henri Gaidoz. Administration : librairie Rolland, 2, rue des Chantiers, Paris. — Abonnement annuel, 12 fr. 50 (mensuel).

Mercure de France (juillet 1898). — Georges Clemenceau (Pierre Guillaud); Psychologie sociale de l'Espagne (Georges Lainé); Portraits imaginaires : Sébastien van Storck (Walter Pater); Hymne (Edmond Jaloux); Sur la langue française : La déformation verbale considérée comme force créatrice (Remy de Gourmont); Les fiançailles, trois contes (Georges Perrin); Les poèmes de l'âge (Richard Ledent); Margit (Auguste Strinberg); Claude Monet (André Fontanas); La jeunesse et le mariage de Théodora (Pierre Louys); Le Roy (Albert Delacour); Revue du mois (divers).

Directeur : Alfred Valette. Administration et rédaction, 15, rue de l'Echaudé-Saint-Germain, Paris. — Abonnement annuel, 20 fr. (mensuel).

La Tribune de Saint-Gervais (juillet 1898). — L'idée religieuse dans la poésie lyrique et la musique française du moyen âge (Pierre Aubry); Essai sur la tonalité du plain-chant (Dom J. Parisot); A propos d'un livre d'orgue récent (Ch. Bordes); Variétés : Palestrina et l'abbé de Baume (Michel Brenet); Mois musical (G. de Boisjoslin); Encartage : Benedicta es tu, motet à trois voix (F. de La Tombelle).

Administration : 15, rue Stanislas, Paris. — Abonnement annuel, 10 fr. (mensuel).

Revue Bénédictine (août 1898). — Dom Fonteneau, Bénédictin de la Congrégation de Saint-Maur (Dom Besse); Quelques correspondants de Dom Calmet (D. Ursmer Berlière); Chronique de l'Ordre; Nécrologie; Bibliographie.

Administration et rédaction à l'abbaye de Maredsous (Belgique). — Abonnement annuel, 6 fr. (mensuel)..

Souvenirs et mémoires (juillet 1898). — Aux lecteurs; Mémoires de Mme d'Epinay; Lettres de Carnot à Napoléon, de Berthier à Joséphine; Dumouriez en Pologne; Les livres d'histoire.

Directeur : Paul Bonnefon. — Editeur : Lucien Gougy, 5, quai Conti, Paris. — Abonnement annuel, 20 fr. (mensuel).

Courrier littéraire d'histoire et d'art (15 mai 1898). — Souvenirs sur Mouchez (fin) (amiral Rallier du Baty); Un portrait inachevé de Balzac (Alfred Michiels); Un monologue de Jules Simon (A. M.); A Jeanne d'Arc, poésie (Félix Marquézy); Tableaux en cire coloriée, avec gravure (Mgr Barbier de Montault); Un soldat : Le maréchal de Mac Mahon (Léon Laforge); La bataille de Solferino (Mac Mahon); L'Album archéologique de Clément V et sa famille (abbé Corbin). Bloc-notes académique, artistique et littéraire. Bulletin bibliographique. Hors texte : Le maréchal de Mac Mahon.

Directeur : Léon Laforge. Administration : Lamulle et Poisson, 14, rue de Beaune, Paris. — Abonnement annuel : 6 fr. (bi-mensuel).

Lemouzi (juillet 1898). — Rendetz-me! (Josep Rous); La saint Jean : les feux de joie (Verlhac Monjauze); Lo Lunada (Johannès Plantadis); Tableaux limousins (Fernand de Maillard); Lo roi Dagobert (Emile Gobhart); Lou Dereljaire de Dentz (Alfred Marpilhat); Les Limousins dans les œuvres félibréennes provençales (Jean Dutrec); Lou Reibelot, duc limonsin (G. de Lépinay); Lettres à l'abbé Joseph Roux (Antoine de Latour); M. d'Arsonval et l'air liquide (H. de Noussanne.)

Administration et rédaction : 65, rue Truffaut, Paris. — Abonnement annuel, 6 fr. (mensuel).

La Province. — Chronique (L. Duc); D'Aoste à Ivrée, Voyage sentimental (Charles Montmayeur); Les petits forains, poésie (Melchior Boynefois); Les hôtes de Beaumont (Lucien Duc); Les jeunes (Ch. du Pouoy).

Administration et rédaction : 35, rue Rousselot, Paris. — Abonnement annuel, 12 fr. (mensuel).

Le Directeur-Gérant : GUSTAVE BOUCHER.

Ligugé (Vienne). — Imprimerie Saint-Martin. M. Bluté.

BIBLIOTHÈQUE DE LA TRADITION NATIONALE

Honorée d'une souscription du Ministère de l'Instruction publique

PUBLIÉE SOUS LES AUSPICES DE LA SOCIÉTÉ D'ETHNOGRAPHIE NATIONALE & D'ART POPULAIRE

Sous la direction de M. GUSTAVE BOUCHER

OUVRAGE PARU

LA TRADITION
EN POITOU & CHARENTES

ART POPULAIRE. — ETHNOGRAPHIE. — FOLK-LORE. — HAGIOGRAPHIE. — HISTOIRE

Texte par MM. André Theuriet, Georges Lafenestre, Gaston Paris, Gaston Deschamps, J.-K. Huysmans, A. Landrin, Paul Sébillot, Th. Léaud, H. Gélin, Baguenier-Desormeaux, R. P. Lhoumeau, Dom Parisot, Dom Augouard, P. Texier, Aug. Gaud, Constant Roy, Puichaud, Abbé Noguès, Gustave Boucher, Henri Clouzot, P. Boissonnade, J. Philippe, S. Trébucq, Léo Desaivre, Lacuve, Alph. Farault, Van der Cruyssen.

Illustrations d'après les dessins et les clichés de MM. A. BOUNEAULT, G. DEMAY et GEORGES CLOUZOT

1 vol. de luxe, grand in-8 de plus de 500 pages, sorti des presses de l'Imprimerie Saint-Martin de Ligugé. — Prix : **10 fr.**

EN VENTE AUX BUREAUX DU " PAYS POITEVIN "

Dans la même collection, SOUS PRESSE

LA TRADITION
AU PAYS BASQUE

EN PRÉPARATION

LA TRADITION
AU PAYS NORMAND

On souscrit pour la **TRADITION AU PAYS BASQUE**, au prix de 10 fr., aux bureaux du " PAYS POITEVIN "

Tirage limité, pour la collection, à 1000 exemplaires

LE PAYS POITEVIN

CHRONIQUE — ÉCHOS — BIBLIOGRAPHIE

DÉCENTRALISATION
ET COSMOPOLITISME •

Sous ce titre, M. Gustave Geffroy, dans un journal quotidien, a publié un excellent article sur la décentralisation. Nous en extrayons les passages qui suivent, en assurant M. Geffroy, qui semble ignorer ce qui a été fait en Poitou depuis plusieurs années, que ses desiderata sont réalisés dans cette province. Des Poitevins de Paris, que nous connaissons, sont revenus s'installer dans leur pays natal dans le seul but d'accomplir l'œuvre à laquelle l'éminent critique convie aujourd'hui les apôtres du régionalisme.

Plusieurs belles fêtes locales remettent en honneur les idées de décentralisation, le désir légitime de rendre une vie mouvementée aux anciennes provinces françaises. Les journaux, pendant la brûlante quinzaine de la canicule, ont été remplis des excursions, des toasts, des discours, des entrées triomphales, qui ont marqué la tournée pittoresque des Cadets de Gascogne. Tous ceux qui ont figuré dans ces défilés, ou qui en ont été les spectateurs, sont restés tout vibrants de ce bruit, de cette lumière du soleil. Puis, dans le même ordre d'idées, une autre manifestation s'est produite à Béziers : la représentation, dans les arènes, de la *Déjanire* de Saint-Saëns. Auparavant, il y avait eu, au pays d'Ouest, dans le joli village de Ploujean, près Morlaix, la représentation, par une troupe de l'endroit, d'un mystère breton.

Il faut travailler à mettre les mœurs en accord avec les lois de demain. Pour ce résultat, la promenade des Cadets de Gascogne, les représentations de Ploujean et de Béziers, et toutes les manifestations du même ordre sont éminemment utiles. Elles indiquent, je pense, que des groupes d'hommes ont compris la nécessité de créer la vie de l'esprit là où elle n'est pas, de la ranimer là où elle est amoindrie.

Mais il est certain que si cette propagande de décentralisation s'arrêtait à ces courses d'été, à ces activités de villégiature, l'effet serait bien court. Cela équivaudrait à peu près à des tournées théâtrales. C'est bien quelque chose, mais ce n'est pas assez. Les promeneurs partis, la région un instant agitée retombe à son apathie, tous les promoteurs de l'agitation repris par Paris, où ils ont leurs affaires, leurs plaisirs, leurs ambitions, leur vraie vie enfin !

Tant que ces conditions ne seront pas changées, que tous les écrivains voudront écrire à Paris, que tous les peintres voudront peindre à Paris, que tous les professeurs voudront professer à Paris, etc., la centralisation restera toute-puissante. Il y a des journaux de région, quelques-uns très répandus, et c'est un gros élément de succès pour le programme de relèvement provincial. Mais quelle est la rédaction de ces journaux? Une rédaction parisienne. Où ces journaux ont-ils leurs bureaux ? Dans une ville départementale, sans doute, mais aussi à Paris. Paris, toujours Paris !

Il serait nécessaire de prêcher d'exemple, de commencer par le commencement. Si l'on attend le signal d'un changement à vue de notre existence provinciale, on risque d'attendre longtemps. Personne ne peut-il donner ce signal pour son compte? Parmi les apôtres de la décentralisation, n'en est-il pas qui ont la vie libre, et qui peuvent retourner à l'endroit d'où ils sont partis, pour

essayer d'y attirer et d'y grouper quelques forces. Ce serait un beau spectacle que celui de ces démissionnaires de Paris affirmant bien haut que l'on peut vivre ailleurs que dans l'agitation et l'encombrement de la grande ville, ajoutant l'exemple à la parole, suscitant les énergies, créant une atmosphère vivifiante dans les petites villes prétendues mortes. La bibliothèque, le musée, le laboratoire, le journal, le livre, s'ensuivraient, une littérature et un art inspirés des traditions régionales auraient des floraisons inattendues, et les jeunes gens qui s'en iraient à l'âge du voyage et de la découverte auraient probablement une joie à revenir vers le pays de leur naissance.

Car il n'est pas question de tout ramener à d'étroites limites, de mesurer l'espace au vol hardi de la pensée. L'esprit local ne sera plus jamais ce qu'il a été. Le vouloir ainsi, ce serait décréter l'immobilité et la mort. Non, cet esprit local n'a rien à perdre à sa confrontation avec l'esprit cosmopolite. La facilité des communications, l'agrandissement de la connaissance, ont créé un mouvement qui emporte les peuples, les races, les petites et les grandes patries, vers de nouveaux destins. L'éducation de l'homme de demain se fera non seulement par l'action de Paris, mais l'action de partout, par les grandes villes d'Europe et d'Amérique, par l'Asie, par le monde entier.

Un tel développement prodigieux serait sans effet s'il ne profitait pas à l'individu, s'il ne donnait pas la vie à tous les points du globe. Je persiste donc à croire que le premier et grand enseignement de décentralisation viendra par le retour au pays natal de ceux qui auront pris conscience de la civilisation universelle.

GUSTAVE GEFFROY.

CHRONIQUE

M. J.-K. Huysmans en Poitou

UNE COLONIE D'ARTISTES CHRÉTIENS A LIGUGÉ

La presse annonçait récemment que M. J.-K. Huysmans quittait Paris pour s'installer à Ligugé et y fonder, à l'ombre du monastère de l'illustre apôtre des Gaules, une colonie d'artistes chrétiens.

Cette information est exacte dans sa première partie ; elle est tout au moins prématurée quant au reste.

M. Huysmans se fixe en effet dans la petite commune monastique fondée, il y a quatorze siècles, par saint Hilaire et saint Martin. Attiré par les souvenirs exceptionnels qui s'attachent à cette terre bénie, séduit par le charme de l'hospitalité bénédictine et les avantages d'une vie spirituelle intense, conquis par l'aménité et l'intelligence du clergé poitevin, qui lui fit fête et s'intéressa à son établissement, il a vu se changer en séjour définitif une pieuse villégiature commencée sans idée préconçue.

Depuis longtemps déjà des bonnes volontés éparses, religieuses et laïques, se cherchent et se stimulent pour réaliser, en quelque coin de France, la création d'une colonie d'artistes chrétiens. Ici même nous en avons formulé le désir dans le programme du *Pays Poitevin*, qui en a fait un de ses desiderata. A tous, M. J.-K. Huysmans apparaît l'homme désigné pour cette fondation, qui ne se comprend qu'à l'ombre d'un cloître et sous la direction spirituelle d'un Ordre religieux. Les circonstances actuelles, providentiellement amenées, paraissant un commencement d'exécution, des impatients ont pu, devançant la réalité des faits, donner comme acquis ce qui n'est qu'à l'état de projet. Quoi qu'il en soit, les événements semblent favorables à la réalisation d'une œuvre de renaissance artistique chrétienne, pour laquelle nous formons personnellement les vœux les plus ardents.

Gustave Boucher.

LA DÉCOUVERTE DE LOUIN (DEUX-SÈVRES)

Le R. P. de la Croix adresse au public l'appel suivant que nous nous faisons un devoir de reproduire :

Au mois de mai de cette année, M. Moreau-Baranger, cultivateur à Louin, mettait à découvert, dans un terrain lui appartenant, un massif de maçonnerie qui lui parut très ancien. Il pratiqua une fouille et finit par dégager une porte, qu'on avait murée. Il déblaya cette porte et se trouva en face d'un caveau funéraire, voûté en plein cintre, contenant deux cercueils en pierre.

Appelé immédiatement par le curé de la commune, je me rendis à Louin pour essayer de déterminer la découverte.

Un examen attentif me permit de supposer qu'on se trouvait en présence d'un hypogée païen remontant à la fin du quatrième siècle. Je fus amené à cette conclusion par une très sérieuse étude des sarcophages. Le plus grand mesure 2m30 de long sur 0m76 de large ; il est doublé d'un cercueil de plomb contenant encore le squelette d'un homme d'environ trente ans. L'autre n'a que 1m50 de longueur sur une largeur de 0m75 ; il est également doublé de plomb et contient les restes d'un enfant de cinq à six ans.

J'ai fouillé beaucoup de cimetières païens, parmi lesquels je citerai celui des Dunes, de Poitiers. Grâce à différents objets mobiliers, et surtout aux monnaies, j'ai pu lui assigner la date du quatrième siècle. Cette date a été acceptée par tous les savants. Or, les sarcophages de Louin ressemblent exactement aux sarcophages des Dunes, quant à la forme et à la taille de pierre, et, de plus, le travail de plomberie est identiquement le même.

Le grand sarcophage est en marbre de Saint-Béat (Haute-Garonne). Il y eut dans cette région, pendant toute l'occupation romaine, des ateliers de taille de pierre où l'on fabriquait des sarcophages, des chapiteaux, des pilastres, etc., que l'on expédiait par voie d'eau dans toute la Gaule. Le sarcophage contenant le squelette de l'enfant est en calcaire grossier des environs d'Airvault.

Autorisé par le propriétaire, j'ai fait pratiquer des fouilles au-dessus du caveau. Après quelques jours de recherches, j'ai été assez heureux pour découvrir des substructions très complètes. Je pense qu'elles ont appartenu à un temple dont la forme devait être particulièrement originale.

Cette découverte est extrêmement précieuse en ce sens qu'elle n'a pas de similaire. Nulle part encore on n'a signalé d'hypogée surmonté d'un temple, et je ne connais pas de texte mentionnant ce genre d'édifice ou signalant l'usage de leur construction.

La communication que j'ai faite au dernier Congrès des Sociétés savantes et aux Antiquaires de France sur la découverte de Louin, a très vivement intéressé les archéologues présents. Tous ont été unanimes à déclarer qu'elle est de la plus haute importance, parce qu'elle nous révèle une coutume qui nous était absolument inconnue.

Dans ces conditions, on comprendra que je n'ai rien négligé pour mettre en lumière cette belle découverte. J'ai fait procéder aux travaux les plus urgents pour en rendre l'accès facile aux visiteurs, et j'ai préparé la mise en état de conservation. À l'heure actuelle deux escaliers permettent, l'un de descendre dans le caveau, l'autre de monter près des substructions du temple.

Pour que le travail soit complet, il faudrait : 1º que les substructions fussent restaurées ; 2º qu'elles fussent abritées par un hangar.

A cet effet, j'ai prié M. Montant, l'habile restaurateur des monuments historiques, de vouloir bien me dresser un devis pour la mise en état des substructions. D'autre part, j'ai demandé à M. Mongruel, l'excellent maître ferronnier de Jaulnay, d'établir le prix de revient d'un hangar.

Voici le montant des deux devis :

Maçonnerie	2.500
Hangar en fer	4.500
Total.	7.000

Dans ce total, je ne comprends pas les travaux qui sont déjà exécutés (terrassements, maçonnerie, escaliers), ayant trouvé le moyen d'en couvrir le prix.

En raison de son minime budget, la Commission des Monuments historiques ne peut coopérer à ces aménagements que je voudrais entreprendre dans l'intérêt de notre histoire nationale. Mais lorsque les travaux seront terminés, les antiquités de Louin seront classées, c'est-à-dire seront placées sous la garde de l'Etat et mises pour toujours à l'abri de toute destruction.

J'ai pensé que les habitants des Deux-Sèvres, fiers à juste titre de la découverte admirable faite sur leur territoire, tiendraient à honneur de me donner les moyens de la conserver en s'inscrivant sur la souscription que j'organise dans tout le département.

Je demande aux personnes qui désireront souscrire de vouloir bien en informer M. Breuillac, secrétaire de la Commission des Musées de Niort, qui se chargera ensuite de recueillir les fonds. Il fera un état des dépenses et des recettes, et l'adressera à tous les souscripteurs, après l'avoir fait contrôler par une commission.

Dans l'ouvrage qui paraîtra prochainement sur la découverte de Louin, les noms des souscripteurs figureront en première page.

J'aurais préféré qu'une Société archéologique prît l'initiative de cette souscription. Malheureusement l'ancienne *Société de Statistique des Deux-Sèvres*, dont je m'honorais de faire partie, est dissoute. Il ne reste plus de ses anciens membres que quelques hommes dévoués, parmi lesquels l'honorable M. Breuillac, qui a bien voulu me prêter son concours.

J'espère que nous serons secondé dans la tâche que nous entreprenons en vue d'agrandir le domaine historique du département des Deux-Sèvres.

Poitiers, le 8 juillet 1898.

C. de la Croix, S. J.,
Chevalier de la Légion d'honneur,
Membre non résidant du Comité des Travaux historiques
du Ministère de l'Instruction publique.

AVIS

Le *Pays Poitevin* paraît le 20 de chaque mois, avec 20 pages de texte et de nombreuses gravures.

Un supplément bibliographique est encarté dans les numéros adressés aux abonnés directs.

Les gravures hors texte qui peuvent être publiées et les primes ne sont servies qu'aux abonnés.

Les travaux importants, illustrés ou non, publiés dans le *Pays Poitevin*, sont **tirés à part**, aux frais de l'administration, à cent exemplaires. Sur ce nombre, cinquante exemplaires sont remis à l'auteur et cinquante demeurent la propriété de la Revue.

Le chiffre du **tirage à part** peut-être augmenté après entente entre les auteurs et l'administration.

MONOGRAPHIES PAROISSIALES

Nous avons exprimé le désir, dans le premier numéro du *Pays Poitevin* d'être mis à même de réunir, au Musée du Poitou chrétien, à Ligugé, des notes sur les paroisses du Poitou et des Charentes, accompagnées de dessins et photographies.

M. l'abbé Métais, curé de Jaulnay, nous a aussitôt adressé la monographie de sa paroisse, accompagnée de quelques clichés, que nos lecteurs trouveront en tête de la partie religieuse.

Nous sommes infiniment reconnaissants à notre vénérable collaborateur de cette initiative, et nous le félicitons grandemement de la forme méthodique et concise de son travail.

Trop souvent les prêtres, isolés dans les campagnes, n'ayant à leur disposition aucun élément de documentation et, exagérant d'ailleurs, par excès de modestie, la difficulté de ces études, restent sourds aux prières de l'épiscopat, des érudits, et parfois de leurs paroissiens, et ne songent pas à utiliser, au profit de l'histoire locale, les loisirs de leur ministère.

M, l'abbé Métais donne un exemple qu'on ne saurait trop louer. On sent que son travail a été rédigé en dehors de toute prétention à l'érudition et au style. Aimant sa paroisse, il a voulu simplement en tracer l'histoire sommaire, laissant à d'autres le soin des développements savants, facilités d'ailleurs par les références que cette courte monographie met en lumière. Une étude ainsi conçue ne s'adresse pas seulement aux érudits, le public simplement curieux de l'histoire du Poitou la lira avec plaisir et profit : les paroissiens de l'intelligent pasteur seront heureux et édifiés de connaître les particularités saillantes de leur histoire familiale.

Un peu de bonne volonté et beaucoup de modestie suffiraient donc pour rendre possible, en peu de temps, la mise au jour d'une foule de monographies paroissiales dont l'emsemble constituerait un incomparable monument élevé à la gloire du Poitou chrétien. C'est un vœu que Mgr Pie avait formulé autrefois avec insistance. Quelques rares auteurs ont répondu à ce désir dont les préjugés académiques de l'époque ont peut-être rendu la réalisation difficile. Souhaitons que l'exemple donné par l'abbé Métais dissipe ces préjugés paralysants et donne courage au jeune clergé rural.

G. B.

ÉCHOS BIBLIOGRAPHIQUES

Le Poitou pittoresque. — Sous ce titre M. Jules Robuchon prépare une nouvelle collection de petits albums dédiés aux touristes, et qui mettront à la portée de tous les amateurs sa superbe collection de paysages et de monuments poitevins.

Chacun de ces albums contiendra seize planches accompagnées de quelques lignes de texte pour en signaler l'intérêt géographique, historique et pittoresque. Ils seront publiés par série de douze numéros paraissant annuellement.

La première série concerne la ville de Poitiers et ses environs, dans un rayon de douze à quinze kilomètres ; elle formera un ensemble de cent quatre-vingt-douze planches.

Le prix de la souscription pour cette collection de douze albums est fixé à **10 francs**, payable le jour de la publication du premier numéro qui paraîtra au plus tard le 1er janvier 1899.

Le prix de chacun de ces albums, vendu séparément aux amateurs n'ayant pas souscrit, est fixé à **1 fr. 25.**

***

Revue Éclectique d'Apiculture (mensuel). — Cette revue publie tantôt des articles courts, clairs, complets sur tous les sujets apicoles, tantôt des articles plus développés sur les mêmes questions, et enfin des travaux de longue haleine dus à la plume d'éminents et nombreux collaborateurs.

Le débutant, l'apiculteur déjà exercé et même l'apiculteur émérite y trouveront chacun des renseignements utiles.

On s'adressera aux bureaux de la Revue, 4, rue de l'Eperon, à Poitiers.

Prix de l'abonnement : **4 fr.** par an pour la France ; **4 fr. 50** par an pour l'Etranger.

***

Pouvoir recueillir dans les journaux du monde entier tout ce qui paraît sur un sujet quelconque, sur une question dont on aime à s'occuper ; — surtout savoir ce que l'on dit de vous et de vos œuvres dans la presse, qui ne le souhaite parmi les hommes politiques, les écrivains, les artistes ?

Le Courrier de la Presse, fondé en 1880, par M. GALLOIS, 21, boulevard Montmartre, à Paris, répond à ce besoin de la vie moderne avec autant de célérité que d'exactitude.

Le Courrier de la Presse *lit 6000 journaux par jour.*

Le Courrier de la Presse *reçoit sans frais les abonnements et annonces pour tous les journaux et annonces.*

Tarif : 0 fr. 30 par coupure. Tarif réduit, paiement d'avance, sans période de temps limité : par 100 coupures, 25 francs ; — par 250, 55 francs ; — par 500, 105 francs ; par 1000, 200 francs.

Tous les ordres sont valables jusqu'à avis contraire.

Sommaire des Revues reçues

REVUES POITEVINES

Revue d'Archéologie poitevine (août 1898). Le fer à hosties de l'église d'Azay (Deux-Sèvres), treizième siècle ; La construction de l'arche de Noé, miniature du dix-septième siècle provenant de la Visitation de Loudun, avec 1 planche ; Clavier pour trousseau de clefs, de l'ancien Hôtel-Dieu de Poitiers, dix-huitième siècle, avec 1 planche ; Champigny-sur-Vende, dans la collection Gaignières, à Paris ; Un crucifix de mission du dix-huitième siècle, du type de ceux distribués par le bienheureux Louis Grignon de Montfort, avec 1 planche ; La messe propre de sainte Radegonde, dans le missel d'Albi de 1763 ; Inventaire d'une bourgeoise poitevine à Claveau, en 1713 ; Un fragment de liturgie poitevine, d'après un manuscrit du quinzième siècle ; Renseignements divers.
Direction : Mgr X. Barbier de Montault. — Administration, rue de l'Éperon, Poitiers. — Abonnement annuel : 12 fr. (mensuel).

Bulletin de saint Martin (sept. 1898). — Saint Martin, apôtre de la France ; L'Enfance initiée à la vie de l'Église ; la représentation du « Mystère de saint Martin » ; Une visite au tombeau de Dom Didier de la Cour ; Chronique ; Appel à la charité ; Une fête de Notre-Dame dans un « pueblo » de la Vieille-Castille ; Recommandations.
Administration : Abbaye de Ligugé (Vienne). — Abonnement annuel : 1 fr. (mensuel).

Revue de Saintonge et d'Aunis (sept. 1898). — Chronique de la Société ; Avis et nouvelles ; Actes d'état civil ; A travers les revues ; Livres et périodiques ; Variétés ; Archéologie ; Questions et réponses ; Bibliographie.
Directeur : L. Audiat, à Saintes. — Abonnement par cotisation de sociétaire, 13 fr. par an (trimestriel).

Mercure Poitevin (sept. 1898). — Alfred de Vigny (Constant Roy) ; Légende de sorcellerie (H. Gélin) ; Criminelle vertu (Pierre Corneille) ; Romantiques et félibres (Edouard Bourcier) ; Le miracle des blés (H. Clouzot) ; Lettres poitevines (Jean Duc) ; Chronique littéraire ; Chronique théâtrale ; Erinna (P. Corneille).
Directeur : P. Corneille. Administration, 23, rue des Fossés, Niort. — Abonnement annuel, 12 fr. (mensuel).

L'Ouest artistique et littéraire (sept. 1898). — A Montreuil-Bellay (Duthouet) ; A la mémoire de Charles Dovalle, poésie (Charles Herbinet) ; Une ascension (Albert Clairouin) ; A Chateaubriant (Jos. Parker) ; Au pays des mystères (Renée Monbrun) ; Paradoxes d'été pour le peintre (Cavrès).
Directeur : Clairouin, 51 *bis*, rue Cler, Paris. — Abonnement annuel, 10 fr. (mensuel).

Le Courrier mensuel (sept. 1898). — A travers le mois (Senel) ; Pour le docteur André Davaine (Alfred Meynard) ; Le soir (Antony) ; Feuilles intimes (Louis-Théophile Redien) ; Notes sur le château, la topographie et le donjon du vieux Niort (P. Vander) ; André Theuriet paysagiste (G. Lussol) ; Bibliographie.
Directeur : De Montmédy, 37, place des Capucins, Niort. — Abonnement annuel, 3 fr. (mensuel).

L'Abeille paroissiale de Gourville. — A quoi sert la religion ? Les faux prophètes ; Le vénérable curé d'Ars ; Tout connaître ; Les lectures ; La prière du matin et du soir ; Le catéchisme en cantiques ; Exaltation de la vraie Croix ; Quelques conseils ; Gourville ; Sans culottes.
Directeur : M. Apcher, curé de Gourville. — Abonnement annuel, 2 fr. (gratuit pour les paroissiens) (mensuel).

Le Messager paroissial (15 sept. 1898). — Chronique paroissiale (L. Brouillet) ; Dieu aurait fort à faire (G. Augereau) ; Le phylloxéra et les plants américains (E. Ouvray) ; La question sociale (Deguin) ; Variétés.
Directeur-administrateur : Abbé Brouillet, curé de Courcôme, par Ruffec. — Abonnement annuel, 2 fr. (gratuit pour les paroissiens) (mensuel).

REVUES DIVERSES

Mercure de France (sept. 1898). — Chanson des Rois Mages (Pierre Lonys) ; L'œuvre de Bismarck (Paul Girardy) ; Poésies (Stuart Merril) ; La mort d'Antinoüs (Rachilde) ; Réprimande à Bilitis (Albert Mockel) ; Introduction au Faust de Gœthe (Pierre Lasserre) ; Etang, poésie (Georges Plock) ; Thomas Carlyle (Edmond Barthelemy) ; La fête de l'automne et des vergers (Paul-Louis Garnier) ; Réflexions sur le Saint François d'Assise de M. Paul Sabatier (Remy de Gourmont) ; le conte de La Digue (Georges Eckoud) ; Le Roy (Albert Delacour) ; Revue du mois.
Directeur : Alfred Valette, 13, rue de l'Echaudé-Saint-Germain, Paris. — Abonnement annuel, 24 fr. (mensuel).

Etudes publiées par des Pères de la Compagnie de Jésus (sept. 1898). — Wiseman et la conversion d'Oxford (P. H. Bremond) ; La liberté et la conservation de l'énergie (P. E. Portalis) ; Le climat Sudo-Palestinien, autrefois et aujourd'hui (P. H. Lammens) ; La télégraphie sans fils (P. J. de Joannis) ; Correspondance des missions : Excursion à Sou-Tcheou, la « Venise chinoise » (P. J. M. Gautier).
Administration : Victor Retaux, 82, rue Bonaparte, Paris. — Abonnement annuel, 25 fr. (bimensuel).

Mélusine (juillet-août 1898). — La courte paille, chanson populaire (Georges Doncieux); Légendes contemporaines (H. Gaidoz); L'Etymologie populaire et le Folk-Lore : Saint Gétorix (Georges Doncieux); La fascination (J. Tickmann); Chansons populaires de la Basse-Bretagne (Ernault); Le jugement de Salomon (A. de Cock); Le Petit Chaperon rouge (E. B.); L'Abrégé des merveilles et les Mille et une Nuits (V. Chauvin); Le mariage en mai (H. G.); Les Lupercales (H. G.); Bibliographie.

Directeur : H. Gaidoz. Administration, librairie E. Rolland, 2 rue des Chantiers, Paris. — Abonnement annuel, 12 fr. 50 (mensuel).

Revue des Traditions populaires (août-sept. 1898). — Petites légendes locales (P. Sébillot); La chapelle des sept Saints (François Marquer); Légende du rocher de Substancion (A. Certeux); Qui frappe? chanson bourguignonne (Mobel-Retz); La querelle des sourds (René Basset); Un conte pnong (Adhémar Leclerc); Essai du blason populaire de l'Aube (Louis Morin); Les empreintes merveilleuses; La colline de Raigemcore (Walter Gregore); Coutumes des Indiens de l'Etat de Colombie (H. Heinecke); Contes et légendes arabes (René Basset); Contes de la Haute-Bretagne : Le monde fantastique (Lucie de V. H.); La Bédouine (A. Certeux); Les douze paroles de vérité. Version de la campine anversoise (Jozet Lornelissen); Les ordalies. Par immersion. Par le plat. Les lances qui reverdissent, Belgique (Alfred Haron); Bibliographie.

Directeur : Paul Sébillot, 80, boulevard Saint-Marcel, Paris. — Abonnement annuel, 15 fr. (mensuel).

Wallonia (août 1898). — Sorcellerie. Recrutement des sorciers et sorcières (O. Colson); Le jour des Rois : Le parjure des trois Rois, chanson (O. Colson), accompagnement de piano par P. Van Damme; Petites légendes locales : Le trou du serpent à Court-Saint-Etienne (Ad. Mortier); Le curé de Magie (Jos. Chot.); Le mennier des Fonds de Qwareux (O. C.)

Directeur : O. Colson, 16, fond Saint-Servais, Liège (Belgique). — Abonnement annuel, 4 fr. (mensuel).

La Province (sept. 1898). — Les routes de l'air, étude sur l'aérostation (Gaston d'Hailly); Mentino, poème provençal (Jean Monné); Le cultivateur magicien (Charles Montmayeur); Un site alpestre : Saint-Martin d'Entrannes (César Liautaud); Maudite chasse ! poésie (A. Tombarel); Un ouvrage de Jules Troubat (C. D.); Les hôtes de Beaumont (L. Duc).

Directeur : Lucien Duc, 35, rue Rousselot, Paris. — Abonnement annuel, 12 fr. (mensuel).

Lemouzi (août-sept. 1898). — Bulletin, Recueil, Limoges (Louis Guibert); Tableau limousin (Fernand de Maillard); A propos du centenaire de Jasmin, Le pays natal (Fourel); Al papa de Rouma (Joseph Roux); La Charente limousine (Jean Dutrech); Tal creis gaïlhar Guilhou que Guilhou lou guilha coante (E. Bonnial); Un félibre avant la lettre (L. de Mussay); La Sent-Flaore (Marpilhat); Brive-la-Jolie (Sautour).

Administration : 2, rue Bertrand de Born, Brive. — Abonnement annuel, 5 fr. (mensuel).

Lou Félibrige (juillet-août 1898). — Li festo en onnour de Jaussemin (Jan Monné); Li novo Felibrenco, Prouvenço; Lis no Prouvinciau.

Directeur : Jan Monné, 143, rue de Breteuil, Marseille. — Abonnement annuel, 4 fr. (mensuel).

Courrier littéraire d'Histoire et d'Art (15 avril 1898). — Les huit canons du château de Broglie (E. Vauclin); Le culte des cinq plaies de Notre-Seigneur dans l'art héraldique, La lettre funèbre de l'Eglise d'Anaïs, Inventaire du château de La Rochepozay en 1471 (Mgr X. Barbier de Montault); Note inédite sur le jubé d'Auch avant sa destruction (Godard Faultrier); Ptolémaïs (commandant Camille Riveron); Les nécropoles dramatiques (André Le Royer); Bloc-notes, Bulletin.

Directeur : Léon Laforge, à Sainte-Adresse. — Abonnement annuel, 6 fr. (mensuel).

Notes d'Art et d'Archéologie. — Texte : Tête antique et colombe eucharistique de l'abbaye de Silos (Dom E. Roulin); Orfèvrerie d'église moderne (E. Belville); Le presbytère de Saint-Pierre de Saumur (Leroux-Lesbron); Chronique (Vincent Darasse); Gravures : Cloître de l'abbaye de Silos; Tête antique et colombe eucharistique de Laguenne; Calices et burettes de Datholt.

Directeur : Eugène Belleville. Administration, librairie Plon et Nourrit, 10, rue Garancière. — Abonnement annuel, 10 fr. (mensuel).

Revue Thomiste (sept. 1898.) — La localisation du déluge et les péripéties de la question (G. de Kiruan); L'Equiprobabilisme (suite et fin) (R. P. Jansen); Le cas Durtal (Claude des Roches); Objet du savoir divin (R. P. Villard); Bulletin archéologique (Mgr Kirsch); Notes bibliographiques.

Directeur : R. P. Coconnier. Administration, 222, faubourg Saint-Honoré, Paris. — Abonnement annuel, 12 fr. (bimestriel).

La Quinzaine. — Bismarck (Paul Thirion); Alphonse Toussenel et l'esprit des bêtes (Docteur P. Maisonneuve); La salle n° 6 (nouvelle traduite du russe par Denis Roche) (Anton Tchekhov); L'enseignement féminin (Yves le Querdec); Les sophismes de la critique (Ch.-M. des Granges); Chronique musicale (Arthur Coquard); Chronique politique; Nouvelles scientiques et littéraires; Revue des revues; Notes bibliographiques.

Directeur : M. Georges Fonsegrive, 45, rue Vaneau, Paris. — Abonnement annuel, 24 fr. (bimensuel).

Le Journal des Arts (n° 61). — Les fresques de Saint-Dié; Bulletin des Expositions; Informations; Billet de logement; L'Exposition de Spa; Bulletin des concours et Expositions; Concours du Conservatoire des arts et métiers; Sens : Concours d'architecture; Tournai : Exposition d'art ancien; Revue des ventes; La légende des ateliers; Jurisprudence; Nécrologie; Académie des Inscriptions; Bibliographie.

Directeur : Aug. Dalligny, 1, rue de Provence, Paris. — Abonnement annuel, 20 fr. (hebdomadaire).

Le Directeur-Gérant : GUSTAVE BOUCHER.

Ligugé (Vienne). — Imprimerie Saint-Martin. M. Bluté.

BIBLIOTHÈQUE DE LA TRADITION NATIONALE

Honorée d'une souscription du Ministère de l'Instruction publique

PUBLIÉE SOUS LES AUSPICES DE LA SOCIÉTÉ D'ETHNOGRAPHIE NATIONALE & D'ART POPULAIRE

Sous la direction de M. GUSTAVE BOUCHER

OUVRAGE PARU

LA TRADITION
EN POITOU & CHARENTES

ART POPULAIRE. — ETHNOGRAPHIE. — FOLK-LORE. — HAGIOGRAPHIE. — HISTOIRE

Texte par MM. André Theuriet, Georges Lafenestre, Gaston Paris, Gaston Deschamps, J.-K. Huysmans, A. Landrin, Paul Sébillot, Th. Léaud, H. Gélin, Baguenier-Desormeaux, R. P. Lhoumeau, Dom Parisot, Dom Augouard, R. P. Texier, Aug. Gaud, Constant Roy, Puichaud, Abbé Noguès, Gustave Boucher, Henri Clouzot, P. Boissonnade, J. Philippe, S. Trébucq, Léo Desaivre, Lacuve, Alph. Farault, Van der Cruyssen.

Illustrations d'après les dessins et les clichés de MM. A. BOUNEAULT, G. DEMAY et GEORGES CLOUZOT

1 vol. de luxe, grand in-8 de plus de 500 pages, sorti des presses de l'Imprimerie Saint-Martin de Ligugé. — **Prix : 10 fr.**

EN VENTE AUX BUREAUX DU " PAYS POITEVIN "

Dans la même collection, SOUS PRESSE

LA TRADITION
AU PAYS BASQUE

EN PRÉPARATION

LA TRADITION
AU PAYS NORMAND

On souscrit pour la TRADITION AU PAYS BASQUE, au prix de 10 fr., aux bureaux du " PAYS POITEVIN "

Tirage limité, pour la collection, à 1000 exemplaires

LE PAYS POITEVIN

CHRONIQUE — ÉCHOS — BIBLIOGRAPHIE

RÉGIONALISME

La Tradition au Pays Basque

Nous *extrayons du volume sous presse : La Tradition au Pays Basque, le discours prononcé à l'inauguration du Congrès de la Société d'Ethnographie nationale et d'Art populaire, le 15 août 1897, par M. de Fourcaud, délégué du Ministre de l'Instruction publique, et le toast que porta notre Directeur, M. Gustave Boucher, secrétaire général de la Société, au banquet qui clôtura les fêtes.*

A cette occasion, nous informons les sociétaires, et les souscripteurs du volume que, par suite de retards successifs apportés par les collaborateurs du Congrès dans la livraison de leurs manuscrits et la correction des épreuves, la Société d'Ethnographie nationale ne sera pas en mesure de livrer l'ouvrage avant la fin de l'année courante.

DISCOURS DE M. DE FOURCAUD

Mesdames, Messieurs,

M. le Ministre de l'Instruction publique et des Beaux-Arts a bien voulu me désigner pour le représenter aujourd'hui parmi vous et vous porter le témoignage de la sollicitude du gouvernement en ce qui touche la conservation des vieilles mœurs, la sauvegarde des arts anciens et populaires, le respect dû aux francs caractères d'une vie régionale fortement accentuée, ce qui constitue, enfin, l'expressive et traditionnelle physionomie de nos provinces. J'ai accepté cette mission avec reconnaissance, et comme un grand honneur. On est profondément heureux, en effet, lorsque, s'étant voué soi-même, de ferme conviction, à la cause de la décentralisation intellectuelle, on se voit accrédité pour dire aux énergiques soldats, aux propagateurs de l'idée féconde, que leurs efforts sont récompensés. Et ce n'est pas seulement de la joie qu'on éprouve, c'est aussi une juste fierté lorsqu'il s'agit de proclamer la vitalité merveilleuse de l'esprit des aïeux précisément dans une contrée comme la vôtre, si riche de sa gloire immémoriale, si légitimement confiante en son avenir.

Je sais, Messieurs, devant qui je parle. Dans vos rangs, il y a des érudits et des artistes, des lettrés, des dilettantes, de simples curieux : il n'y a que des hommes de cœur, Basques purs, Français sans réserve. Ne laissons jamais insinuer que la décentralisation intellectuelle puisse être nulle part, à aucun moment, en aucune mesure, une façon de séparatisme. Elle est une des rigoureuses et magnifiques conséquences de la liberté — de cette liberté dont vos tant de fois séculaires *Fueros* ont posé le fait et le principe. Elle est, en même temps, par la force sacrée des choses, l'une des plus belles garanties, la plus belle peut-être, de l'indestructible unité. Le lieu natal nous apparaît comme l'endroit du monde où nous sommes le plus près du cœur de la patrie. Impossible de se méprendre au sentiment qui nous y attache : c'est le vrai sentiment national pénétré de toute la tendresse de nos chers souvenirs. Par ce sentiment, on vit sans défaillance et, pour lui, l'on va héroïquement au-devant de la mort. Personne ne me démentira si j'énonce cette vérité sous cette forme absolue : qui aime le mieux sa petite patrie, donne les meilleurs gages à la grande. Dites-moi donc en quelle bataille française le sang basque s'est ménagé, sur la terre et sur la mer ?

Je compare les provinces à des familles distinctes, collatérales ou alliées, égales en droits et en devoirs, solidaires entre elles, indissolublement unies par un lien essentiel. De même que chaque famille a son nom et ses traditions, son patrimoine et, pour ainsi parler, ses allures, chaque province a sa personnalité, ses ressorts, ses ressources, ses hérédités. Chacune se particularise et toutes s'absorbent dans l'indivisible nation. Pas une n'est la nation à l'exclusion des autres, mais la nation est à la fois en toutes et en chacune. Tel s'affirme un organisme inviolable en soi.

Cependant, de ce que nous formons un peuple intégral, de ce que nous sommes soumis aux mêmes disciplines, nourris du même idéal, abrités sous les plis du même drapeau, s'ensuit-il que, pareils de cœur, nous devions, de province à province, nous réduire à l'uniformité ? — Non pas, Messieurs. Nous avons le droit d'être nous-mêmes. Nous l'avons de par la nature avant de l'avoir de par la société. Nous l'avons au même degré que la terre, dont les productions varient, en n'importe quel empire, suivant les zones, les climats et les sols. Or, cette variété des productions naturelles est un bienfait inestimable, assurant au pays entier le bénéfice de ce qui se recueille en la moindre de ses parties. Toute région donne et reçoit. Toute richesse arrive, en quelque sorte, à se répartir. Ainsi, la diversité des apports crée la loi de réciprocité, d'où naît l'équilibre. Dans le domaine moral, il n'en saurait être autrement.

Imaginez un vaste territoire comme la France uniformisé sur le modèle d'un canton. Il en résulterait un ennui morne, une paralysie de la spontanéité — par conséquent, le ravalement des intelligences privées d'émulation, condamnées à l'automatisme. Mais, heureusement, les Bretons ne peuvent être identiques aux Champenois, les Bourguignons semblables aux Provençaux, les Poitevins faits à l'exemple des Basques. De proche en proche, les aptitudes et les humeurs changent, les façons d'être, les manières de sentir se modifient comme sont différenciés les horizons et les terroirs. Ni les types, ni les goûts, ni les coutumes, ni les arts ne se répètent exactement. On ne peut pas toujours tout s'expliquer par les données purement scientifiques, car trop de choses nous échappent dans la déduction des atavismes et la primordiale constitution des milieux. Le fait certain, c'est que les manifestations d'originalité régionale sont flagrantes. Des sources éternellement vives émergent de toutes parts. Elles ont à l'envi des qualités spéciales, mais il n'y a pas à s'y tromper, ces sources sont uniquement françaises. Laissez-les jaillir, facilitez leur cours. Le génie français trouvera partout les eaux fatidiques, les eaux limpides et chantantes, sorties des rocs natifs, ruisselant pour le désaltérer — mieux encore pour le retremper et le charmer.

Qu'on ne vienne pas vous dire que Paris vous opprime. Celui-là seul subit l'oppression qui va la chercher, qui s'y asservit d'avance. Regardez plutôt, ici même, autour de vous. Est-ce que les objets réunis dans cette belle Exposition que nous avons ouverte, ce matin, ne vous appartiennent pas, pour la plupart, en propre? Élargissez le cercle de vos observations. Est-ce que votre langue n'est pas à vous, et a-t-elle nui, nuira-t-elle jamais au développement de la grande langue nationale? Est-ce que vos pastorales, vos mascarades, vos danses, vos improvisations, vos jeux ne sont pas marqués de signes frappants? Votre peuple ne sait-il pas d'admirables chansons et de nobles ou joyeux contes? Vos types ne sont-ils pas infiniment précis? Vos conceptions n'ont pas à souffrir des influences de Paris, non plus que de celles d'ailleurs. Et vous les mettrez à l'abri des contagions fâcheuses, si vous le voulez franchement.

N'imitez rien du dehors; soyez en tout ce qu'il est en vous d'être; vivez sur le fond de votre nature et n'acceptez comme des progrès, que ce qui est conforme à vos authentiques, à vos fondamentales aspirations — en un mot, soyez de plus en plus soucieux de vous bien connaître et, pour y parvenir, prenez assidûment conscience de vos traditions. Rappelez-vous qu'il n'est pas question de revenir vers le passé et d'en pasticher les formes, mais qu'il sied de profiter fidèlement des leçons des ancêtres, en ce qu'elles gardent de libre et de naïf, d'à jamais populaire. ·

Il y a une tradition qui vivifie : c'est la tradition des pensées spontanées de génération en génération. Il y a une tradition qui dessèche et qui tue : c'est la tradition des formules. Les choses d'autrefois persévèrent, à maints égards, en celles d'aujourd'hui. Nous perdrions trop à ne pas faire le compte de ces instinctives survivances. A consulter le peuple, ses mœurs, ses usages, son langage, combien l'on voit, souvent, s'éclairer des profondeurs! Sans contredit, au point de vue supérieur, nous avons, nous aurons toujours besoin les uns des autres. Mais, il n'est pas vrai que le point de vue supérieur réclame d'inutiles sacrifices. Non, plus vous serez Basques, mieux vous serez Français. Vous travaillerez selon votre âme entière à l'avancement de votre province. Vous fournirez à la France — la *douce France*, comme parlaient les poètes de nos chansons de geste — des éléments originaux.

Au nom de M. le Ministre de l'Instruction publique et des Beaux-Arts, je salue tous ceux qui participeront à ces fêtes. Je salue le Comité de l'Exposition, organisée sous les auspices de la Municipalité et de la Société d'Ethnographie nationale, et les membres du Congrès qui, dès demain, entreront en séance. Je salue vos improvisateurs, vos chanteurs, vos musiciens, vos comédiens paysans et vos joueurs de paume. Chacun d'eux, pour sa part, porte en lui quelque chose de la petite patrie, tendrement inféodée à la grande. Et puissent d'autres villes, en d'autres régions, s'inspirer de l'initiative de Saint-Jean-de-Luz et de ses autorités municipales! En de telles journées, la décentralisation efficace, celle que nous voulons et qui tend à faire vivre chaque partie de notre sol de sa vie parfaite dans l'unité du fier pays bien-aimé, cette décentralisation avance à coup sûr.

*
* *

TOAST DE M. GUSTAVE BOUCHER

Monseigneur,
Messieurs,

Je crains d'être bientôt victime d'une mésaventure semblable à celle que vient de vous raconter avec tant de brio votre éminent compatriote [1]. Je suis en effet pris au dépourvu.

1. M. Léon Bonnat.

J'espérais que M. Bonnat, oubliant pour un soir sa participation si active à votre superbe exposition, vous parlerait au nom de la Société d'Ethnographie nationale dont il est le vice-président. Je dois à son effacement volontaire, je dois aussi, hélas! à la maladie de notre ami Bordes, d'occuper à ce banquet une place dont vous me voyez tout confus, mais dont je ne songe pas à tirer vanité.

Mon embarras est d'autant plus grand que j'aurais besoin d'une véritable éloquence pour rendre les impressions que j'ai ressenties en ces huit inoubliables journées. Ces impressions sont faites d'une émotion constante devant le spectacle que j'ai eu sous les yeux à tous les instants. Ici, Monseigneur, Messieurs, j'ai eu la révélation de l'âme d'un peuple vraiment consciente d'elle-même, vraiment vivante. Jamais vous n'oubliez que vous êtes Basques. Dans toutes les circonstances vous pensez, vous agissez, vous parlez en Basques; vos jeux, vos danses sont vôtres; votre musique, votre théâtre, votre littérature, tout est basque. Et il ne s'agit pas là d'une reconstitution provisoire et factice, mais de votre vie quotidienne et spontanée.

Et pourtant vous étiez inquiets. Que sont devenues, Messieurs, ces craintes que quelques-uns d'entre vous manifestaient au début de ces fêtes, touchant leur résultat particulier quant aux conférences, aux études, à la publication d'un monument littéraire qui en perpétuera le souvenir? Nous sommes, disiez-vous, des gens de plein air, d'extérieur. Nos conférenciers ne pourront lutter contre le soleil, ni contre les jeux de pelote, les pastorales, les mascarades. Ce sera là le point faible, nous manquerons notre congrès.

N'étaient-ce pas là vos appréhensions exprimées ou secrètes ?

Eh bien ! le résultat, vous l'avez vu. Une foule élégante et compacte faussant chaque jour compagnie au soleil et s'enfermant avec passion dans la salle du pensionnat Sainte-Marie pour entendre de doctes mais toujours spirituels congressistes vous entretenir de votre histoire, de vos mœurs, de vos légendes, de vos chansons. Ces choses vous les connaissiez tous cependant, mais vous êtes allés, en grand nombre, les écouter et les applaudir comme si elles vous étaient étrangères, et de ces assises sortira un volume que je vous promets superbe et plein d'intérêt.

Pourquoi un succès si complet? Pourquoi cet empressement au congrès, contre toute attente? Ah! Messieurs, le secret en est simple. Il s'agissait de la patrie basque, de la religion de vos pères, chose dont vous ne vous lassez jamais d'entendre parler. Religion, patrie, deux mots qui partout sonnent le ralliement des esprits d'élite et des cœurs généreux. Et où sont-ils, ces cœurs et ces esprits, plus nombreux qu'en ce pays béni ?

Ah ! Monseigneur, Messieurs, je donne libre cours à mon inspiration; laissez-moi vous entretenir à cœur ouvert.

Je vous parlais tout à l'heure d'émotion. Il en est une que je n'oublierai de ma vie : c'est celle que j'ai ressentie au moment où, assistant au jeu de pelote, et l'*Angelus* sonnant à votre vénérable église, je vis tout ce peuple se lever, se découvrir et se signer; où je vis les joueurs, dans tout le feu de leur action, s'arrêter subitement pour s'associer à cet acte religieux et universel ! Et tout cela si simple, si spontané, si visiblement habituel !

Monseigneur, vous aussi vous étiez debout, bénissant ce peuple fidèle. A vos côtés se tenait M. le délégué du Ministre de l'Instruction publique. Quelle vision de paix et de concorde, de réconfortante union dans la liberté traditionnelle ! Et comme il faut remercier et aimer le pays qui vous la procure si souveraine ! Oh ! certes, je n'oublierai jamais ce moment.

Et tenez, ma confession sera complète, et si quelqu'un la trouve imprudente, osée, eh bien, il est convenu que depuis un instant, le secrétaire général de la Société d'Ethnographie nationale a disparu et qu'il ne reste plus devant vous qu'un hôte plein d'enthousiasme et de reconnaissance.

A vôtre contact, Messieurs, au contact de vos compatriotes, j'ai eu la claire vue d'un tempérament spécial auquel je suis fier de participer largement. Vous le savez, Messieurs, je suis Poitevin, et les circonstances m'ont fait naître sur la limite du Bas et du Haut-Poitou, là où finit la Vendée, l'héroïque Vendée, et où commence une zone où le scepticisme et l'indifférence ont trop de fidèles. Souvent mes compatriotes se sont étonnés de me voir si différent d'eux ; mais comme ils sont bons, indulgents et aimables, ils m'ont aidé avec une sympathique surprise dans la lourde tâche que je me suis imposée. J'ai aujourd'hui, de cette différence de caractère, l'explication vivante. Si je suis né à Niort, ma double origine ancestrale est toute vendéenne. Or, on vous l'expliquait tantôt : en Vendée l'on retrouve de nombreuses colonies basques, et une ville entre autres, Les Sables-d'Olonne, affirme son origine euskarienne. N'y a-t-il donc qu'une simple coïncidence entre vos revendications traditionalistes jamais abandonnées et celles des héros vendéens ? Êtes-vous deux peuples semblables seulement par hasard ? Non, Messieurs, il y a plus. Il y a entre le Vendéen et vous parenté évidente ; non pas seulement identité d'idéal, mais souvent identité d'origine. Pour moi, Messieurs, je n'hésite pas à le proclamer, au milieu de vous je me suis senti Basque ! Je ne suis pas un étranger !

En remerciant au nom de la Société d'Ethnographie nationale et d'Art populaire M. le Maire et ses collaborateurs du nouveau et grand succès que nous leur devons ; en adressant mon plus respectueux hommage à l'illustre président de la députation du Guipuzcóa et aux très distingués membres des Cortès espagnoles, je lève mon verre et je bois aux Basques des deux versants, à leurs *fueros*, à leurs revendications régionalistes, à leur autonomie intellectuelle !

AUX LECTEURS DU " PAYS POITEVIN "

Basée sur un groupement qui depuis trois ans a donné, principalement dans les Deux-Sèvres et dans la Vienne, des preuves d'une admirable vitalité, notre Revue n'a pas encore suffisamment, à notre gré, et sans doute au gré de nos lecteurs, équilibré son action sur toutes les parties du territoire poitevin et charentais. Nous demandons à nos amis des deux Charentes et de la Vendée encore quelques semaines de crédit. A partir du mois de janvier, nous nous sommes assuré le concours de collaborateurs qui assureront au Pays Poitevin la variété la plus complète. Nous augmenterons aussi de quatre pages notre Chronique, afin de donner aux échos et aux informations leur entier développement sans nuire à la diffusion des doctrines régionalistes qui nous sont chères.

ÉCHOS

Le 16 courant, ont eu lieu à Echiré, près Niort, les fêtes littéraires et ethnographiques organisées par la municipalité, sous les auspices du Comité Poitou-Charentes d'Ethnographie et d'Art populaire, à l'occasion de l'inauguration du médaillon du poète Emile du Tiers. Nous rendrons compte dans notre prochain numéro de cette nouvelle manifestation du régionalisme poitevin, dont le succès a été complet.

***

Nous apprenons avec une véritable satisfaction que notre excellent confrère, le *Mercure Poitevin*, que dirige M. Pierre Corneille, prend à son tour l'initiative d'honorer la mémoire du poète des *Visions rustiques*, par l'érection à Niort de son buste par M. Poisson, un jeune sculpteur de grand avenir. Pour couvrir les frais du monument, le *Mercure* a décidé d'organiser un festival littéraire et musical, à Niort, au profit de l'œuvre qu'un comité, réunissant les délégués de la presse locale, sera chargé de

mener à bonne fin. *Le Pays Poitevin* s'associera de grand cœur à tout ce qui sera fait pour perpétuer le souvenir de celui qui fut l'inspirateur de la renaissance régionaliste en Poitou.

***

Pouvoir recueillir dans les journaux du monde entier tout ce qui paraît sur un sujet quelconque, sur une question dont on aime à s'occuper ; — surtout savoir ce que l'on dit de vous et de vos œuvres dans la presse, qui ne le souhaite parmi les hommes politiques, les écrivains, les artistes ?

Le Courrier de la Presse, fondé en 1880, par M. Gallois, 21, boulevard Montmartre, à Paris, répond à ce besoin de la vie moderne avec autant de célérité que d'exactitude.

Le **Courrier** de la Presse *lit 6000 journaux par jour.*

Le **Courrier** de la Presse *reçoit sans frais les* **abonnements** *et* **annonces** *pour tous les journaux et annonces.*

Tarif : 0 fr. 30 par coupure. Tarif réduit, paiement d'avance, sans période de temps limité : par 100 coupures, 25 francs ; — par 250, 55 francs ; — par 500, 105 francs ; par 1000, 200 francs.

Sommaire des Revues reçues

REVUES POITEVINES

Revue du Bas-Poitou (septembre 1898). — La mort de d'Elbée (Mis d'Elbée) ; Le clergé de la Vendée pendant la Révolution (Edgar Bourloton) ; Vision d'à côté (Renée Monbrun) ; Un chef huguenot en Bas-Poitou au seizième siècle : Honorat Prévost (René de la Boutetière) ; Histoire d'un drapeau de la grande guerre (C. Puichaud) ; Miettes archéologiques (Dr Marcel Baudouin) ; La Terre abandonnée (Gustave Guitton) ; La Société française d'archéologie en Bretagne (E. du Trémont) ; A travers les curés.
Directeur : René Valette, Fontenay-le-Comte (Vendée). — Abonnement annuel, 12 fr. (trimestrielle).

Mercure Poitevin (octobre 1898). — Pierre Dupont (Henri-Mérlot) ; La grande Proscrite (Roselia Rousseil) ; Criminelle vertu (Pierre Corneille) ; Mission de plaire (Claudie) ; Erinna (P. Corneille) ; Un brevet de fumiste (L. D.) ; Chronique littéraire ; Chronique théâtrale.

Supplément. — A la mémoire du poète Emile du Tiers : Proses, poésies, musique de MM. Auguste Gaud, H. Caillon, H. Clouzot, F. Giraudias, J. Fontanel, J. Philippe, Jean Duc, Ducrot.
Directeur : P. Corneille. Administration, 23, rue des Fossés, Niort. — Abonnement annuel, 12 fr. (mensuel).

Revue de Bretagne, de Vendée et d'Anjou (septembre 1898). — *Charitas Christi* (P. Giquello) ; Liquidation des successions d'Anne de Bretagne et de Louis XII (J. Trénédy) ; Mémoire d'un Nantais ; Le nouveau Pape, conte d'Ille-et-Vilaine (Adolphe Orain) ; Sainte Anne pendant la révolution (Abbé Guilloux) ; Les préjugés, comédie en deux actes (Cte de Saint-Jean) ; Poésie bretonne : Sonnen filaz (Pierre Laurent) ; Poésies françaises ; Notices et comptes rendus.
Administration : 1, rue Royale, Nantes. Revue de la Société des bibliophiles bretons. Gratuite pour les sociétaires (mensuel).

Bulletin de Saint-Martin (octobre 1898). — Saint Martin, apôtre de la France ; L'Anjou ; L'Enfance initiée à la vie de l'Église ; Les Moines anglais à l'Université de Cambridge ; Les Moniales anglaises de Saint-Benoît de Rome ; Chronique : Nouvelles de l'Ordre de Saint-Benoît ; Une fête jubilaire à Saint-Vincent de Pensylvanie ; Une fête de Notre-Dame dans un « pueblo » de la Vieille-Castille ; Recommandations ; Faveurs obtenues dans les missions par la médaille de saint Benoît.
Administration : Abbaye de Ligugé (Vienne). — Abonnement annuel : 2 fr. (mensuel).

L'Ouest artistique et littéraire (octobre 1898). — Le Bouquiniste (Gustave Boucher) ; Les Celtes et la Décentralisation (Charles Herbinet) ; Le théâtre en plein air (Jan Duc) ; Le théâtre populaire en plein air de Chef-Boutonne (La Bibole) ; Un Ancêtre, poésie (Auguste Gaud) ; Une Ascension (Albert Clairouin) ; Au Grand-Bey, poésie (Sullian Collin) ; Un marché d'esclaves aux États-Unis ; Paradoxes d'été pour les peintres (Lavrès) ; Echos ; Revues et Journaux ; Le mois théâtral.
Directeur : Clairouin, 51 *bis*, rue Cler, Paris. — Abonnement annuel, 10 fr. (mensuel).

L'Abeille paroissiale de Gourville (octobre). — Dans une église de village ; L'église de la paroisse ; A l'église de Gourville ; L'assassinat de Marcillac-Lanville ; D'accord avec l'Athée ; A ceux de la classe ; Un peu de religion ; Catéchisme en cantiques ; Gourville.
Directeur : M. Apcher, curé de Gourville. — Abonnement annuel, 2 fr. (gratuit pour les paroissiens) (mensuel).

Echo-Revue (10 octobre 1898). — Le Quadrige (Stella) ; Gais échos ; Chronique théâtrale ; Notre programme définitif.
Administration et rédaction : rue du Faisan, 8, Niort. — Abonnement annuel, 3 fr. (mensuel).

Revue éclectique d'apiculture (octobre 1898). — Chronique : Société d'apiculture de l'Est ; Un arrêté draconien ; Procès de Châteauroux ; Chronique du Rucher des vieillards abandonnés ; Doctrine apicole : Les sommets de l'Apiculture ; Les piqûres ; Conférence d'Apiculture ; Effondrement ; Directoire : Octobre, Hivernage ; Revue étrangère : Italie, Belgique, Amérique ; Variétés : Rucher de l'Abbaye de Notre-Dame de Fontgombault ; Bibliographie : l'Apiculture ; Correspondance.
Directeur : Abbé Métais ; Secrétaire de rédaction : M. l'abbé Broussard, à Smarves, par La Villedieu-du-Clain (Vienne). — Abonnement annuel, 4 fr. (mensuelle).

Le Courrier mensuel (octobre 1898). — Cet impayable Guy-Aumin (Jules Delsol) ; Poésies : Les fleurs, En plein parc (J. Chopin) ; Sonnet : Ce que voudrait le poète

A. Gouachon); Notes sur le château, la topographie et le donjon du Vieux Niort (Van Der Cruyssen); Les mystères de Roquebrune (Marc de Fontenelle); L'église de Celles et Louis XI (Alf. Largeault); Rêverie (Gabriel Rambaud); Echos de partout : Prologue de Déjanire (Louis Gallet). Déjanire à Béziers (Ernest Gaubert); Illustrations : Le donjon de Niort (A. Bonneault); Gravure hors texte : L'église de Celles (Max Ménard).

Directeur : De Montmédy, 37, place des Capucins, Niort. — Abonnement annuel, 3 fr. (mensuel).

REVUES DIVERSES

La Province (octobre 1898). — Une amitié à la d'Arthez : Champfleury, Combot, Max Buchon (Jules Troubat); Un czar, étude saharienne (Emile Barbier); D'Aoste au grand Saint-Bernard, voyage sentimental (Charles Montmayeur); Chronique (L. Duc); Le moulin, comédie en un acte (A. Latry); Le prochain congrès des Sociétés savantes (L. D.); Notes décentralisatrices (J. Calcas).

Directeur : Lucien Duc, 35, rue Rousselot, Paris. — Abonnement annuel, 12 fr. (mensuel).

Lou Félibrige (septembre 1898). — Cronnico : Li festo Moulino; Les Catets de Gascougno (Danton Cazelles); Discours d'en Pau Marieton, reira felibren (Lucien Duc); Li novo Felibrenco (Jan Monné).

Directeur : Jan Monné, 143, rue de Breteuil, Marseille. — Abonnement annuel, 4 fr. (mensuel).

Paris-Canada (1er septembre 1898). — Les fêtes franco-canadiennes à Honfleur, en août 1898; Discours du ministre canadien, honorable A. Turgeon; Discours des membres de la Société normande d'Ethnographie et d'Art populaire, « le Vieux Honfleur ».

Administration : 10, rue de Rome, Paris. — Abonnement annuel, 10 fr. (bimensuel).

Le Journal des Arts (22 octobre 1898). — L'Exposition Rembrandt à Amsterdam (G. Serge Laroche); Bulletin des Expositions et des ventes; Informations; Pour le parc de Saint-Cloud (X. X.); Echos d'Angleterre (P. B.); Bulletin des concours et expositions; Revue des ventes; Jurisprudence; Obligations de la profession de brocanteur; Nécrologie; La légende des ateliers (J. L.); Bibliographie.

Directeur : Aug. Dalligny, 1, rue de Provence, Paris. — Abonnement annuel, 20 fr. (hebdomadaire).

La Tribune de Saint-Gervais, bulletin mensuel de la Schola Cantorum. — (Septembre 1898). — Essai sur les tonalités du chant grégorien (Dom J. Parisot); L'idée religieuse dans la poésie lyrique et la musique française au moyen âge (Pierre Aubry); Les organistes français du dix-septième siècle (André Pirro); Nos sociétés régionales : La fête annuelle de la Schola paroissiale de Saint-Jean-de-Luz (Jean de Muris); Mois musical (G. de Boisjolin); Notes bibliographiques : Livre d'orgue de Solesmes (F. de La Tombelle); Encartage : Ave verum à 3 voix (Guy Ropartz); Antienne pour la paix, harmonisée par Dom J. Parisot.

Administration : 15, rue Stanislas, Paris. — Abonnement annuel, 10 fr. (mensuel).

La Tradition Normande (juillet 1898). — Notre bulletin; Société du Vieux Honfleur; Les maisons du Vieux Honfleur; Nos célébrités; Eglise Saint-Léonard de Honfleur; Bibliographie; Questionnaire.

Administration : 81, rue Saint-Léonard, Honfleur. — Bulletin trimestriel servi gra-luitement aux membres de la Société Normande d'Ethnographie et d'Art populaire. — Secrétaire général : M. Léon Le Clerc.

Wallonia (13 octobre 1898). — Les conventions avec Satan (O. Colson); La Bergère et le chaton, chanson de ronde; Contes du Hainaut : Deux contes populaires; Si l'amour vous gêne... Cramignon liégeois; Facéties de chasseurs : quatre contes bleus, La petite maison : petit conte liégeois (Jos. Defrecheux); Illustration : La Cramignon (Edmond Delsa).

Directeur : O. Colson, 16, fond Saint-Servais, Liège (Belgique). — Abonnement annuel, 4 fr. (mensuel).

Mercure de France (octobre 1898). — Stéphane Mallarmé (Henri de Régnier) Sonnet à Mallarmé (Pierre Louÿs); Thrène (Francis Vielé Griffin); Rosa Alchemica (Yeats); Eloge du vent (Ad. Retté); Roger Marx (Gustave Kahn); La vie et la mort délicate de Madeleine (Charles-Louis-Philippe); Antigone (Sébastien-Charles Leconte); Thomas Carlyle (Edmond Barthélemy); Pour les uns et les autres (Robert de Souza); Le Mur (Desveaux-Vérité); Lectures antiques (Pierre Louÿs); Le conte de La Digue (Georges Eekoud); Revue du mois (divers).

Directeur : Alfred Valette, 13, rue de l'Echaudé-Saint-Germain, Paris. — Abonnement annuel, 25 fr. (mensuel).

Études publiées par des Pères de la Compagnie de Jésus (5 octobre 1898). — Gladstone et la transformation de l'Etat anglais (P. H. Prélot); La loi de Moïse, ses progrès (P. F. Prat); La fin d'une légende littéraire. Zola devant ses œuvres (P. H. Martin); Les vœux de religion et la communauté libre (P. J. Besson); Correspondance des missions. Troubles en Chine (P. J. Gouverneur); Les catholiques et la liberté (P. J. Forbes); François Ier et Henri VIII à Boulogne-sur-Mer (P. H. Chérot); Livres; Evénements de la quinzaine.

20 octobre 1898). — Léo Ollé-Laprune (P. L. Roure); Viera, sa vie, son éloquence (P. L. Cabral); Histoire du livre dans l'antiquité (P. F. Prat); Gladstone et la transformation de l'Etat anglais (P. H. Prélot); Le jubilé de la fête des morts à Cluny (P. H. Chérot); Brizeux, à propos d'un livre récent (P. L. Chervoillon); Livres; Evénements de la quinzaine.

Administration : Victor Retaux, 82, rue Bonaparte, Paris. — Abonnement annuel, 25 fr. (bimensuel).

Lemouzi (octobre 1898). — Obazine, notice descriptive et archéologique (Jean Dutrech); La légende du saut de la Bergère (Verlhac-Monjauze); La fête de l'églantine à Obazine (compte rendu avec les discours limousins de Laumond, maire, et le Dr Thiroux du Plessis) (Un Felibre); Les enfants du Limousin : Le Dr Ballot (Henri de Noussanne); La joie d'Aquitasha, sonnet limousin (Joseph Roux); Le maréchal Canrobert, son pays et ses compatriotes (Montal); Lous Fauquet e lous Angelous, poésie limousine (P. Bonneal); Tableaux limousins (Fernand Maillard); L'art de la Limousine (Sernin Sauty).

Administration : 2, rue Bertrand-de-Born, Brive. — Abonnement annuel, 5 fr. (mensuel).

Le Directeur-Gérant : GUSTAVE BOUCHER.

Ligugé (Vienne). — Imprimerie Saint-Martin. M. Bluté.

LE PAYS POITEVIN

CHRONIQUE — ÉCHOS — BIBLIOGRAPHIE

M. J.-K. Huysmans en Poitou

> « M. B... invoque sa qualité de prêtre pour apprécier la conversion de M. Huysmans; peut-être pourrait-il s'en souvenir quelque peu pour être plus miséricordieux, et se rappeler que la grâce divine est *multiformis*. »
>
> *Semaine religieuse d'Avignon*, 8 octobre.

L'INSTALLATION de M. J.-K. Huysmans à Ligugé a été l'occasion de nombreux articles et de polémiques dans la presse. Une brochure d'un prêtre déjà connu par ses outrages à la mémoire de Mgr Darboy, et distribuée gratuitement par un petit syndicat d'adversaires de M. Huysmans, a causé quelque émotion. La question Huysmans, puisqu'il y en a une, est aujourd'hui une question bien poitevine; nos lecteurs nous sauront gré de mettre sous leurs yeux deux fragments typiques d'articles récents qui pourront éclairer leur religion.

Ajoutons que M. l'abbé Mugnier, premier vicaire de Sainte-Clotilde, prépare, sous le titre de Pages catholiques, une sélection des œuvres de M. Huysmans. Dans un chapitre liminaire, il analysera les opinions des véritables théologiens sur la conversion de son auteur, et en montrera les conséquences heureuses sur nombre d'âmes ramenées à la lumière par la lecture de ses derniers ouvrages.

GUSTAVE BOUCHER.

HUYSMANS ET L'ÉGLISE

M. George Jubin, après avoir reproduit la nouvelle de l'installation de M. Huysmans à Ligugé, écrit :

Il n'en faut pas plus pour réveiller l'ardeur des intransigeants du clergé, qui, non contents de la religiosité évidente de Huysmans, découvrent dans *En Route* et dans *la Cathédrale* des traits d'hérésie. Cette hérésie, ils la nomment « Durtalisme », du nom de Durtal, le héros préféré de l'auteur. L'abbé Belleville, le chanoine Ribet, menèrent campagne contre Huysmans, en qui déjà ils soupçonnaient l'existence d'un futur Léo Taxil, avec, en plus, du talent...

C'est à dégoûter vraiment les esprits supérieurs de se tourner vers l'Eglise catholique. Celle-ci est bientôt pour eux plus dure que pour les incroyants et les athées décidés : et Husymans fait l'expérience de ce qu'elle peut, parfois, à force d'intransigeance, faire gagner à la cause adverse[1].

L'écrivain, du reste, ne s'émeut pas pour si peu. Il est convaincu de la nécessité de la retraite. Il est tenace. Il se retirera donc, coûte que coûte, près de quelque cloître ami du silence et favorable aux écritures paisiblement réfléchies. La petite communauté d'artistes, de littérateurs et de simples gens de cœur et d'esprit sincères, qu'il compte fonder à ses côtés, dans cette retraite, est aussi dans les mêmes intentions. On assistera donc à ce curieux spectacle d'hommes instruits, délicats, pleinement conscients de la civilisation présente, et

qui, délibérément, pour penser mieux et travailler plus à l'aise, se sépareront du monde, en pleine fin du dix-neuvième siècle.

(Le Jour.)   GEORGE JUBIN.

LE DON QUICHOTTISME ET HUYSMANS

L'humeur belliqueuse des preux a trouvé un refuge dans les rangs du clergé. On serait tenté de croire parfois que don Quichotte s'est fait clerc.

Des prêtres dénoncent chaque jour la persécution qui sévit contre l'Église, c'est leur droit. Personne ne peut les en blâmer; s'ils se disent tant persécutés, pourquoi donc n'obéissent-ils pas à l'instinct de la défense, qui devrait les porter à se serrer les uns contre les autres, et à recevoir avec honneur et reconnaissance les hommes de cœur qui leur font des offres de service? Mais c'est chose trop simple pour qu'ils s'arrêtent à la pensée de le faire. Ils ont besoin de se battre et surtout d'être battus. Les rares coups qu'ils portent et ceux plus nombreux qu'on leur administre ne parviennent pas à les calmer.

Les luttes doctrinales, qui passionnèrent jadis de grands esprits, sont terminées. Gallicanisme et libéralisme ont vécu. Qui donc y pense aujourd'hui? Impossible d'invoquer ces vieilles erreurs pour entrer en lutte avec elles, autant vaudrait aller au cimetière et provoquer en duel les morts.

Que vont faire les Don Quichotte ecclésiastiques ?

Ils ne s'embarrassent pas pour si peu. Ils vont susciter parmi eux des divisions, se créer des ennemis à combattre et, sous les yeux de leurs adversaires, gaspiller leur temps et leurs forces dans des luttes intestines.

Qui donc, en lisant *Là-Bas* et *En route*, aurait pu deviner que l'auteur commît dans ces volumes une erreur monstrueuse, une sorte d'hérésie contre laquelle les théologiens devraient braquer l'artillerie de leurs arguments? Lorsque *En route* parut, on cria bien au scandale. Mais ce n'était rien. Il fallut attendre la *Cathédrale* pour s'apercevoir que Huysmans avait l'étoffe d'un hérésiarque. On n'a pu trouver encore le nom qui convenait à sa doctrine. Patience! cela viendra. Je serais surpris si le parrain ne l'appelait pas *Durtalisme*. Ce serait, en tout cas, fort bien trouvé.

Quand le livre eut paru, les uns furent pour, les autres se prononcèrent contre. A cela, rien d'étonnant. Un livre paraît; chacun dit ce qu'il en pense. D'ordinaire tout se termine après cette première explosion. Les choses allèrent autrement pour la *Cathédrale*.

Le bruit courait que bientôt Huysmans quitterait Paris pour se renfermer dans une cellule de l'abbaye de Solesmes; à cette nouvelle, un vicaire parisien récemment débarqué d'Amérique sentit bouillonner dans ses veines une ardeur toute martiale. Il dressa ses batteries et tira à boulets rouges contre le pauvre Huysmans. Les engins tombèrent chez les curés du département de la Sarthe. Chacun d'eux renfermait une brochure, mal dirigée, maladroite.

Cette décharge était hors de propos. On apprit, en effet, que l'auteur de la *Cathédrale* ne se faisait pas moine et que, aux rives de la Sarthe, il préférait la vallée du Clain. Cette nouvelle fit surgir un autre Don Quichotte, un Don Quichotte Berrichon. Il s'installa sur son rond de cuir avec une crânerie qui rappelait son collègue de la Manche enfourchant Ros-

---

[1] M. George Jubin rend à tort l'Eglise catholique responsable du pharisaïsme et de l'intolérance janséniste de quelques-uns des siens.   G. B.

sinante. Son bonnet carré valait bien un casque. Quelle flamberge était comparable à sa plume ? Le voilà donc qui s'engage dans la lecture des livres de Huysmans comme sur une terre de mécréants. Les moulins à vent qui s'agitent, les chênes verts aux branches dégarnies, ressemblent à des fantômes qui étendent les bras ; des moutons qui paissent tranquilles, tout cela et beaucoup d'autres choses encore, prennent à ses yeux des allures fantastiques d'ennemis gigantesques. Après avoir chevauché à travers toute la Durtalie, frappé d'estoc et de taille, redressé force torts et travers, l'abbé Belleville se reposa.

Quand le repos eut refait les forces du vaillant chevalier, il prit la plume et raconta tout au long sa belliqueuse campagne dans un livre intitulé *La conversion de M. Huysmans*. A son livre, il fit une préface, que la *Croix* s'est chargée de voiturer à travers la France.

Ce n'est pas tout.

Un déserteur de Saint-Sulpice, qui se délasse à Rouen des fatigues que lui a causées la rédaction d'ouvrages sur la mystique où la quantité remplace parfois la qualité, sentit sous les brouillards de la Normandie battre son cœur d'habitant de la Gascogne. L'homme du Midi se leva pour parler et pour écrire. L'*Univers* recueillit sa prose et la servit à ses quelques lecteurs. Après avoir parlé, le chanoine Ribet voulut agir : il dénonça l'œuvre de Huysmans à l'Index… Cette nouvelle, grave comme un événement, fit le tour de la presse religieuse.

Il ne faut rien dire du Chartrain, docteur ès-lettres, qui frappa sur la *Cathédrale* comme sur une grosse caisse pour faire de la réclame à un livre sien, qui ne se vendait pas.

Un cardinal romain traversait la France, l'été dernier, excellente occasion de faire parvenir à l'Index des plaintes contre Huysmans, Drumont et quelques autres remueurs d'idées.

Et tout ce monde de maudire à qui mieux mieux le nouveau Taxil. Pauvres gens ! ils furent les disciples les plus bêtement crédules du dégoûtant farceur, qui avait nom Taxil. Est-ce donc pour faire oublier leur naïveté d'antan qu'ils cherchent à voir du Taxil partout? Oh ! si Taxil revenait, il lui serait facile de les attraper encore. Leur confiance en la canaille qui les paie de mots et de flatteries n'a d'égale que leur défiance pour les écrivains honnêtes qui leur disent crûment certaines vérités, pénibles à entendre.

Entre temps, quelques bons abbés, prédicateurs courtisans de la renommée et critiques soi-disant littéraires, au service d'une petite revue de Lyon et d'une revue parisienne du clergé, qui veut et pourrait être grande, déversaient sur ce pauvre diable de Durtal leur indignation et leurs anathèmes. Tout récemment, *Bonne souffrance*, de Coppée, fournit à l'abbé Delfour une occasion de dire tout le mal qu'il en pense.

Les accusations arriveront-elles aux oreilles des juges qui prononcent sur la valeur doctrinale des livres, j'en doute. Les preux de la doctrine attendront longtemps. Léon XIII les connaît.

Que fait Huysmans au milieu de tout cela ? Il observe, et il se tait, le don Quichottisme l'amuse, paraît-il. Il y a vraiment de quoi.

(Le Soir.) NEMO.

Gazette Poitevine

Vienne.

.*. Le vendredi 11 novembre a eu lieu, à l'Hôtel de Ville de Poitiers, salle des orphéons, la réunion convoquée en vue de l'organisation d'une Société des fêtes poitevines.
Nous publierons dans le prochain numéro le remarquable rapport du secrétaire, M. Deleffe, la composition du comité, et les projets prêtés à la Société.

.*. Le *Bulletin de saint Martin et de saint Benoît*, revue mensuelle publiée par les RR. Pères Bénédictins, contiendra dans son numéro de décembre un remarquable article de M. J.-K. Huysmans : *Le Luxe pour Dieu*. Envoi d'un numéro-spécimen sur demande affranchie adressée à l'abbaye de Ligugé. Abonnement annuel : 2 francs.

.*. M. Auguste Lièvre, conservateur de la bibliothèque de Poitiers, est décédé subitement à Paris, le 14 octobre dernier.

M. Lièvre s'était adonné tout spécialement à l'histoire du protestantisme ; il avait aussi publié de nombreuses brochures sur l'histoire poitevine, dont quelques-unes, celles sur les Teiffales, par exemple, amenèrent d'ardentes polémiques. M. Lièvre était né en 1828, à Bazoges-en-Pareds (Vendée).

.*. Un Bénédictin de Ligugé, Dom Joseph Sauton, docteur en médecine, étudie depuis plusieurs années la lèpre et les moyens de soulager les malheureux atteints de cette maladie. Au cours de ses missions, il a été surtout douloureusement frappé par le sort des religieux et religieuses, la plupart Français, qui contractent l'affreux mal en soignant les lépreux du monde entier. Sous le patronage de l'Archevêque de Paris, et avec le concours du R. P. Lesserteur, directeur du séminaire des Missions étrangères, Dom Sauton vient de former un comité national, dont le but principal est d'assurer le sort des victimes religieuses de la lèpre. Les dons et offrandes peuvent être adressées soit au R. P. Sauton, à Ligugé, soit au R. P. Lesserteur, 128, rue du Bac, Paris.

.*. M. Ginot, bibliothécaire-adjoint, a été nommé conservateur de la bibliothèque de Poitiers, en remplacement de M. Lièvre, décédé. Tous les érudits se féliciteront de ce choix qui place à la tête de la bibliothèque poitevine un homme d'une rare courtoisie et d'une science sûre et aimable.

.*. Le jeudi 29 septembre, le Cardinal-Archevêque de Rouen a conféré la bénédiction abbatiale au R^{me} P. Dom Pothier, élu Abbé de Saint-Vandrille. Cette abbaye célèbre a été restaurée il y a quelques années par les moines de l'abbaye de Ligugé : c'est donc une fondation poitevine.

.*. Le 5 octobre, une autre fondation ligugéenne a reçu la consécration officielle de S. Em. le Cardinal-Archevêque de Paris. Un prieuré canonique a été fondé à Paris, 5, rue de la Source, pour servir de maison de prière et de retraite aux Bénédictins appelés dans la capitale par leurs travaux. Le R^{me} P. Dom Bourigaud, Abbé de Ligugé, a nommé prieur Dom Du Bourg.

.*. Relevé dans le *Bulletin de saint Benoît-Joseph Labre*, publié à Marçay (Vienne), l'écho suivant : « Un écrivain célèbre, dont les livres, par leur grand talent et leur admirable sincérité, bouleversent, pour les ramener à Dieu, les incrédules qui le cherchent avec droiture, démontre par son pèlerinage, à ceux qui n'y croient pas encore, la réalité de sa conversion. L'éminent auteur comprend les étrangetés de saint Benoît Labre, et croit à son rôle providentiel. »

.*. Le 11 novembre a eu lieu, à Ligugé, le pèlerinage à Saint-Martin. Deux trains spéciaux organisés par la Compagnie d'Orléans ont amené à cette solennité une foule considérable. Les élèves du Grand Séminaire de Poitiers secondaient, comme ils le font chaque année, les Bénédictins, en s'associant au chant liturgique interprété suivant la méthode grégorienne qui leur est maintenant devenue familière, grâce à l'enseignement de M. le chanoine Gaborit. Plusieurs prélats, Mgr l'Evêque de Poitiers, les R^{me} Pères Abbés Bénédictins de Ligugé, de Saint-Wandrille, de Silos, de Glanfeuil, et le R^{me} Père Abbé des Chanoines réguliers de Beauchêne, assistaient à ces fêtes que présidait le R^{me} P. Dom Joseph Pothier.

Deux-Sèvres.

.*. Le dimanche 30 octobre, le patronage d'Epannes (Deux-Sèvres) a donné en représentation *la Légende de sainte Macrine*, mystère poitevin en deux actes de notre confrère Henri Clouzot. Le succès a été très grand.

Vendée.

.*. Un orphelinat maritime est en formation aux Sables-d'Olonne. Une commission a été nommée dont font partie MM. Cornière, président de l'association des Vendéens de Paris, le baron de Mesnard, le commandant Guyonnet, l'abbé Berdron, Durandet, Emmanuel Aimé et Augustin Roy.

Charente.

.*. Notre compatriote M. Laferrière, gouverneur général de l'Algérie, vient d'être cruellement éprouvé. L'un de ses fils est mort d'une maladie infectieuse contractée au palais de Mustapha ; sa fille est en outre dangereusement malade. La colonie charentaise, nombreuse à Alger, s'est associée respectueusement au deuil du gouverneur, président d'honneur de l'association amicale.

Charente-Inférieure.

.*. Le conseil général de la Charente-Inférieure, dans sa dernière session, a alloué des subventions de 500 francs à MM. Vallet, élève peintre, et Laurent, élève sculpteur, de l'Ecole des Beaux-Arts ; Morpain, élève du Conservatoire, et Rolland, élève de l'Ecole des Arts décoratifs.

.*. Une société *Lé ventr'oughe*, vient d'être fondée à Saintes, sous la présidence de M⁣ᵐᵉ Garnier, professeur au lycée d'Angoulême, pour entreprendre la renaissance du dialecte saintongeais. Nous formons les vœux les plus ardents pour la prospérité de cette utile association.

.*. M. Bodocanachi vient de signaler à l'Académie des sciences la découverte dans les archives du Vatican d'un ensemble de documents relatifs au siège de La Rochelle (1628), ainsi que d'un poème en quinze chants sur cette ville.

Paris.

.*. Par arrêté ministériel en date du 24 septembre, notre directeur, M. Gustave Boucher, a été nommé membre du Comité d'admission à l'Exposition de 1900. La classe 71, du groupe XII, à laquelle il est attaché, a dans ses attributions l'organisation de fêtes provinciales destinées à faciliter l'étude des traditions et le réveil des activités régionales. Les effets funestes que produisent sur la province les expositions universelles auront donc cette fois un contre-poids utile.

AVIS

Dans le dernier numéro de la Revue nous avons annoncé qu'à partir du mois de janvier nous nous étions assuré le concours de correspondants sur tous les points du territoire poitevin. Nous publierons leurs communications sous la rubrique que nous adoptons aujourd'hui : Gazette poitevine. Les quelques échos que nous insérons ci-dessus donneront à nos lecteurs l'idée de la formule, et de l'intérêt que présentera l'ensemble de nos informations quand elles auront atteint leur entier développement. Nous recevrons avec reconnaissance, en outre des envois de nos correspondants attitrés, toutes les communications que voudront bien nous adresser nos abonnés et nos lecteurs.

Nous inaugurerons aussi dans notre numéro de janvier un intermédiaire poitevin des chercheurs et des curieux, appelé, croyons-nous, à rendre les plus grands services à nos abonnés, et nous répétons que, pour nous rendre possibles ces améliorations, nous augmenterons notre Chronique de quatre pages, sans majoration du prix d'abonnement.

Nous voulons faire du Pays Poitevin la chose de tous. Les sympathies qui nous sont venues de toutes parts nous en feraient un devoir si telle n'avait été la pensée initiale qui a servi de point de départ à nos efforts.

Le *Pays Poitevin* paraît le 20 de chaque mois, avec 20 pages de texte et de nombreuses gravures.

Un supplément bibliographique est encarté dans les numéros adressés aux abonnés directs.

Les gravures hors texte qui peuvent être publiées et les primes ne sont servies qu'aux abonnés.

Les travaux importants, illustrés ou non, publiés dans le *Pays Poitevin*, sont tirés à part, aux frais de l'administration, à cent exemplaires. Sur ce nombre, cinquante exemplaires sont remis à l'auteur et cinquante demeurent la propriété de la Revue.

Le chiffre du tirage à part peut-être augmenté après entente entre les auteurs et l'administration.

Sommaire des Revues reçues

REVUES POITEVINES

Mercure Poitevin (novembre 1898). — Les comparses de l'histoire (Tider Toutant) ; Poésie (Jean Philippe) ; L'odyssée d'Antoine (Leroux-Cesbron) ; Françoise d'Aubigné (H. Gelin) ; Poésie (Trouillard) ; Le théâtre à Niort (H. Clouzot) ; Erinna (suite et fin) (P. Corneille) ; Lettres poitevines (Jean Duc) ; Chronique littéraire, chronique théâtrale.
Directeur : Pierre Corneille, La Mothe-Saint-Héray. — Abonnement annuel, 12 fr. (mensuel).

Le Courrier mensuel (novembre 1898). — La fleur qui parle, conte (Henriette Bezançon) ; Les cloches (Louis Cardou) ; Espoir (J. de Lancastre) ; Une lettre inédite de Diderot (E. Venclin) ; Tristesse automnale (J. Chopin) ; Château de Salbart (Van der Cruyssen) ; Dans une église (Hébé) ; Désirs (San Paolo) ; Cet impayable Guy-Aumin (Jules Delsol) ; Louis XI à Celles-sur-Belle (abbé A. Largeault) ; Un poète niortais : Emile du Tiers (Gabriel Coussol).
Directeur : De Montmédy, 37, place des Capucins, Niort. — Abonnement annuel, 2 fr. (mensuel).

L'Ouest artistique et littéraire (novembre 1898). — François Pyrard (Lionel Bonnemère) ; La renaissance celtique (C. du Maine) ; Sone d'un clerc (Jos. Parker) ; Une anecdote (F. Guérin) ; Inauguration du médaillon d'Emile du Tiers à Echiré (Plock) ; Stances à Emile du Tiers (Auguste Gaud) ; Jules Lenepveu (Emile Pelletier) ; Souvenirs de Bretagne (F. Guérin) ; Quatrains (Paul Piorin) ; Paradoxes d'été pour les peintres (Lavrès) ; Chronique musicale et dramatique (L. de D.).
Directeur : Albert Clairouin, 51 bis, rue Cler, Paris. — Abonnement annuel, 10 fr. (mensuel).

Revue de Saintonge et d'Aunis (novembre 1898). — Chroniques de la société ; Actes d'état civil ; Variétés ; Une rivière de Saintonge : l'Autenne ; La Saintonge en 1789 ; Les Saintongeaises à l'audience ; Deux victimes de la révocation de l'Edit de Nantes ; Le sculpteur Michel Bourdin à Saintes ; Théâtre populaire ; Un explorateur saintongeais : Liotard. A travers les revues ; Samuel Champlain ; Bibliographie.
Au siège de la Société des Archives, 99, cours National, Saintes. — Servi aux membres de la société (trimestriel).

Revue d'Archéologie poitevine (novembre 1898). — Poitiers dans la collection Gaignières à Paris (X. Barbier de Montault) ; Notre-Dame de Montoinard à Noaillé (Chamard et Prieur) ; Un écran à main à l'effigie du duc d'Orléans (X. Barbier de Montault) ; Notre-Dame de Bon-Secours à Poitiers (X. B. de M.).
Administration : Emile Fayet, rue Chalons, Saint-Maixent. — Abonnement annuel, 12 fr. (mensuel).

Revue de Bretagne, de Vendée et d'Anjou (octobre 1898). — Contre les panégyriques du duc d'Aiguillon (Arthur de La Borderie) ; Liquidation des successions d'Anne de Bretagne et de Louis XII (Trévédy) ; Etudes d'histoire de Bretagne : Carhaix, son passé, ses châteaux célèbres et ses anciens monastères (suite) (Comtesse du Laz) ; Sainte-Anne pendant la Révolution (Abbé Guilloux) ; Un romantique nantais : Adolphe Allonneau et son pastiche (Olivier de Gourcuff) ; Légendes bretonnes : Saint Michel et Lucifer (François Dusynes) ; Mémoires d'un Nantais (suite) ; La mort du prince de Talmont (Adolphe Orcim) ; Nouvelles et récits : La boîte à souvenirs (H. de Farey de Malnoü) ; Poésies (H. Bout. de Charlemont) ; Notices et comptes rendus.
Administrateur : 1, rue Royale, Nantes. Servi gratuitement aux membres de la Société des bibliophiles bretons (mensuel).

La Vendée historique (5 novembre 1898). — Ephémérides vendéennes ; Naissance du conventionnel Gaudin (H. B.) ; Journal d'un prêtre vendéen en Espagne (abbé Paillaud) ; Les poésies de l'abbé Barbotin (H. B.) ; La maison de l'Union chrétienne de Fontenay pendant la Révolution (abbé Teillet) ; Les colonnes infernales (H. B.) ; Les revendications du *Poudsia* contre les revendications de la *Moujette* (Henri du Bocage).
Directeur : Henri Bourgeois, Luçon. — Abonnement annuel, 4 fr. 50 (mensuel).

Bulletin de saint Martin et de saint Benoît (novembre 1898). — A nos lecteurs ; Saint Martin apôtre de la France ; L'oratoire de saint Martin ; L'institution de la fête des morts ; L'Ordre Bénédictin ; les Oblats de Saint-Benoît ; Chronique ; Recommandations ; Actions de grâces ; Bibliographie.
Administration : Abbaye de Ligugé (Vienne). — Abonnement annuel, 2 fr. (mensuel).

L'Abeille paroissiale de Gourville (novembre 1898). — La mort, la résurrection, l'immortalité ; Bonne fête ; La voix du cimetière ; Paroles d'Évangile ; Conseils pour le mois de novembre ; Catéchisme en cantiques ; Revue du mois ; Un peu de religion ; Aux parents ; Maximes de bonne hygiène (Dr Pécent) ; Le jugement d'un fils de Salomon ; Une pensée pour ceux qui souffrent (François Coppée).
Directeur : M. Maurice Apcher, curé de Gourville (Charente). — Abonnement annuel, 2 fr. (mensuel).

Bulletin de saint Benoît-Joseph Labre (novembre 1898). — Causerie ; Les pèlerinages de Saint-Benoît-Labre de Marçay pendant l'été de 1898 ; Revue du mois ; recommandations ; La plus grande douleur de cette vie.
Directeur : L'abbé Joanneau, curé de Marçay (Vienne). — Abonnement annuel, 1 fr. (mensuel).

Revue éclectique d'apiculture (novembre 1898). — Chronique ; Doctrine apicole ; Les sommets de l'apiculture ; Les piqûres ; Conférence d'apiculture ; L'agriculteur novice ; Directoire : Novembre ; Hiver ; Ennemis ; Nourrissement ; Air. Revue étrangère : Italie ; Autriche ; Allemagne ; Japon. Variétés : Le hérisson ; contre le pillage. Correspondance : L'éclectisme en apiculture ; Orphelinat ou non ; Essaimage (fin octobre).
Directeur : Abbé Métais. — Administration : 4, rue de l'Eperon, Poitiers. — Abonnement annuel, 4 fr. (mensuel).

REVUES DIVERSES

Mélusine (septembre-octobre 1898). — Comment la religion s'est faite d'après M. Lang (H. Gaidoz) ; La stérilité volontaire (H. Gaidoz) ; La fascination : Prophylaxie (Les offrandes, les conjurations, les paroles ou prières) (Tuchmann) ; Légendes contemporaines (H. Gaidoz) ; Guillanéo, aguillanneuf, etc. (H. G.) ; La Pernette (E. Esnault) ; Bibliographie.
Directeur : Henri Gaidoz. Administration : 2, rue des Chantiers, Paris. — Abonnement annuel, 12 fr. 50 (mensuel).

Wallonia (13 octobre 1898). — Sorcellerie : Les conventions avec Satan (O. Colson) ; La bergère et le chaton, chanson de ronde (O. C.) ; Contes de Hainaut, deux contes populaires (Jules Lemoine) ; Si l'amour vous gêne, Crâmignon liégeois (O. C.) ; Facéties de chasseurs, quatre contes bleus (O. C.) ; La petite maison, petit conte liégeois (Jos. Defrecheux) ; Illustration (Edmond Delsa).
Directeur : O. Colson, 16, Fond Saint-Servais, Liège. — Abonnement annuel, 3 fr. (mensuel).

BIBLIOTHÈQUE DE LA TRADITION NATIONALE

Honorée d'une souscription du Ministère de l'Instruction publique

PUBLIÉE SOUS LES AUSPICES DE LA SOCIÉTÉ D'ETHNOGRAPHIE NATIONALE & D'ART POPULAIRE

Sous la direction de M. GUSTAVE BOUCHER

OUVRAGE PARU

LA TRADITION
EN POITOU & CHARENTES

ART POPULAIRE. — ETHNOGRAPHIE. — FOLK-LORE. — HAGIOGRAPHIE. — HISTOIRE

Texte par MM. André Theuriet, Georges Lafenestre, Gaston Paris, Gaston Deschamps, J.-K. Huysmans, A. Landrin, Paul Sébillot, Th. Léaud, H. Gélin, Baguenier-Desormeaux, R. P. Lhoumeau, Dom Parisot, Dom Augouard, R. P. Texier, Aug. Gaud, Constant Roy, Puichaud, Abbé Noguès, Gustave Boucher, Henri Clouzot, P. Boissonnade, J. Philippe, S. Trébucq, Léo Desaivre, Lacuve, Alph. Farault, Van der Cruyssen.

Illustrations d'après les dessins et les clichés de MM. A. BOUNEAULT, G. DEMAY et GEORGES CLOUZOT

1 vol. de luxe, grand in-8 de plus de 500 pages, sorti des presses de l'Imprimerie Saint-Martin de Ligugé. — **Prix : 10 fr.**

EN VENTE AUX BUREAUX DU " PAYS POITEVIN "

Dans la même collection, SOUS PRESSE

LA TRADITION
AU PAYS BASQUE

EN PRÉPARATION

LA TRADITION
AU PAYS NORMAND

On souscrit pour la **TRADITION AU PAYS BASQUE**, au prix de 10 fr., aux bureaux du " **PAYS POITEVIN** "

Tirage limité, pour la collection, à 1000 exemplaires

LE PAYS POITEVIN

CHRONIQUE — ÉCHOS — BIBLIOGRAPHIE

Le Folk-Lore

Notre *collaborateur, M. Léon Pineau, professeur au lycée de Tours, a publié dans le* Monde moderne *une intéressante étude sur le Folk-Lore. Nous extrayons de ce travail les passages suivants :*

...Or, c'est cet ensemble de traditions qui constitue ce qu'on a appelé le Folk-Lore d'un peuple. Ce mot semble barbare : mais une fois connu, il a l'avantage de tout embrasser : contes et chansons, légendes, cérémonies, institutions, coutumes et superstitions, toutes pratiques, toutes croyances, tous amusements qui se sont perpétués par la parole ou l'exemple.

N'est-ce pas là toute une science ? Depuis longtemps en faveur dans les pays étrangers — elle occupe une chaire aux Universités d'Helsingfors et de Christiania, — c'est à peine si chez nous le grand public en soupçonne l'existence, ou il en fait fi. Enfantillages que tout cela, dit-on, et qui ne mènent à rien. Assurément, de nos jours, ce qui est pratique seul a de la valeur. Mais aussi ce n'est point une vaine fantaisie, ni une distraction d'amateur. Cette étude s'impose : parce que seule la littérature orale peut amener une nouvelle floraison de notre littérature nationale. Déjà, parmi les œuvres classiques les plus admirées, l'*Iliade*, les *Niebelungen*, la *Chanson de Roland*, ne sont-elles pas sorties de l'inspiration populaire ? Corneille ne doit-il pas la plus aimée de ses tragédies au romancero du *Cid*, cette suave fleur de la poésie espagnole ? Et Shakespeare, et Gœthe, n'est-ce pas aux trésors du peuple qu'ils ont emprunté les joyaux les plus purs de leur couronne : *Hamlet, Faust*, les *Lieds* ?

A cette source limpide du traditionnisme, non seulement la poésie renaîtra, plus belle et plus captivante, mais les beaux-arts aussi s'y rajeuniront ; l'histoire de la civilisation y puisera des renseignements précieux ; la critique, élargissant le cercle de ses idées, y apprendra à fonder ses jugements sur les vraies productions du peuple, et non plus sur les seules œuvres des maîtres, fruits rares venus le plus souvent en serre, sinon mûris au soleil d'une littérature exotique.

A cette science nouvelle, il faut reconnaître enfin la place qui lui revient. Déjà il devient presque impossible d'en recueillir les divers éléments. Heureusement, mieux on connaît le peuple, plus on s'y attache. Celui qui daigne une fois s'abaisser jusqu'à sa littérature, elle l'a vite conquis. Modeste comme la violette, elle se cache au milieu des buissons où les mains saignent à la chercher ; mais son parfum est si doux, que bientôt pour elle toute peine ne compte plus. Et quand on l'a comprise, et qu'on en a goûté toute la grâce ; quand on a reconnu qu'il n'est pas un coin de nos provinces où elle n'ait semé ses inspirations, variée comme les fleurs des champs et des bois, alors si on la compare avec celle des autres peuples nos voisins, notre admiration et notre étonnement redoublent en face de ce trésor si riche, et que nous ne connaissons pas, car en cela aussi notre doux pays de France est la terre des merveilles !

Léon Pineau.

Folk-Lore. — De l'anglais *Folk*, gens, monde, et de *Lore*,

doctrine, leçon, savoir, vocable accepté par les traditionnistes pour signifier les études qui comprennent : les poésies populaires, les traditions, les contes, les légendes, les croyances, les superstitions, les usages, les devinettes, les proverbes, enfin tout ce qui concerne les nations, leur passé, leur vie, leurs opinions. Ce vocable fut, dit-on, employé pour la première fois dans le sens actuel, dans le numéro du 22 août 1846 de l'*Athenæum*.

(Intermédiaire des chercheurs et des curieux.)

La « Familia sacra » de Ligugé

La presse continue à s'intéresser aux projets de colonie d'artistes chrétiens à Ligugé. On a découvert et publié qu'une institution analogue existe déjà à Dresde.

Les Bénédictins de cette ville reçoivent en leur abbaye des artistes qui, tout en conservant leur entière liberté, tout en étant exemptés de certains offices religieux, habitent le monastère et s'y livrent à leurs travaux favoris. Il y a là des peintres, des sculpteurs, des poètes ; à l'abri du besoin, ces artistes exécutent des vitraux, des missels, des madones, ou composent des sonnets et des odes à la Vierge, des ouvrages d'hagiographie et de mystique.

Certains artistes séjournent chez les Bénédictins de Dresde, deux, trois ou quatre années, plus parfois ; et ils se trouvent si bien de ce régime qu'ils retournent passer dans le couvent leurs vacances annuelles.

Quant aux Bénédictins, ils ont pu constituer, grâce aux dons que les artistes laissent à l'abbaye en reconnaissance de la large hospitalité qu'ils y ont reçue, un véritable musée et une curieuse bibliothèque d'art chrétien.

Il y a certainement des analogies entre ce qui se pratique à Dresde et ce que l'on désire réaliser à Ligugé. Cependant il existe aussi entre les deux institutions de notables différences.

Il ne s'agit pas en effet d'artistes invités par les Bénédictins de Ligugé à participer pendant un temps plus ou moins long à leur vie claustrale, mais bien de laïques venant, de leur propre mouvement, s'établir, comme au moyen âge, en toute liberté, à l'ombre du monastère. Ceux qui ayant pleinement renoncé à la civilisation parisienne désireront consacrer leur vie et leur talent à la glorification de l'Eglise et à la renaissance de l'art religieux, s'installeront définitivement, et avec leurs propres ressources, sous le manteau de saint Martin. Ils ne seront liés à l'abbaye qu'autant qu'ils le désireront et que celle-ci croira devoir accéder à leur désir. Ce lien consistera simplement en l'affiliation au Tiers-Ordre de Saint-Benoît, autrement dit oblature, qui n'est pas, comme on l'a prétendu à tort, une création nouvelle, mais dont l'institution vient d'être seulement enrichie de privilèges spirituels par S. S. le Pape Léon XIII. Ce Tiers-Ordre n'engage par aucun vœu et n'oblige à aucune pratique religieuse particulière sous peine de péché. Il ne comporte pas non plus de costume, bien que l'affilié soit recouvert du froc bénédictin le jour où il est admis à l'oblature. Il peut, il est vrai, revêtir ce froc, en certaines circonstances déterminées ; il est enseveli dans ses plis, mais dans le cours ordinaire de la vie, l'oblat extérieur ne se distingue en rien de ses contemporains. Ceux qui connaissent l'organisation du Tiers-Ordre de Saint-François reconnaîtront une institution en tous points pareille à cette puissante confrérie, mais alors que les Franciscains se vouent particulièrement aux œuvres sociales, nos Tertiaires Bénédictins auront pour mission la réforme de l'art religieux, de même que les moines noirs se sont attachés à la réforme de la liturgie.

G. B.

Gazette Poitevine

Vienne.

.*. Le Conseil municipal de Poitiers vient d'acquérir le buste de M. Alfred de Curzon, l'artiste peintre poitevin, décédé en 1895, et dont les œuvres ont été léguées à la ville par la famille. Le buste acquis est de notre ami et collaborateur, M. Jules Robuchon, qui exécute aussi en ce moment celui de M. Lecointre, le bienfaiteur des sourds-muets.

.*. L'abondance des matières nous oblige à remettre à notre prochain numéro la publication des documents relatifs à la fondation de la Société des fêtes de charité poitevines. Nous publierons également une étude accompagnée de gravures sur les franchises municipales de Poitiers, dont la société se propose, dit-on, de fêter le septième centenaire.

.*. La ville de Poitiers va recevoir, en exécution des clauses testamentaires de l'illustre peintre Puvis de Chavannes, les études faites par le maître, en vue de l'exécution des fresques qui décorent l'hôtel de ville. La première de ces fresques représente, comme on sait, sainte Radegonde écoutant le poète saint Fortunat ; la seconde rappelle l'épisode de Charles Martel présentant sa framée à la bénédiction de l'évêque de Poitiers. Le *Pays Poitevin* aura l'occasion de reproduire ces œuvres.

.*. Voici la reproduction de l'inscription commémorative de la bénédiction de la première pierre de la maison Huysmans à Ligugé :

LE MERCREDI 7 DÉCEMBRE 1898
DOM BLUTÉ, MOINE BÉNÉDICTIN DE LIGUGÉ
A BÉNI LA PREMIÈRE PIERRE DE CETTE MAISON
PLACÉE SOUS LE VOCABLE DE LA TRÈS SAINTE VIERGE
ET LA PROTECTION DE SAINT MARTIN ET DE SAINT BENOIT
ÉDIFIÉE
SOUS L'INSPIRATION DE FEU GABRIEL-EUGÈNE FERRET
PRÊTRE DE LA CONGRÉGATION DE SAINT-SULPICE
POUR M. J.-K. HUYSMANS ET SES AMIS
PAR LES SOINS DE M. BOUTAUD, ARCHITECTE DIOCÉSAIN

—

DOM BOURIGAUD ÉTANT ABBÉ DE LIGUGÉ
DOM CHAMARD PRIEUR
DOM BOULEAU CURÉ
M. HAMBIS MAIRE

—

Visita, quæsumus Domine, habitationem istam et omnes insidias inimici ab ea longe repelle.

Deux-Sèvres.

.*. La Société philharmonique de Niort donnera son premier concert d'abonnement de la saison, le mardi 20 décembre, dans la salle de la société, rue du Musée, avec le concours de : Mme Garron Ziegler, pianiste ; M. Tolbecque, violoncelliste ; M. Gaud, fort ténor ; Mlle Jane Lardeur, soprano ; M. Calame, violoncelliste ; M. Ed. Palumet, pianiste accompagnateur.
Au programme : Auber, Wagner, Chopin, A. Thomas, Beethoven, Chaminade, Gounod, Massenet, Luigini.
L'orchestre sera conduit par M. Lardeur.

.*. On annonce également l'organisation, à Niort, pour la première quinzième de janvier, d'un concert au profit de la construction de l'église du Port. On sait que cette église paroissiale est la première en France, depuis le Concordat, qui se construise sur un terrain privé, sans subvention de l'État ni de la municipalité. Cette absence de toute tutelle administrative, loin de nuire à l'œuvre, lui a valu au contraire la sympathie de tous, même d'adversaires du catholicisme, émus par ce bel exemple d'initiative et d'indépendance qu'un journal régionaliste comme le nôtre ne saurait trop encourager. Le mérite de cette réussite revient au digne curé de Saint-Étienne, M. l'abbé Riquet. Nous l'assurons publiquement de tout notre dévouement à son œuvre, et nous étudions le moyen de lui marquer notre respectueuse sympathie mieux que par des protestations platoniques.

.*. Le colonel Chamoin, ancien attaché à la maison militaire de l'Élysée, vient d'être élevé au grade de général.
Le général Eugène-Victor-Auguste Chamoin est né à Pamproux, dans les Deux-Sèvres, le 23 novembre 1845. Sorti de Saint-Cyr dans le corps d'état-major, il a été nommé capitaine en 1873, chef de bataillon en 1883, lieutenant-colonel en 1890 et colonel le 22 mars 1893. Pendant la guerre contre l'Allemagne il servit à l'état-major du maréchal Canrobert, auprès duquel il se trouvait à Saint-Privat, et il fut décoré pour sa belle conduite pendant les opérations sous Metz. Lors de la suppression du corps d'état-major, il fut affecté à l'infanterie. Officier de la Légion d'honneur.

HORS POITOU

Indre-et-Loire.

.*. Dimanche 11 décembre, a eu lieu, à Tours, le premier banquet du *Chabichou* pour fêter la constitution définitive de la *Société amicale* et de secours mutuels des Poitevins habitant cette ville.
Sous la présidence de M. Maurice, président du tribunal civil, cette fête a eu un éclat tout particulier, avec un petit air de famille que n'ont pas les banquets officiels. Les discours n'ont pas duré longtemps et les vieilles chansons du Pays Poitevin ont défilé avec entrain pendant cette joyeuse soirée. Entre autres citons : *La belle fille de Parthenay, En revenant de Neuville, Le Tendrion, l'Ajeasse, la Servante et le Valet*, et surtout la *Chanson des Gorets*, marche triomphale avec chœurs biens nourris.
Le menu était très soigné et au dessert le savoureux et odorant chabichou a eu les honneurs d'un triple ban.
Parmi les convives nous avons remarqué MM. Arteau, président de la jeune société, Texereau, vice-président, Juteau, secrétaire, Joubert, trésorier, Touillet, pharmacien, Servant, médecin, Delcroix, Gaudin, etc, etc.

Dr M. BAILLIOT.

Paris.

.*. L'Union fraternelle des Vendéens a donné, le 5 décembre, chez Vantier, son banquet annuel, auquel toutes les notabilités de la colonie vendéenne de Paris avaient tenu à se rendre. A la table d'honneur avaient pris place MM. le contre-amiral Richard, Halgan, sénateur, Bourgeois, député, et Guillemet, questeur de la Chambre, Papin, président d'honneur, et Cornière, président de l'association, le baron de Mesnard, ancien ministre plénipotentiaire, le commandant Guyonnet, le docteur Chevalereau, l'abbé Bordron, etc.
De nombreux discours ont été prononcés.
M. Jamier, avocat, a fait un appel chaleureux en faveur de l'orphelinat destiné à recevoir les enfants des marins vendéens victimes de la mer, et l'abbé Bordron a prononcé un discours empreint de patriotisme qui a été chaleureusement accueilli.
M. Canqueteau, le chansonnier vendéen, qui sait évoquer avec bonheur la petite patrie sans oublier la grande, a fait applaudir une chanson de circonstance, et un hymne à la Vendée a valu à Mlle Marguerite Lavigne des bravos enthousiastes.

.*. Le banquet des originaires de la Vienne a eu lieu le 9 décembre chez Marguery. Au champagne, M. Rougnon, professeur au Conservatoire, président, porte un toast très applaudi ; puis un concert improvisé a eu lieu avec le concours d'artistes et de poètes poitevins, parmi lesquels MM. Georges Oble et Chaigneau.

.*. A la séance de clôture du Congrès national catholique, notre compatriote, M. Henri Bazire, vice-président de la Jeunesse catholique, a prononcé un discours sensationnel à propos de la liberté d'enseignement menacée.

NOTES ET ENQUÊTES

I

Pourrait-on me procurer la bibliographie des noëls poitevins ? Existe-t-il dans le commerce des éditions des *Noëls de Lucas Le Moigne*, curé de Notre-Dame-de-Puy-la-Garde, en Poitou ?

J. M.

II

Je serais reconnaissant à qui me procurerait des documents sur l'ancienne abbaye de Sigournais.

Abbé X...

III

Le *Pays Poitevin* continue à être fort intéressant, et je constate avec grand plaisir que les traditions populaires y tiennent une bonne place; jusqu'ici je n'en trouve pas une qui ait rapport à la mer. Cependant le Poitou a un littoral étendu, et ses marins sont nombreux; il serait improbable qu'ils n'aient pas, comme ceux de Bretagne, des contes et des légendes. Au point de vue de celles que l'on peut qualifier comme locales, vos côtes ont été assez bouleversées pour que l'écho s'en trouve dans les récits populaires; sans s'être occupé spécialement de cette question, M. G. Musset en a consigné quelques-unes dans son intéressant ouvrage, *La Charente avant l'histoire*, où il rapporte des traditions de villes englouties et de monstres marins. Les envahissements de la mer à certains endroits de vos rivages ont dû faire disparaître des villes, et Reclus en cite une qui serait engloutie dans le pertuis d'Antioche; les ensablements ont dû être l'objet d'explications merveilleuses, et résulter, comme en d'autres pays, de malédictions de personnages mal reçus par les habitants.

En Bretagne, il n'est guère d'accident de terrain maritime qui ne soit l'objet de légendes; les îles et les rochers ont été semés par Gargantua ou ont surgi pour venir en aide à des saints ou à des fées, qui étaient fatigués de marcher sur l'eau ou de nager; les falaises doivent leur forme et leur couleur à des interventions surnaturelles, et si elles sont percées de grottes, celles-ci ont servi de demeure à des fées, des lutins ou des dragons. La mer elle-même, aux approches du rivage, a ses légendes, les sentiers blancs que l'on y remarque sont la trace de personnages surnaturels qui ont marché sur l'eau, c'est le chemin de la Vierge, de sainte Blanche ou de saint Jacques. Dans les profondeurs vivent, dans des palais merveilleux, des fées ou des sirènes qui se montrent quelquefois, à moins qu'elles ne soient remplacées par des monstres ennemis des navires.

Je pense qu'il se trouvera parmi les collaborateurs du *Pays Poitevin* des personnes habitant le bord de la mer, que cette enquête pourra intéresser. Je serais bien surpris si elle ne donnait pas des résultats curieux. Je mettrais à leur disposition un questionnaire de la mer, dont il me reste encore quelques exemplaires.

PAUL SÉBILLOT.

IV

J'ai lu dans le *Pays Poitevin* l'étude de M. Gélin sur la « varve à Dieu ». Cette varve à Dieu m'intéresse beaucoup.

M. Desaivre, dans son mémoire inséré dans la *Société de statistique des Deux-Sèvres*, a reproduit un texte de M. Marion Lemi, de la Nièvre, emprunté au journal *La Mélusine*.

Cette version a un prologue que voici :

Disons la raison de Dieu
Pour le nom
De saint Pierre baron
(La raison de Dieu)
Qu'a fait le jour
Qu'a fait la nuit
Le jour qu'est tant bel
La nuit qu'estancelle
Le jour d'un bon mardi
Que le monde doit tout fini.

Malgré un certain rajeunissement de forme, résultat nécessaire de la transmission orale dans nos dernières générations, ce prologue me paraît très ancien.

« Tant bel » — « estancelle », par exemple, nous reporteraient au quatorze ou quinzième siècle.

Ne pourrait-on même préciser davantage et reculer encore?

Par exemple, quand saint Pierre a-t-il cessé d'être appelé baron dans la terminologie chrétienne?

Il était appelé ainsi au treizième siècle, c'est certain.

Au mot « Baron », Littré cite l'exemple suivant emprunté au douzième siècle :

A Dieu s'est commandie et au baron saint Pierre.

S'il était établi que l'apôtre a cessé d'être ainsi désigné dans les siècles suivants, nous aurions un point de repère précis.

Il est possible même de remonter plus haut.

Mon texte dit :

Le jour d'un bon mardi
Que le monde doit tout fini.

Il ne serait pas impossible qu'il fît ainsi allusion à la fin du monde de l'an mil.

Cette fixation aussi nette de la fin du monde au jour d'« un bon mardi » est bien étrange.

Y a-t-il dans l'histoire quelques renseignements sur le jour de l'an mil où les populations de l'époque attendaient la fin du monde?

Etait-ce le premier jour de cette année? Il faudrait alors savoir ou calculer si réellement ce premier jour était un mardi?

Ou bien serait-ce un mardi de grande fête (Pâques, Pentecôte), comme semblerait l'indiquer la désignation d'un *bon mardi*, le mot *bon* s'appliquant aux jours de grandes fêtes, si je ne me trompe?

Dr RICOCHON.

Les questions et réponses doivent être adressées directement au bureau du Pays Poitevin, à Ligugé, avant le 10 de chaque mois.
La Direction se réserve le droit de réduire les communications, ou de les présenter sous la forme qui lui semblera la meilleure.

BIBLIOGRAPHIE

La Chasse à travers les âges, par le COMTE DE CHABOT. — Paris, Savaète éditeur; Ligugé, imprimerie Saint-Martin. — 1 vol. in-4° raisin, 405 pages. 250 gravures dans le texte et hors texte, 4 gravures en couleurs. — Exemplaire sur papier couché, 50 fr.; — sur papier impérial du Japon, dans un élégant carton, 150 fr. — *Il sera fait une remise de 10 o/o aux lecteurs du* PAYS POITEVIN *qui nous adresseront directement leur commande. — Envoi franco.*

Nous devons à l'obligeance de M. le comte de Chabot et de l'éditeur parisien, M. Savaète, de reproduire dans le corps de la revue des fragments et des gravures extraits du magnifique ouvrage *La Chasse à travers les âges*. Depuis longtemps, la typographie française n'avait mis au jour un travail de cette importance et de ce caractère. Grâce aux maîtres imprimeurs, les RR. Pères Bénédictins de Ligugé, dont nos lecteurs peuvent apprécier le talent aujourd'hui hors pair, puisque notre revue sort de leurs presses, grâce aussi à l'intelligence d'un éditeur qui n'a pas reculé devant les sacrifices pour enrichir la librairie française d'un nouveau joyau, les disciples de saint Hubert possèdent, selon l'heureuse expression de M. le marquis Costa de Beauregard, leur antiphonaire.

C'est aussi un véritable musée que cet ouvrage dont le texte s'éclaire de plus de 250 gravures. Il se divise en trois parties. La chasse depuis les temps préhistoriques jusqu'aux premiers Valois; la chasse depuis les premiers Valois jusqu'à la Révolution de 1789; la chasse depuis la Révolution jusqu'à nos jours. Tous les peuples sont passés en revue; les Orientaux : Egyptiens, Assyriens, Perses, Hétéens, Hébreux, Phéniciens; les Occidentaux : Grecs, Etrusques, Romains; nos ancêtres : Gaulois, Gallo-Romains, Mérovingiens, Carolingiens, Capétiens, etc. Toutes les collections publiques et privées ont été mises à contribution. L'archéologie, la peinture, le statuaire, la gravure, la lithographie ont fourni leurs curiosités et chefs-d'œuvre. Les livres précieux ont été compulsés, analysés, largement cités. A cette science de l'érudit, du collectionneur et de l'antiquaire se joint la compétence du professionnel, si ce mot peut être employé ici. M. le comte de Chabot est en effet un veneur de race. Dans toute la partie moderne, l'ouvrage emprunte aux souvenirs personnels de l'auteur comme un parfum d'autobiographie, de discrets mémoires, et l'intérêt s'en trouve singulièrement rehaussé.

M. le marquis Costa de Beauregard, de l'Académie française, a écrit à l'auteur une lettre-préface qui figure en tête du volume, laissons-lui la parole pour montrer que nous n'avons rien exagéré.

« Monsieur le Comte. — Plus avisé que Gros-Jean, je n'essaierai certes pas ici de vous en remontrer; et qui pourrait, d'ailleurs, vous en remontrer en fait de vénerie?

« Non, mon rôle sera plus modeste. Je tournerai simplement, si vous le voulez bien, les pages de l'antiphonaire où vous venez de noter si magistralement l'office de saint Hubert, et cela suffira pour que la foule se presse autour de votre lutrin.

. . . .

« Vous avez donc bien fait, très bien fait, de documenter — puisque c'est le mot — sur la faune de France, en l'an de grâce 1898; car bientôt cerfs, sangliers, chevreuils, y sembleront aussi antédiluviens que l'Ursus Speleus, ou le Mammouth d'Adams.

« Dans cent ans, tous les veneurs, vos amis et les miens, qui galopent si gaiement à travers vos pages, seront des fossiles à reliques entre Rahotpou, le grand veneur égyptien, et sa femme, la belle Nofrit, dont vous venez de me rappeler les traits.

« Croyez-le, votre livre sera, pour les archéologues du vingt-et-unième siècle, d'aussi bonne rencontre que l'était naguère pour le vicomte de Rougé cette précieuse fresque où il retrouvait « les chiens hauts sur pattes, râblés et la queue en trompette », qui formaient, il y a cinq mille ans, la meute d'Antef, le premier roi de Thèbes. Et nos hallalis de loups, et nos hallalis de sangliers, frapperont la postérité de cette même admiration dont j'étais saisi tout à l'heure en vous entendant raconter l'hallali de ce lion qu'Asshurbanipal saisissait si galamment par la queue avant de l'assommer d'un coup de massue...

. . . .

« Grâce à l'immense travail qu'il vous a coûté, rien ne manque aux archives de la nouvelle vénerie, archives que vous nous ouvrez si galamment aujourd'hui. Histoire, généalogies, mémoires intimes, portraits biographiques, anecdotes, tout s'y retrouve en sa place chronologique. On n'a qu'à tendre la main pour avoir ce qui peut charmer ou instruire.

« Savants et ignorants feront votre succès. Ceux-ci plus encore peut-être que ceux-là, car Jomini aura toujours moins de lecteurs que Marbot.

« Mais pourquoi Marbot s'est-il avisé d'une si déplorable modestie? Pourquoi, vantant si joliment autrui, s'est-il lui-même trop humblement effacé?

« En vous reprochant ce seul défaut de votre livre, je me fais auprès de vous, Monsieur le Comte, l'interprète de tous vos lecteurs.

« Marquis COSTA DE BEAUREGARD. »

Qu'ajouter à ces lignes? ceci : Que le Poitou avait fourni en du Fouilloux le premier des grands écrivains cynégétiques français, et que le second est encore — grâces en soient rendues à saint Hubert! — un Poitevin.

JEAN MAINGUENOT.

Sommaire des Revues reçues

REVUES POITEVINES

Mercure Poitevin (décembre 1898). — L'odyssée d'Antoine (suite et fin) (Leroux-Cesbron ; Yvonne (Jean Philippe) ; Une inscription napoléonienne (Léo Desaivre) ; Choses vendéennes (H. Baguenier-Desormeaux) ; Le théâtre à Niort (suite et fin) (H. Clouzot) ; Françoise d'Aubigné (suite) (H. Gelin) ; Lettres poitevines (Jean Duc) ; Chronique littéraire, Chronique théâtrale.
Administration : rue des Fossés, Niort. — Abonnement annuel, 12 fr. (mensuel).

La Vendée historique (décembre 1898). — Les intrus de la Vendée militaire : Coquille d'Alleux (suite) (H. B.) ; Cinq ans en exil, journal d'un prêtre vendéen en Espagne (suite) (abbé Pailland) ; Les poésies de l'abbé Barbotin (suite et fin) (H. B.) ; Chronique des Mauges (René Martin) ; Les colonnes infernales (suite et fin) (H. B.) ; Les débuts de l'insurrection autour des Herbiers, en 1793 : Le complot de l'oie (L. Augereau) ; Trouvailles et curiosités : Une lettre de Richelieu (Le Chercheur) ; La concentration de la Moujette et des Poésias (Dr X.).
Directeur : Henri Bourgeois, Luçon. — Abonnement annuel, 4 fr. 50 (bi-mensuel).

Revue Poitevine et Saumuroise (novembre 1898). — Nouveau document sur la conspiration du général Berton (1822) ; Les fouilles de l'abbaye Saint-Maur de Glanfeuil ; Détails historiques sur les services de Françoise Desprès ; Le général Michel (E. Chevalier) ; Les cahiers du Tiers-État chinonais aux États Généraux de 1789 (H. Grimond) ; Bibliographie ; Chronique régionale.
Directeur : L. Picard, 13, quai Carnot, Saumur. — Abonnement annuel, 6 fr. (mensuel).

Le Vendéen de Paris (décembre 1898). — Avant le banquet (Emmanuel Aimé) ; Un village vendéen (Saint-Gré) ; Colonie vendéenne de Paris (Emmanuel Aimé) ; Fleurs de presse vendéenne ; Nouvelles du pays.
Directeur : Emmanuel Aimé, 68, avenue d'Orléans, Paris. — Abonnement annuel, 1 fr. (mensuel).

Le Courrier littéraire de l'Ouest (décembre 1898). — Pour pleurer de rire : Sportomanie (J. Ohopin) ; Le Vent, la Poupée, poésies (H. Bonnet) ; Pages brèves, souvenir (Marc de Fontenelle) ; Cet impitoyable Guy Aumin (J. Delsol) ; Poésies en prose, épitaphe (Hœuf. de Velsou) ; Deux morts : Puvis de Chavannes, Louis Gallet (F. Coussol) ; En souvenir de la Toussaint (Ensel) ; Vous êtes une fleur, poésie (L. Cardon) ; Saint-Jean-d'Angély : Les tours, la grosse horloge (Guy Jehan) ; Revue des Revues ; Bibliographie.
Direction : 37, place des Capucins, Niort. — Abonnement annuel, 5 fr. (mensuel).

L'Ouest artistique et littéraire (décembre 1898). — Compte rendu de la réunion du 28 novembre 1898 (E. Pelletier) ; Conférence de M. Jousset de Bellesme ; Les peintures de MM. Albert Maignan et Luc-Olivier Merson au nouvel Opéra-Comique (Lavrès) ; Saint-Malo, poésie (Hippolyte Lucas) ; Les reliques de Saint-Martin-de-Vertou (Lionel Bonnemère) ; Souvenirs de Bretagne (F. Guérin) ; Chronique musicale et dramatique (L. de D.) ; A travers les livres (Léo Lucas) ; Echos ; Nécrologie ; Revues et journaux.
Direction : 51 bis, rue Cler, Paris. — Abonnement annuel, 10 fr. (mensuel).

Bulletin de saint Martin et de saint Benoît (décembre 1898). — Saint Martin, apôtre de la France (suite) ; L'enfance initiée à la vie de l'Église (suite) ; Les cloches et les clochers ; La sainte Vierge, reine du purgatoire (Dom Fr. Plaine) ; L'Ordre Bénédictin : Chapitre I, saint Benoît (suite) ; Chronique : Centenaire de sainte Mechtilde ; Solesmes, Le luxe pour Dieu ; Ligugé, Tours, Les fêtes de saint Martin, etc. ; Communications : Saint-Martin-des-Choux à Blois ; La fête de saint Martin à Dijon ; Une confrérie en l'honneur de saint Martin au douzième siècle ; Recommandations ; Bibliographie.
Administration : Abbaye de Ligugé (Vienne). — Abonnement annuel, 2 fr. (mensuel).

Revue éclectique d'apiculture (décembre 1898). — Concours agricole général de Paris ; Les essaims et la récolte en Bretagne ; Concours de Tarbes ; Procès du Château-roux ; Doctrine apicole : Les sommets de l'apiculture ; Les piqûres ; Conférence d'apiculture : L'agriculteur novice ; Dictionnaire d'apiculture ; Directoire ; Décembre ; Revue étrangère : Amérique, Allemagne, Belgique ; Variétés : Miel et dard ; Correspondance : La loque.
Directeur : Abbé Métais. — Administration : 4, rue de l'Eperon, Poitiers. — Abonnement annuel, 4 fr. (mensuel).

REVUES DIVERSES

Revue des Traditions populaires (novembre 1898). — Les cimetières (Paul Sébillot) ; Contes de la Grèce ancienne : Le choix d'une femme (René Basset) ; Jeux et formulettes du Pays Nantais (suite) (Mme Vaugeois) ; Petites légendes locales : La dame de Breyra (Henri Dardy) ; Légendes poitevines (Léo Desaivre) ; Folk-lore de l'Auvergne, sorcellerie (Dr Pommerol) ; Pèlerins et pèlerinages : En Poitou (Léo Desaivre) ; Miettes de folk-lore parisien (P. S.) ; Contes et légendes arabes (René Basset) ; L'habillement des statues : En Hainaut (Alfred Habon) ; Contes et légendes de l'Extrême-Orient (René Basset) ; Contes de la Beauce et du Perche (Filleul Pétigny) ; Les redevances féodales (Mme Destriché) ; Médecine-superstitieuse : Remède contre la goutte (A. Tausesrat-Radel) ; Les villes englouties (René Basset) ; Médecine populaire arabe (Achille Robert) ; Notes et enquêtes.
Directeur : Paul Sébillot, 80, boulevard Saint-Marcel, Paris. — Abonnement annuel, 15 fr. (mensuel).

Wallonia (13 décembre 1898). — Saint Nicolas chez les enfants et les jeunes filles (O. Colson) ; Abou Nioute et abou Nioutine (V. Chauvin) ; Le folk-lore chez nos écrivains (deux poésies) (Paul Girardy) ; Usages funéraires ; Notes et enquêtes : A Tournay aux quatorzième et quinzième siècles ; Les myrtilles (A. Haron) ; La conque de Dinan.
Directeur : O. Colson, 16, fond Saint-Servais, Liège (Belgique). — Abonnement annuel, 4 fr. (mensuel).

Mercure de France (décembre 1898). — Tendresses, musique sur de la prose de Pierre Louys (Gabriel Favre) ; La machine à explorer le temps, roman (H.-G. Wells) ; Le chercheur de pain (Francis-Vielé-Griffin) ; Félicien Rops (Hugues Rebell) ; Récit du Péager (E.-A. Eustache) ; Thomas Carlyle, essai (Edmond Barthélemy) ; Le poème de Rose la Reine (Fernand Pradel) ; Contes celtiques (Yves Lefebvre) ; Revue du mois (divers).

Directeur : Alfred Vallette, 15, rue de l'Echaudé-Saint-Germain, Paris. — Abonnement annuel, 20 fr. (mensuel).

Revue Bénédictine (décembre 1898). — Deux écrivains de l'abbaye de Florennes au quinzième siècle (D. Ursmer Berlière) ; Bulletin d'histoire bénédictine (D. Ursmer Berlière) ; La manifestation Kurth ; Chronique de l'Ordre : Rome, France, Espagne, Allemagne, Amérique ; Nécrologie ; Bibliographie.
Administration : Abbaye de Maredsous (Belgique). Abonnement annuel, 6 fr. (mensuel).

Etudes publiées par les Pères de la Compagnie de Jésus (5 décembre 1898). — Les « conditions » de la littérature française au dix-neuvième siècle (P. G. Longhaye) ; La question du jour (P. G. Burnichon) ; Une canonnière française dans le fleuve Bleu (fin) (P. P. Lémour) ; Les périls du protectorat français en Orient (P. H. Frélot) ; Un maître de l'érudition française, Philippe Tamizey de Larroque (P. H. Chérol) ; Bulletin canonique, actes du Saint-Siège (P. J. Besson) ; Deux nouveaux livres sur saint Ignace de Loyola (P. J. Brucker) ; Livres (divers) ; Evénements de la quinzaine.
Administration : 82, rue Bonaparte. — Rédaction : 15, rue Monsieur. Paris. — Abonnement annuel, 25 fr. (bi-mensuel).

Simple Revue (1er décembre 1898). — Les disparus, Adolphe Yvon (Un flâneur) ; Fagots rétrospectifs (Heineké) ; Quelques rimes sur un salon (Edmée Nodd) ; Notes de musique (Jean Bernac) ; Le protocole mondain (Parisette) ; Les arts et le monde (Comtesse Lœtitia) ; Les livres (Edmond Rocher).
Administration : 41, boulevard Haussmann, Paris. — Abonnement annuel, 10 fr. (bi-mensuel).

L'Echo du Merveilleux (15 décembre 1898). — Enquête sur le merveilleux : Lettres de Mmes Adam, Gyp ; MM. Jules Lemaître, F. Brunetière, Jules Claretie, Saint-Saëns, Jean Aicard, Paul Hervieu (Gaston Méry) ; Le 8 décembre à Tilly (Mlle de L. L. Y.) ; Reportages dans un fauteuil : Le spectre qui tire votre rideau (Georges Malet) ; Souvenirs d'une voyante (suite) (Claire Vauthier) ; Petit cours de chiromancie, VI (A. de Thèbes) ; A la Bodinière (G. C.) ; Mlle Myriam (G. M.) ; A propos de Mme Bonnard (commandant Toyrad) ; A la Société des sciences psychiques (Le Gaulois) ; Un livre sur la Salette (Léo Franc) ; Notre courrier ; Histoire de Louis de Genfridy ; Çà et là ; A travers les Revues.
Directeur : Gaston Méry, 44, rue de La Tour d'Auvergne, Paris. — Abonnement annuel, 10 fr. (bimensuel).

Le Journal des Arts (10 décembre 1898). — Le nouvel Opéra-Comique (Aug. Dalligny) ; Bulletin des expositions et des ventes ; Informations ; Actes officiels ; Exposition rue de Sèze, Société Internationale (A. D.) ; L'assemblée générale de la Société nationale des Beaux-Arts ; Revue rétrospective des ventes (Louisette) ; Bulletin des concours et expositions ; Revue des ventes ; Nécrologie (L. Marold) ; Bibliographie.
Directeur : Aug. Dalligny, 1, rue de Provence. — Abonnement annuel, 20 fr. (hebdomadaire).

L'Intermédiaire des chercheurs et curieux (10 décembre 1898). — *Questions* (801-810) : Sectes ; Huon de Bordeaux ; « L. G. », initiales du nom d'un rédacteur de « l'Aurore » ; Denon ; Les opéras inédits de Massenet ; Villars (Buste de) ; Le projet d'adoption du Prince impérial par le comte de Chambord ; Boulanger (Le général) ; Une bombe policière ? Une épitaphe sur Barra ; Napoléon 1er et le duel ; Une réponse de Chaumette ; Une donation de l'arquebusier Lepage ; Mme Molé et son incarcération au Fort-l'Evêque ; Pièces enlevées aux archives ; L'Athènes du Nord ; Le marquis de Tralaigue ; Un chevalier de Prany postulant pour la concession d'un canal ; Mlle Mélanie de Boileau, dame d'Ecouen ; Mgr Dupont des Loges ; Le général Excelmans est-il d'origine belge ? Reliques juives ; Cromwell ; Les livres qui rendent myope par leur lecture ; Metz rendu à la France ; P. A., paysan du Jura ; Mémoires à attribuer ; « Annales nécrologiques de la Légion d'honneur » ; Jenner et la vaccine ; Un singulier pronostic ; Nom d'auteur à trouver. — *Réponses* (811-855) : Quand les parapluies ont-ils été inventés ? Faire un trou à la lune ; Opportuniste ; Origine du mouchoir ; Cire d'Espagne ; Les descendants de Robespierre ; Eglises fortifiées ; Rue dite des Juifs ; Chemise ; Conservation des cadavres par le sol ; Cheval qui fume sa pipe ; M. Gustave Legray, photographe ; L'histoire vraie de Mme Bovary ; Notre avenir ; Etymologie de Cognac ; Errata des grands dictionnaires ; Nourrices ; Ophélète ; Frangipane ; Descendance des derniers Intendants ; Famille de Maupassant ; Samuel Bernard était-il juif ? Quels sont les hommes célèbres qui sont morts sans avoir aimé ? Maladies récentes ; Revolver ; Alsace-Lorraine ; Maisons creusées dans le tuffeau ; Depuis quand dit-on que la femme est une moitié par rapport au mari ? Théâtre Comte ; Livres imprimés en rouge ; Les livres imprimés en bleu ; George Sand et le seizième bulletin de la République ; Pseudonymes ; Mots et phrases retournés ; Sénat conservateur ; Fausses alarmes sous la Révolution ; Du prénom obligatoire ; Le nom des Panckoucke ; Noms des patriotes fusillés par les Allemands en 1870-1871 ; La noblesse française et ses alliances ; Les derniers députés de l'Alsace-Lorraine ; Les « Mémoires de Marbot » ; Maquerelles punies ; Général de Lasalle ; Mlle Georges ; Un ministre qui refuse sa pension ; Rue Jean-Robert ; Les 1 ; Le port de l'écharpe tricolore ; Gentilshommes de la Chambre ; Le contre-amiral Trogoff ; Portrait du marquis de Lassay et de Mme de Bouzzols ; Trêfles points sur un instrument de musique irlandais ; Gouverneur de Paris ; Napoléon savait-il nager ? Deux Italiennes célèbres ; La mort de Chateaubriand ; Florentino, ses Mémoires ; Le dernier Conventionnel ; Les Mémoires de Bussy-Rabutin ; Les œuvres de Sainte-Beuve ; Le général Humbert ; In Dominicis Augusti ; D'Artois (Confession générale du comte) ; Chine ; La princesse de Tarente ; Le lithographe Bornemann ; Louis-Jacques Saint-Aubin ; Arthur Martin ; Famille de Louvigny. — *Notes and Queries* : L'emploi du bas latin dans la période classique. — Comment on doit placer le « Badge of ulster » dans les armes d'un baronet ? Félibre ; Doit-on écrire « Honni » ou « Honi » ; Eglise bâtie par Becket ; La piastre espagnole « à colonne » ; Studium sine calamo est somnium ; La Trinité des vins. — *Trouvailles et curiosités* : Mlle Dangeville, actrice de la Comédie-Française. — *Petite correspondance.*
Directrice : Mme la générale Iung, 38, avenue Wagram, Paris. — Abonnement annuel, 6 fr. (trimensuel).

Le Directeur-Gérant : GUSTAVE BOUCHER.

Ligugé (Vienne). — Imp. Saint-Martin. M. Bluté. — 12-98.

LES VILLES POITEVINES

Niort

DES abords de Frontenay-Rohan-Rohan, bourgade fort tranquille et simple, malgré ce nom sonore, on a une vue immense sur de vastes plaines herbeuses, traversées par une large route bordée de grands arbres. Au fond de l'horizon, vers le nord, apparaissent, majestueuses, les tours de Niort. En quelques minutes, on est dans la gare, spacieuse et bien conçue, où sept lignes de chemins de fer, venant de tous les points de l'horizon, font du chef-lieu des Deux-Sèvres une des villes les mieux desservies de la France entière. Ces nombreuses voies ferrées, dont deux, les lignes de Paris à Bordeaux et de Poitiers à La Rochelle, ont un rôle capital pour l'Ouest, et la Sèvre, navigable jusqu'à la mer, font de Niort un centre économique assez considérable, malgré l'absence d'industrie dans la région. Lignes de rails, rivière, routes, rayonnant en étoile, font

du plan de Niort et de sa banlieue, comme le donne par exemple la carte de l'état-major, le type le plus classique d'un centre attractif. Cependant Niort ne possède pas 24.000 habitants, mais si l'on compte dans l'agglomération le faubourg autonome de Saint-Florent et les petits faubourgs dépendant d'autres communes, on peut évaluer à 26.000 âmes la population niortaise. Elle en avait à peine 15.000 au commencement du siècle.

La gare, créée loin de l'ancienne ville, a fait naître de nouveaux et importants quartiers, percés de belles avenues, dotés d'édifices qui donnent assez grand caractère à ces voies régulières. Rues et avenues aboutissent à la Brèche, une des plus vastes places de France, bordée par un square, entourée de grands arbres et peuplée par un nombre extraordinaire de statues, de groupes, de vases, de sculptures. Ce luxe d'objets d'art se retrouve dans toute la ville. Ce n'est pas toujours d'un goût mirifique. Tel vase juché sur un piédestal avec les lettres R. F. est plutôt baroque, mais il y a quelques morceaux de valeur dans ces ornements.

Phot. de M. Max. Ménard.

NIORT, Paroisse Saint-André

Sur la Brèche commence une rue qui, sous les noms de rue Ricard et rue Victor Hugo, ouverte au fond de l'espèce de vallon très évasé, aboutit à la Sèvre, cœur du Niort primitif. Presque toute la vie de la cité se concentre dans cette artère bordée de cafés et de magasins, au bout de laquelle sont les halles, où les paysans des environs apportent leurs produits. La Sèvre coule au pied de ces halles modernes et sous les hautes murailles rousses du Donjon, énorme masse de deux grosses tours carrées flanquées de contreforts demi-cylindriques en forme de tourelles. Une lourde bâtisse relie les deux tours, dont l'origine remonte au douzième siècle. Avec ses teintes d'un gris fauve, les créneaux de la porte du Sud, ses étroites ouvertures, ses touffes de giroflées sur les corniches, le Donjon conserve un grand caractère. Il se reflète dans l'eau cristalline de la Sèvre, divisée en plusieurs bras, sur laquelle sont amarrées en ce moment de nombreuses gabares. Ce coin de ville avec sa forteresse, ses tanneries, les arbres des rives et, sur la colline, les hautes flèches de l'église en grande partie moderne de Saint-André, est fort pittoresque.

Derrière cette église Saint-André, voisine d'une caserne de cavalerie, on a heureusement profité d'une pente rapide du coteau sur la Sèvre pour créer un beau jardin public aux allées ombreuses, aux fraîches pelouses, aux parterres fleuris, aux claires fontaines, d'où la vue est charmante sur la basse ville, le cours sinueux de la Sèvre et les lointains vaporeux du Marais, où fleuve et canaux disparaissent sous une telle étendue d'arbres que l'on croirait voir une forêt sans fin.

Le reste de la ville a peu d'intérêt, malgré le souci d'une population intelligente d'orner la cité et de respecter les débris du passé. En descendant de Saint-André par des rues endormies, on rencontre un charmant édifice appelé, dans le langage populaire, palais d'Aliénor ou d'Eléonore : ce fut l'hôtel de ville ; de nos jours, on y a installé un musée d'antiquités.

Peu de maisons intéressantes ont été conservées ; on montre l'hôtel de Candie, où serait née Mme de Maintenon. Les archéologues et les savants de Niort ne sont pas d'accord sur le lieu où la fameuse marquise vint au monde pendant l'emprisonnement de son père, François d'Aubigné.

Voici la ville parcourue, et l'on revient à la rue Victor-Hugo et au passage du Commerce, revêtu de sa voûte de verre. Les principaux magasins sont ceux de confiseurs ; leur produit le plus célèbre est cette angélique dont, à la gare, les garçons du buffet présentent les tiges confites en énormes tubes d'un vert cristallin, ou transformées au moule en objets divers et bizarres : escargots, poulets, etc..., dont ils offrent des boîtes liées d'une faveur de couleur tendre.

Cette industrie est plus curieuse que puissante ; j'ai cependant tenu à la suivre, depuis la culture jusqu'à la préparation saccharine. L'an dernier, un aimable Niortais s'est offert à m'accompagner près de la Sèvre, dans un vaste clos où l'on cultive à la fois l'artichaut et l'angélique. L'artichaut est pour toute la banlieue de Niort, dans les terres profondes des bords de la rivière, un produit très rémunérateur ; il compte près de 4000 plants à l'hectare, dont la production en têtes est évaluée à 2000 fr. A côté de l'artichaut sont d'immenses carrés de jeunes oignons ; l'oignon est semé ici sur plus de 100 hectares. D'après les statistiques de M. Baltet, on comptait, il y a trente ans, 50 hectares couverts de semis effectués en août et produisant, au bout de six mois, 80 millions de plants que les Angevins, les Poitevins, les Bretons, les Normands, etc., venaient acheter.

. . . .

Si Niort n'avait que son angélique, ses oignons et ses artichauts pour faire vivre sa population, celle-ci ne s'accroîtrait pas aussi rapidement ; mais Niort est en même temps une ville assez industrielle, dont le développement s'accentue, grâce à son beau réseau de voies ferrées et à sa rivière sillonnée par des bateaux pouvant porter 30 tonnes, et assez nombreux pour qu'un remorqueur à vapeur circule sur les 54 kilomètres de voie navigable entre Niort et Marans. Les bords de la Sèvre possèdent d'importantes tanneries et de nombreux ateliers de chamoiseurs, où les peaux de mouton, d'agneau, de chèvre, de chevreau, sont transformées en peaux souples de « chamois », ainsi que celles des animaux tués dans les grandes chasses : daim, chamois, cerf, élan, renne, etc. Le chamoisage a pour but de rendre les peaux très souples et de faire ce qu'on appelle parfois du *cuir à laver*. Avec les peaux chamoisées, on prépare les garnitures des touches de pianos, on fait les plastrons et les gants de salles d'armes, les gants d'ordonnance pour l'armée, les fameuses culottes de peau ; elles servent à la gaînerie, la sellerie, etc. En réalité, la plus grande partie de la peau de chamois préparée à Niort est de la peau d'agneau.

Le chamoisage se distingue de la tannerie et de la mégisserie par l'emploi de l'huile de poisson, destinée à entraîner avec elle, lorsqu'on l'expulsera, toutes les matières grasses contenues dans la peau. Sauf cet emploi de l'huile, la préparation des cuirs chamoisés rappelle celle des cuirs mégissés.

Une quinzaine d'ateliers occupent le bas de la ville et le faubourg de Saint-Florent. Les peaux préparées sont en grande partie utilisées sur place par la fabrication des gants d'uniforme, utilisés surtout dans la cavalerie. Les gants de chamois et castor employés en France sont principalement fabriqués à Niort, où une dizaine de maisons occupent de 1200 à 1300 ouvriers. Grenoble ne s'est pas occupée de cette sorte d'articles, dont elle laisse en quelque sorte le monopole à la ville poitevine. Celle-ci ne se borne pas au chamoisage ; elle procède aussi à la teinture des peaux pour la ganterie et les autres industries ses tributaires.

Niort est si bien désigné pour devenir un centre, que des tentatives, timides il est vrai, se font pour implanter de nouvelles industries. Une fabrique de chaussures essaie de lutter contre les concurrences de Blois et de Fougères ; plusieurs commerçants font confectionner des blouses, d'autres des corsets, d'autres des casquettes. La brasserie est assez importante. Ces essais aboutiront sans doute à doter cette ville de nouvelles usines.

ARDOUIN-DUMAZET.

Extrait de la quinzième série du *Voyage en France*. — 1 vol. in-12, chez Berger-Levrault, Paris ; 1898. — 3 fr. 50.

Le Folk-Lore

SAVOIR *des gens*, des bonnes gens qui ne *savaient* rien, voilà ce qu'il faut entendre sous ce vocable étranger, que, malgré notre souci de vulgarisation, nous conserverons pour sa large et commode compréhension.

Il embrasse, en effet, tout ce que le peuple sait par lui-même, spontanément, sans l'intervention d'une élite, presque toujours malgré elle.

Cette vie intellectuelle du peuple, dans l'excellente préface qu'il a mise en tête de son *Folk-Lore du Poitou*, M. L. Pineau en a suivi le développement, marqué les successives étapes.

Il l'a montrée s'éveillant à la berceuse lointaine, mystérieuse, que fredonne quelque voix cassée d'aïeule ; s'affinant à ces contes où la vindicative raillerie alterne avec l'inspiration symboliste dans ce qu'elle a de plus élevé ou de plus gracieux ; s'épanouissant, toute, dans la chanson, dans les rondes, dans les ballades d'amour que clame en fausset le jeune paysan en se rendant aux « veuillaies », que soupire la pastoure pour tromper l'ennui des longues heures de solitude ; enfin quand, passé le temps du rêve, c'est la décevante réalité, avec le mariage, les enfants, les soucis, les maladies et la misère, se repliant sur la foi aux fontaines douées de propriétés merveilleuses, aux bons petits saints guérisseurs, aux devins en possession de secrets souverains et de toutes-puissantes formules.

Immense, le fonds de folk-lore qui gît au Pays Poitevin ! Séculaires cantilènes, devinettes, proverbes, jeux d'enfants, dictons météorologiques, croyances relatives à la lune, aux astres, remèdes empiriques, pratiques de sorcellerie, dévotion aux fontaines, fêtes dont les rites remontent aux plus lointaines époques de l'humanité, légendes qui se sont formées autour de quelque plante agreste, d'un reptile, d'un oiseau, fabliaux, contes enveloppant parfois les plus hautes conceptions religieuses, sagas des génies malfaisants et des secourables fées, tout ce qui demeure de ce qu'apportèrent ou créèrent les peuples à qui notre sol doit sa première culture, le substrat millénaire où se mêlent l'atavisme celtique, le paganisme romain, la mythologie germanique.

A champ si riche moissonneurs n'ont pas manqué. Ils auront déjà eu pour récompense, ces ouvriers de la première heure, de voir Mélusine, la grande fée du Poitou, devenir la patronne des folk-loristes.

Nous reviendrons sur chacun de ceux qui s'entreprirent à recueillir les reliques du passé, à en dresser l'inventaire. Nous voulons, en publiant les résultats acquis, inciter à la collecte de documents nouveaux. Les glanes, sinon d'autres gerbes, après les gerbes premières.

L'intérêt historique et familial de ces survivances, M. André Theuriet le faisait naguère éloquemment ressortir [1]. Nous ne pouvons que renvoyer aux pages charmantes où il exalte la poésie des gens simples, avec ses savoureuses naïvetés d'expressions [2].

Poursuivre ces rafraîchissantes études, c'est faire aimer le paysan qui en détient la matière, c'est ramener la province à elle-même en lui prouvant son originalité ; c'est, d'un mot, restaurer la vie locale, l'amener à cette forme supérieure de la vie, qui est l'art.

Rien n'est à dédaigner parmi ces débris des âges passés.

> Tout le bruit de la mer tient dans un coquillage.

Et qui sait si la solution de quelque problème de notre histoire morale ne se trouve pas dans une obscure tradition, dans une pratique dédaignée?

C. Roy.

---

1. Conférence donnée à Niort le 8 mars 1896, publiée dans *La Tradition en Poitou.*

2. Voir notamment : *Sous bois,* La poésie populaire et la vie rustique.

ETHNOGRAPHIE. — FOLK-LORE

Les coiffes poitevines

> « Écoutez donc ! quand on porte un amour de petit bonnet comme ça, on y regarde à deux fois avant de le jeter par-dessus les moulins. »
>
> B. Gautier.

FRANÇOIS Iᵉʳ, roi vert galant, comparait une cour sans dames à un printemps sans roses ; il aurait pu, si les paysannes de son temps avaient déjà la grâce rayonnante des nôtres, compléter sa double image par celle d'une foule populaire privée des coiffes et blancs béguins villageois.

Il est heureux, en effet, que la monotonie des paletots et des blouses bleues soit égayée et comme illuminée par la souple blancheur des coiffes féminines, dont les longs rubans frissonnent et s'envolent au souffle des brises, pareils à l'aile blanche des oiseaux de mer sur les flots sombres ou le ciel gris.

Notre Poitou ne le cède à aucune province pour la variété de ses costumes paysans. La pièce caractéristique de ces costumes, la seule même qui garde en quelque sorte son autonomie et maintienne la diversité au milieu des tendances uniformitaires de la civilisation contemporaine, c'est la coiffe.

La coiffe-type du Poitou est le béguin, c'est-à-dire une coiffure formée de l'assemblage de parties distinctes, ornées et repassées séparément, qui s'arrangent ensuite et se reploient sur un bonnet formé d'un carton ou d'une étoffe matelassée et piquée, tantôt formant casque, tantôt ayant le fond seulement muni d'un écusson de carton ou d'une armature de fil de fer.

Ce béguin, qui s'étend sur une partie des Charentes, caractérise une région bien distincte, entre les foulards flottants ou noués du bassin girondin, les *barbichets* du Limousin et du Berry, les *capotes* de l'Auvergne et du Bourbonnais, les bonnets transparents des rives de la Loire, et les coiffes ailées de la Bretagne.

La coiffe est un signe d'une haute valeur ethnographique ; car les paysannes qui portent le même costume parlent également les mêmes variétés de patois, avec des intonations et des désinences semblables, se divertissent aux mêmes danses, répètent les mêmes contes aux veillées, modulent sur les mêmes airs les mêmes chansons, et gardent avec une religieuse ténacité des superstitions analogues.

Nous ne pouvons que renvoyer ceux qui désireraient pousser plus loin cette étude de la coiffe paysanne et de ses aires ethnographiques, à la carte dressée par nous pour le pays compris entre Loire et Garonne. Cette carte a pour commentaire le texte que nous avons écrit pour accompagner les belles planches des *Costumes poitevins,* dessinés et gravés à l'eau-forte par M. Escudier.

Ceci dit, procédons de suite à l'inventaire rapide des quatre-vingts et quelques variétés de coiffes possédées par la Société du Costume poitevin.

Première vitrine

La première vitrine est consacrée aux coiffes des environs de Niort, *paysannes, carrasses, crêchoises* et *pèleboises.* Le *ramponneau* et la *capette* y figurent sous leur forme ordinaire et sous la forme de deuil ; elles sont accompagnées de deux exemplaires de la coiffe, modification relativement récente de l'antique capette, que l'on appelle *poraude* dans le Marais, et *garibaldi* dans la Plaine.

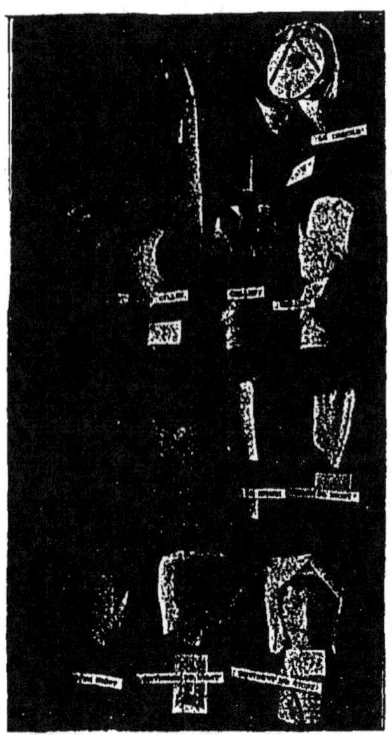

Phot. de M. Georges Clouzot.
Vitrine 1

La *crécloise* ou *piole* est représentée par le ramponneau de gala qui se portait aux environs de 1840, et dont le fond — particularité peut-être unique en dehors des coiffes de deuil — était encadré d'un ruban de velours noir ; puis par une coiffe de deuil, avec cape bordée de noir sans rubans ; enfin, par la forme actuellement portée à La Crèche et aux environs, avec les trois angles du front fort peu marqués, un nœud de tête parfois garni de plume d'autruche, et de longs rubans de satin.

La coiffe péleboise de la région comprise entre Celles et La Mothe-Saint-Héray — et qui se distingue de la crécloise par l'absence totale de rubans, par les angles inférieurs et plus saillants sous le menton, par l'écusson ou bourrelet plus petit et d'un ovale plus déprimé — est représentée par quatre spécimens :

1° Le béguin des fillettes de huit à quinze ans, dont le fond et le devant sont garnis de bandes de couleurs diverses ;

2° Le béguin pélebois ordinaire, entièrement formé de tissu blanc ;

3° Le demi-deuil, avec *cape* de calicot bordé de noir ;

4° Le grand deuil, marqué par une pièce de futaine bordée de noir recouvrant le dessus de la coiffe, et retombant sur les épaules. C'est une forme déjà ancienne, d'autant plus curieuse qu'elle paraît être en voie de disparition.

Deuxième vitrine

La deuxième vitrine est entièrement consacrée aux coiffes de Saintonge. La coiffe actuelle de la partie nord de la Saintonge, dont Beauvoir occupe à peu près le centre, y est représentée par trois variétés d'âge, portées simultanément par la mère, la grand-mère et la jeune fille. Ces coiffes diffèrent surtout par le développement, de moins en moins considérable, de la saillie du fond. Deux formes assez particulières y figurent, celle de Marsais, à fond peu saillant, celle de Saint-Romans-lez-Melle et autres localités voisines, plus ample, et ayant gardé les oreillons formés aux deux angles du sommet par les extrémi-

Vitrine 2

tés des pans volants de l'ancienne *pantine*, qu'on avait, par raison de commodité, relevés sur le haut de la coiffe, où elles forment les *cornes*.

Plusieurs coiffes saintongeoises de mariées, avec pans volants, montrent les variations de longueur de ces appendices, qui, dans une forme portée à Usseau en 1865, retombent jusqu'à terre. La plupart de ces coiffes portent, attaché sur le milieu du fond, un *chaperon* de fleurs artificielles.

La vaste région comprise dans la Saintonge méridionale et qui va de Saint-Jean-d'Angély jusqu'à Saintes et Pons, n'est représentée que par la coiffe actuelle des jeunes femmes, entièrement montée sur carton, avec un nœud de ruban attaché, comme dans toutes les coiffes saintongeoises, au milieu du fond. La *passe* de satin, qui transparaît sous le *bonnet rond*, est d'une teinte légèrement bleuâtre. Les coiffes plus anciennes de cette région ne diffèrent guère que par l'absence de rubans et l'ampleur de la partie postérieure.

(*A suivre.*)   H. GÉLIN.

Tous les objets décrits dans l'étude de M. Gélin et dans celles qui suivront appartiennent au Musée ethnographique de la Société du Costume poitevin, dont le siège est à Niort.

Nous faisons un pressant appel aux instituteurs, institutrices, et en général à toutes les personnes susceptibles de recueillir de ces objets, sans valeur souvent, mais qui, réunis, classés et analysés, prennent une importance très grande pour l'histoire d'un pays. M. H. Gélin, qui est le conservateur du Musée ethnographique de Niort, recevra avec reconnaissance tout ce qui lui sera adressé.

❋ ❋ ❋

Les poupons

Note sur les divers modes d'emmaillotement, de couchage et de maintien des jeunes enfants, usités en Poitou. — Voici quelques notes intéressantes que j'ai eu l'occasion de relever concernant les procédés usités en divers temps et en particulier dans nos contrées, pour transporter, emmailloter et coucher les nourrissons.

L'ordre chronologique appelle d'abord l'industrie des meneurs et meneuses qui se chargeaient de mettre en nourrice ou d'abandonner au seuil des hospices les enfants confiés à leurs soins. Nous connaissons le bissac vendéen qui a figuré à l'Exposition de 1889 à côté du bât d'âne charentais, de la hotte champenoise et des paniers berrichons (fig. 1, 2, 3), tous moyens de transport utilisés couramment pendant des siècles pour un ou deux enfants à la fois dans les pays précités. De nos jours, la loi du 23 décembre 1874 règlemente les agissements des meneurs placés sous la surveillance des médecins-inspecteurs.

Une terre cuite découverte à Viterbe et figurant au Musée de Bruxelles représente le maillot le plus ancien. A Rome, les nourrices entouraient le corps des enfants nouveaux-nés d'une longue et étroite bande d'étoffe appelée *fascia* qui serrait les bras et les jambes, mais laissait les pieds libres ; on évitait ainsi la déformation des membres qui résulte souvent de l'emploi d'emmaillotages plus modernes dont on peut dire que le meilleur ne vaut rien. Nous retrouvons aujourd'hui la bande romaine dans le département de Vaucluse sous le nom transparent de *faïsso* ; elle a d'ailleurs ses partisans en Provence, en Corse et en Italie, sans compter que son usage a été longtemps courant dans le Nord de la Gaule et même à Paris. Témoin le moulage qui figurait encore à l'Exposition et qui fait partie d'une sculpture du quinzième siècle représentant un baptême à Notre-Dame de Paris : l'enfant, tête nue, est enveloppé dans un lange lacé et élégamment orné-menté. Le même système se retrouve sur certaines statuettes de l'époque gallo-romaine. A l'époque de Louis XIII, on commença à couvrir la tête des enfants de bonnets plus ou moins riches, et sous Louis XV on supprima les bandelettes et les lanières tout en laissant les bras encore enserrés.

Signalons, à titre de curiosités contemporaines, la peau de mouton employée dans les Landes, l'oreiller en gouttière de la

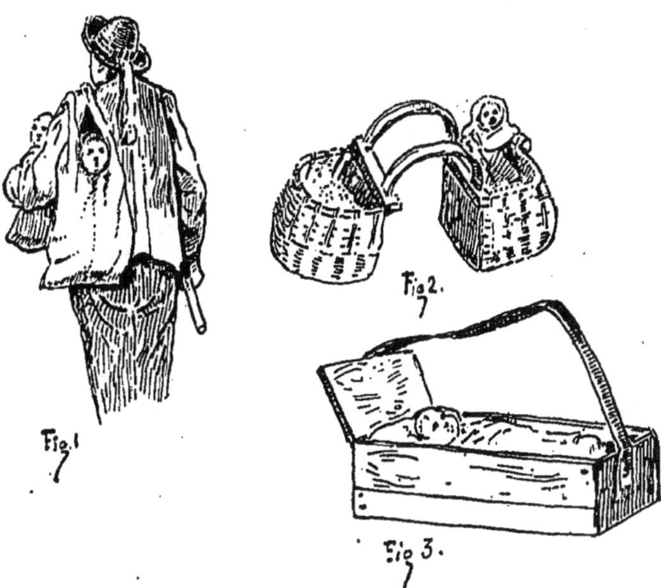

Touraine et de la Côte-d'Or et les lisières enrubanées de la Bretagne.

Quand cesserons-nous d'emmailloter nos enfants, imitant en cela les mères anglaises ? Je crains bien que cet usage aussi inutile et difficile qu'anti-hygiénique ne soit encore longtemps combattu par les médecins dans toutes les classes de la société française avant d'avoir gain de cause.

La curieuse collection de berceaux que l'on a pu voir au Champ-de-Mars, en 1889, comprenait trois variétés : les caisses à pieds fixes, les coffres ou paniers sur patins mobiles, les corbeilles suspendues soit par des cordes (Bretagne), soit par deux montants (Auvergne). La plupart de ces modes de couchage sont mobiles pour permettre la funeste coutume du bercement des enfants ; les uns ont des cercles en osier grillagé. La literie et sa garniture sont très variables : balle d'avoine, feuilles de fougère, paille de maïs.

Dans les moyens inventés par les nourrices, par les mères même qui veulent éviter d'avoir le jeune enfant sur les bras en dehors de ses heures de sommeil, on trouve autant d'ingéniosité que de primitive exagération allant parfois jusqu'à la souffrance.

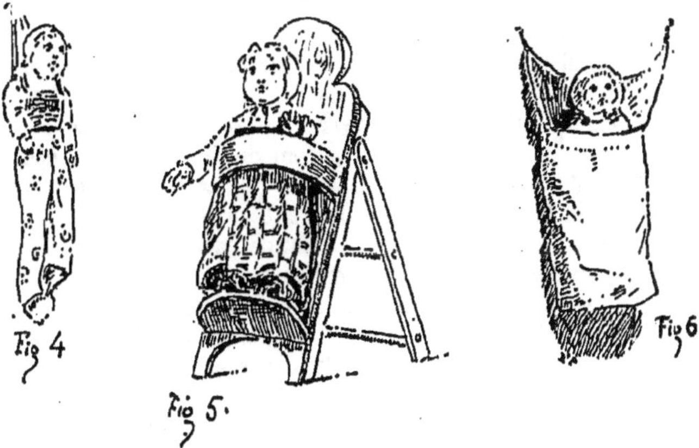

Parcourez le Poitou et aussi le Pays Basque, vous y verrez aussi le mode de suspension par les brassières (fig. 4), ou le procédé du sac (fig. 6). Il ne faut pas se fier à l'apparence : le chevalet tourangeau (fig. 5) avec son aspect moyenâgeux permet de relever ou d'abaisser l'enfant, et d'éviter le poids trop lourd pour ses pieds encore faibles ; en cela, il est bien supérieur aux « bruses » provençaux, sortes de niches creusées dans le bois dur, qui con-

damnent l'enfant à la position verticale, ou même aux hottes de paille utilisées en Gascogne.

Il y a mieux : ce sont, par exemple, les chariots à roulettes en tronc de pyramide dont les plus usuels s'ouvrent sur le côté et portent en avant une petite boîte à provisions ; tout en soutenant le bébé par les aisselles en cas de perte d'équilibre, ils lui laissent la faculté de se mouvoir horizontalement et surtout d'exercer, sous la surveillance maternelle, ses petites jambes à la marche. La figure 7 représente une variante moderne de cet objet. Le même principe a présidé à la confection de la glissière (fig. 8), rectangle en bois emboîtant la taille et glissant entre deux barres parallèles. Enfin dans presque toute la France, du moins à la campagne, il y a encore les tourniquets, appelés aussi virolets, virounoux ou moulins, dont la pièce principale est une perche, mobile circulairement entre le plancher et le plafond, munie elle-même d'une potence en équerre permettant à l'enfant de se mouvoir en tous sens (fig. 9).

A la condition de ne pas en abuser, les

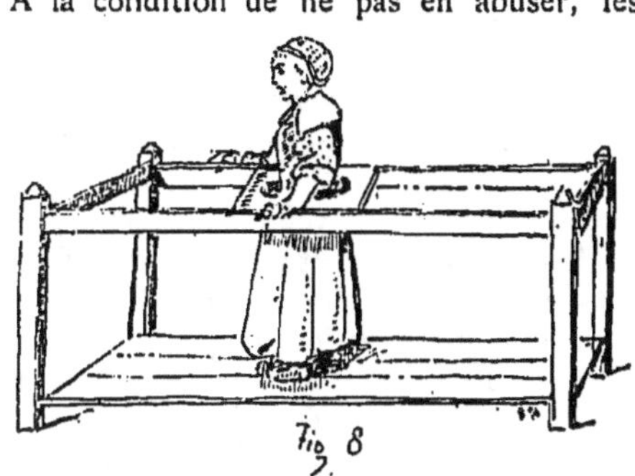

mères et les nourrices peuvent user de ces derniers appareils, mais elles doivent n'y recourir qu'exceptionnellement, sous peine d'avoir à se reprocher des déformations du squelette qui souvent ne sont pas dues à d'autres causes.

Docteur H. FAIVRE.

MŒURS · USAGES COUTUMES

Les fêtes de la Bachelerie, à Melle. — En notre langage poitevin, le mot *bachelier* signifie jeune homme non marié : la fête de la Bachelerie est donc la fête des jeunes gens. Elle se célèbre à Melle depuis un temps immémorial sans avoir jamais subi aucune interruption.

Melle n'a pas toujours été seule dans notre région à connaître la réjouissance : Champdeniers, Argenton, ont eu jadis leurs bacheleries qui ont pris fin à l'époque troublée de la Révolution.

On ne sait rien de l'origine de cette fête à Melle.

La première pièce authentique que nous possédions sur elle remonte au 27 août 1771.

A cette époque, l'habitude qu'avaient les jeunes gens de se rendre en armes au pré dit *Bachelier*, afin d'y élire leur *capitaine* pour l'année, donna lieu à des scènes tumultueuses. Pour en empêcher le retour, une ordonnance royale intervint qui se borna à édicter en un texte définitif les coutumes et dires des anciens concernant la Bachelerie, et à interdire le port de toutes armes aux jeunes gens qui venaient y prendre part.

La Révolution n'interrompit pas la joyeuse tradition melloise. La partie religieuse du programme fut seule supprimée pour reparaître en l'an 1808, époque à laquelle M. Aymé (Jacques-René), accepta le titre de Bachelier, et fit les honneurs de la fête avec le gracieux concours de Mlle Eglantine Bernardin, après avoir pourvu, à ses frais, à la restauration de l'église Saint-Pierre, et avoir fait transférer en un tombeau édifié par lui les cendres du fondateur présumé de ces jeux mellois.

Le 6 mars 1856, le maire de Melle prend un arrêté réglementant, conformément aux anciens usages, le cérémonial coutumier et introduisant une légère modification dans le mode d'élection du Capitaine-Bachelier.

On peut donc dire que depuis un temps qu'il est impossible de fixer, mais qui dépasse à coup sûr quatre siècles, le rituel de la fête melloise ne s'est pas sensiblement altéré, et que nous assistons exactement au même spectacle qui réjouissait au moyen âge les yeux de nos ancêtres poitevins.

Je suis allé cette année à Melle à l'époque de la Bachelerie ; j'en ai suivi toute la cérémonie, et voici, aussi succinctement que possible, ce que j'ai vu.

Le mardi de Pàques, les jeunes gens, candidats préalablement inscrits à la mairie, se rendent avec le Conseil municipal et le Bachelier de l'année précédente en un pré situé derrière l'église Saint-Pierre ; ils s'y rangent en cercle, et le Bachelier sortant, cassant une branche de saule, la donne au maire, qui la remet au jeune homme à l'avance choisi. Depuis 1856, le Conseil municipal, donnant une subvention au Bachelier, se réserve son élection, laquelle appartenait auparavant au Bachelier sortant.

Dès cet instant, celui-ci, ayant planté la branche en terre, est élu ; il reste en possession du pré, dont il a la jouissance intégrale jusqu'au lundi de la Pentecôte inclusivement. (Le pré a été donné à une époque indéterminée, par le fondateur anonyme de la Bachelerie, au Prieur de Saint-Pierre, à la charge ci-dessus mentionnée. Vendu en 1793, il appartient à la famille Aymé.)

Le jour de la Pentecôte, le Capitaine-Bachelier élu, ayant choisi une jeune fille qui prend le titre de reine, et un certain nombre de commissaires, parmi lesquels son prédécesseur immédiat, se rend à la mairie, y prend les autorités, et tous, précédés de musiciens, vont à Saint-Pierre, où se célèbre la grand-messe, pour laquelle le héros de la fête offre une livre de cire, un pain bénit et un écu. Une quête y est faite pour l'église et les pauvres. A l'issue de la messe, on va saluer le tombeau vide du fondateur, sis près de l'église et blanchi à neuf la veille par les soins du Bachelier, puis on descend au pré, sur lequel un quadrille est dansé.

L'après-midi, il n'y a aucun rite obligatoire. Le soir, un bal est donné auquel président le Bachelier et la Bachelière, et pour lequel les danseurs paient un droit d'entrée fixé à 3 francs. A minuit apparaît une corbeille ornée sur laquelle s'exhibent les cadeaux offerts à la reine.

Celui offert par la ville est quelconque.

Celui offert par le Bachelier consiste forcément en une aigrette pour la coiffure et un nœud pour la ceinture ; la reine s'en pare incontinent.

Il est d'usage que le député et le maire fassent personnellement un don. Ceux-là sont facultatifs.

M. Aymé de la Chevrelière, nouvellement élu député, a offert cette année un bracelet d'un grand prix.

Le matin, la reine est reconduite chez elle à l'issue du bal par son Capitaine, les commissaires et les musiciens.

Le lundi, le Bachelier donne un second bal à ses frais. C'est la fin des réjouissances.

Je dois dire, pour être complet et véridique, que les fêtes sont fort gaies, ont un parfum de jeunesse et de galanterie tout à fait coquet et que tout s'y passe avec la plus grande décence. Je ne ferai qu'une critique et n'exprimerai qu'un regret : Pourquoi, petites Melloises, ne reprenez-vous pas, au moins pour ce jour-là, la jolie coiffe de vos grand-mères et leurs éclatants casaquins ?

P. Corneille.

Nous insérerons volontiers les communications de ce genre que nos abonnés nous adresseraient sur les fêtes patronales, assemblées, fêtes corporatives, etc.

Les feux de Saint-Jean.

Les feux de Saint-Jean. — Tous les ans, la veille de la saint Jean-Baptiste, chaque village allume, après l'avoir bénit, le feu appelé *fougeau de Saint-Jean* dans l'arrondissement de Montmorillon, et partout ailleurs *johannée*, *jannée* ou *feu nouveau*.

Tandis que ce feu brûle, et cet usage existe dans le Montmorillonnais, et avec quelques variantes dans le Civraisain, les bergers et les bergères passent plusieurs fois dans les flammes, jusqu'à ce qu'elles soient *vralées*, pour employer le mot patois, des baguettes de noisetier coupées la veille dès le matin. Au bout de cette baguette est un nœud d'herbes dites de la Saint-Jean, où pend une noix verte. Il faut mordre neuf fois dans cette noix pour se préserver du mal de dents pendant l'année. Chaque baguette, précieusement conservée, est le préservatif de certaines maladies qui, sans cette précaution, ne manqueraient pas d'atteindre le troupeau.

De leur côté, les adultes ont le soin de ceindre une guirlande de l'herbe de la Saint-Jean et de se chauffer les reins, afin de se préserver du *renard* pendant les *métives*, c'est-à-dire des douleurs rhumatismales ; puis, quand le feu va s'éteindre, après quelques rondes, chacun jette sa pierre dans le *fougeau*. Celui qui jette la plus grosse est assuré de récolter les plus belles *rabes* de la contrée.

Dans le canton de Civray, la même chose est assurée à ceux qui ont le courage, en sautant par-dessus les flammes, d'appuyer un pied dans ce foyer embrasé.

Ici ce sont de petites branches de noyer que l'on expose de la même manière à l'action du feu, et que l'on passe dès le lendemain sur le dos des animaux domestiques pour les préserver de maladies. Là, de semblables branches, cueillies du matin seulement de la fête, avant le lever du soleil, sont placées, dans le même but, à chaque porte des étables.

Partout aussi c'est l'usage de jeter des pierres sur le feu presque éteint, mais pour diverses raisons. La principale serait de marquer sa place pour l'année suivante, surtout dans les localités où les pierres sont disposées en cercle autour du foyer ; ailleurs ces pierres doivent servir de siège à la sainte Vierge. Dans le canton de Neuville, les hommes mariés qui n'ont pas d'enfants jettent leur pierre pour en avoir dans le courant de l'année.

Il y a encore des contrées où les mères de famille ont la précaution d'emporter un petit tison enflammé qu'elles éteignent à la maison avec de l'eau bénite ; elles le déposent ensuite ou sur le ciel du lit ou sous le chevet, afin de préserver la famille et la maison des atteintes de la foudre.

Enfin, dans les communes où filles et garçons ont maintenu l'usage de sauter par-dessus le feu, c'est à dessein de se mettre à l'abri de tout accident jusqu'à la prochaine johannée.

Abbé Lalanne.

(Mémoires de la Société des Antiquaires de l'Ouest.)

Nous prions nos lecteurs de vouloir bien nous faire parvenir des notes sur les usages particuliers qui accompagnent les feux de Saint-Jean dans leurs communes.

Le couvre-feu. — Jusqu'en 1880, la grosse cloche de Notre-Dame de Niort sonnait, chaque soir à dix heures, le couvre-feu. C'était le signal attendu par les promeneurs dispersés sur les routes ou dans les jardins publics, qui, aussitôt le premier coup, ne manquaient pas de s'aborder en disant : « Dix heures ! l'heure où les honnêtes gens se couchent ! » puis rentraient, en cadençant leurs pas sur le rythme lent de la cloche. Une indemnité annuelle de cinquante francs était allouée au sacristain de Notre-Dame pour cette sonnerie. En 1880, la municipalité supprima le crédit, et l'airain familier cessa de jeter sur la ville les notes apaisantes de la « vieille chanson ». Ne pourrait-il se trouver un généreux donateur assurant par une dotation spéciale la restauration de ce poétique usage ?

Jean Maingueneau.

◆◆◆

Usages relatifs au mariage. — En Poitou et en Saintonge, il était d'usage, dans certaines contrées, que la mariée embrassât toutes les personnes rencontrées par le cortège au retour de l'église, et ceux qui avaient été embrassés recevaient un verre de vin d'un homme qui portait un baril à cette intention. Reste-t-il encore trace de cette coutume ?

Verteuil.

Légendes et superstitions

Les farfadets. — Nous sommes en l'an 732. L'armée de Charles Martel, dans les plaines de Poitiers, livre bataille à celle d'Abdérame et la taille en pièces. Les Sarrazins échappés au désastre se sauvent dans toutes les directions. Une bande, une tribu d'entre eux échoue à Saint-Sauveur, se réfugie dans l'église et s'y fortifie. En bons défenseurs du sol natal, les habitants du lieu les assaillent et leur imposent un *ultimatum* — se rendre ou mourir. — C'était en mai, et comme la température était douce, ils promirent, en manière de dérision, de se rendre s'il givrait le lendemain. Le lendemain il givra. Fidèles à leur promesse, désireux de vivre en France, où la vie est si douce, au mois de mai surtout, vaincus par le prodige, ils se rendirent et se répandirent dans le pays, qu'ils habitèrent en cachette. A partir du fait miraculeux du givre en mai, Saint-Sauveur fut surnommé Givre en mai.

J'ai parlé des Sarrazins, nous ne les connaissons pas en Gâtine sous ce nom. Les envahisseurs de l'église, d'après la légende que j'ai recueillie précieusement, étaient des farfadets. Ils ont marqué leur passage un peu partout dans les Deux-Sèvres et autre part. Sans chercher ailleurs, je trouve dans le canton de Bressuire de nombreuses traces de leur séjour. Ils demeurèrent longtemps à la Boulardière, commune de Terves, aux environs de la motte célèbre du bois de Terves.

En certain temps que je ne saurais fixer, on venait de tuer, à la Boulardière, vers le carnaval, le cochon qu'on tue alors dans tout le Bocage. On cuisina. Depuis le matin, à la grande cheminée cuisait la fressure, mets gâtinais composé de sang, de chair, de pain et de graisse bouillis ensemble. Un farfadet vint et s'installa près du feu pour surveiller l'opération. Quand elle fut terminée, pour le remercier de ses bons offices, on le pria de s'asseoir, par mépris de sa personne, sur le trépied où douze heures de temps le chaudron avait chauffé. Il s'y assit sans penser à mal et... brusquement relevé, disparut en criant : « Cul brûlé ! Cul brûlé ! » Pardonnez-moi cette expression, je vous en prie, chères lectrices et lecteurs. Je tiens à vous la citer afin de vous faire constater qu'un homme de notre sang n'eût pas ainsi parlé.

J'ajoute qu'un Français ne se fût pas assis sur le trépied rouge et ne fût pas parti sans vengeance ou sans menace. Nous nous connaissons. Il paraît qu'on ne revit plus dans la maison le farfadet. Vous comprenez pourquoi. Moi de même.

Le hameau de la Boulardière est hospitalier aujourd'hui, comme tout le Bocage. Si quelque bon vent vous y pousse, vous ne recevrez nulle part l'invitation à vous reposer sur le trépied de la tradition. Partout où vous frapperez, on vous ouvrira. Partout votre main tendue tombera dans la main largement ouverte d'un ami.

Les souterrains, seuls témoins de l'occupation du pays par les farfadets. leurs auteurs, ont à peine un mètre de haut. J'en induis qu'ils les creusèrent pour s'y cacher accidentellement, plutôt que pour les habiter constamment. Ils s'y réfugiaient pour éviter l'agression de leurs ennemis naturels, nos pères, dont la main était lourde. Ils en sortaient de préférence la nuit. Ces souterrains sont donc des caches, des refuges. Pour y entrer il fallait ramper. Après quelques instants de position horizontale, on reprenait la position verticale dans une chambre ronde dont les parois étaient taillées pour s'asseoir. Au milieu de la chambre une pierre plate servait de foyer pour le chauffage et la cuisson des aliments. La fumée s'en allait par un trou creusé dans la voûte. Dans les champs, le terrier des farfadets était presque introuvable ; dans les bois, dans les forêts, il l'était absolument. J'ai toujours soupçonné qu'ils surent réduire au perpétuel silence les voyageurs que la curiosité ou toute autre cause attira dans leur voisinage.

Je n'ai pas la prétention d'inventer. Je me contente de dire : les souterrains-refuges ont été creusés par les farfadets, par les Sarrazins, qui, dans leurs courses interminables à travers l'Europe, ont trouvé — s'ils ne la connaissaient au départ — cette façon pratique de s'abriter contre la rigueur des climats, de défier les recherches, et de résister victorieusement aux attaques des hommes et des fauves.

Je précise : ces gens étaient des troglodytes d'Arabie, espèce intermédiaire entre l'homme et la bête. Cette énonciation que j'émets, d'après la description que les anciens nous ont léguée de ces êtres étranges, devrait être étudiée, autant pour connaître la composition de l'armée d'Abdérame, que pour fixer le lieu d'origine des occupants occultes de notre territoire en ces temps reculés.

C. Puichaud.

◆◆◆

La Mandragore. — La *Mandragore* ou *main de gaure* est un serpent représentant le diable, que l'on servait à table et que l'on déposait ensuite dans une boite. Le soir, on plaçait à côté de lui une pièce de monnaie et le lendemain matin on en trouvait deux. Toutes les personnes qui s'enrichissaient passaient pour avoir une *mandragore* (on disait quelquefois une *paulette*). Quand le propriétaire de l'animal venait à mourir, un des enfants avait le droit d'en hériter, mais si personne n'en voulait, le serpent, après s'être mis sur le cercueil du mort, partait à la recherche de gens mieux disposés. Quand on le voyait traverser les champs, il fallait aller chercher une serviette ou une nappe, l'étendre devant la bête ; alors il se roulait et on l'emportait. Dans les cas pressés, il suffisait de placer un mouchoir sur son passage. On cite encore dans le pays plusieurs maisons dont la fortune provient de la mandragore. On désigne même un endroit où le serpent s'était arrêté et on entendait journellement ces mots : « Qui retire la main de gaure sera heureux dans ce monde et malheureux dans l'autre. » Au bout de quelque temps, on n'entendit plus rien : le serpent avait, sans doute, trouvé un nouvel asile.

M. Rousselot, à *Moutonneau*.

Mélusine

LES CHATEAUX DE MÉLUSINE

Cliché de la librairie Hachette.

Salbart. — Cette imposante forteresse est située à sept kilomètres de Niort, au pied d'un coteau dont le sommet est occupé par le village de Ternenteuil, sur les bords de la Sèvre. Sa construction remonte aux dernières années du douzième siècle ou au commencement du treizième, comme le démontre la forme ogivale des ouvertures. Un seul souvenir historique s'y rattache, celui de Jean V, duc de Bretagne, qui y fut retenu prisonnier pendant quelques jours, se rendant à Clisson.

D'après la légende, Salbart fut construit en trois nuits par la fée Mélusine, qui, au clair de la lune, apportait les pierres dans la *dorne* de son tablier. Le 13 juin 1897, cette légende fut rajeunie poétiquement par le Comité poitevin d'Ethnographie, qui fêta, dans le merveilleux décor formé par ces ruines, la cinquantaine d'un poète niortais, ami des champs et des mœurs rurales : Emile du Tiers. Ce soir-là, le blanc fantôme de la fée poitevine apparut au sommet des tours, au milieu des flammes triomphales, et disparut dans les airs aux yeux émerveillés des habitants et des curieux accourus de toutes parts.

◆◆◆

Enquête mélusinienne. — Nous lisons au *Mercure de France* de novembre 1897, en la Chronique des livres, la phrase ci-contre : « Baudelaire a empoisonné les sources, pour la plus grande joie de Mélusine *qui, du bout de ses cheveux, pêche, en les étangs obscurs, les chevaliers morts de l'avoir trop aimée.* »

Nous serions heureux qu'on nous signalât la provenance de la variante légendaire que nous avons relevée, et qui nous semble, à première vue, répugner à la tradition poitevine et française.

C. R.

Blason

Poitevins ventres rouges. — Pourrait-on nous renseigner sur l'origine de ce qualificatif appliqué par leurs camarades des provinces voisines aux compagnons poitevins ?

Poitevin sac à vin. — Même question.

MAZET.

Chansons et rondes

LE BIA JOUR DE MÉ

CHANSON EN PATOIS POITEVIN, DE CHAUNAY (VIENNE)

Pre un bià jour de mé,
O me prenit fontésie
D'aller pionter un mé
A la porte à ma mie.

REFRAIN

*L'amour m'a bin fait
Dau malhur dons la vie.*

D'aller pionter un mé
A la porte à ma mie.
— Ne le piontez pas thii,
Moun ami, y vous prie.
  L'amour m'a bin fait, etc.

Ne le piontez pas thii,
Moun ami, y vous prie :
Piontez-lou dans mon thieur,
La piace est pu jolie.
  L'amour, etc.

Piontez-lou dans mon thieur,
La piace est pu jolie.
Car mon père s'lou savait,
O m'on coutrait la vie.
  L'amour, etc.

Car mon père s'lou savait,
O m'on coutrait la vie.
— Vour est-eil voutre pér,
Marguarite, ma mie?
  L'amour, etc.

Vour est-eil voutre pér,
Marguarite, ma mie?
— Oh! l'y est monté là-haut
Dans sa chambre jolie.
  L'amour, etc.

Oh! l'y est monté là-haut
Dans sa chambre jolie.
— Que fait-eil voutre pér,
Marguarite, ma mie?
  L'amour, etc.

Que fait-eil voutre pér,
Marguarite, ma mie?
— Ille compte de l'ergeon
Pere marier sé feilles.
  L'amour, etc.

Ille compte de l'ergeon
Pere marier sé feilles.
— En compte-t-eil biàcot,
Marguarite, ma mie?
  L'amour, etc.

En compte-t-eil biàcot,
Marguarite, ma mie?
— Ben cinq ou si çonts froncs
Et la chombre garnie.
  L'amour, etc.

Ben cinq ou si çonts froncs
Et la chombre garnie.
— En arez-vous autont,
Marguarite, ma mie?
  L'amour, etc.

En arez-vous autont,
Marguarite, ma mie?
— Oh! y en arè ben mé,
Y sé la pu jolie.

*L'amour m'a bin fait
Dau malhur dons la vie.*

Communiqué par M. Didier, instituteur.

Nous serions reconnnaissants à ceux de nos lecteurs qui pourraient nous communiquer la musique de cette chanson et les variantes qu'elle peut comporter.

Rondes enfantines

Marchand d'arguelisse (réglisse)
Ma nourrice
En portant son pain au four
Vive l'amour !

Recueilli à Niort, par M. Thadée.

FRAGMENT D'UNE INCANTATION DE SORCIER

Lé-bas, dans la vallé' d'Montbrune [1]
Cent lieu' au d'lé l'vent et la lune...
  Jamb' delé, jamb' decé,
  Sautons palisse et foussé !
Qhi courra le pus vit' s'ra l'pus tout arrivé,
Chacun embrass'ra sa chacune.
  Corn' de leuvr', corn' de levraut,
  Fublle [2] Renault [3] !

Recueilli par M. H. Gélin, aux environs de
La Crèche (Deux-Sèvres).

---

1. Près de La Crèche. — 2. Siffle. — 3. Sans doute un démon.

LE PAYS POITEVIN
ETHNOGRAPHIE FOLKLORE ART POPULAIRE
LITTÉRATURE HISTOIRE ARCHÉOLOGIE

Mélusine

'ON nous permettra de réserver toute discussion sur la filiation historique de la légende. Aussi bien nous suffit-il de constater que, ne fût-elle pas le produit spontané du terroir poitevin, elle doit à ce même terroir une couleur, une saveur particulières.

Quelle en fut la lente évolution, on a pu le déterminer avec une certaine probabilité. Forêt de Coulombiers, Font-de-Cé, c'est là qu'à l'époque gauloise on rend un culte aux énergies du sol, qu'on voit surgir en arbres, sourdre en eaux vives.

Le christianisme est révélé. Le paganisme lutte, fait de la Font-de-Cé un de ses centres de résistance. Ses énergies éparses cristallisent en une puissance unique qui « résume toute la faërie [1] » et mérite de durer en face de la foi nouvelle. En se convertissant, les paysans se refusent à répudier les êtres bienfaisants qu'adoraient leurs ancêtres. Ils les réconcilient avec l'Église. Par une application inattendue de l'idée *d'expiation* que celle-ci propage, la *pénitence du samedi*, la *forme mi-partie animale et humaine*, deviennent les gages d'un accommodement consenti par le ciel. La crise du paganisme vaut à l'humble divinité de la source d'être regardée comme la protectrice de la contrée, l'intermédiaire autorisée auprès de la divinité suprême de la prédication chrétienne. Puis la poésie recueille la tradition de la Font-de-Cé, lui donne, au lieu de la consécration confessionnelle dont

la prive de plus en plus le culte officiel, le prestige profane dont elle est dispensatrice. *Lai* ou brève cantilène, une œuvre poétique consacre le prototype de Mélusine.

Les Lusignans entrent dans l'histoire. Flatterie de trouvère, ou politique de seigneurs qui veulent se créer une merveilleuse généalogie, la fée gauloise est élevée à la dignité de patronne, de *mère* de la famille féodale. Il n'est pas jusqu'au nom attribué à la fée, jusque-là peut-être anonyme, qu'on ne puisse dériver du nom de Lusignan, ou, suivant l'orthographe ancienne, attestée par l'épigraphie, LVZINEM. Ne verra-t-on qu'une rencontre fortuite dans ce fait que l'anagramme de ce dernier mot — jeu de lettres familier à nos pères — est exactement MELVZIN? La déité de la source avait accumulé en elle tout le paganisme local. La légende qu'on associait aux destinées d'une race allait aussi attirer, absorber d'autres légendes préexistantes ou postérieures. Une matière poétique gravite désormais autour d'un centre. Chaque apport est occasion de refondre ce qui est maintenant *l'épopée*, ce qui sera, à l'époque des Croisades, *l'épopée chrétienne* dont on a pu, d'après les indications de Jehan d'Arras, reconstituer la composition. La conversion, l'expiation, qui avaient fait entrer la fée dans la famille chrétienne deviendront des droits à une mission religieuse. Rachetée, elle aura mérité un rôle providentiel. C'est à sa lignée qu'il sera réservé de reconquérir « la terre de promission » sur les infidèles : *gesta Dei per Lusignanos !* Mélusine, Melior, Palestine, triple incarnation peut-être d'une même puissance, concouraient successivement à l'action, aidaient tour à tour à la réalisation, par un héros, des desseins du ciel. La perte de Jérusalem s'expliquait, semble-t-il, par la fatale curiosité de Raymondin.

Après les trouvères, les jongleurs, qui colportent, complètent l'épopée. C'est par eux surtout que s'élabore le *cycle* où trouvent

LE CHATEAU DE LUSIGNAN AU XIVᵉ SIÈCLE
D'APRÈS LE LIVRE D'HEURES DU DUC JEAN DE BERRY
Collection de Chantilly

---

1. F. Herbet, *Le roman de Mélusine* (Rev. de l'Aunis, de la Saintonge et du Poitou. Niort, L. Clouzot, 1869).

graduellement place tous les membres de la famille épique. Leur *geste* est incorporée à la geste primordiale. Urien, Odon, Guyon, Antoine, Regnault, autant de cadres commodes où placer les aventures de quelque Lusignan, à Chypre, en Bohême, au Luxembourg, ou dans la Marche. L'invention poétique devait même s'épuiser avant qu'eussent été remplis tous les *liroirs*. Aussi, au dix-septième siècle, plusieurs personnes, se prétendant issues de Mélusine, demanderont-elles à un pasticheur d'utiliser à leur profit les complaisances inexploitées.

La primitive et impersonnelle épopée, ce qui fut *le livre des Lusignans*, dut subir, au cours des siècles, mainte mutilation. Les chroniques rimées et les chroniques latines en recueillirent l'âme et les membres épars. Ce sont là les matériaux fragmentaires et décolorés qu'utilisa Jehan d'Arras pour composer son « hystoyre » à la demande d'un prince de ses amis. Le roman de chevalerie qu'il rédigea docilement, mécaniquement, sans critique, ne saurait donner de l'œuvre première qu'une fort insuffisante idée. Il ne faut pas attendre plus de Couldrette, qui, à part une préoccupation, constante chez lui, de glorifier les seigneurs alliés des Lusignans, pour qui il écrit, en complément d'information, une composition plus savante, ne fait guère que traduire, en son petit vers prosaïque, la prose de son prédécesseur.

Le poème de Couldrette est demeuré inédit jusqu'après la première moitié de ce siècle. Le roman de Jehan d'Arras lui-même ne fut sans doute que peu populaire en Poitou. Tandis que ses éditions se multiplient dans le reste de la France, et jusqu'en Allemagne, il n'en paraît aucune là où l'on s'attendait à les trouver nombreuses, au berceau même des légendes locales. C'est qu'aussi bien ce roman, issu de chroniques enfermées aux librairies, cette compilation livresque et pédantesque, devait passer inaperçue là où vivaient toujours, fraîches de leur poésie trouvée, les traditions orales.

Nous avons, en une précédente étude, nous aidant du roman de Jehan d'Arras et du poème de Couldrette, reflets lointains de l'œuvre poétique, et aussi de la tradition orale, essayé de reconstituer cet être d'imagination si complexe, qui fut à la fois la fée agreste, la *bonne dame* des humbles, et la noble Mélusine des trouvères, célébrée à la dévotion des fiers barons. ·

C'est d'abord l'apparition à Raymondin, le soir qu'il chevauche en la haute forêt de Coulombiers « moult desconforté » d'avoir involontairement tué son oncle et son bienfaiteur. Mais rien de sinistre dans cette « vespree belle et clere » qu'illuminent la lune et les étoiles. Aussi bien la fortune attend-elle le cavalier, là, tout proche, à cette source qui jaillit « en ung fier et merveilleux lieu », au-dessous d'une grande roche. « Et pour lors, sur la fontaine, avoit trois dames qui là s'esbatoient. » Toute la poésie des chroniqueurs se borne à ces traits rapides, à une fugitive allusion à la « grant beauté » de celle qui va unir sa destinée à celle de Raymondin.

Plus tard, Catherine de Médicis, interrogeant à Lusignan même les lavandières de la Font-de-Cé, retrouvera, vivant encore en l'âme populaire, le souvenir d'une « tres belle dame » en habit de veuve, marchant par les chemins avec une imposante majesté, *qui vient souvent à la source pour s'y baigner*.

Beauté grave, autorité, pureté, nous avons là tout le portrait physique et moral de la fée. L'amour qu'elle inspire à Raymondin est chaste. Il ne l'accole que « moult doucement, honorablement », comme celle en qui dès l'abord « il se confie de tout ». N'est-elle pas, « de par Dieu, croyant comme bon catholique doibt croire » ?

· Convertie, la fée n'a d'ailleurs rien perdu de ses prérogatives et de ses pratiques, baguettes et anneaux merveilleux dont les *pierres assurent la victoire et gardent de la mort* « par nul coup d'armes », assujettissement au nombre trois, puissance sur la nature. Elle fait sourdre des eaux, surgir édifices et suite de seigneurs dans des lieux jusque-là déserts. Bientôt après s'élèvera le château fort; « grant foison de massons et tailleurs de pierres » venus on ne sait d'où, feront « tant d'ouvraige, et si soudaine-

ment, que tous ceux qui par là passoient en estoient tous esbahis ».

Nous touchons ici à l'un des attributs les plus connus de Mélusine. La *bâtisseuse* ! c'est à elle qu'on rapporte toutes les constructions — où peu s'en faut — de la région poitevine et saintongeaise : tours, murs de ville, villes même, châteaux, moutiers, églises. C'est d'elle encore que nous retrouvons le souvenir à Montelier, à Sassenage, en Dauphiné; dans le Barrois, à Ligny; à Luxembourg. Les Lusignans, ces bâtisseurs obstinés, ne contribuèrent pas peu à propager la légende partout où ils s'établissaient, et jusque dans cette lointaine île de Chypre, encore couverte des monuments qu'ils ont construits. A Mélusine aussi, les constructions de l'époque romaine, arènes, voies, aqueducs, qui subsistent en Poitou. Un terrassier rencontre-t-il sous sa pioche quelque vestige de ces édifices, il se plaint que la Mélusine gêne ses travaux. Les *pierres levées* et dolmens sont également attribués à la fée-architecte. On lui imputa, en un mot, les amoncellements de proportions surhumaines, les constructions d'extraordinaire solidité, auxquels on ne pouvait assigner d'auteur, les donjons et églises qui surgirent brusquement au onzième siècle et comme en l'éclosion d'un subit renouveau.

Mais ces jonchées de blocs comme abandonnés soudain dans l'interruption de quelque projet contrarié, ces brèches dans ces bâtisses qui semblaient faites pour l'éternité ; l'état d'inachèvement des constructions féodales, leur ruine pierre à pierre, l'imagination populaire y verra les effets d'une seule et même cause : *Mélusine a été surprise dans son travail, et cette indiscrétion a condamné à la destruction les édifices enchantés*. Indiscrétion fatale, que nous retrouvons dans tous les développements de la légende, et d'où celle-ci tire son unité. C'est sous la clarté lunaire que le peuple s'est représenté Mélusine portant dans sa « dorne », dans son « devanteau » de mousseline, les matériaux qui lui sont nécessaires. Mais vienne le jour, on claironne le chant du coq, l'enchantement cesse tout à coup, le devanteau laisse échapper les pierres qui tombent où le hasard l'a voulu. Et *voici la dornée*. Typique, à cet égard, la légende des pierres de Vouillé.

Un pauvre moissonneur avait tant peiné dans sa journée, qu'il ne put, le soir venu, regagner son logis, et se résolut à passer la nuitée dans les champs. La fraîcheur du matin le réveilla sur sa couche de gerbes. Tout engourdi, il marchait pour se ranimer, quand il aperçut la Mélusine portant des pierres dans sa dorne et sous ses bras. Surprise par le jour, elle laissa tomber son fardeau et disparut. Ces pierres, enlevées — ajoute le narrateur — au lit de la Boutonne, étaient destinées au château Salbart, auquel travaillait alors la fée.

L'indiscrétion est parfois le fait, non de l'aurore, mais d'un homme qui a tenté le mystère.

Les habitants de Pouzauges voyaient chaque matin plus avancés, et comme marchant d'eux-mêmes à leur achèvement, les murs de leur donjon. L'un d'eux, plus hardi que les autres, et voulant surprendre le secret, se cacha une nuit dans les broussailles, en face de la tour carrée qui allait être terminée. A minuit, Mélusine apparaît et se met à l'ouvrage. Mais bientôt elle aperçoit l'importun curieux, et de disparaître en criant :

> Pouzauges, Tiffauge, Mervent, Chateaumur et Vouvent
> Iront chaque an, je le jure, d'une pierre en périssant.

· La tradition orale a perpétué plus fidèlement que les chroniques des clercs le caractère natif et manichéiste de la légende. La puissance tutélaire est bornée dans son action. Ce qu'elle a édifié, murs, ailleurs conquêtes, une puissance adverse travaille à le renverser. Aussi se la figure-t-on naturellement luttant pour sauver de la ruine les monuments qu'elle a construits, s'en faisant la gardienne, veillant sur ceux qui les possèdent.

Cette idée d'une lutte, souvent inégale, est sœur de l'idée de déchéance qui est symbolisée dans la pénitence du samedi, la dépossession pour un jour du merveilleux pouvoir, et cette tare, la queue de serpent ; sinon la transmutation totale. Quand nous aurons ajouté — car le mythe est formé d'apports successifs — qu'on s'est représenté, à un moment donné, la divinité du lieu désert, où s'élève par la suite un monument, comme enfermée sous les fondations jusqu'au jour de la destruction, où elle redevient libre, nous aurons trouvé, dans l'idée de cette existence temporairement souterraine, l'explication de cet aspect nouveau de la fée, aspect qui ne lui est pas particulier, partant caduc et facilement oublié.

« Tu seras — a-t-il été dit à Mélusine, — tous les samedis, serpent dès le nombril en abas. Mais si tu trouvais homme qui te veuille prendre en espouse, et qu'il te promette que jamais le samedi ne te verra, tu vivras ton cours naturel et morras comme femme naturelle... Et par adventure si tu estoies decelée de ton mary, saches que tu retourneroies au tourment auquel tu estoies par avant... et toy apperras par trois jours devant la forteresse que tu feras et que tu nommeras de ton nom, quand elle devra muer seigneur ; et par le cas pareil aussi quand ung homme de ta lignée devra morir. »

Or vient un jour où Raymondin, poussé par les perfides insinuations de son frère, arrive devant cet huis de fer, qui, chaque samedi, le sépare de Mélusine. Il le perce de son épée, et voit Mélusine, « qui estoit en une cuve jusques au nombril en forme de femme, et peignoit ses cheveux ; et du nombril en bas en signe de la queue d'une serpente grosse comme ung quaque a harenc, et moult longuement debatoit sa queue en l'eaue, tellement qu'elle la faisoit bondir jusques à la voûte de la chambre. »

(A suivre.)   C. Roy.

Bibliographie. — Nous ne voulons pas attendre la fin de cette étude pour dire à nos lecteurs combien nous sommes redevables à M. Léo Desaivre, aux travaux de qui il est indispensable de se reporter pour le développement de la question que nous traitons. (Voir *Mémoires de la Société de Statistique des Deux-Sèvres*, 2e série, tome XX, 1882.)

Illustrations. — La lettre ornée est reproduite de l'édition Mathieu Husz, Lyon, vers 1480.

La vue du château de Lusignan est extraite des *Paysages et monuments du Poitou* de M. Jules Robuchon.

Les chenets à tête de Mélusine proviennent de la famille des Lusignan ; ils appartiennent actuellement à M. Gustave Boucher.

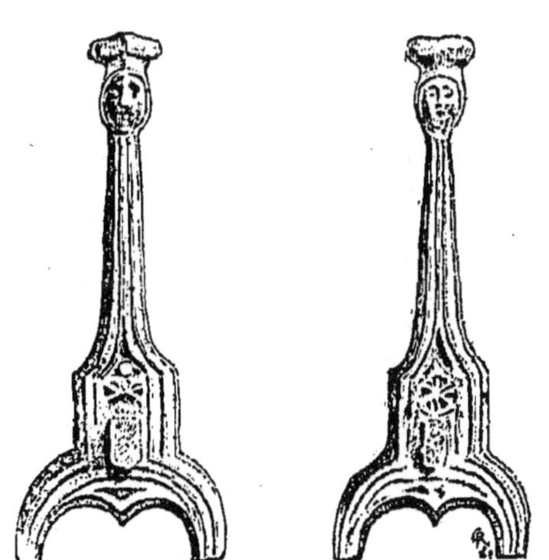

LES HOMMES & LES ŒUVRES

O. de Rochebrune

Le gentilhomme artiste dont le médaillon de M. Jules Robuchon reproduit si fidèlement l'énergique physionomie, est un de ceux qui jettent sur leur province les plus purs rayons d'une gloire souveraine et incontestée.

Ce serait besogne oiseuse que de proclamer sa maîtrise universellement appréciée, aussi bien que de faire la critique d'un talent dont les manifestations sont connues et admirées de tous, des plus raffinés comme des plus humbles.

Ici, d'ailleurs, notre tâche est, en de brèves notes, de fixer les points essentiels de l'existence des hommes qui par leurs œuvres, en art, en littérature, en sciences, honorent ou ont honoré notre Poitou. Sans avoir l'intention d'obéir dans l'avenir à une classification qui ne pourrait être qu'arbitraire, nous ne pouvions mieux inaugurer cette galerie que par le portrait du maître aquafortiste fontenaisien. C'est à M. Bonnin de Freysseix que nous empruntons les éléments de cette notice, dans la substantielle étude, parue à la *Revue du Bas-Poitou*, que dirige notre excellent ami René Valette.

La carrière artistique de M. de Rochebrune commença en 1845. Encore sur les bancs du collège Stanislas, il est reçu au Salon avec un dessin à la mine de plomb représentant l'*Abside de Notre-Dame de Paris*. Encouragé par ce premier succès et après avoir complété son éducation artistique en suivant des cours du peintre Justin Ouvrié, il expose l'année suivante deux peintures à l'huile : *Abside de Notre-Dame de Paris*, plus trois dessins d'églises, dont la façade de l'église de Foussais, près Fontenay-le-Comte.

Pendant deux années encore, les envois se succèdent, nombreux et remarqués, puis subitement l'artiste se recueille, et ce n'est que longtemps après, en 1861, que le livret du Salon mentionne à nouveau M. de Rochebrune.

Dans cet intervalle, bien des événements heureux étaient venus modifier l'existence du jeune peintre. Il s'était marié en 1849 avec Mademoiselle de Grellier de Fougeroux. Il avait alors quitté Paris pour venir habiter avec sa compagne le château de Terre-Neuve, près Fontenay-le-Comte, demeure seigneuriale de la Renaissance, déjà illustrée par Nicolas Rapin qui l'habita, et y écrivit vraisemblablement de nombreuses pages de la *Satyre Ménippée*. M. de Rochebrune sentit là se dessiner une nouvelle vocation : celle du restaurateur et du collectionneur. Par ses soins, Terre-Neuve devint une demeure princière, et il l'enrichit de trésors d'art qui font de cette habitation un incomparable musée, libéralement ouvert aux visiteurs.

En 1859, M. de Rochebrune lut dans la *Magasin pittoresque* une étude de Charles-Jacques sur les procédés de la gravure à l'eau-forte. Ce fut pour lui une révélation. Avec des outils et des matériaux rudimentaires, il fit ses premiers essais, et satisfait des résultats, il se fit confectionner une presse et se mit à l'œuvre. Deux ans après, en 1861, il envoyait au Salon ses cinq premières eaux-fortes, et obtenait une mention honorable.

A partir de ce moment, les années amènent toujours de nouveaux progrès, et des récompenses plus hautes. Son cadre s'élargit sans cesse, les œuvres se font plus importantes, pour arriver aux planches monumentales, de réputation européenne, « magnifiques pages, qui garderont, pour l'avenir, l'aspect de nos plus précieux monuments nationaux ».

Le délicat critique auquel nous empruntons ces dernières lignes termine son étude en prédisant au maître aquafortiste que la postérité revendiquera comme un héritage de ce temps « ces œuvres d'art émérites qui rediront les splendeurs des vieilles demeures de France après que les siècles en auront fait des amas de ruines ». C'est un jugement que les artistes et le public ont depuis longtemps ratifié.

Gustave Boucher.

ETHNOGRAPHIE-FOLK-LORE

Les coiffes poitevines

COLLECTION DE LA SOCIÉTÉ DU COSTUME POITEVIN

(Suite)

Troisième vitrine

VOICI la série des grandes coiffes à casque brisé et redressé au sommet.

C'est d'abord la *mothaise*, élégante entre toutes, avec son architecture d'une merveilleuse pureté de lignes, qui grandit et embellit encore la belle race qui la porte.

Le *cayon* mothais n'a pas eu de tout temps le galbe superbe que nous lui voyons, et la forme ancienne, que portent encore les septuagénaires, avec ses trois angles frontaux, son profil épais, son casque très incliné, non relevé du haut, faisait difficilement présager une évolution aussi heureuse.

Toutefois, la *câline* de mariée des environs de 1840, avec ses légers pans garnis de dentelles, marque une brillante étape de cette évolution.

A côté de la *mothaise*, la *malvina* des environs de Menigoute fait encore bonne figure ; mais les angles ou *cornes* de la *gâtinelle* de Mazières et de Secondigny sont trop fortement accusés. Le Mirebalais, dont la *pauline* actuelle procède du même type que la mothaise

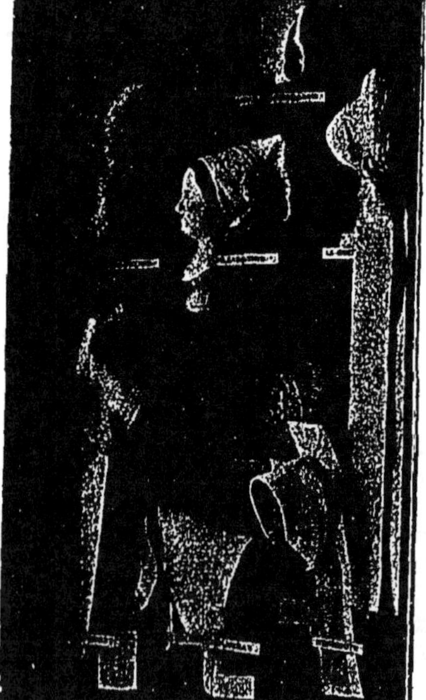

Vitrine 3

et la malvina, possédait anciennement une curieuse coiffe, dite *bourrelet*. Le fond de ce béguin, que l'on retrouve dans maints villages entre Neuville et Thénezay, porte un tout petit bourrelet rond, analogue à celui des *piotes*, et ses côtés retombent sur les épaules en un gros repli de mousseline, qui donne à l'ensemble une remarquable analogie avec certains costumes bretons. Cette ressemblance est encore plus sensible dans le deuil, qui se marque ici par une vaste pièce également de mousseline blanche ou de calicot, très curieusement reployée.

Quatrième vitrine

Les coiffes contenues dans la quatrième vitrine appartiennent à la partie sud-est de notre région. Elles sont au nombre de douze, se rapportant aux types portés à Lezay, Chef-Boutonne, Sauzé-Vaussais, Nanteuil-en-Vallée (Charente), Couhé et Civray, Vivonne, et Poitiers.

Les vieilles coiffes de Chef-Boutonne et de Lezay sont les plus anciens spécimens de cette collection. Celle de Chef-Boutonne, qui remonte aux premières années du siècle, a, dans le fond, un bourrelet ou écusson ovale ; le serre-tête, en grosse toile, s'adapte à cet écusson, et la coiffe est formée par des replis assez mal définis de mousseline, qui, partant du sommet de la tête, descendent jusqu'au niveau du menton, pour retourner sur le haut de la coiffe, où ils s'épinglent ; les angles et les méplats sont peu nets.

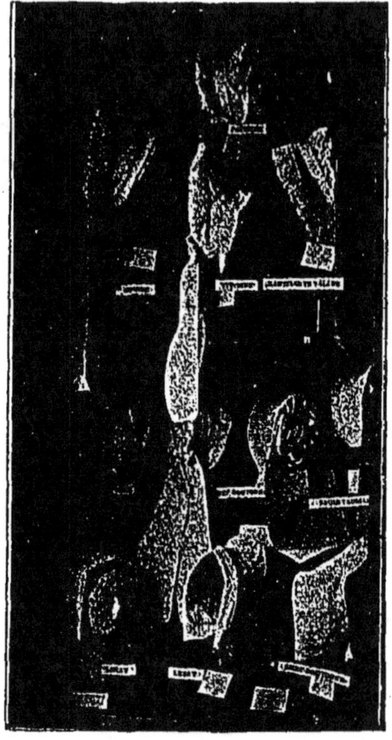

Vitrine 4

Les plus anciennes gravures que nous connaissons — et qui ne remontent pas au delà de 1830 à 1840 — reproduisent fréquemment ce type, sans doute encore très répandu à cette époque. Dans la coiffe ancienne de Lezay, un peu plus récente, les trois angles frontaux s'esquissent déjà. Destinés à donner à l'étoffe plus de résistance, au contour plus de netteté, ils se sont accentués aux environs de 1840, donnant à l'ouverture des béguins poitevins une certaine ressemblance avec des coiffures qu'on trouve chez les peintres flamands et dans Holbein.

Il n'en faudrait pas, selon nous, conclure avec Mérimée (*Lettres à une inconnue*, page datée de Parthenay, septembre 1844) que les femmes des environs de Saint-Maixent avaient conservé le costume du xive siècle. Les trois angles, ou *prinques*, du béguin, l'une au sommet du front, les deux autres au niveau des tempes, constituent un élément naturel et presque nécessaire de la solidité de certaines formes de coiffes, et leur présence à des époques ou dans des contrées très éloignées n'autorise nullement à affirmer une parenté quelconque dans les costumes et les races où on les retrouve. Ce sont là des jeux de la mode, des phases passagères d'une évolution qui fait revivre périodiquement, sinon des types entiers, du moins quelques éléments de ces types. Les trois angles, plus accentués que jamais dans la coiffe actuelle des environs de Lezay, tendent à disparaitre dans la créchoise, et la mothaise a cessé de les utiliser depuis une trentaine d'années.

Cinquième vitrine

A part un barbichet limousin, forcément isolé puisque la Haute-Vienne n'a pas été comprise dans le cycle de nos collections, les coiffes de la cinquième vitrine se rapportent au bassin de la Loire.

Voici d'abord la vaste *câline* du Thouarsais, dont le montage absorbe quatre quarterons d'épingles, et qui se porte de Thénezay à Montreuil-Bellay, de Loudun aux environs de Bressuire, mais que son grand volume et son prix élevé font peu à peu délaisser.

Puis viennent le *bonnet rond* de Bressuire ; le bonnet des Herbiers, horizontalement allongé et renflé en arrière, le bonnet de Clisson, plus léger et aminci vers l'extrémité, qui se porte jusqu'à Nantes ;

Vitrine 5

le bonnet de Saint-Jean-de-Montluc, ayant la forme d'un cône recourbé en bec d'oiseau par derrière, qui se porte dans le *Sillon de Bretagne*.

Enfin, l'Anjou est représenté par ses deux formes principales, le bonnet ancien, sans ailes, tronqué en arrière à la façon d'un grouin, et la coiffe des jeunes, l'élégant *bonnet à ailes de pigeon* des Ponts-de-Cé, qui descendent l'un et l'autre en Poitou jusqu'aux environs de Châtillon-sur-Sèvre. Le devant du bonnet angevin porte un bande ajourée, qui recouvre les cheveux, mais en les laissant transparaître au niveau du front.

Sixième vitrine

Dix coiffes vendéennes.

C'est d'abord la *cabanière* ou *claque*, coiffe par excellence du Marais de la Sèvre, terminée en arrière par un large écusson carré enveloppé de tulle bouffant, et marquée sur les côtés par deux ailes retournées en forme de conque, tombant assez bas vers les épaules.

Le béguin ou grisette de Fontenay-le-Comte n'est représenté que par sa forme ancienne. Les jeunes portent un bonnet à fond moins proéminent, et le pourtour du visage est comme auréolé par un double ou triple rang de longs tuyaux gaufrés.

Le coiffe de La Châtaigneraie et Chantonnay, caractérisée par deux replis bouffants, qui retombent, en arrière des angles du sommet, sur les côtés du cou, appartient à la partie orientale du Bocage vendéen, et confine à l'est avec la Gâtinelle.

La partie ouest du Bocage, longeant le littoral entre les deux Marais vendéens, dans la région de La Roche-sur-Yon, porte un bonnet terminé en arrière par une arête horizontale d'une largeur égale à celle de la tête, flexueuse et peu nette dans les coiffes anciennes.

Enclavée dans cette région se trouve la *sablaise*, coiffure particulière aux Sables-d'Olonne. Il en existe deux formes. Celle que les femmes des pêcheurs portent sur la plage et le carreau des halles, en même temps que les jupons courts laissant voir la jambe souvent nue, est d'une simplicité pleine de charme : les

cheveux sont complètement pris dans un serre-tête sur lequel se pose un léger bonnet, ayant, au-dessus du front, une bande ornée, maintenue horizontale par la disposition des cheveux, et d'où retombent et flottent de longs rubans. La seconde forme, moins répandue, ne se porte qu'en ville, et accompagne les jupes longues ; elle est d'un appareil beaucoup plus compliqué, avec une petite pyramide tronquée et busquée placée en dessus, et deux rangées de replis ailés, qui lui donnent une certaine ressemblance avec les bonnets angevins.

Le costume des *Maraîchins* des cantons de Challans, Beauvoir-sur-Mer, Machecoul, est, de tous ceux du Poitou, actuellement le plus pittoresque. Il établit comme une transition entre les Poitevins et les Bretons. Pantalons, jupons, manches de corsage, sont pourvus de larges replis, souvent accompagnés de bandes de velours. Les hommes y portent une blouse très courte, ou un gilet qui ne dépasse pas la ceinture. Leur chapeau, à bords assez larges, à calotte hémisphérique, est garni de rubans également de velours noir et qui retombent en arrière. Le bonnet des femmes, très léger, transparent, laisse paraitre la partie inférieure du chignon ; l'arête du sommet est plus étroite et plus rectiligne que dans le bonnet bocain des environs de La Roche-sur-Yon. Cette coiffe, toujours précédée sur le front d'une bande de velours large de trois doigts, est également accompagnée, dans l'exemplaire qui figure à l'Exposition, d'une *cape* ou *câline* de deuil, en cachemire blanc, bordée de noir et retombant sur les épaules.

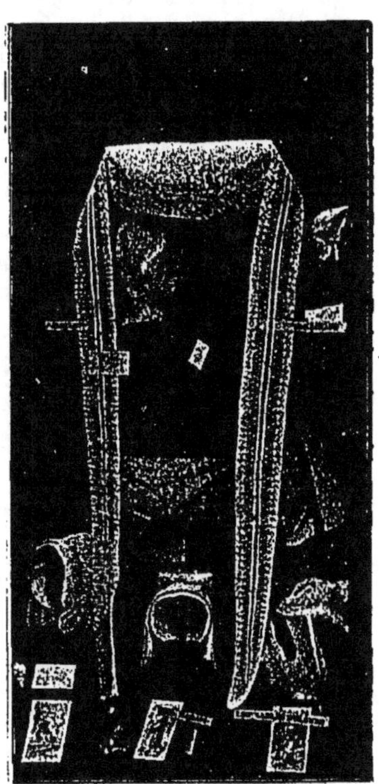

Vitrine 6

La sixième vitrine renferme également deux exemplaires du *capot* de Marans, la plus large d'entre nos coiffes. Le *capot chenu*, ou coiffe des dimanches et fêtes ordinaires, n'a sur les côtés que deux arceaux, terminés en arrière par des *bouffants* en forme de cornets. Le *capot des mariées*, ou *câline*, a trois arceaux et laisse retomber jusqu'à terre ses pans garnis de dentelles. Les pans ont cessé d'être portés il y a peu d'années, mais la câline reste toujours, pour toute la région comprise entre Marans, Mauzé et les environs de La Rochelle, la coiffe par excellence des jours de grande fête.

Un simple bonnet, à fond déprimé, représente la coiffe de travail des Marandaises.

(A suivre.)   H. GÉLIN.

L'étude sur les coiffes poitevines achevée, nous continuerons par un travail sur les bijoux poitevins.

MŒURS
USAGES
COUTUMES

Frairie de Lamenède, *ancienne paroisse, commune de Rouffiac, canton d'Aubeterre.* — Elle se célèbre sur le bord de la Beuronne, dans une prairie éloignée de toute habitation, bordée de grands bois au nord et à l'ouest. La jeunesse y danse jusqu'à la nuit.

Dans la prairie se trouve une fontaine appelée *Fontaine de Guérison,* dont le volume d'eau ne varie point, toujours limpide et claire; elle guérit les plaies et les douleurs. Les pèlerins arrivent en foule, la veille de l'Assomption, et se plongent dans l'eau jusqu'au cou. Une petite chapelle déserte, située sur le bord de la fontaine, est ornée ce jour-là de verdure et de fleurs. Autrefois le curé venait y réciter des évangiles, mais il ne s'y rend plus depuis plusieurs années.

Sur le bord de la fontaine se trouve un poteau de quatre à cinq mètres, gros comme la jambe, planté solidement en terre, mais très dégradé; le soir de l'assemblée, il est criblé d'épingles qu'on y a plantées.

Les jeunes filles qui désirent se marier les y plantent très adroitement pour n'être pas vues; les jeunes gens passent auprès, les prennent et les piquent au revers de leur veste ou sur leur blouse, persuadés que cette épingle leur fera trouver une compagne avant la fin de l'année.

M. Valette, instituteur à Rouffiac.

La redevance du Roibretaut. — Le roibretaut en Poitou, c'est le roitelet, ou plus exactement, le troglodyte.

Lorsque le bon Dieu eut créé les animaux, il les fit venir tous devant lui, et leur donna des noms.

L'aigle, qui avait volé plus haut que les autres oiseaux, reçut le titre de roi. Mais lorsqu'il s'était arrêté, à bout de forces, un troglodyte, blotti dans le pli de son aile, poussa un petit cri strident, voleta, voleta, et s'éleva de quelques coudées au-dessus de l'aigle. Le bon Dieu s'amusa de la supercherie, et donna au plus petit des oiseaux le nom de petit roi, roitelet, ou roi-Berthaud.

Est-ce en mémoire de cette gracieuse légende, ou pour quelque raison symbolique dont le sens nous échappe, que le roitelet s'associe à quelques redevances féodales de notre région ?

La disparate de sa taille avec les objets qui l'accompagnent, et le luxe d'*aumaille* accouplée pour le véhiculer, donnent à son apparition, dans les graves redevances féodales, un aspect de gaieté carnavalesque.

Le jour de la saint Jean-Baptiste, certains tenanciers du commandeur de Saint-Remy, paroisse de Verruyes, devaient amener à la commanderie *un roitelet lié par un câble sur une charrette attelée de huit bœufs.*

Il était dû au seigneur de la Tour-Chabot, à Saint-Maixent, *un roitelet placé sur une charrette de mousse traînée par quatre bœufs.*

Les vilains de Nueil-sous-Passavent, en Anjou, étaient tenus de conduire, certain jour, à leur seigneur, un roitelet perché sur une gaule et charroyé en grande pompe par douze paires de bœufs.

Le roitelet était quelquefois lié à la bûche de Noël. La chose, en effet, résulte de l'extrait suivant d'un dénombrement du 22 juillet 1673, que nous communique M. A. Charrier :

« Je tiens et avoue tenir de mon dit seigneur, à cause de sa terre et haute justice de Pressigny... Une borderie, appelée *Vieille Verruie,* sise en la paroisse de Verruie, laquelle est tenue de moi, roturièrement, par Jacques Chaigneaux, Mathurin Goudeau et autres, et sujette aux devoirs ci-après :

« ... Au droit de terrage du blé et de tous grains généralement, à la douzième partie ;

« Plus, sujette à un homme faucheur, pour m'aider à faucher ma grande prée de la Vergne, et un feneur pour aider à fener jusqu'à ce que le foin soit entièrement sec ;

« Plus, après que les vins sont récoltés, doivent donner charrette et bœufs et hommes, pour aller à leurs frais quérir un tonneau de vin jusqu'au gué de Bellisle.

« Plus un chapon et deux fromages, rendables à chacune fête de Noël, en ma dite seigneurie de la Place et de la Vergne;

« Plus doivent une charrette et deux bœufs, à la vigile de Noël, pour charroyer le bois qu'il me plaira faire charroyer, *et apporter la bûche de Nau, avec un roy bretault par dessus...* »

H. Gelin.

Fête de la saint Jean. — Nous avons reçu une importante relation sur la fête annuelle de la saint Jean célébrée à Niort par la corporation des ouvriers chamoiseurs. Cette étude, accompagnée d'une chanson corporative et illustrée d'un cliché photographique de notre collaborateur M. Max Ménard, sera publiée dans le prochain numéro.

Légendes et superstitions

Les Fosses. — Il existe, dans la forêt de la Braconne, près d'Angoulême, d'énormes dépressions de terrain qu'on appelle *fosses.* Chacune a sa légende; voici une des plus curieuses :

La Grande-Fosse. — Un jour, le diable se rendit à Agris et demanda aux Agritauds de se soumettre à lui. Ceux-ci refusèrent carrément. Mais en gens fûtés, après réflexion, considérant qu'il ne faut jamais brusquer une affaire, ils lui promirent de se donner à lui s'il parvenait, avant le chant du coq, à combler la Grande-Fosse de la Braconne. Le diable y consentit et se mit immédiatement à l'œuvre. Mais à mesure qu'il apportait une hottée de terre, l'eau l'entrainait et le fond paraissait toujours, et cependant le pauvre diable apportait de belles hottées. Au premier chant du coq, le trou était toujours béant et le diable se retira, voyant bien qu'il n'y avait rien à faire avec une population plus fine que le diable.

M. Ramonet, à Ruelle.

Les cloches. — La tradition veut qu'au fond de tous les vieux puits, surtout de ceux des châteaux et des abbayes, se trouve une ancienne cloche « qui tinte pendant les orages ». C'est là un souvenir de la révolte des *croquants* de l'Angoumois et du Poitou. On sait que les cloches, qui avaient servi de signal aux révoltés pour se réunir, furent brisées après la répression et jetées dans les puits.

Une semblable légende — par analogie, sans doute — existe pour la villa gallo-romaine du Châtelard, commune de Puyréaux. Des cloches y sont enfouies et on les entend tinter.

FAVRAUD, inspecteur primaire en retraite.

La Chasse Gallery

BALLADE PATOISE

Ontondez-ve la sarabande?
Ol'est la Chasse-Gallery,
Iquiaulong *(ici)* va pasier prebande
Et la garâche *(sorcière)* et l'alouby.
   (loup affamé)

Mes fails *(fils)*, rontré bé vite
V'assistre *(asseoir)* près de ma;
Prenez l'éve bénite
Et priez saint Micha.
 Ontondez-ve, etc.

Gallery va-t-en tête,
Munté sus in chevaau,
Qu'a le cou d'ine bête
Et la pea d'in crapaaud.
 Ontondez-ve, etc.

La grolle *(corbeau)* de ses ales
Cope le vent gllacé,
Et de flèdes rafales
Ranoille *(mouille)* le damné.
 Ontondez-ve, etc.

Dare *(derrière)* li, la sorcère,
Le lutin, le garou,
Galopant la houlère,
Le pitois et le loup.
 Ontondez-ve, etc.

La bête pharamine
Quitte les cahurand *(cabute)*
Pre trecher *(chercher)* la vremine
Au long daux mazureaux.
 Ontondez-ve, etc.

Pis le bège fantôme
Tot habeillé de bllonc,
Frère Fadet et gnôme
Ché-roge *(chien rouge)* et revenant.
 Ontondez-ve, etc.

Le nain d'himur pllaisonte,
Sivé d'un fu-follet,
Trelaude *(fredonne)*, saaute et chonte,
Queme in amirollet.
 Ontondez-ve, etc.

Cremeilloux de regage,
Le maitre dau soula *(troupe)*,
Démène pllein de rage
Sen sabre de verglla.
 Ontendez-ve, etc.

Gle vu donner bataille,
Oque *(avec)* le Sarrazin,
Dan in champ de buaille,
Dan borg *(bourg)* de Saint-Sorbin.
 Ontondez-ve, etc.

Le fourache infidèle
Devant li trejou *(toujours)* fouit,
Et si le meutre appelle
En broué *(brouillard)* s'évenouit.
 Ontondez-ve, etc.

Gallery, torne, torne,
Emporté pre son sort,
Aquun *(exténué)*, triste et morne,
Gle demonde la mort.
 Ontondez-ve, etc.

Mais l'aaube désirée,
Enfin fait le temps cllair,
Et la troupe gelée
Va routir en enfer.
 Ontondez-ve, etc.

Pre passer quiès nits bllonches,
Gallery, mes enfonts,
Chassit tou les dimanches
Et battit les paysons.
 Ontondez-ve, etc.

Recueillie à Saint-Cyr-en-Talmondais, par M. B. Fillon, qui l'a publiée dans sa Notice sur Guillery.

Blason populaire

Poitevins ventres rouges. — Un de nos lecteurs nous affirme que des érudits ont vu dans les noms donnés à nos ancêtres : *Picti, Pictavi, Pictones*, la preuve que ceux-ci *se peindaient (sic) tout spécialement de rouge.* Cette assertion peut-elle être confirmée avec plus de précision?

•••

*Passera un régiment d'Poitou
Qui paiera tout.*

Allusion à la facilité avec laquelle les Poitevins endossaient la responsabilité d'autrui dans les circonstances critiques. Il y a là également une affirmation des sentiments de bonne camaraderie et d'honnêteté attribués avec raison à notre race.

TH. BELLEFOND.

Chansons et berceuses

LE PÈRE SIGOURDIN

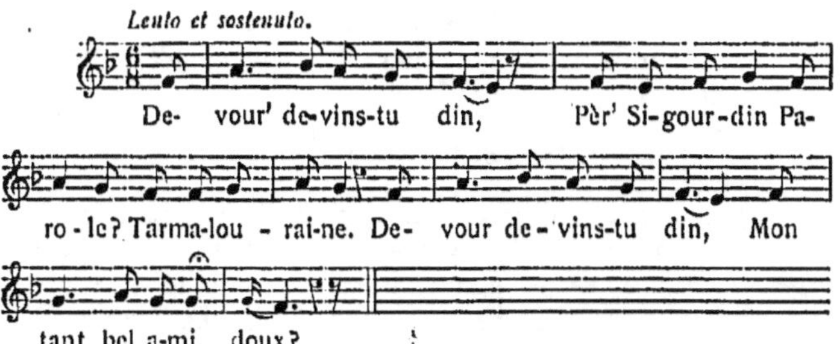

1.
Devour d'vins-tu din,
Père Sigourdin Parole?
 Tarmalouraine.
Devour d'vins-tu din,
Mon tant bel ami doux?
 (Parlé et avec humeur)
— Dau marcha *(marché)*.

2.
Qu'm'as-tu din apporté,
Père Sigourdin Parole?
 Tarmalouraine.
Qu'm'as-tu din apporté,
Mon tant bel ami doux?
— Dos calns *(noix)*.

3.
Predeque m'les donne-tu pas,
Père Sigourdin Parole?
 Tarmalouraine.
Predeque m'les donne-tu pas,
Mon tant bel ami doux?
— O t'frait cracha.

4.
Te m'parl'bé rudement,
Père Sigourdin Parole?
 Tarmalouraine.
Te m'parl'bé rudement,
Mon tant bel ami doux?
— Y'ai do mau.

5.
Qui t'a din fait thiau mau,
Père Sigourdin Parole?
 Tarmalouraine.
Qui t'a din fait thiau mau,
Mon tant bel ami doux?
— Ine rinze *(rouce)*.

6.
Si o t'fasait mouri,
Père Sigourdin Parole?
 Tarmalouraine.
Si o t'fasait mouri,
Mon tant bel ami doux?
— T' menterrais.

7.
Et vourr t'enterrerai-g-i,
Père Sigourdin Parole?
 Tarmalouraine.
Et vourr t'enterrerai-g-i,
Mon tant bel ami doux?
— Sous la tablle.

8.
Les cheins te mangeriont,
Père Sigourdin Parole!
 Tarmalouraine.
Les cheins te mangeriont,
Mon tant bel ami doux!
— Tu m'garderais.

9.
Que d'viendrian nos infants,
Père Sigourdin Parole?
 Tarmalouraine.
Que d'viendrian nos infants,
Mon tant bel ami doux?
— Le chercherian leu pain.

10.
Et mé que d'vindrai-z-i,
Père Sigourdin Parole?
 Tarmalouraine.
Et mé que d'vindrai-z-i,
Mon tant bel ami doux?
— Te t'marieras.

11.
Avec qui m'marierai-z-i,
Père Sigourdin Parole?
 Tarmalouraine.
Avec qui m'marierai-z-i,
Mon tant bel ami doux?
— Avec thiau gas qui passe au chemin.

12.
Veudra-t-al bé d'mé,
Père Sigourdin Parole?
 Tarmalouraine.
Veudra-t-al bé d'mé,
Mon tant bel ami doux?
— Va li d'manda.

Recueilli aux environs de Cherveux, par M. J. Tiffaud, étudiant en médecine.

❉ ❉ ❉

La berceuse ci-dessous, que je n'ai point encore vue dans les recueils, est cependant très connue et très populaire en Saintonge : quand je dis Saintonge, j'entends le pays qui s'avance jusqu'aux portes de Niort : Fors, Juscorps, Beauvoir, vaste triangle dont la base s'appuie à la rive droite de la Gironde.

Elle me fut apprise par ma vénérée grand-mère, Mme Coiffé,

à Thorigné (Deux-Sèvres). Je peux dire que cette mélodie m'a bercé... C'est donc pure reconnaissance de ma part que de lui donner la publicité qu'elle mérite. J'ai pu constater son origine saintongeoise quand je la produisis à Saintes même, au cours d'une conférence sur la chanson poitevine ; plusieurs membres d'une société chorale qui prêtaient leur concours à la soirée la connaissaient et m'offrirent de me donner des variantes.

C'est un chanson à tout faire, du reste : chanson à boire et berceuse, chanson éclose en un pays de vin généreux et de gaie imagination.

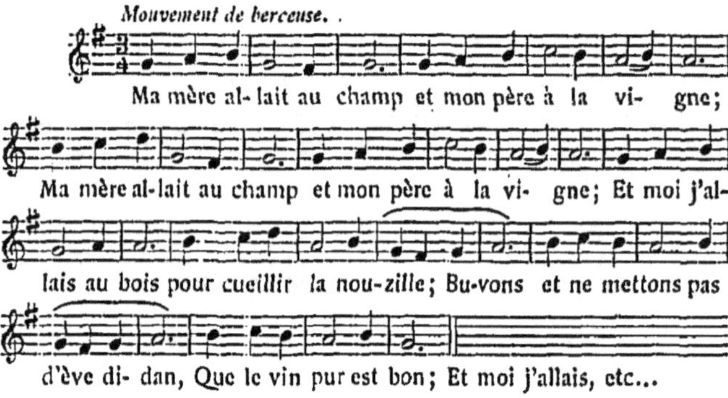

F. Mousset.

◆◆◆

LE BIA JOUR DE MÉ

Nous avons publié dans le dernier numéro le texte de cette chanson. Nous devons à l'obligeance de M. P. Coirault, instituteur à Surin, par Champdeniers (Deux-Sèvres), communication des deux variantes de la musique.

🌸🌸🌸🌸🌸🌸🌸🌸🌸🌸🌸🌸🌸🌸

DOCUMENT POUR L'HISTOIRE DE VIVONNE EN POITOU
(1610)

Voici une page d'histoire qui, je crois, intéressera nos compatriotes, car elle est inconnue des Poitevins.

Me promenant un jour sur les bords du lac de Genève, j'avisai un vieux bouquiniste allemand, dont les livres poudreux, aussi sales que lui, attirèrent mon attention. Par hasard, je saisis un bouquin ancien, affreusement mutilé, décousu, et qui même avait perdu sa couverture dans quelque bataille. Malgré son état de nudité extrême, je m'y intéressai. J'ouvris ses pages jaunies par le temps, et grande fut ma stupéfaction quand je lus toute la relation d'une vision que Ravaillac eut, en 1610, dans l'église de Vivonne, « en delà de Poictiers », avant de partir assassiner Henri IV.

En ma qualité de collectionneur poitevin, je ne me sentis pas de joie d'une telle découverte. — Combien ce bouquin, père Abraham ? — Cinquante pfenigs. Ce n'est pas cher *bour* un *pon* livre comme celui-là.

— Pas cher ! j'cré bin que vous v'lez vous foute de mé, lui dis-je dans mon langage étranger, tien o vaut ben deux sous ; et pis rin de plus, v'zentendez. — Ya ! qui me dicit !

Le juif crasseux prit les deux sous, qu'il mit dans son escarcelle, et moi j'emportai ma découverte. Or, figurez-vous que ce bouquin, c'est l'*Histoire de la mort déplorable* de Henri quatrième, cinquante-troisième roy de France, dressée à sa mémoire immortelle par le sieur Paul Marceau, à Genève, MDCXX.

Le titre est triste, n'est-ce pas ? Il est même navrant, quand on pense que ce pauvre Carnot (qui descendait d'une famille poitevine) subit aussi le même sort que Henri IV.

Bref, voici ce que dit Marceau dans le susdit bouquin, au sujet de Ravaillac, et comment lui vint l'idée de tuer le roy.

« Incontinent après, je le vis (Ravaillac), en l'Hostel de Raiz, et comme il m'eut dit qu'il avoit esté Fueillan, et chassé de cette compagnie pour avoir composé quelques escrits de certaines visions et méditations sur les jugemens de Dieu, je reconnus bien que la mélancolie luy avoit brouillé l'esprit de ses fumées.

ᶠ Etant en l'église de Vivone, par delà Poictiers, il (Ravaillac) eut une vision d'un More en un triangle. Il pria un peintre logé avec luy (à l'auberge) de luy prester son escritoire pour le mettre en escrit. Le peintre luy en donna une faicte en triangle et luy monstra le portrait d'un More. Son imagination esveillée et eschauffée en ces objets, les considère et les prend pour truchemens de ce qu'il n'entendoit. Son esprit toujours, prest et prompt à la haine contre le Roy, se figure que ce More le représentoit, que toute l'eau de la mer ne le pouvoit laver. »

Ceci se passait à Vivonne, le jeudi après Pâques de l'an 1610. Or, Ravaillac partit à pied pour Paris dans l'intention de tuer le roi. Dans cette intention, il s'empara, dans l'auberge où il était descendu, d'un couteau dont il aiguisa la pointe sur une pierre et accomplissait son funeste crime le 14 mai 1610.

Telles sont les quelques lignes que j'apporte à l'histoire générale du Poitou et de la Vienne en particulier et qui ont leur valeur, car le sieur Paul Marceau était très au courant des affaires du temps, comme attaché à la Cour de Henri IV. Quel rôle y joua-t-il à la mort du roi ? je l'ignore. Toujours est-il qu'il dit à la reine à l'en-tête de son livre : « Cet ouvrage est dédié au *bien public*... à la veuve de mon maistre... à Mᵐᵉ la Régente qui dispose si bien de ses sujets que le présent ne doit pas faire regretter le passé ».

Maintenant il serait curieux de savoir comment se nommait le peintre qui était à Vivonne en 1610, et s'il existe encore des dessins de More dans un triangle, dessins qui ont dû frapper les imaginations de l'époque.

R. Brothier de Rollière.

(Le Chabichou.)

TIRAGES A PART DU " PAYS POITEVIN "

Mélusine

(Deuxième et dernier article)

E naïf diptyque dont nous donnons la reproduction représente, d'un côté, Mélusine au bain, de l'autre, Raymondin en posture d'indiscrétion. Au-dessus, suivant l'ordinaire anticipation, la fée qui s'envole. La chronique retarde, gauchement et naïvement aussi, ce dernier événement. Elle y arrive enfin. Debout sur une fenêtre qui « a regard sur les champs et sur les jardins, au côté devers Lusignen », Mélusine prend congé de tous en pleurant, puis « laissa la fenestre et saillit en l'air et trespassa les vergiers, et lors se mua en forme de serpent moult grande, grosse et longue comme de XV piés... Elle fit *trois* tours environ la forteresse et a chacune fois qu'elle passoit devant la fenestre, elle jetta ung cry si merveilleux, que chacun en plouroit de pitié... Et adonc elle prinst son chemin vers Lusignen, menant par l'air si grant effroy en sa furieuseté, qu'il sambloit par tout en terre que la fouldre et tempeste y deut chéoir du ciel. Ainsi s'en ala Mélusine vers Lusignen, et non pas si très hault que les gens du pays ne la veissent bien, et l'oyoit-on plus long d'une lieue aler par l'air, car elle alloit menant telle douleur et faisant si grant effroy que c'estoit grant douleur à veoir... Et tant alla qu'elle fut à Lusignen, et l'environna par *trois* fois, et crioit piteusement et lamentoit de voix sereine, dont ceulx de la forteresse et de la ville furent moult esbahis, et ne sçavoient que penser ; car ils veoient la figure d'une serpente et oyoient la voix d'une dame qui sailloit d'elle ; et quand elle l'eut environné trois fois, elle se vint fondre si soudainement et si horriblement sur la tour poterne en menant telle tempeste et tel effroy qu'il sambla à ceux de céans que toutes les pierres du sommaige se remuassent l'une contre l'autre ; et la perdirent en peu d'eure qu'ils ne sceurent oncques qu'elle fust devenue. »

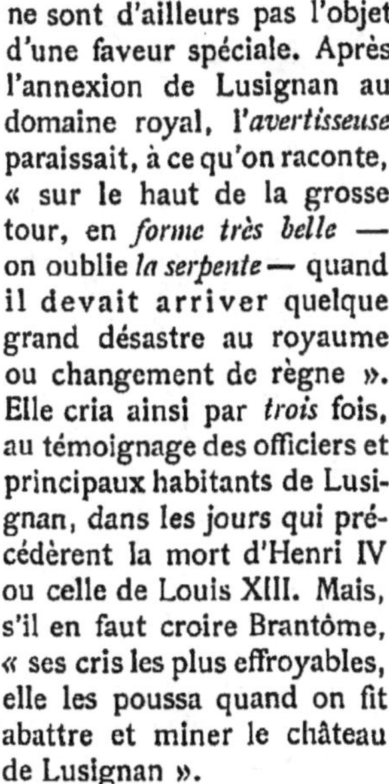

Elle reparaîtra pour protéger de la destruction les monuments qu'elle a construits.

Saint Louis, en 1242, marchant contre les Anglais s'est emparé de la tour de Béruges. Il va la faire démolir, quand un cri douloureux retentit dans les airs. Surpris, les guerriers s'arrêtent et tournent leurs regards vers le roi, qui, se souvenant soudain de Mélusine, dit à ses gens : « Amis, plus ne défaictes. »

Elle reparaîtra pour annoncer leurs malheurs à ses enfants, à leurs alliés, partout où ils se seront établis. Elle annoncera jusque dans l'île de Chypre la fin du roi Pierre le Grand. Les Lusignans ne sont d'ailleurs pas l'objet d'une faveur spéciale. Après l'annexion de Lusignan au domaine royal, l'*avertisseuse* paraissait, à ce qu'on raconte, « sur le haut de la grosse tour, en *forme très belle* — on oublie *la serpente* — quand il devait arriver quelque grand désastre au royaume ou changement de règne ». Elle cria ainsi par *trois* fois, au témoignage des officiers et principaux habitants de Lusignan, dans les jours qui précédèrent la mort d'Henri IV ou celle de Louis XIII. Mais, s'il en faut croire Brantôme, « ses cris les plus effroyables, elle les poussa quand on fit abattre et miner le château de Lusignan ».

Au temps même de l'occupation étrangère, le gouverneur anglais, Sersuelle, sera averti par Mélusine qu'il va être obligé de rendre Lusignan au duc de Berry.

« Il vist apparoir devant son lict une serpente moult merveilleuse, grande et grosse, et avoit bien longue queue comme de sept à huyt piés, et estoit brodée de couleur d'azur et d'argent. Et cette serpente alloit et venoit, débatant sa queue sur le lict... Et grant piece après, elle se mua en guise de femme haulte et droicte, et semblait estre vestue d'ung gros bureau... Elle se alla seoir sur le banc auprez du feu... et si qu'il povoit tout à plain veoir sa face, et bien sambloit qu'elle eut esté moult belle femme. Elle demoura jusques à une heure près du jour. Adoncques se transfigura en guise de serpente comme devant, et s'en alla débatant sa queue autour du lict et sur le piet, sans mal faire ; et puys elle se partit soudainement. »

La fée viendra encore se lamenter sur les ruines. Ou plutôt ce n'est déjà plus la fée. Au terme de son évolution, il semble que le mythe se ramène en soi, qu'on oublie l'épouse de Raymondin, la belle Mélusine. L'*esprit du sol* continue à *hanter* — nous prenons le mot au sens défavorable — à hanter les imaginations. Mais celui qu'on concevait primitivement comme protecteur et secourable n'évoque plus bientôt que des idées sinistres. Ces « cris de Mélusine » dont un proverbe populaire garde le souvenir, sont ceux d'un *rabat* qui rôde. Ce « train » que Jehan d'Arras comparait à la foudre et à la tempête, signes, dit-on encore en Bourgogne, que « Mélusine est en colère », sera celui d'une sorcière qui fait son sabbat, dernier avatar de la pénitente du samedi.

Cette déformation macabre de la légende est des plus curieuses. Déjà la gaberie s'est insinuée dans la sévérité épique, a buriné cette grotesque galerie des fils de Mélusine « en tous estats bien formés », excepté qu'ils avaient, qui « le visage court et large à travers, ung œil rouge et l'autre pers, et des oreilles aussi grandes

comme les manilles d'ung vau », qui « en la joue ung griffe de lyon ». En continuant, nous arriverons à cet « Horrible », bien nommé, que sa mère même condamne à périr, en quoi se trahit bien le remaniement tardif et le parti-pris des inventions lugubres. Entre tous ces monstres, la postérité a plus particulièrement retenu celui qui « avoit une grant dent qui lui sailloit de la bouche plus d'ung pouce ». Comme la légende primitive s'était pliée à recevoir ce farouche intrus, la parodie l'associera à la sorcière. Qui sauvera Py-Chabot, le succédané de la Grand-Dent, assiégé par saint Louis dans le château de Fontenay, et près de tomber aux mains des assaillants ? *La Mrelusine !* — remarquons l'altération populaire et satirique du mot — la Mrelusine, qui s'élève dans les airs, à califourchon sur une *acouette*, emportant en croupe son prétendu fils.

Le *manche à balai* a remplacé le cheval sur lequel la fée s'envolait jadis, lorsqu'elle était surprise. Il y a moins loin toutefois de cette conception à la donnée première, que de l'irrévérencieuse bouffonnerie qui fit de la Grand-Dent « un allumetier » et de Melusine « une souillarde de cuisine [1] ».

Telle est, en ses grandes lignes, l'histoire de la légende poitevine, aux humbles origines, héritière de tous les souvenirs d'un culte dont la merveilleuse vitalité, l'énergie renouvelée par la lutte, s'infusèrent aux dogmes nouveaux, s'affirmèrent en une activité, et d'une certaine orientation, que ceux-ci, à eux seuls, n'eussent peut-être pas provoquées.

Cette légende fut, à un moment de l'histoire, la personnification d'une province vivant sa vie distincte et intense, d'un pays compté parmi les cinq choses dignes de remarque que Charles-Quint disait avoir vues au royaume de France.

Au Salon de 1894, se voyait un bijou exquisement sculpté par Jean Dampt dans l'acier, l'or et l'ivoire, et représentant le chevalier Raymondin et Mélusine, alors qu'ils échangent — tradition étrangère à la donnée poitevine — le baiser libérateur qui assurera la forme humaine à la fée serpente. Un amateur — les amateurs obéissent parfois à des impulsions irrésistibles — fut surpris au moment où il tentait d'enlever le petit groupe. Cet excessif admirateur était de nationalité suédoise.

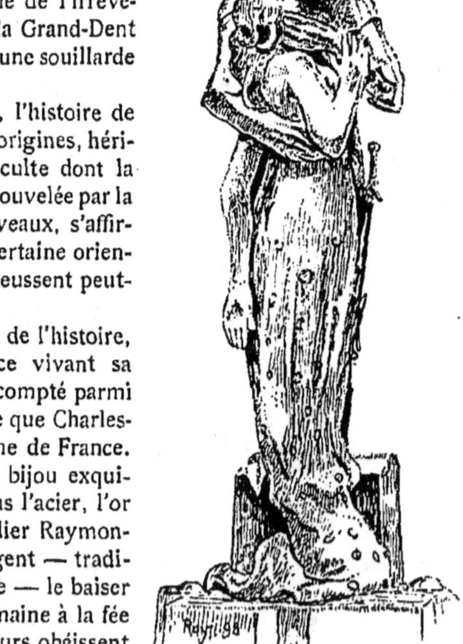

Ce fait-divers peut nous être comme un symbole. L'Europe tout entière, de l'Espagne à la Russie, fut gagnée au charme de la fée poitevine. On la connait en Allemagne, particulièrement, dès le milieu du quinzième siècle, et la légende y est imprimée, dans la version allemande, avant de l'être en français, à Genève. *La belle Mélusine*, popularisée comme les quatre fils Aymon, par quelque édition sur papier de chandelle, fera les délices de Goethe enfant. La belle Mélusine ! ce nom devient en Allemagne celui de toutes les ondines. Mais c'est du nom seul qu'héritent les déités allemandes. Et s'il était besoin d'insister sur les mérites de divers ordres par où se recommande notre légende, la seule comparaison avec les conceptions d'outre-Rhin les établirait victorieusement.

Ce qui doit délivrer de son *tourment* la Mélusine de Staufenberg, c'est de recevoir, trois jours de suite, trois baisers sur la bouche et les deux yeux. Mais le sauveur ne devra pas s'effrayer de ce qui pourra se présenter à lui, qui est l'horrible, le repoussant, en gradation. La première épreuve ne dépasse pas les forces humaines. Au moment où Sebald — c'est le Raymondin de l'autre légende — va commencer l'œuvre libératrice, il découvre avec stupeur à la belle femme dont il s'est épris une queue de serpent, et, en guise de bras, des ventouses. L'amour, la pitié l'emportent cependant sur le dégoût. Ces deux sentiments triomphent encore à la seconde épreuve, et quand aux ventouses, à la queue de serpent, plus hideuse que la veille, s'ajoutent deux immenses ailes de chauve-souris. Mais ils cessent de parler à la troisième épreuve. Aussi bien la queue de serpent environne-t-elle affreusement tout le corps que surmonte maintenant une énorme tête de crapaud. Cette fois, Sebald est impuissant à vaincre son dégoût. La légende allemande porte en elle-même sa propre condamnation. Ces réserves faites, notons les quelque huit féeries ou opéras allemands dont Mélusine est l'héroïne, et auxquelles nous n'avons — à ce que nous sachions — jusqu'ici rien opposé.

Mélusine vit depuis cinq siècles dans la littérature et dans l'art. Il faut cependant le reconnaitre, le Poitou a peu fait pour conserver et garder de périr une légende qu'offrit jadis à l'admiration européenne sa primitive spontanéité créatrice. La mort surprit un Niortais, M. de Fontanes, au moment où il allait composer un poème en l'honneur de Mélusine. Ce pieux dessein de l'illustre grand maitre de l'Université, nous avons été assez osé pour le reprendre. Le projet artistique d'un éminent sculpteur, M. Pierre Roche, à qui Mélusine a déjà inspiré l'exquise médaille que nous reproduisons ci-contre, nous permet de ne plus considérer comme chimérique l'idée d'une fête commémorative, d'un monument qui s'élèverait là où fut le château de Lusignan, et éterniserait une légende plus vivace que l'histoire.

C. Roy.

Illustrations. — I. Le diptyque publié est le fac-similé du titre d'une édition rarissime de 1517, dont M. le baron Double possède un exemplaire.

II et III. Face et revers d'une médaille reproduisant l'effigie de Geoffroy la Grand'Dent et la Mélusine de Stanfenberg. Cette médaille appartient à la Société polymathique du Morbihan. Date probable, 1400. Grandeur réelle.

IV. Raymondin donnant à Mélusine le baiser libérateur, d'après le bijou de Dampt (interprétation de la version allemande de la légende).

V, Reproduction d'une médaille inédite de M. Pierre Roche, 1898. Grandeur réelle.

Légendes de sorcellerie

Personnes changées en bêtes.
Fées et Sorciers.
Retour des Galipotes à la forme humaine.
Cas de dédoublement de la personnalité.

Les légendes de sorcellerie conservées au fond de nos villages sont pleines d'aventures d'hommes ou de femmes périodiquement changés en bêtes, et qui, la nuit, *couraient la galipote,* comme disent les paysans du Poitou.

Il apparaît bien qu'en ces métamorphoses, absolument involontaires, et qui constituaient la rançon d'un pacte conclu avec les puissances infernales, l'âme du sorcier demeurait d'ordinaire à l'état d'entité distincte, gardant, au contact d'organismes inférieurs, la personnalité humaine. Mais ce que les conteurs de légendes ne se sont guère mis en peine d'approfondir et d'expliquer, c'est la façon mécanique dont s'accomplissait ce changement de l'homme en loup-garou, en mouton-pesant, en cheval-mallet, de la femme en chèvre, en lice ou en biche.

La dépouille humaine restait-elle, pour un temps, vide de son âme, et celle-ci, pénétrant un corps nouveau, se substituait-elle pleinement à l'âme obscure et infime de quelque animal? ou bien le corps du sorcier jouissait-il de la faculté de modifier anatomiquement ses organes, de varier ses aspects morphologiques à la façon apparente dont la chenille évolue en papillon? L'habit, par la même occasion, devenait-il simple pelage, et le pelage, sans déchet aucun, repassait-il à la forme supérieure de vêtement et de parure?

Chez la fée, être d'essence supranaturelle, l'apparence corporelle n'est que la matérialisation passagère et illusoire d'un esprit, à qui il a plu de se manifester sous une structure visible, empruntée à la figure humaine, ou combinant cette figure avec celle d'animaux divers. Aussitôt que la fée a terminé son œuvre, ou que des regards indiscrets l'ont surprise en plein accomplissement

d'une tâche mystérieuse, elle s'immatérialise et se résout dans l'infini de l'éther céleste.

Mélusine, qu'un miracle de l'amour retint de longues années dans la douce condition d'épouse et de mère, surprise une nuit par le beau jaloux Raymondin sous son aspect de femme-serpente, agite bruyamment les eaux de la Font-de-Cé, où elle se livrait à ses ablutions hebdomadaires, jette un cri douloureux et disparaît sans laisser aucun vestige de son corps. Elle échappe de même aux regards du moissonneur trop matinal qui l'a rencontrée dans la vaste plaine de Vouillé, et quitte choir des plis de sa robe diaphane la pierre mobile du Champ-à-Renaud. Les ruines des châteaux de Lusignan, de Salbart, de Tiffauges, qu'elle avait bâtis de ses mains, ne la laissent désormais apparaître, en un rayon de lune indécis et brumeux, que sous des apparences de rêve, et des contours fugitifs, dont rien plus ne subsiste devant la claire lumière du jour.

Les gnomes, les sylphes, sont de même des êtres privés d'enveloppe matérielle et visibles aux seuls yeux de l'imagination.

Mais le sorcier ne jouit pas de ce privilège divin, réservé aux êtres qui émanent directement de l'âme universelle. Le grossier limon dont son corps est formé sous ses multiples métamorphoses reste soumis aux conditions physiques d'étendue et de pesanteur. Le problème, pour son cas particulier, consisterait à rechercher comment et d'après quelles règles était censée s'accomplir la mutation de son corps d'une forme à une autre forme.

Je réunis ici — et l'on en pourrait grossir le nombre sans arriver à des conclusions plus précises — quelques légendes de sorcellerie, où certains aspects de la métamorphose se trouvent, sinon pris sur le fait, du moins constatés à la suite d'accidents divers : perte de liberté, blessures, cas de mort.

Il suffira de serrer d'un peu près ces données pour s'apercevoir que ceux qui ont créé, accru, ou même simplement accepté ces récits, ne se sont pas préoccupés d'une conception logique et invariable; qu'ils ont, tout au contraire, laissé errer librement, dans ce champ sombre du merveilleux, leur imagination, tour à tour attirée et apeurée par des énigmes et des mystères. Mais l'absence de dogmatisme, jointe à l'insouci des immuables lois de la nature, n'a pas ravi, tant s'en faut, à cette métempsycose rustique son charme ingénu et sa mélancolique poésie.

.*.

Une grande dame de Saintonge errait, la nuit, dans les forêts, sous forme d'une louve. Or il advint qu'elle fut prise par une patte au piège d'un chasseur. Cet accident mit fin à sa lycanthropie ; mais, depuis, la châtelaine dut tenir sa main toujours revêtue d'un gant, afin de dissimuler la mutilation de deux de ses doigts.

.*.

Une bergère des environs de Niort s'aperçut, en rentrant du pâturage, que son troupeau venait de s'accroître d'une *ouaille nègre* (une brebis noire), venue d'elle ne savait où. Elle introduisit la brebis surnuméraire dans le *toit* (bergerie), avec les siennes, et tira le verrouil, non sans se réjouir intérieurement de l'heureuse aubaine. Mais voilà qu'aussitôt la nuit tombée, des chants de femme se firent entendre, partant du toit aux moutons. C'était une cantilène plaintive, çà et là coupée de ricanements stridents et prolongés. Personne, parmi les gens de la maison et ceux du voisinage, n'eut le courage de pénétrer au milieu du troupeau afin de savoir qui donc chantait ainsi. « C'est une galipotte », se disait-on à mi-voix. Le lendemain, à l'heure accoutumée de son départ, la bergère entrebâilla craintivement la porte du toit. L'ouaille nègre s'en échappa, rapide comme un tourbillon, gagnant au large. Mais, de temps à autre, elle se retournait du côté de la ferme, battant des mains et riant très fort, comme pour se gausser des gens qui la laissaient ainsi s'enfuir.

.*.

Un homme s'en revenait très tard de la foire de Verrières, en Poitou. Au détour d'un sentier il rencontre, sur la brande déserte, un mouton qui se met à le suivre en bêlant. « Pauvre bête, dit-il, le loup pourrait bien te manger. » Et saisissant l'agneau par les quatre pattes, il le hisse sur ses épaules, afin de l'emporter plus commodément. A mesure qu'il approche de sa demeure, l'animal lui paraît prendre un poids plus lourd. Il arrive enfin tout en nage, et dépose son fardeau parmi ses brebis déjà rentrées au toit. Le lendemain, dès l'aube, notre homme se met en devoir d'examiner son mouton nouveau. Mais, à l'endroit où il l'avait déposé la veille, il trouve un grand diable d'individu, occupé à glisser une semelle de paille dans ses sabots. La galipote avait repris sa figure humaine, et le sorcier, tout penaud, supplia qu'on ne dît rien de son aventure. Mais l'homme le saisit par les épaules, lui allongea son pied au derrière, et l'expulsa en disant : « Sauve-toi d'ici, vilain être! » S'il lui eût fait la moindre écorchure d'où serait sorti du sang, ajoutait la vieille femme qui narra ce conte à M. Léon Pineau, le sorcier aurait été guéri : il n'aurait plus « couru la galipote ».

* *

L'histoire suivante se serait passée dans une ferme voisine de Niort, et en maint endroit apparemment, puisque pareille légende se retrouve sous la plume de la plupart des folk-loristes. — Un soir d'hiver, les chiens aboyaient autour de la maison plus fort que de coutume. Le fermier sauta en bas de son lit et entr'ouvrit discrètement le volet. Il aperçut, assis au milieu de la cour, un lévrier blanc et noir, qui paraissait prendre plaisir à molester les autres chiens, les culbutant de ses pattes sans effort, les soulevant et les rejetant au loin d'un coup de gueule dès qu'ils se hasardaient à sa portée. Le fermier passa une culotte de serge, dans la braguette de laquelle sa femme avait cousu un marron d'Inde, glissa une balle dans son fusil à pierre et fit feu sur la bête, qui tomba roide morte. Le lendemain, levé de bonne heure pour examiner le cadavre, il fut bien étonné de voir, gisant à la place du chien qu'il avait tué, le corps d'une belle dame, vêtue de somptueux habits. A son cou pendait un riche esclavage, à cinq rangées de chaînettes soutenant des plaques d'or émaillé, merveilleusement ciselées, et ses doigts portaient à profusion des bagues étincelantes de chatons précieux. Pour faire disparaître les traces de son meurtre involontaire, il creuse en hâte une fosse dans l'angle de la cour, et établit, en dessus de la terre remuée, une meule de fagots. La besogne était à peine finie qu'un monsieur bien mis entra dans la cour. Il s'informa si l'on avait vu passer par là une dame. Au signalement donné, le fermier vit bien qu'il s'agissait de la galipote qu'il avait tuée. Il répondit, non sans un léger tremblement, qu'il n'avait point vu cette dame. Mais un petit chien, qui accompagnait le monsieur, se mit à tourner autour des fagots, flairant et poussant des cris plaintifs. « Vous avez tué ma pauvre femme, dit le monsieur, je suis sûr qu'elle est venue ici. » Cependant il n'insista pas, et il s'en alla, la tête basse, suivi du petit chien, qui ne cessait de gémir.

* *

Une légende chantée, celle de la Blanche Biche — que nous donnons en annexe, — est demeurée très populaire. C'est une sorte de mélopée, dont il existe de nombreuses variantes, où chaque vers tour à tour compose un couplet en se répétant et s'accompagnant du vers qui suit. L'héroïne de cette légende, « fille le jour », devient la nuit « blanche biche ». La meute de Renaud, son frère, la poursuit souvent dans la forêt. Elle s'en plaint à sa mère, qui supplie Renaud de rappeler ses chiens. Mais il est trop tard : la blanche biche vient d'être prise et mise à mort. Ses chairs pantelantes sont dépecées et préparées comme une vulgaire venaison, et le lendemain, au milieu du repas, les convives effarés entendent une voix de femme, celle de la sœur absente, qui murmure ces mots : « Entre deux plats d'argent mes poitrines (seins) sont mises. » Puis la voix s'élève : elle annonce que l'âme de Renaud est « écrite » aux portes de l'enfer. A ces paroles, le frère tombe mort, et la mère s'évanouit.

* *

Un jeune homme des environs de Champdeniers s'en allait, après dîner, passer la veillée chez des amis. Il franchissait l'échallier de pierres séparant deux enclos voisins, quand une galipote s'accroche sur son dos. Le gars était vigoureux : il gourme et terrasse la galipote, qui reste sans mouvement. Puis il la charge sur ses épaules, afin de l'examiner aux chandelles et de la montrer à ses amis. Ceux-ci, quand il entra, étaient assis en rond autour de l'âtre, et la bourgeoise (maîtresse de maison) filait parmi ses chambrières. Chacun jeta sur la bête un regard curieux, mais la bourgeoise parut mal à l'aise. « Je crois, dit le gars, que c'est une galipote. Il y a un moyen de le savoir. Nous allons la mettre

dans le feu : nous saurons ainsi quelle est la personne. » En entendant ce propos, la bourgeoise, qui se démenait très fort sur sa chaise, lâcha son fuseau et faillit se trouver mal. Enfin, quand la bête fut touchée par les tisons enflammés, elle avoua, à sa grande confusion, que « c'était elle », qu'elle avait le soir même « couru la galipote ». (*Raconté par M. Léo Desaivre.*)

* *

On aura remarqué, dans la trame de ces récits légendaires, une certaine incohérence. C'est, d'ailleurs, le propre du merveilleux d'échapper à toute logique.

Le plus souvent la galipote emprisonnée, blessée ou tuée, reprend la forme humaine. Mais, dans la légende de la Blanche Biche, c'est bien évidemment sous l'apparence de biche que la jeune femme est demeurée lorsque ses restes sont préparés en victuailles et servis sur la table de famille : il n'y a là aucune réminiscence du tragique festin de Thyeste.

On croit apercevoir, dans la phase du récit où la jeune fille se plaint à sa mère de la poursuite des chiens, une coexistence des deux formes, femme et biche, un véritable dédoublement de l'être. Mais la légende de la sorcière de Champdeniers met ce même fait mieux en évidence, puisque ladite sorcière y est, simultanément, et femme et galipote. Le récit oublie de dire si la galipote avait cessé de vivre, cas où le dédoublement de l'âme serait supprimé; mais la coexistence certaine des deux corps suffit déjà à rendre le problème singulièrement obscur.

Le mieux est de ne pas soumettre l'affabulation de ces légendes à l'épreuve d'une critique trop aiguisée, et de n'y chercher que ce qui s'y trouve en réalité : les essais enfantins, la tentative ingénue d'une explication, donnée — sous l'influence de la crédulité ou de la terreur — à des phénomènes naturels, à des événements humains mal compris, amplifiés ensuite et poétisés au souffle de l'imagination populaire.

HENRI GÉLIN.

ANNEXE

Voici deux variantes de la Blanche Biche que j'ai recueillies, la première à François (12 kilomètres de Niort), la seconde à Souché (2 kilomètres de Niort). Je n'ai pu noter que l'air sur lequel ma mère chantait celle de François.

1. Dedans la cour du roi, Marguerite soupire. (*bis*)
   Sa mère vat après : « Oh! qu'avez-vous, ma fille? »
2. Sa mère vat après : « Oh! qu'avez-vous, ma fille? (*bis*)
   Qu'avos (*avez-vous*) à soupirer, Marguerite ma mie?
3. Qu'avos à soupirer, Marguerite ma mie? (*bis*)
   — Je dois bien soupirer, je suis de cœur marrie.
4. « Je dois bien soupirer, je suis de cœur marrie : (*bis*)
   Je suis fille le jour, et la nuit blanche biche.
5. Les chiens d'mon frèr' Renaud y sont à ma poursuite.
6. — Rappell' tes chiens, Renaud; rappell' tes chiens bien vite.
7. — Mes chiens sont dans les bois, chassant la blanche biche.
8. — Tu as menti, Renaud, ça est ta sœur Marie.
9. Les chiens sont arrivés, traînant la blanche biche.
10. « Ce soir, à not' dîner, nous mangerons la biche.
11. — Entre deux plats d'argent mes poitrines sont mises.
12. A la porte du ciel mon âme y est écrite.
13. A celle des enfers cell' de Renaud est mise. »
14. Renaud est tombé mort, sa mère évanouie.

AUTRE TEXTE

(*Comme dans le texte précédent, chaque vers, à l'exception du premier et du dernier, revient trois fois dans le chant.*)

1. Là-haut, parmi ces champs, y a la mère et la fille,
2. La mèr' toujours chantant, la fill' toujours soupire.

3. « Qu'avos à soupirer, ma chèr' fille Angélique ?
4. « Moyen de soupirer, car j'ai le cœur bien triste :
5. Je suis fille le jour, et la nuit blanche biche.
6. Les chiens sont après moi, toute le chasserie,
7. Mais ceux d'mon frèr' Renaud sont encore les pires.
8. Allez, chèr' mère, allez à son château lui dire
9. Qu'il rappelle ses chiens, toute sa chasserie. »
10. La mèr' tout aussitôt prend sa quenouill' jolie,
11. S'en va trouver Renaud à son château, lui dire :
12. « Rappell' tes chiens, Renaud, toute ta chasserie.
13. — Mes chiens sont dans les bois, chassant la blanche biche.
14. — Rappell' tes chiens, Renaud, c'est ta sœur Angélique. »
15. Renaud tout aussitôt prend sa corne jolie,
16. (Il) N'a pas sonné trois coups, (que) la blanche biche est prise.
17. Tout le plus gros des chiens la porte à la cuisine,
18. Le cuisinier l'a prise, en cent morceaux l'a mise.
19. « Cuisinier, cuisinier, faites-nous-la bien cuire ;
20. Nous somm' ici ce soir en grande compagnie ;
21. Il ne manqu'ra ici que ma sœur Augélique.
22. — J'y suis, mon frèr' Renaud, et la première assise.
23. Dans un beau plat d'argent mes poitrines sont mises,
24. Mon cœur est au crochet, qui languit, qui soupire,
25. Mes deux beaux yeux brillants sont dans la pàtisserie,
26. Mon àme en Paradis, au rang des joli' filles,
27. Cell' de mon frèr' Renaud dans l'enfer est écrite. »
28. Renaud est tombé mort, sa femme évanouie.

H. G.

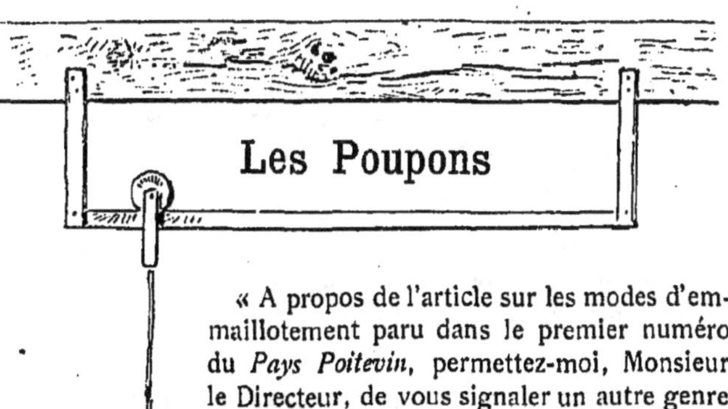

Les Poupons

« A propos de l'article sur les modes d'emmaillotement paru dans le premier numéro du *Pays Poitevin*, permettez-moi, Monsieur le Directeur, de vous signaler un autre genre d'appareil que j'ai vu employer aux Fosses, petite commune du canton de Brioux ; on le nomme un « promenou ».

« J'avais remarqué dans plusieurs fermes une planche en bois blanc longue d'environ six ou huit pieds, et fixée à une poutre par deux planchettes, ordinairement en face la cheminée. D'un des angles pendait un bout de corde, attachée à une poulie qu'une botte de l'inévitable « herbe de la saint Jean » dérobait à ma vue. N'y voyant jamais rien accroché, je me demandais quel pouvait bien en être l'usage, quand un jour le fermier y attacha devant moi son nourrisson à l'aide de fortes lanières passant sous les aisselles. La poulie glissait sur la planche et l'enfant allait et venait sans crainte de tomber.

« Je ne sais si ce procédé (qui à mon avis est bien supérieur à l'antique « virounou » de plus en plus abandonné ici) est usité ailleurs ; aux Fosses, il l'est communément.

. . . .

« Veuillez agréer, etc.

« J. Tiffaud,
« *Étudiant en Médecine*. »

Chansons et rondes

YAI BÉ DAU CAMARADES

PATOIS DES ENVIRONS DE MELLE

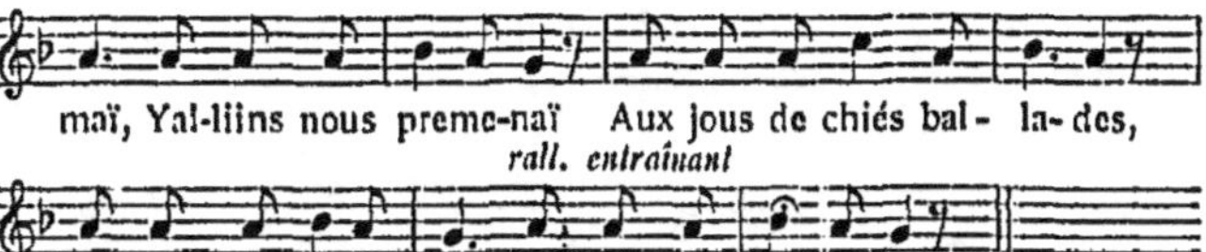

1

Yai bé dau camarades
Tout aussi bel' que maï,
Yalliins nous premenaï
Aux jous de chiés ballades,
Yaviins b'as sûrémon
Chaquine un bia galont.

2

Et le min qui vous parle
Vingit me vare un jou,
El' huchait le guihouou !
En passont dans l'village,
Si n'ava pas couriu
Les chins m'lauriont mordu.

3

Lli' a bé dau bell' chemises
Dentelaï au pougnet,
Avec dau fin droguet ;
Dau bell' gamaches grises
Et dau bia ribandia,
Pondu à sin chapia.

4

Et lli'a bé don ses poches
Dau pièces de trois sous,
Dessous ses bots dau clioucs
Et dau belles caboches,
Dau bots au talin jhàoût *(baut)*
Ah qu'lle fait dau bia sàoûts *(sauts)*.

5

Quant' lli'et dedons la donse,
Mon Diu, le joli gàs !
L'écarquaille les bràs,
Le fait dau ménigances ;
Ah ! que lliest à man gré
Chau jeune bachelé.

6

Quante lliest don la raye *(sillon)*,
Llie pique bé ses bus,
Et pi quon llié rondu
Le minge à la goulaie ;
Le bouet bin sin bouillin,
Ah ! le joli garçin !

7.

Si y éta la mariaïe
Ol irait à chaulaï (?) *(soûlaï)*,
Y sé coudre et filaï,
Y sé bè meriaudaïe ;
O serait be chau jou
Qu'o serait à min tou *(tour)*.

Communiqué par M. Patrice Coirault, à Surin, par Champdeniers.

● ● ●

Ronde enfantine

Pain d'épice
Ma nourrice
Tourne bras
Nous y voilà
En mettant mon pain au four
J'ai cassé ma pelle de four
Vive l'amour !

Recueilli à Parthenay, par M. Véron.

Blason populaire

Poitevins ventres rouges. — « J'avais toujours cru que l'épithète *ventres rouges* s'appliquait exclusivement aux Saintongeois. »

(L. Audiat, dans la *Revue de Saintonge et d'Aunis*, sept. 1898.)

Les Gaulois avaient en effet l'habitude de se peinturlurer corps et cuirasses au moment des fêtes et combats.

Les chevaliers avaient des rubans et le pastel pour les membres. Or, les Républiques maritimes de l'ancienne Atlantide-Celtique avaient trois peuples divins dont les couleurs des guerriers constituaient l'uniforme et le drapeau :

1° Les *Santons*, ou les Sains, aux *ventres rouges* ;
2° Les *Vénètes*, ou Vendéens, aux *ventres blancs* ;
3° Les *Pictons*, ou Poitevins, aux *ventres bleus*.

DUPLAIS-DESTOUCHES,
Correspondant du Conseil Héraldique de France.

Fêtes corporatives

LA SAINT JEAN A NIORT

DE nombreuses corporations ont conservé, à Niort, la coutume de fêter leur saint patron par des cérémonies religieuses et des réjouissances. L'industrie de la peau, qui comprend une importante population et qui groupe des métiers divers, tels que la chamoiserie, la tannerie, la mégis-

des autres professions se réunissent dans une stricte intimité, les ouvriers de la peau donnent à leurs réjouissances un caractère public et s'ingénient chaque année à en augmenter l'éclat. La population niortaise tout entière est d'ailleurs heureuse de s'associer à la férie annuelle d'une industrie à laquelle la cité doit sa fortune depuis des siècles. Nous allons dire en quoi consistent habituellement ces réjouissances.

Le 23 juin au soir, le jardin public situé au bord de la Sèvre et qui fait suite au quai de la Regratterie, quartier général des chamoiseurs, est mis à la disposition des organisateurs. Etagé sur une colline abrupte, riche d'une luxuriante végétation, sillonné d'allées mystérieuses, couronné d'une magnifique terrasse, ce jardin offre un merveilleux décor dont les commissaires savent tirer le meilleur parti. Des lanternes vénitiennes, à profusion, s'accrochent aux arbres, les verres de couleur serpentent en cordons de feu, les kiosques se dessinent en lignes lumineuses, tandis que de l'autre côté du fleuve, dans un pré privé s'allume le feu de joie, bénit par le clergé de Saint-André aux accents de l'hymne liturgique. Sur la Sèvre de nombreuses barques pavoisées et illuminées glissent silencieusement, jetant dans les profondeurs de l'eau de fugitives lueurs. La foule qui s'écrase sur les quais et dans les allées du jardin applaudit les sociétés musicales qui, sans interruption, alternent les morceaux de leur répertoire.

A l'entrée du jardin, sous un dais de verdure, la demoiselle et le garçon d'honneur, qui demain vont prendre la tête du cortège, distribuent des fleurs, aidés dans cette gracieuse besogne par de jeunes enfants costumés en bergers et bergères sous la conduite d'un petit saint Jean.

Dominant tous les bruits, les cloches de Saint-André sonnent à toute volée, attestant l'intérêt affectueux que le clergé de cette paroisse porte à la corporation des chamoiseurs.

Le lendemain 24 juin, à neuf heures, tous les ouvriers qui ont

Phot. Max. Menard.

NIORT. — Le cortège de la saint Jean sortant de l'église Saint-André.

serie, la poncerie, la ganterie, a adopté pour patron saint Jean le Précurseur, à cause de la peau de bête qui lui servait de vêtement dans le désert. C'est le 23 et 24 juin que les membres de cette corporation célèbrent leur fête ; mais alors que leurs camarades

adhéré au cortège (leur nombre a été en ces dernières années d'environ 200) se réunissent en costume de fête, la boutonnière ornée du bluet, au jardin public, où les attendent la demoiselle et le garçon d'honneur, ainsi que les jeunes enfants qui font escorte à saint Jean et à son mouton. La procession se forme, les bannières se déploient, et le cortège se dirige chez le patron à qui est échu l'honneur d'offrir le pain bénit monumental, que l'on place sur un brancard fleuri, surmonté de la croix, et porté à dos d'homme.

A dix heures, la procession arrive à l'église. Sur les marches le clergé en costume de chœur, croix en tête, attend les ouvriers ; la foule pénètre à la suite, et une grand-messe solennelle à laquelle des artistes de la ville apportent le concours de leur talent religieux est chantée.

A l'issue de la cérémonie, un vin d'honneur alternativement offert d'année en année par les patrons à leurs ouvriers et par les ouvriers à leurs patrons, est servi en plein air, dans la cour du patronage situé en face l'église. C'est l'occasion d'une fraternisation cordiale, on échange quelques bonnes paroles, quelques chaudes poignées de mains, et l'un des ouvriers entonne la chanson des chamoiseurs que nous reproduisons ci-dessous à titre documentaire ; le dernier acte de cette matinée est la distribution au jardin public, lieu de dislocation du cortège, des brioches bénites souscrites par les membres et les amis de la corporation.

Généralement un bal termine la journée.

Jean Maingueneau.

LA SAINT-JEAN

CHANSON CORPORATIVE

1

Puisqu'un doux élan fraternel
Nous guide à notre fête,
Qu'en ce jour pour nous solennel
Se montre à notre tête
L'ange de la vérité,
Dans ce refrain répété.

Refrain

Chantons : Vive l'ensemble
Des chamoiseurs et mégissiers,
Que l'amitié rassemble
Aux ponceurs et gantiers !

2

Dans ce grand jour, quoi de plus beau ?
Nous citant pour modèles,
L'union, dans son doux réseau,
Nous couvre de ses ailes.
Le front couronné de fleurs,
L'amour embrase nos cœurs.
    Chantons, etc.

3

Si par le travail de nos mains
Nos emplois nous séparent,
N'oublions pas qu'ils sont communs
Dans la peau qu'ils préparent,
Payant la société
De leur part d'utilité.
    Chantons, etc.

4

Par nous, plus d'un brave troupier
Sourit à sa toilette.
Chaque sapeur-carabinier,
Quand sonne la trompette,
Prend pour marcher au drapeau,
Gants et culotte de peau.
    Chantons, etc.

5

Au champ d'honneur, dans les festins,
Brille notre industrie,

Noble de par les gants Crispin
De la chevalerie
Plus d'un vaillant chevalier
Lui devait son baudrier.
    Chantons, etc.

6

Vous qui, parés de vos couleurs,
Présidez l'assemblée,
Compagnons blanchers-chamoiseurs,
Recevez cette année
Nos vœux les plus constants
De vous y voir tous les ans.
    Chantons, etc.

7

Et toi, notre divin patron,
Saint Jean que l'on vénère,
Daigne accueillir cette chanson
Comme hommage sincère.
Du haut des augustes cieux,
Bénis notre accord joyeux.
    Chantons, etc.

8.

Amis, l'auteur de ces couplets,
Ce n'est point un Voltaire,
Mais, chamoiseur, il les a faits
Dans le but de vous plaire.
De Goyer Victor, enfants,
Répétons les doux accents.
    Chantons, etc.

Récits historiques et légendaires

J'AI accepté avec plaisir la mission de raconter des histoires du Poitou qu'on n'a pas encore éveillées de leur long sommeil. Mon but est de faire revivre de ce pays qui nous est si cher de vieux souvenirs qui tendent à s'éteindre et qui s'éteindraient. Ces souvenirs, je les ai cherchés un peu partout. Ceux de qui je les tiens sont âgés et peu causeurs ; de peur qu'ils ne périssent, je vais vous les transmettre avec prière de les communiquer à d'autres. Il ne faut pas que ce qui touche à cette contrée héroïque s'éteigne dans la mémoire, ni les hommes, ni les choses.

Ce lambeau de la Patrie, ce Poitou presque fabuleux, j'ai travaillé, dans les limites de mes petits moyens, à le grandir, si *c'est possible, en ajoutant une pierre au monument de son impérissable gloire*. Faites comme moi, racontez-nous quelques-unes de ses histoires, parlez-nous de ses héros.

Le Seigneur de Picadoret. — Je ne sais trop de quelle époque je dois partir. J'ai tant à dire !... Partons alors d'une époque incertaine, et des Moutiers-sous-Chantemerle, dans le canton de Moncoutant. Le récit est croustilleux, pardonnez-moi si je faute. Vous avez entendu parler, dans la commune précitée, du château de Picadoret. Il n'en reste qu'une tour d'un modèle bizarre. Arnaud en parle ainsi dans les *Monuments du Poitou* : « D'un côté, elle est ronde, et l'extrémité opposée est triangulaire. La porte, qui était assez élevée au-dessus des douves, conduit à un rez-de-chaussée où se trouvent un puits et un lavoir. Tous les étages, qui sont éclairés par des fenêtres carrées, sont occupés par deux appartements ; l'un est assez grand, et l'autre, qui est beaucoup plus petit, est dans l'angle de la tour que surmontent des mâchicoulis, mais point de galeries, point de créneaux. Nous voyons là une œuvre du quinzième siècle. »

A cette époque, le seigneur de l'endroit habitait son château. Il en sortit un jour, pendant qu'arrivant de la guerre aux environs passaient deux soldats en armes. Fatigués par une longue marche, ils s'arrêtèrent à proximité du lieu, qui leur plaisait, pour se reposer. Ils mangèrent leur pain noir, et... subissant la nécessité, sacrifièrent... à la nature. Le seigneur arriva sur eux à ce moment précis, s'empara de leurs armes et leur prescrivit, sous peine de mort, de consommer... leur sacrifice. L'un s'exécuta pleinement, l'autre à demi. Ce dernier dit : « Vous pouvez me tuer, je suis trop délicat pour continuer. — Toi, répondit-il, tu es un brave ; prends ton mousquet, va-t'en avec ton compagnon, à qui je fais grâce aussi en raison de ton courage. — Merci, mon seigneur, mais si vous voulez vivre, finissez mon repas. » Il n'en resta bribe. Je ne crois pas que l'anecdote ait été contée par le sire de Picadoret.

Ce personnage était détesté, je le suppose, car il mourut assassiné. Un soir d'hiver, pendant qu'il mangeait à la lumière, il fut surpris de voir son domestique se refuser à se placer devant ou derrière lui. Il n'eut pas le temps de l'en blâmer, car une balle partie du dehors mit fin à sa belle existence. Il avait été convenu entre le traître serviteur et des gens étrangers à la maison qu'on devait tirer sur la lumière pour débarrasser le pays du maître. Après tout, c'était peut-être un brave homme dont les vassaux ont fait un tyran. Notre ennemi, c'est notre maître...

C. Puichaud.

(Fragment d'une conférence faite à Moncoutant.)

L'INDUSTRIE EN POITOU

Les faïences de Poitiers

Requête de Paquier (Pierre[1]),
à Mgr Berlin, ministre et secrétaire d'Etat.

« 24 janvier 1778.

« Monseigneur,

« Pierre Paquier, fabricant de fayance de la ville de Poitiers, a l'honneur de vous représenter très respectueusement qu'il a établi sa manufacture dans laditte ville il y a plusieurs années, qu'après plusieurs recherches pénibles et dispendieuses, il a trouvé des pastiers de terre aux environs de laditte ville propres à sa fabrique, que la meilleure pour faire la bonne vaisselle se trouve dans une très petite pièce de terre située à un quart de lieue de Poitiers, inculte, le long du chemin de Nouaillé, appartenant aux sieurs Quintard, chanoines de Sainte-Radegonde de cette ville ; le suppliant, après avoir fouillé dans laditte pièce de terre, composée tout au plus d'un quart d'arpent, pour en tirer de la terre pour faire l'essai, se transporta chez les sieurs Quintard, pour les prier de lui vandre, arrenter ou louer cette petite pièce de terre, attendu le besoin extrème qu'il en avoit pour sa manufacture. Lesdits sieurs Quintard lui auroient répondu qu'ils ne vouloient accepter aucunes de ses propositions et l'auroient fait assigner en la sénéchaussée pour le faire condamner à les

indemniser de la fouille par lui faitte dans laditte pièce de terre et lui faire défance d'y prendre à l'avenir de la terre pour sa manufacture. Dans cette perplexité, le supliant, voyant la manufacture de fayance preste à estre anéantie par la mauvaise humeur de ces seuls particuliers qui lui refusent à des conditions honestes la terre qui lui est propre pour la conservation et l'entretien d'un établissement aussi utile au public, il oze recourir à l'autorité de Vostre Grandeur.

« Ce considéré, Monseigneur, il vous plaise accorder au supliant vostre puissante protection dans la circonstance critique où il se trouve pour empaicher la destruction d'une manufacture qui lui a esté dispendieuse pour l'établissement qui commensoit à faire des progrès considérables dans toutté la ville. Monseigneur, on vous donnera, si vous l'ordonné, des attestations ; le supliant ne cessera de faire des vœux pour Vostre Grandeur, il vous suplie d'ordonner aux sieurs Quintard de luy vendre, arrenter ou affermer laditte pièce de terre, dont ils ne font aucun usage à dire d'expert.

« X... »

VARIA

MÉLUSINE SAUVÉE

Nous empruntons le récit suivant, dit notre confrère *Mélusine*, au numéro du 1er avril 1898 de l'*Assomption*, organe du noviciat des Augustins de l'Assomption, à Livry (Seine-et-Oise). Nous le reproduisons textuellement, en regrettant seulement de ne pouvoir reproduire la gravure où l'on voit la pauvre Mélusine, dolente, devant celui qui va l'opérer heureusement — et miraculeusement. — H. G.

Dordogne. — Le 1er janvier 1898, Mélusine, notre gracieuse petite chienne, fox-terrier qui avait offert un de ses enfants au noviciat de Livry (pas comme postulant), Mélusine, tant aimée, a fait passer ses maîtres par de pénibles émotions.

A la suite d'un combat avec un de ses congénères, il lui arriva l'accident du loup de La Fontaine : un os s'enfonça bien avant dans son gosier. Ayant fait mille efforts, toujours inutiles, pour l'arracher, couverte de sang, furieuse, bondissante, elle s'abîmait les mâchoires. Bientôt la respiration devint pénible ; elle tomba haletante sur le flanc. Sa jeune maitresse gémissait dans un appartement à côté. Deux hommes tentèrent en vain l'extraction ; rassemblant toutes ses forces, Mélusine se dressait droite, furieuse, prête à bondir sur quiconque approcherait, pour retomber bien vite inerte, suffoquée.

Depuis l'accident, plus de deux heures s'étaient déjà écoulées, et Mélusine, si connue par son intelligence, sa gaieté, ses services, Mélusine allait mourir ! Oh ! la triste après-midi du premier de l'an !...

Soudain, désespérés, papa et maman promettent une petite offrande à saint Antoine, avec résolution, si Mélusine guérissait, de faire insérer le fait dans l'*Assomption*.

Survint un troisième homme, expert, plus habile que les deux premiers. Mélusine, étendue sur une table, était maintenant presque étouffée ; on put lui tenir le museau, et par un suprême effort extraire enfin le malencontreux os. Mélusine était sauvée ! Quelle joie !

Ses maîtres ont donné leur petite offrande et ils viennent s'acquitter de la seconde promesse.

Marguerite et Madeleine de M.

---

1. Paquier (Pierre) était établi à Poitiers en 1776, il a eu pour associé ou successeur Félix Faucon, probablement ; la fabrique existait encore en 1791. Cette pièce est extraite de l'ouvrage de M. Perspach : *Les anciennes Faïenceries françaises.*

ART POPULAIRE

Les Bijoux poitevins

COLLECTION DE LA SOCIÉTÉ DU COSTUME POITEVIN

L A femme de tous les temps et de tous les pays a pris le soin coquet de rehausser l'éclat de ses vêtements, d'accentuer la fraicheur de son teint, et aussi de marquer l'élévation de son rang dans la hiérarchie sociale, par l'usage des bijoux. Les métaux réputés les plus purs, les pierreries aux riches couleurs, ont été arrangés, groupés, ornés, taillés, sertis, de façon à multiplier et à diversifier au profit de la beauté féminine les jeux délicats d'une lumière choisie, tour à tour douce et discrète, ou chaude et étincelante.

Nous n'avons à marquer ici que le caractère propre du bijou poitevin.

Les bagues poitevines appartenaient à six types principaux :

1° La *bague jarretière* (fig. 7), qui se fabriquait surtout en argent, et dont la partie du *jonc* visible sur la main portait cinq ou sept pierres enchatonnées, disposées sur un seul rang.

2° La *bague française* (fig. 8), avec tête élargie garnie de pierres enchatonnées, de couleurs différentes, et qui se fabriquait en or et en argent. Les formes les plus généralement portées aujourd'hui se rattachent à ce type.

3° La *bague anglaise* (fig. 5), dont la tête portait une grosse pierre carrée ou ovale, de couleur verte ou grenat, accompagnée, de chaque côté, d'une pierre blanche sertie sur le *jonc*. Elle se faisait en or ou en argent. Dans la bague anglaise en or, la pierre verte était une émeraude fine, et les pierres blanches, des diamants appelés *tables*.

4° La *bague tombeau* (fig. 9), en or ou en argent, avec un seul gros chaton affectant la forme d'un tronc de pyramide à base carrée, portant sur les côtés des larmes d'émail blanc ou noir.

5° La *bague foi*, portée à titre de « seconde bague », qui se faisait en or ou en argent, mais sans pierre. La partie dilatée représentait deux mains reliées entre elles, parfois soutenant un cœur.

6° La *bague de roulier* (fig. 4), en argent et dépourvue de pierre, s'élargissait supérieurement en une tête ovale, revêtue d'attributs religieux, de monogrammes, de cœurs, etc. Les *rouliers* la considéraient comme une amulette. A ce type peut se rattacher une bague (fig. 6) assez répandue en Poitou, et dont la tête élargie portait une sorte de charade formée d'un cœur gravé dans l'ouverture d'une L ou d'un V majuscule. C'était alors une bague de fiançailles qu'on appelait « *mon cœur à elle* », ou « *mon cœur à vous* ». Elle se faisait quelquefois en cuivre.

Les colliers en or, appelés *esclavages* (fig. 19), affectaient des dispositions diverses. Leur richesse dépendait généralement du nombre des *plaques* (une, trois ou cinq), et aussi du nombre des tours de chaînes qui reliaient ces plaques. La chaîne ordinaire portait le nom de *jaseron*; les autres chaînes, dont le nombre pouvait aller jusqu'à six, se composaient de *paillettes* reliées entre elles et émaillées d'un seul côté. — Les *plaques*, généralement rectangulaires ou ovales, étaient revêtues d'émaux bressans et de pierres enchatonnées.

Dans certains colliers de fabrication niortaise, les plaques étaient ajourées et serties de pierres multicolores, le plus souvent

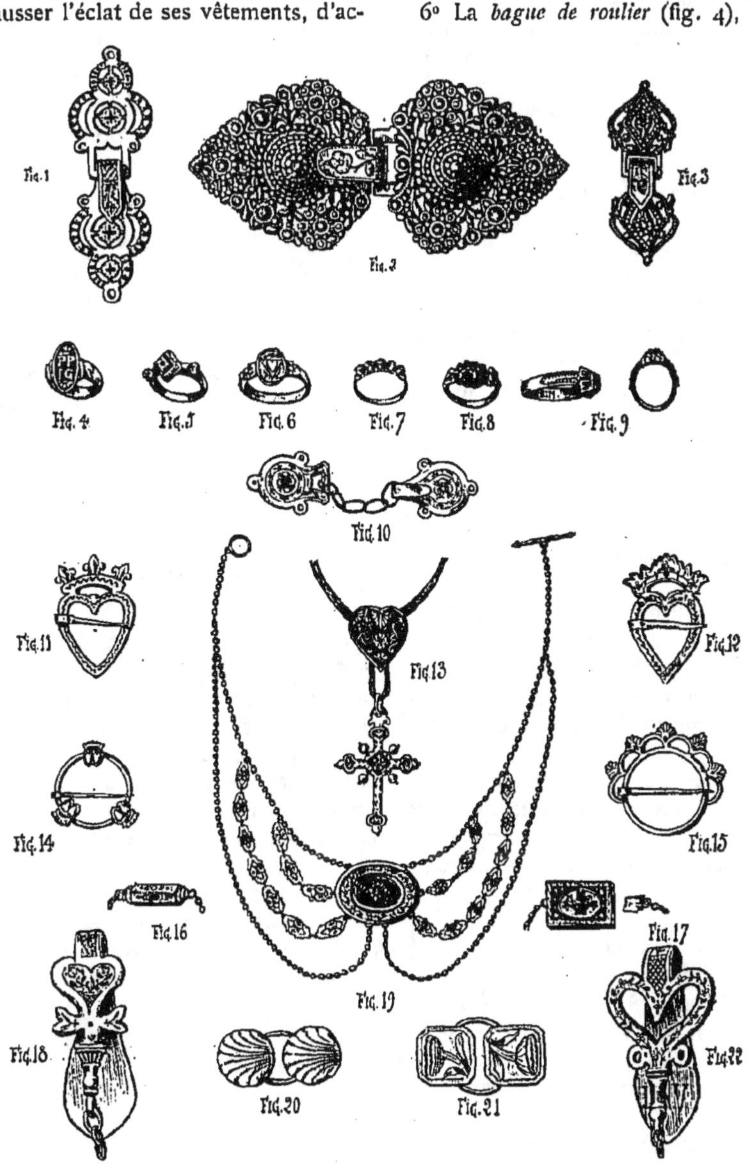

vertes et grenat. Mais la plupart des *esclavages* étaient formés de plaques de fabrication lyonnaise, que les bijoutiers locaux recevaient de Paris et qu'ils assemblaient séance tenante, au gré du client, lequel réglait ainsi, selon sa bourse, le nombre des plaques et des tours de chaîne de collier.

L'esclavage complet se fermait sur le cou, soit à l'aide d'un *clavier*, formé d'un anneau de forme diverse, traversé par un *bâton*, soit à l'aide d'un *baril*, de forme prismatique, ou encore d'un *cadenas-cœur*, émaillé et de forme aplatie.

Il arrivait fréquemment que les paysannes les moins fortunées employaient ces fermoirs à titre d'ornement principal. Leur collier était simplement constitué par un cordonnet de soie ou un ruban de velours laissant pendre, sur le devant, un *clavier*, un *baril* (fig. 16) ou une plaque *cadenas* (fig. 17).

Une autre sorte de collier, où le jaseron était également remplacé par un cordon de soie, portait en avant un *cœur* — très gros dans la toilette des grisettes de Niort, — et laissait pendre en dessous une croix dite *croix Jeannette* (fig. 13).

Le vaste anneau traversé d'une *barrette* en forme d'S et qui servait anciennement de *pendant d'oreille*, était surtout porté dans les villes. L'usage s'en est perdu il y a près de soixante ans. Les Sablaises l'ont cependant conservé, en remplaçant par un camée la *boule facettée* du devant, anciennement ornée de chatons multicolores. Cet anneau, qui se fabriquait en or ou en argent, traversait rarement l'oreille, mais s'accrochait à un autre anneau plus petit, dit *attente*, qui restait engagé à demeure dans le lobe auriculaire.

En dehors des bagues, colliers et pendants d'oreilles, qui ornaient directement leur personne, les Poitevines rehaussaient de parures d'or et d'argent certaines parties de leur costume.

La coiffe blanche recevait, et reçoit encore fréquemment, une épingle d'or, à tête ornée, engagée sur la ligne médiane supérieure du béguin.

Les *capes*, ou grandes mantes noires, que les femmes de la campagne ne portent plus guère que dans le grand deuil, étaient anciennement d'un usage plus fréquent. Elles se fermaient en avant par de larges agrafes d'argent (fig. 2), dont la forme type paraît imitée de la coquille Saint-Jacques. La partie dilatée de ces agrafes était estampée, puis recoupée à vif en pointes de diamants. Dans les formes les plus anciennes, les deux parties de l'agrafe s'accrochent entre elles directement. Mais à partir de 1840, ces parties se rattachent à l'aide d'une chaînette, longue de quinze centimètres (fig. 10), également en argent, formée parfois de petites plaques estampées, reliées entre elles par des anneaux.

Un ornement très apprécié des villageoises était le *crochet à ciseaux* ou à couteau (fig. 18 et 22), en argent ciselé, portant généralement un cœur évidé dans la partie élargie, qui s'accrochait en haut du tablier, et laissait pendre, jusqu'au dessous des genoux, une chaîne simple, s'il s'agissait de couteau, et double pour les ciseaux.

Les élégantes de la campagne ne portent plus guère d'autres bijoux que les bagues, toujours nombreuses, mais différentes des anciens types que nous avons décrits. Elles aiment à orner leur corsage d'une montre, dont la chaîne est soigneusement mise en évidence, alors même que la montre serait remplacée par une breloque quelconque.

L'ancien costume masculin, celui d'avant 1830, comportait également l'emploi de quelques accessoires en argent.

L'extrémité inférieure de la culotte se fixait autour du bas à l'aide d'une boucle dite *boucle à jarretière*. Les souliers, le ruban du chapeau, portaient également des boucles en argent, carrées ou ovales, avec *chape* et *ardillon* articulés sur la même charnière, et diversement ornés.

Les lourds manteaux de cavalier, assez amples pour protéger à la fois l'homme et sa monture, étaient rattachés en avant par des agrafes analogues à celle de la mante des femmes, mais de forme plus trapue, et renforcées dans toutes leurs parties (fig. 1 et 3).

La chemise d'homme se fermait, au col et aux poignets, à l'aide de *doubles boutons* en argent (fig. 20 et 21), tantôt de forme carrée et ornés de fleurons, tantôt en forme de coquille marquée de côtes rayonnantes, et reliés entre eux par un anneau. Les côtes du *jabot* étaient maintenues en contact à l'aide d'une sorte de fibule annulaire, dite *épingle guimbarde* (fig. 14 et 15). Quelquefois l'anneau de la guimbarde était orné de mains comme dans la bague-foi, ou de cœurs géminés. Les Vendéens, et en particulier les Maraichins, ont longtemps porté — quelques-uns portent encore — une épingle guimbarde en forme de cœur, simple ou double (fig. 11 et 12), souvent surmontée de boules simulant une couronne héraldique, ou ornée de fleurs de lis. Quelques rares guimbardes sont en or.

La collection de M. Turpin, de Parthenay, nous initie au mode de fabrication employé par les bijoutiers poitevins, du moins en ce qui concerne les objets en argent. Elle comprend d'abord une série de modèles de crochets à couteaux et d'agrafes, puis une autre série de poinçons destinés à l'estampage, soit de la pièce entière (boutons doubles à coquille, claviers, etc.), soit des fleurons ou autres motifs d'ornementation. Lorsqu'un ouvrier se proposait de reproduire en argent un des modèles, il en prenait l'empreinte entre deux *os de seiche* polis et ajustés, coulait dans le creux formé par le modèle l'alliage d'argent et de cuivre ; après quoi, il ne lui restait plus qu'à décorer la pièce soit avec les poinçons, soit au burin. M. Turpin possède la plaque de cuivre qui servait, aux dix-septième et dix-huitième siècles, à recevoir, à l'Hôtel-de-Ville de Parthenay, l'empreinte des poinçons des bijoutiers parthenaisiens. Cette industrie ayant disparu, la plaque avait été rejetée comme pièce inutile et sans intérêt.

H. Gelin.

L'étude sur les coiffes poitevines sera terminée dans le prochain numéro. Un accident survenu aux clichés qui illustreront cette dernière partie nous a obligés à ce retard.

N. D. L. R.

Légendes et superstitions

Les Trésors. — Dans les arrondissements de Bressuire et Parthenay, où la guerre, depuis des milliers d'années, a sévi constamment, autour de chaque habitation notable sont enterrés, selon la tradition, des trésors. Quand se dessinait une crise, quand se produisait une invasion, leurs propriétaires les cachaient dans un lieu de remarque facile, au pied d'un arbre, sous un roc, dans le creux d'un mur, pour les retrouver, le danger passé. Beaucoup d'entre eux sont morts dans la bataille, sans avoir pu transmettre à qui que ce soit le secret du gîte de leur bien. D'autres en le cherchant se sont aperçus qu'ils avaient été volés. Combien sont plus nombreux ceux que le diable, sans se l'accaparer, en a dépossédés ! Il est un fait acquis, c'est que toute fortune, du moment qu'elle est en terre, appartient à Satan. Il n'en use pas, ou ne la livre pas à ceux qui le tirent plus ou moins par la queue.

Pourquoi ? Je l'ignore. Ce que je puis certifier, parce que tous ceux que j'ai interrogés à cet égard me l'ont affirmé, c'est que le *malin esprit* donne à l'or et à l'argent enterrés le pouvoir de voyager.

J'ai dans ma collection trois pièces d'or, à fleur de coin, de Jean le Bon, trouvées aux environs de Courlay. Celui qui les a découvertes par hasard, m'a confié qu'elles étaient accompagnées de bien d'autres. Le sorcier qu'il avait consulté lui en donna l'assurance. Il lui apprit, la baguette à la main, l'endroit précis où le magot était placé. Il ne lui cacha pas, loin de là, qu'il fallait prendre des précautions pour le découvrir. A dix pieds du centre et tout autour, on creusa sur ses ordres, pour lui couper la retraite, un fossé profond. Il fit des incantations et ordonna la fouille. Les pioches, dans les mains enfiévrées des chercheurs, fonctionnèrent vaillamment, les pelles ne chômèrent pas, mais à cinq pieds de profondeur l'homme de la magie arrêta les travaux. Il consulta son instrument divinatoire. Le trésor, en dépit des précautions, était parti. Rien de plus facile à constater, la baguette ne tournait plus. Elle tourna plus loin. On prit autant et plus de précautions pour la recherche nouvelle, sans plus de résultats. On se léguera le secret et l'on fouira le sol pendant des centaines d'années, sans rien découvrir. Vous croyez qu'on s'en prendra aux sorciers de la déception? Oh, non! Le *Malin*, seul, en est la cause. Cette croyance a du bon, car le fermier creusera profondément sa terre, dans l'espoir d'un gain, et comme les enfants du laboureur de La Fontaine, lui fera rapporter un peu plus qu'ailleurs.

Voilà trois ans, commune de Clessé, une petite sorcière, que j'ai connue, émut les habitants de plusieurs domaines en leur révélant qu'à volée de chapon d'une ferme dont je ne puis vous citer le nom, un immense amas de bijoux, d'or et d'argent monnayés, avait été dans les vieux temps serré par son propriétaire. Chacun des hommes du lieu qu'elle habitait fut requis d'avoir à se transporter à l'endroit indiqué, avec les outils nécessaires pour procéder, de nuit, à sa découverte. On se munit de cierges bénits, on les alluma et l'on travailla sous la direction de l'inspirée, je ne puis vous exprimer avec quelle ardeur. De nombreux curieux attirés par le bruit faisaient cercle autour des travailleurs. Ils virent subitement de tous les points de l'horizon noir surgir d'innombrables essaims de mouches qui venaient se brûler les ailes aux lumières. Ces bestioles étaient des âmes errantes avides de s'épurer au feu sacré pour entrer au ciel. On commença des prières, on promit des messes. Au moment où l'on allait réussir, une chèvre blanche se montra inopinément, causant une frayeur sans pareille. Les curieux prirent la fuite et les travailleurs harassés et déçus reçurent l'avis que jamais plus on ne trouverait le trésor poursuivi. Il appartenait aux âmes pour l'achat de leur place au Paradis. On ne peut rire de la crédulité de ces êtres simples, quand on a vu, sous l'œil protecteur du gouvernement, dans la basilique de Saint-Denis-en-France, une voyante plus ou moins lucide poursuivre la conquête d'un trésor. Aujourd'hui encore, ne savez-vous pas qu'on cherche autre part celui des Stuarts, après cent ans de recherches infructueuses?

Les Feux Follets. — Qui n'a entendu parler du feu follet. « Flamme erratique produite par des émanations gazeuses, écrit Littré, qui s'élevant soit des endroits marécageux, soit des lieux où des matières animales se décomposent, s'enflamment spontanément et n'ont que peu de durée. »

Pauvre savant, vous vous trompez. Tout Poitevin, sans avoir connu même le chemin de l'école, vous apprendra que le feu follet est l'âme vagabonde d'une personne défunte, en quête des prières que lui ont refusées ses héritiers.

Le feu follet affecte des aspects divers. On le voit sous forme de croix, de boule, de cierge, etc., voyager de ci de là, toujours la nuit. Quelquefois le voyageur attardé le verra le précéder ou le suivre, marcher à ses côtés comme un compagnon fidèle, le toucher. Si c'est vous, n'ayez peur. Le feu follet ne brûle pas, ne fait aucun mal. Priez pour lui, il vous abandonnera aussitôt en vous laissant la satisfaction d'avoir contribué à sauver une âme.

Un de mes voisins, voyageant par une nuit sombre, fut suivi, en sortant de la forêt de Chantemerle, par deux feux follets, pendant plus de trois kilomètres. Le malheureux, tout effaré, marchait au pas de course, mais les flammes ne l'abandonnaient pas. Pour regagner Moncoutant, il lui fallut traverser, à la Morinière,

la Sèvre, dont les deux rives étaient reliées par une planche étroite et branlante. Au moment de franchir ce pont dangereux, il hésite... Il fait si noir que le moindre faux pas peut causer sa perte. Désespéré, il se signe et... s'avance frémissant. A l'instant même, les feux bienfaisants se placent aux deux extrémités du passage et lui permettent de voir, comme en plein jour, la route à suivre. A peine la traversée opérée, ils disparaissent subitement, laissant dans l'obscurité la plus profonde notre voyageur, qui n'oublia jamais les péripéties de son voyage.

Un jour que j'arrivais à Moncoutant, après une absence assez longue, quelqu'un me raconta que pendant la nuit précédente, il avait vu, sur mon petit étang, errer longtemps et s'enfuir à travers la prairie un feu follet. Quand je questionnai mon domestique là-dessus, il me répondit : « Je n'ai rien vu ; mais, monsieur, on a pêché notre étang cette nuit-là. Je l'ai constaté ce matin en voyant les marques du traînage des filets sur la boue, et sur les berges, la trace de leur levée. » C'était un feu follet qui m'avait volé mon poisson, un feu follet d'un genre particulier, en chair et en os, qui à défaut d'une lumière émanant de lui, opère avec son falot. Son nom est : maraudeur. Il est très commun.

Souvent, le feu follet se laisse entraîner au gré de son inspiration. A Saint-Cyr-des-Gâts (Vendée), j'en connais un dont le parcours est fixe. Il sort d'un fossé, se dirige vers une croix voisine, s'y arrête quelques instants et va se perdre auprès de la grande route de la Caillère à Fontenay. Il voyage en tout temps obscur. Les autres, sauf exceptions assez rares, ne se déplacent qu'aux Avents, c'est-à-dire pendant les nuits qui précèdent les fêtes de Noël.

La Chasse Gallery. — Sur cette chasse, je ne veux pas vous conter la légende poitevine que vous connaissez tous. Je me contenterai de vous rappeler qu'un sire de Gallery, en expiation de la faute qu'il avait commise de chasser un dimanche pendant la grand'messe, fut condamné à chasser de nuit dans les plaines éthérées jusqu'à la consommation des siècles. Sa meute endiablée descend quelquefois sur la terre et se repaît du corps des voyageurs. Le campagnard prudent, quand il entend venir cette chasse, commande à ses fils de rentrer à la maison. Il les suit, les fait mettre à genoux et prie avec eux pour le repos de l'âme du damné.

La chasse Gallery, affirme la science, est un passage d'oiseaux migrateurs qui, lassés, s'égrènent dans les ténèbres et s'appellent pour ne pas se perdre. Chacun d'eux a son cri particulier ; peut-être est-il le nom de l'oiseau attardé que ses compagnons encouragent à les suivre dans la direction choisie.

Alors que passe la chasse de Gallery, vous vous croyez aux environs d'une arche de Noé aérienne, où bruiraient dans leurs chants, leurs cris, leurs aboiements, leurs gémissements, leurs sifflements, leur langage, les animaux réunis de la création.

Un de mes parents m'a raconté ce qui suit :

« Un soir, voilà longtemps de cela, en arrivant à Clazay, de la veillée, où, pour la centième fois, j'avais entendu raconter l'histoire de Gallery, il me fut donné d'assister à un spectacle singulier. Je longeais le grand mur qui, partant du bourg, aboutit à la fin des prés. Il était dix heures, le temps était calme et doux.

« La lune, à certains moments voilée par de grands nuages noirs qui passaient très vite, sortait soudainement de sa cangue obscure et, comme un soleil qu'elle est, un soleil de nuit, illuminait de ses rayons pâles les ténèbres dissipées. Je touchais presque à la coupure qui conduit à la fontaine quand, d'une distance que je ne puis déterminer, j'entendis venir des animaux lancés à prodigieuse allure, haletants. C'était en hiver, le bruit de leurs pas, frappant la terre durcie, résonnait fortement. Je me dis : ce sont des chiens qui regagnent le logis, et je m'étonnai qu'ils le regagnassent si vite.

« Je m'arrêtai et j'aperçus, à cent pas de moi, à la clarté de la lune dégagée, débouchant du bourg qu'ils avaient traversé sans un cri, sans un arrêt, deux animaux. En un viremain, pour parler comme l'on parle chez nous, ils me joignirent. Le premier, à ma hauteur, d'un bond de biais immense, s'engouffra vers la fontaine, les yeux brillants comme des chandelles, la langue pendante. Je reconnus un loup. Je le vis comme je vous vois, sans avoir le temps d'avoir peur, pendant que le second, un grand chien noir de ferme qui le talonnait, prenait le même chemin avec une énergie égale. A ma vue, sans ralentir son train d'enfer, il poussa un court aboiement comme pour me dire : « A l'aide ! » Et, pendant quelques minutes, j'écoutai les halètements de plus en plus faibles des deux bêtes, en regrettant de n'avoir pas eu dans mes mains mon fusil pour tuer l'ennemi commun et satisfaire le bon serviteur. Le bruit de la chasse ardente s'éteignait dans le lointain, mais l'aboiement bref se répétait par intervalle. Tout à coup apparut, venant de la même direction que les précédents, un troisième animal, un loup encore, galopant avec une vitesse étourdissante sur la piste des devanciers. Je le détournai de sa route en criant furieusement : « Au loup ! au loup ! » Il monta la butte et disparut comme une ombre, cependant que tous les chiens des environs, réveillés à mon cri, hurlaient sinistrement à la mort. Mais le pauvre chien chasseur était pris entre les deux étaux de ses implacables ennemis. Qu'en est-il advenu ? J'entendis avant de rentrer chez moi son appel à l'homme, faible comme un soupir, à distance énorme. J'ai retardé son égorgement. Dieu veuille que je l'aie sauvé. »

Figurez-vous, à la place de mon parent, un bon paysan sous l'impression des contes de la veillée. Il aurait pris les trois bêtes pour trois chiens égarés de la meute de Gallery, cherchant leur pâture humaine, un mécréant mûr pour la cueillette de l'enfer.

C. PUICHAUD.

La veillée de la saint Jean. — L'allusion que fit notre envoyé spécial, dans une de ses lettres d'Espagne, aux fêtes populaires célébrées par nos voisins la veille de la saint Jean, sous le nom de *verbena de San Juan,* a piqué la curiosité de quelques savants ; parmi les communications fort intéressantes que nous avons reçues à ce propos, il en est une particulièrement curieuse du docteur Ricochon, de Champdeniers.

Les vieilles femmes et les vieillards de la Saintonge et même de tout le pays celtique au sud de la Loire, nous écrit-il, conservent une tradition d'une vieille prière qui, sous une apparence vaguement chrétienne, remonte certainement bien au delà du moyen âge. Dans beaucoup d'endroits on appelle cette prière la *verven-Dieu,* qui pourrait se traduire par le *verbe à Dieu,* mais il en est d'autres où elle porte le nom de *verv-a-in* ; des documents authentiques prouvent, au surplus, qu'aux siècles précédents le clergé l'avait formellement proscrite.

A côté de cette prière qui a des analogies nombreuses avec les triades celtiques et irlandaises, il est d'autres formules de conjuration appelées *vervedès,* et M. Ricochon croit que ces diverses appellations se rattachent à la *verbena,* la verveine, cette plante sacrée de toutes les races aryennes pour laquelle les druides professaient un culte particulier.

Quel rapport peut-il y avoir entre la *verbena* des Ibères et les prières celtiques ? Pourquoi donnent-ils à la veillée de la saint Jean un nom qui rappelle celui de la fleur gauloise, et la prière celtique des Saintongeois ne serait-elle pas le chant liturgique dont nos ancêtres accompagnaient la grande fête du solstice qui s'est perpétuée jusqu'à nos jours par les feux de la saint Jean.

Telles sont les questions que nous a posées le docteur Ricochon, et qu'à notre tour nous avons soumises à un savant docteur de Madrid, M. Otero Acevedo, qui nous répond en ces termes :

« On professe, en effet, dans notre pays, le 23 juin, la veille de la saint Jean, un culte superstitieux auquel le souvenir du Saint paraît complètement étranger. Dans toute l'Espagne, on allume, ce soir-là, de grands feux appelés *lumés,* qui sont entretenus toute la nuit, et que les enfants traversent en bondissant suivant un rythme qui rappelle les danses antiques.

« Sur la côte, la population va s'ébrouer dans la mer, malgré le froid souvent très vif, quoi qu'en disent les almanachs ; ceux qui habitent les villages de l'intérieur vont dans les prairies, dont l'herbe est encore très courte, et se roulent complètement nus dans la rosée ; c'est, paraît-il, un préservatif et au besoin un remède souverain contre les maladies de la peau.

« Les jeunes filles, ce soir-là, remplissent d'eau un vase qu'elles déposent au rebord de la fenêtre, et, à minuit sonnant, elles y écrasent un œuf frais provenant d'une poule noire, et, suivant la forme que prend cet œuf, celle qui interroge ainsi le destin voit apparaître un *novio,* un château, un cercueil, etc. Inutile de dire que c'est presque toujours le *novio* qui se laisse deviner.

« La verveine joue cependant cette nuit-là un grand rôle dans certaines parties de l'Espagne ; il est d'usage le 23 juin, après le coucher du soleil, de plonger ces fleurs dans l'eau, et de les laisser jusqu'au jour exposées aux rayons de la lune ; cette eau sert le lendemain à se laver le visage.

« On dit également de celui qui a l'habitude de se lever tôt le matin qu'il cueille la verveine, *coge la verbena.* »

(Le Temps.)

VN PRODIGE A LVSIGNAN

EFFROYABLE RENCONTRE APPARVE PROCHE LE CHATEAV DE LVSIGNAN, EN POITOV, AVX SOLDATS DE LA GARNISON DV LIEV & A QVELQVES HABITANTS DE LA DITE VILLE.

A PARIS, chez NICOLAS ROBERT, rve Saint-Jacqves. MDCXX.

.... La nuit du mercredi 22 juillet 1620, s'apparut entre le château de Lusignan et le parc, comme droit sur la rivière deux hommes de feu, extrêmement puissants, armés de toute pièce, dont le harnois étoit tout enflammé : avec un glaive tout en feu en une main et une lance toute flambante en l'autre, de laquelle dégouttoit du sang. Et se rencontrant comme cela armés tous deux de semblable défense et d'une même qualité, se combattirent longtemps tellement qu'à la fin il y en eut un des deux qui fut blessé, et, tombant, fit un si horrible cri qu'il réveilla plusieurs habitants de la haute et basse ville, et étonna la garnison qui veilloit pour lors. Sitôt après cette batterie finie, s'apparut comme une longue souche de feu, qui passa la rivière et s'en alla dans le parc, suivie de plusieurs monstres de feu, comme de singes. Et quelques pauvres gens qui étoient allés là dedans la forêt pour apporter quelque peu de bois pour travailler et brûler rencontrèrent ce prodige, dont bien étonnés pensèrent mourir, et entre autres un pauvre ouvrier de bois de galoche, qui en eut une telle appréhension que la peur lui causa une grosse fièvre qui ne l'a point quitté. Ce ne fut pas tout, car ainsi que les soldats étoient tout en alarme du cri qu'avoit fait cet homme de feu, s'en étoient allés sur la muraille pour voir, il passa sur eux une grande troupe d'oiseaux, les uns noirs, les autres blancs, criant tous d'une voix hideuse et épouvantable, et avoient deux flambeaux qui les précédoient, et une figure en propre forme d'homme qui les suivoit faisant le hibou. De telles visions furent bien épouvantés, et leur tardoit beaucoup qu'il fût déjà jour pour le rapporter aux habitants. Et les habitants qui l'avoient vu, leur ennuyoit extrêmement que le jour ne parût pour s'enquérir des soldats s'ils ne s'étoient point trompés...

Le Théâtre en plein air

La Mothe-Saint-Héray. — Chef-Boutonne

Le mois de septembre a vu le répertoire du théâtre en plein air s'enrichir en Poitou de deux nouvelles productions : *Erinna*, tragédie en 3 actes de M. le Dr Saint-Marc, dit Pierre Corneille, et *Une Merienne chez Jacquiet-Labertuche* du poète rustique Auguste Gaud.

Voici en quels termes notre confrère M. E. Corbin rend

logue, le littérateur affiné qu'est le docteur Corneille. Sa modestie nous avait caché jusqu'à ce jour qu'il descendait du grand Corneille ou plutôt de son frère Thomas, mais son talent nous l'avait révélé dès longtemps comme un écrivain de race qui, de succès en succès, saura conquérir dans le monde des lettres une place enviée.

Nous l'avons applaudi à Salbart, quand il fit jouer, sur les ruines grandioses du vieux château hanté par la Mélusine, cette jolie pièce *Bonne Fée*, pour honorer la mémoire de son ami Du Tiers. Ce fut là son heureux et premier essai du théâtre en plein air.

Nous l'avons applaudi l'an passé à La Mothe-Saint-Héray et dans les vallons du Puy-d'Enfer, évoquant la *Dame de Chambrille*, et célébrant dans des strophes admirables la victoire de l'Amour sur le Temps.

L'œuvre puissante et saine qu'il a fait interpréter le 11 septembre sur ce théâtre rustique du parc de La Mothe, appelle sur lui l'attention de tous ceux qui s'intéressent aux manifestations sincères de l'Art français, et aux tentatives de décentralisation artistique et littéraire qui sont osées depuis quelque temps.

L'action se déroule dans un bois sacré, pendant la guerre des Gaules. Au fond de la scène s'ouvre une grotte naturelle qui donne asile à Erinna, prêtresse d'Hésus, et qu'entourent et cachent à demi des bois touffus. Au fond, à gauche, un chêne dont les branches sont chargées

ERINNA. — Acte I : La cueillette du gui.

compte, dans le *Mercure Poitevin*, de la première de ces manifestations.

A La Mothe-Saint-Héray, le 11 septembre, à huit heures et demie du soir, a eu lieu en plein air, sur une scène remarquablement improvisée dans le parc de l'ancien château, devant 1000 personnes, la représentation d'*Erinna, prêtresse d'Hésus*, tragédie en trois actes et en vers du Dr Pierre Corneille, avec chœurs à six voix par M. L. Giraudias.

Tous nos lecteurs connaissent le délicat poète, le romancier psycho-

de gui ; plus avant, sur le terre-plein, un dolmen ; à droite et à gauche, des sentiers qui conduisent dans la forêt.

Erinna paraît avec sa confidente Elem. Elle est attristée par un songe terrible qui lui fait craindre pour la Gaule les plus effroyables malheurs. En effet, César triomphe, l'armée gauloise est détruite. Erinna prie les dieux de chasser l'envahisseur. Et cependant elle sent grandir en son cœur un irrésistible amour pour le vainqueur, pour César, qu'elle vit un jour et dont le souvenir la poursuit et la trouble.

Or, César lui-même a conçu pour la prêtresse une violente passion.

LE Dr PIERRE CORNEILLE

Il offre aux vaincus la paix, à la condition de choisir la prêtresse gauloise pour femme.

Les chefs gaulois acceptent ce marché. Et Ivanorick le Barde s'entend avec Elem pour provoquer une rencontre d'Erinna et de César.

En vain celui-ci cherche à persuader la prêtresse de son amour, de sa puissance ; en vain il lui offre Rome asservie et la pourpre impériale. Erinna songe à la patrie gauloise et refuse de la sacrifier à son amour.

Les conseils du grand-prêtre ne peuvent changer sa résolution, elle exhorte tout son peuple à la résistance, elle relève les courages abattus ; puis le barde, dans un élan superbe de patriotisme et d'inspiration, prédit l'avenir glorieux de la Gaule.

César a tout entendu ; il apparaît menaçant. — Pour triompher de la résistance d'Erinna, il emploiera la force. — Mais, soudain, la druidesse saisit le couteau du sacrifice, qui pend à son côté, se frappe au cœur et tombe morte aux pieds du général romain.

De chaleureux applaudissements ont accueilli l'œuvre du docteur Corneille. Les spectateurs, debout, ont frénétiquement rappelé l'auteur et les interprètes. De belles et nobles idées exprimées dans une langue poétique fleurant bon le dix-septième siècle, non sans réminiscences, — une forme classique et pure, une grande richesse de rimes, un sens dramatique indiscutable, une mise en scène habilement réglée : voilà la part d'éloges qui revient à l'auteur.

L'interprétation, d'autre part, bien qu'exclusivement confiée à des amateurs, a été très satisfaisante.

Mlle Cheminant, dans le rôle difficile et important de la prêtresse, a montré de grandes qualités de diction, de geste, d'expression scénique. Sa voix, un peu faible peut-être pour ce théâtre en plein air, a eu des accents d'une rare vérité, d'une saisissante émotion. Elle a joué en artiste, avec une aisance parfaite.

M. L. Giraudias, le barde gaulois, a été très remarqué. Il a vécu son personnage avec une délicatesse de nuances dans le débit qui lui vaut d'unanimes félicitations. Accompagné d'une harpe gauloise reconstituée pour la circonstance par M. Tolbecque, il a chanté merveilleusement le chant du barde, que le public a bissé. Il se sert avec adresse d'une jolie voix.

Les chœurs sont d'une facture harmonieuse. Les choristes, malgré quelques défaillances, ont eu un succès mérité.

M. E. Giraudias nous a donné un César fort intéressant de voix, un peu rude peut-être dans les strophes galantes, mais de belle allure.

Alkégor, le grand-prêtre, avait un grand casque et faisait, comme il convient, de grands gestes. Une voix plus grave eût été plus en rapport avec la barbe du vieux druide. Mais le rôle a été bien tenu, avec toute la solennité et l'ampleur désirables.

Elem, Mme L. G..., a mis beaucoup de grâce et de finesse dans l'interprétation ingrate du rôle de confidente d'Erinna.

En résumé, le succès a été grand et la représentation de la tragédie du Dr Corneille a donné aux fêtes des Rosières un relief éclatant.

Souhaitons ardemment le retour de manifestations semblables où le cœur s'émeut et la pensée s'élève, où l'idée patriotique grandit, où l'art triomphe enfin dans un rayonnement d'amour et de vérité.

De son côté, notre ami Jean Duc a publié, dans la *Revue de l'Ouest*, une remarquable étude sur *Erinna*, dont nous sommes heureux de reproduire l'extrait suivant :

« Erinna, prêtresse d'Hésus », tel est le nom que M. Pierre Corneille a donné à sa tragédie. Nom étrange et mystique, évocation d'une époque disparue, une époque où les forêts épaisses couvraient notre sol, où nos ancêtres, vigoureux et farouches, sacrifiaient à leurs dieux cruels des holocaustes humains sous le ciel visible, sur des autels faits de rocs géants. Par le sujet, par le style de cette tragédie, comme nous sommes loin des farces du Palais-Royal, des niaiseries des pièces à tiroir dans lesquelles les passions humaines, torturées à plaisir, ne peuvent déposer que des résidus insignifiants et puérils ! Là, tout est grand et naturel. Le décor est tel que devaient être ceux au milieu desquels se déroulaient de semblables drames. C'est un décor d'arbres vrais, de gazons réels, de cavernes que Dieu a creusées, pas de papier, pas de carton, pas de couleurs artificielles, mais le vert de la feuille vivante, le brun du tronc d'arbre brûlé par le soleil, la nuit de la terre et du ciel lorsque le jour a disparu, la clarté de l'étoile que Dieu a fixée au firmament.

Des torches éclairent vaguement la scène, mêlant ce que l'on voit à ce que l'on devine. Erinna, la prêtresse, apparaît alors toute blanche, ses cheveux blonds sur ses épaules et sur ses bras ornés d'un cercle d'or uni, sans guillochure. Sa compagne Elem est toute blanche aussi, et le grand-prêtre Alkégor est noble et majestueux dans ses vêtements à longs plis. Les druides qui le suivent marchent, s'arrêtent et se taisent, et s'ils rompent le silence, ce n'est que pour chercher, sur un motif lent et simple, à faire naître en nous une impression religieuse. Erinna parle ; son langage est un rythme noble comme elle-même. Son verbe est clair et précis, le verbe que les grands classiques mettaient dans la bouche de leurs héros et de leurs héroïnes si près des enfants et si près des dieux. Le caractère de la prêtresse s'harmonise merveilleusement avec le milieu où elle se meut, avec le langage dont elle se sert. Le caractère est simple et naturel comme le milieu et comme le langage. C'est lui qui anime la tragédie entière. La trame de cette tragédie peut tenir en quelques mots : Erinna aime César son ennemi, et elle est aimée de lui, mais elle ne lui appartiendra pas. Elle aime la Gaule et les dieux plus que César, plus qu'elle-même ; et quand le Romain, exalté par l'amour, exaspéré par la résistance, étendra les bras vers elle comme pour prendre possession de sa personne, elle se frappera d'un coup de poignard : la Gaule vaincue ne sera pas esclave !

Pour admettre la simplicité du sujet, il faut admettre la réalité du caractère d'Erinna sur lequel la pièce roule tout entière, et, pour reconnaître combien ce caractère est naturel, il faut faire abstraction de notre époque et nous reporter à celle où la prêtresse d'Hésus vivait. L'homme, dans ces temps de lutte et d'efforts purement physiques, n'était impulsé que par quelques sentiments bien saillants et bien exclusifs. Erinna, prêtresse d'Hésus et princesse gauloise, est amante des dieux et de la Gaule. Par naissance et par éducation, elle est prête à tout sacrifier, son existence elle-même, à ces deux sentiments. Ils sont si bien enracinés dans son cœur que lorsqu'un troisième se présente, il est vaincu, quelle que soit son intensité. La lutte est violente, mais elle est courte. Le caractère d'Erinna est simple et énergique : de là, plan simple et dénouement rapide de la tragédie.

Nous nous associons bien volontiers aux éloges de nos confrères, mais nous devons, nous plaçant au point de vue du théâtre populaire, formuler quelques remarques nécessaires.

Si la première représentation d'*Erinna* a eu un légitime succès devant un public composé en grande partie d'éléments lettrés et bourgeois, la seconde, donnée devant un auditoire rural, a été accueillie plus que froidement, et l'indifférence glacée du public communiquant aux interprètes un sentiment de lassitude et d'angoisse, a failli arrêter le cours de cette deuxième tentative. M. Corneille a pu se rendre compte qu'il avait fait fausse route en écrivant *pour le peuple* un drame fort intéressant en lui-même, dans la formule surannée de la tragédie classique. Notre art national, étouffé depuis trois siècles par le classicisme, sent de plus en plus le besoin de se retremper aux sources de la tradition française, que le génie populaire nous a, grâce à Dieu, conservée. Vouloir imposer au peuple une esthétique conventionnelle et incompatible avec notre tempérament national, c'est aller précisément à l'encontre des efforts qui sont tentés depuis un demi-siècle pour rendre à notre race la conscience de son individualité intellectuelle. Dans *Bonne fée* et la *Légende de Chambrille*, M. Corneille avait obéi à une inspiration plus vraie et peut-être plus désintéressée.

Dans *Erinna* on sent une préoccupation de ne localiser en rien l'action du drame. C'est là une erreur, et une erreur capitale à notre avis. Il est difficile de s'intéresser, dans une pièce à prétentions historiques, à des personnages fictifs, dont on ne retrouve dans nos annales aucune trace. Dans ce cas, le symbolisme de l'œuvre nouvelle est trop, ou pas assez accusé. D'un côté, le personnage de César est trop concret, de l'autre, celui d'Erinna trop abstrait. Il en résulte je ne sais quel déséquilibre qui gêne le spectateur. César, amoureux déclamatoire et diffus, luttant corps à corps avec un personnage mythique qui le rend en quelque sorte ridicule et traître à sa mission, c'est d'une invraisemblance par trop frappante. Nous avons en vain cherché dans *Erinna* la simplicité qu'ont bien voulu y trouver nos confrères, nous avons rencontré au contraire des caractères d'une complexité nébuleuse, et nous comprenons que l'auditoire populaire du 13 septembre se soit trouvé dérouté devant une telle énigme psychologique.

Que M. Corneille revienne donc à sa première manière, qui lui réussit si bien. Ses amis s'emploieront avec le même entrain à soigner sa réputation naissante, et il aura conservé sa place dans le groupe des apôtres de la renaissance française que son commerce avec les classiques risque de lui faire perdre.

La scène de M. Auguste Gaud a été analysée dans *l'Ouest artistique*. Nous reproduisons ce compte rendu, publié sous le pseudonyme de *La Pibole*.

La nouvelle pièce de M. Aug. Gaud : *Une Merienne chez Jacquiet-Labertuche*, a été jouée devant plus de 800 spectateurs et a obtenu un très grand succès. La scène s'élevait derrière l'Hôtel-de-Ville, sur un sol en amphithéâtre, magnifiquement disposé. A gauche, à droite, des arbres touffus, un coin du ciel bleu, en face de soi un massif de verdure. Le coup d'œil était ravissant. A droite du théâtre, un orchestre de violoneux et de clarinetteux exécutait de vieux airs poitevins, très appréciés du public. *Une Merienne chez Jacquiet-Labertuche* est une étude pittoresque et réelle de mœurs poitevines, d'une haute portée sociale, une reconstitution originale d'une scène privée de nos campagnes avec sa bonne saveur de terroir. L'auteur connaît admirablement son sujet ; il nous montre des paysans bien vivants et les tableaux qu'il fait défiler sous nos yeux sont d'une vérité saisissante. Les costumes des acteurs sont choisis avec un goût parfait et rien ne détonne dans l'ensemble. Ainsi qu'il l'a déclaré, l'auteur exalte la terre natale, en glorifiant ceux de ses fils dont le travail la féconde et la fertilise. Le sujet de la pièce est très simple, comme il convient d'ailleurs dans ce genre de littérature qui s'adresse surtout aux paysans. L'auteur a voulu représenter une merienne (méridienne en français) au Pays Mellois. Une bande de paysans (filles et garçons) précédée d'un *pibolou* (joueur de clarinette) arrive en chantant chez

le bonhomme Labertuche, afin de le prier de vouloir bien lui conter quelques histoires du temps jadis, de celles qui se disaient autrefois, à la veillée, en effeuillant le *garouil* (maïs), ou en cassant les *ealaux* (noix) pour faire de *l'heule* (huile).

Le vieux laboureur les reçoit cordialement malgré l'opposition de Jacquinet, son valet, qui trouve que *thié maudes* (gens) ont vraiment une drôle d'idée. La conversation s'engage : Labertuche s'informe de la santé de ses visiteurs, et interroge Tiennet Gripou, un type de paysan madré et fûté, sur chacun d'eux. Cette partie du dialogue est pétillante d'esprit et de malice ; il faut certainement être né dans notre Poitou et avoir vécu au milieu des paysans pour bien le comprendre. Tiennet répond aux questions du père Jacquiet et consent à lui chanter la chanson de la *Pibole*, afin de le mettre en train.

> Quand y vinguit au monde (*bis*)
> I étais pus grous que long
>   La pibole,
> I étais pu grous que long
>   Pibolon.

Les gars reprennent le refrain, et Labertuche, remué par ses vieux souvenirs, leur conte avec une bonhomie charmante, dans la vieille langue de Rabelais, le conte de la *Merlaisse blouche* (merlette blanche).

Ce conte est un petit chef-d'œuvre d'ironie narquoise et porte bien

Une Merienne chez Jacquiet-Labertuche

la marque de l'esprit poitevin. Puis l'on s'attable, l'on mange le *migeot* (pain émietté dans du vin sucré) ; ce vin que le bonhomme a récolté dans sa « veugne d'au champ de l'Oumia » (champ de l'orme), délie encore les langues et la conversation devient plus animée.

Tiennet Gripou chante encore une vieille chanson, et Jacquiet-Labertuche, à son tour, en évoquant le temps où il allait « aux champs aux bergères » et celui où il suivait ses grands bœufs pendant la *couvraille* (semailles), entonne d'une voix chevrotante la chanson de la *Chambrère* (servante).

> I étais cinq ans en condition (*bis*)
> I n'y gagnit qu'un coteuillon.
>   Lunette, luna,
>   Terpeugne, martea,
>   Fuseax mêlés,
>   Boutons dorés,
>   Pique cendreuille
>   Ton bec lurou
>   Ton bec jaloux.

Maintenant, il faut se séparer, mais Jacquiet-Labertuche invite Louichet Bernuchet, un jeune sergent d'infanterie de marine qui arrive de

Madagascar, et qui a voyagé partout (*su la tarre et su l'ève*), à lui raconter quelques histoires. Celui-ci, amoureux fervent de la terre natale, dit alors un beau poème inédit du bon poète Aug. Gaud intitulé : *Un Ancêtre*, qui remue profondément l'auditoire, empoigné par ces strophes vibrantes.

Et Labertuche, attendri, sanglotant, se jette dans les bras du jeune sergent, et dans une véhémente tirade, célèbre les vertus des fils de la Terre. Et les gars, enthousiasmés par le langage du vieux paysan, se mettent à crier avant de se séparer : Vive les paysans !

Telle est, brièvement résumée, cette scène rustique, qui a produit une profonde impression sur les spectateurs.

En résumé : représentation en juillet et en août, a Ligugé, du *Mystère de saint Martin*, du R. P. Chauvin, mystère dont quatre représentations successives n'ont pas épuisé le succès ; représentation, à La Mothe-Saint-Héray, de la tragédie de M. Pierre Corneille ; représentation, à Chef-Boutonne, de la scène rustique de M. Aug. Gaud : tel est le bilan, pour 1898, du théâtre populaire poitevin.

L'année prochaine ne le cédera en rien à son aînée. A Salbert, à Melle, à Lusignan, à Poitiers, à Fontenay, à Saintes, à Niort, des projets sont à l'étude. Aux auteurs déjà cités s'ajouteront les noms de notre ami Constant Roy, qui prépare activement sa *Mélusine* ; de M. Métivier, le délicieux patoisant, qui se préoccupe d'adapter au *plein air* son chef-d'œuvre : *Les Poitevins de d'aut fait* ; de M. Henri Clouzot, l'auteur applaudi du *Sillon*, dont le *Mystère de sainte Macrine* ne peut manquer d'exciter un vif intérêt.

Nous pouvons dire qu'aucune région en France ne manifeste actuellement une pareille activité intellectuelle. Aussi croyons-être bon prophète en affirmant que, dans le tournoi qui se prépare à l'Exposition de 1900 entre les provinces françaises, notre Poitou a toutes les chances pour conquérir la place d'honneur.

GUSTAVE BOUCHER.

Chansons et Rondes

JARNI PERROT

Jarni Perrot, quem't'a l'air brave !
Quem't'a un air émerlliaudé !
L'avour ven-tu d'pis qu'té bougé ?
Dis me donc c'que t'a vu de rale ?
Té bé ma foué pu dégourdi
Depus qu't'as quitté le païs.

J'vin d'Bordea, me n'ami Biaze,
Ié vu la mer et le véssea ;
O l'ai bé qu'q'chouse de bea
De vaïre dos mésons sur l'ève,
O fait dos bonds, o fait dos saoûts,
O va pu vit'que dos chevaoux.

Et dis me donc, me n'ami Biaze,
Qué to qu'o laïe thieu qu'un vessea !
A to une taïte, a t'o dos pés ?
A to dos jons queme nous aoutres ?
A to dos jombes, a to dos bras ?
Ou bé vol'to qu'em'dos oseas ?

Oh ! que té sot, mon pouvre Biaze,
D'pas savaïe c'qu'olé qu'un vessea :
O let un grand coffre de boaïe,
Que le mettant balaïe sur l'ève,
O la d'la telle et dos buchats,
Le vent o buff" et pis o vat.

Jarni Perrot, s'tavaïe té brave,
T'en araïe ben apporté iun ;
L'ariant fait vaïre à nos vouézins,
A tous les gas do vouésinage :
I l'arions bé fait permené
Su la mare à Monsieu l'thiuré.

●●●

EN M'Y REVENANT DE NEUVILLE

(Se chante sur le même air que la précédente)

En m'y revenant de Neuville,
I m'envenit de vers Poitaï,
Ill disiant que dans thio quartay
O iavait une tant jolie ville
I v'laie bé var la ville,   [chaïe.
Mais les mouésons m'n'ont empé-

I avisit un grand homme de piarre
Tout au mitant d'un grand quéréa ;
L'disiant quo l'était noutre réa,
Thiau qui fésait si ben la guerre ;
I l'y boutrit bé man chapéa,
Ille n'me regardit o seur'ment pas.

I arrivit qu'o iavait grand praïsse
Dans un' église lavour ientrit ;
Ill étiant bé thi neuf ou bé dix
Thï débagouillont la grand maïsse ;
I croyait qu'o s'rait bétout fouet,
Do diable thi thieu finissait !

Ill'aviont pendu per do ficelles
Queme dos réchaux thi fumiant,
C'que dans un p'tit pot ill' preniant
O. fasait fumaïe que d'pus belle ;
Si n'avaïe ja pris garde à maïe,
Ill' mos ariant foutu par le naïe.

Ill aviant tretous su los échines
Dos mantias d'or thi terluisiont ;
Les grands bonnets qui le' couelliant
Sembliait à dos bournaïes d'abeuilles ;
I crayait que d'maïe ill s'moquiont,
A tout moument ill s'découaïlliant.

Per mé besins, ne vous dépièse,
I sortis l'premaïe de tertous.
Un soudard me d'mandit cinq sous,
Pr'avaïe pissé le long d'l'église ;
Preniit mes deux jombes à mon cou
I m'énanit pissaïe chez nous.

✳ ✳ ✳

PR' IN JOUR DE FOUERE A SAINTREMOYE

Pr' in jour de fouëre à Saintremoye,
Ma rose a tombit dans la danse,   [(*bis*)
O gué lon la liroulalire !
O gué lon la liroulala !

Ma rose a tombit dans la danse (*bis*)
Un bea mounaïe l'a ramassaïe.

O gué.

Un bea mounaïe l'a ramassaïe (*bis*)
Mounaïe, Mounaïe, rend mé ma rose.

O gué.

Non, i n'te rendré pas ta rose (*bis*)
Que tu maïe trois foués embrassaïe.

O gué.

Que tu maïe trois foués embrassaïe,
Tu m'araies tout enfarinaïe.   [(*bis*)

O gué.

Tu m'araies tout enfarinaïe, (*bis*)
I t'araie ben époussetaïe.

O gué.

I t'araie ben époussetaïe (*bis*)
Avec une brousse doraïe.

O gué.

Avec une brousse doraïe (*bis*)
Thié dans mon coffre renfermaïe.

O gué.

Thié dans mon coffre renfermaïe,
La serrure en est argentaïe.   [(*bis*)

O gué.

Chanté par M. Macé, instituteur en retraite à Ligugé.

Fêtes Emile Du Tiers

LE dimanche 16 octobre, la municipalité d'Échiré (Deux-Sèvres) avait organisé une fête littéraire et ethnographique, à l'occasion de l'inauguration du médaillon du poète Emile Du Tiers, à la maison d'école. La part prise à cette solennité par le comité d'Ethnographie et d'Art populaire nous fait un devoir d'emprunter à notre confrère, *le Mémorial des Deux-Sèvres*, le compte rendu suivant. Nous le complétons par une étude de notre ami et collaborateur M. Gabriel Coussol, sur le poète, paru dans le dernier numéro du *Courrier mensuel*.

Nous avons assisté dimanche, à Echiré, à une fête profondément touchante et réconfortante à la fois. Il s'agissait, on le sait, de l'inauguration du médaillon en bronze d'Emile Du Tiers, que le comité niortais de la Société d'Ethnographie nationale et

Visions rustiques, sauf de très rares exceptions, avaient répondu à l'appel des organisateurs ; c'est pourquoi, au milieu de toute la population d'Echiré et des environs accourue pour s'associer au pieux hommage qu'on allait rendre à celui qui avait laissé un souvenir si profond dans le pays, nous avons remarqué un grand nomdre de personnes de Niort et d'ailleurs. Citons au hasard : MM. Th. Léaud, Giraudias, Ducret, Constant Roy, docteur Corneille, Gustave Boucher, docteur Ricochon, Disleau, Auguste Gaud, de Parny, Henri Clouzot, Fontanel. Un certain nombre de dames avaient tenu à assister à la fête. La famille était représentée par Mme de Monterban, sœur d'Emile Du Tiers, M. de Monterban et leurs enfants.

A l'entrée du jardin de l'école, en face d'une large allée aboutissant à l'entrée de l'édifice au-dessus de la porte duquel avait été fixé le médaillon du poète entouré d'une large couronne de lauriers, une sorte de petite tribune avait été dressée. La foule prit place vers trois heures autour de cette tribune, tandis que les enfants des écoles s'étaient massés de chaque côté de l'allée.

A trois heures et demie, M. Delphin Sagot, maire, a ouvert la séance. Après quelques mots de remerciements à tous ceux qui étaient venus s'associer à cette belle fête, il a donné la parole à M. Th. Léaud, président du comité niortais de la Société d'Ethnographie et d'Art populaire. Celui-ci, au nom de son comité, a offert à la commune d'Echiré le médaillon d'Emile Du Tiers, ainsi que cent exemplaires, destinés aux écoles, de la nouvelle édition populaire des *Visions rustiques* que vient de publier le comité Poitou-Charentes d'Ethnographie et d'Art populaire. Il a ensuite, dans une de ces improvisations charmantes dont il a le secret, fait l'éloge d'Emile Du Tiers, puis celui de

Phot. Jules-Hélie.

LES LAURÉATES DU CONCOURS DE COSTUME. — Échiré, 16 octobre 1898.

d'Art populaire offrait à la commune d'Echiré pour être scellé dans la façade de l'école. Tous les amis du doux poète des

M. de Monterban, auteur du médaillon, dont le talent, guidé par une affection pieuse, a su réaliser une véritable œuvre d'art.

M. Th. Léaud a terminé en remerciant le maire d'Echiré, les poètes poitevins qui allaient se faire entendre et toute l'assistance venue pour honorer la mémoire d'Emile Du Tiers. La foule a longuement applaudi l'orateur, et une gracieuse fillette est venue lui offrir un superbe bouquet.

M. Delphin Sagot a répondu à M. Th. Léaud en ces termes :

Mesdames, Messieurs,

Au nom du conseil municipal, au nom de la commune tout entière, j'accepte avec un sentiment de profonde reconnaissance l'offrande inestimable de la Société d'Ethnographie nationale et d'Art populaire — que je salue — et dont M. Léaud s'est fait l'éloquent et sympathique interprète.

Perpétuer par le bronze qui orne à jamais les murs de notre école le souvenir d'Emile du Tiers, convier notre jeunesse à graver dans son esprit et dans son cœur les beaux vers de ses *Visions rustiques*, c'est une bonne, c'est une utile pensée.

Bonne, parce que rien n'est meilleur que de garder pieusement en nous la mémoire de nos bons, de nos vrais amis.

Utile, parce qu'à côté, parce qu'au-dessus des beautés de forme qu'on admire dans l'œuvre de notre poète aimé, plane, parfois voilée, mais visible toujours, une idée sainement éducatrice.

N'a-t-il pas, en effet, le chantre ému de notre Sèvre aux bords fleuris, du vieux Salbart et des jeunes moissons, le poète enthousiaste des lavandières et des coiffes blanches, n'a-t-il pas, — ciselant en strophes superbes et dans une langue impeccable sa pensée intime, — n'a-t-il pas dit à nos jeunes gens que parfois hante le vague désir des fugues décevantes :

« Paysan, aime toujours le sol qui t'a vu naître, reste-lui fermement attaché ; garde-toi des aventures que suggère l'ambition folle. Le bonheur n'est pas là-bas,.. il est au pays. Il est dans la chaumière où tu as grandi, où tes sœurs travaillent, où mourut ta mère ; il est aux champs que ton père acquit et paya de ses sueurs, ennoblissant ainsi son labeur quotidien ; aux champs qui virent, à l'aube naissante de ta prime jeune jeunesse, tes premiers triomphes de laboureur habile ; aux champs que, jalousement, tu dois garder à ton tour, en fils respectueux de l'œuvre paternelle. Ne les dédaigne pas. Et si quelque chose manque à ton imagination inquiète, eh bien ! cherche, invente, agrandis, améliore ! Autour de toi, en toi surtout, la matière ne manque pas. Cherche, et tu trouveras ici sans doute ce qui, là-bas... te fuirait peut-être.

« Ouvre ton œil aux splendeurs qui t'entourent, mais qu'aveugle encore, tu sembles ignorer. Ouvre ton âme aux idées généreuses, ton cœur aux aspirations fraternelles, ton esprit aux suggestions hardies d'une culture plus haute.

« Vaillant, robuste, patient, travailleur infatigable et loyal, et brave, tu es tout cela. Nulle épreuve ne t'effraie, nul effort n'est au-dessus de ton courage. Que te faut-il encore ? Un peu d'amour de la science, un peu d'amour de l'art, un peu d'initiative et de volonté saines. Acquiers-les. La tâche, pour toi naguère insurmontable, est désormais facile. N'as-tu pas, pour t'y aider, le dévouement absolu et le talent éprouvé des maîtres de nos écoles ? Ce qu'ils ont fait déjà n'est-il pas un gage de ce qu'ils peuvent faire encore ? Et quand tu l'auras accomplie, cette tâche, quand tu seras au but, tu te sentiras meilleur, plus grand, plus noble. C'est qu'alors tu seras le vrai citoyen : dévoué, utile, fidèle à ton pays, fidèle à la petite comme à la grande Patrie, et toujours, toujours en toi grandira ce que j'ai voulu te mettre au cœur :

Le simple amour des champs et des horizons bleus. »

Cette très belle allocution a été fréquemment interrompue par les bravos de l'assistance.

M. Jubien, instituteur, a pris la parole à son tour. Dans un langage aussi touchant que simple, il a dit combien il était fier de l'honneur qu'on venait de lui faire en lui confiant la garde du médaillon d'Emile Du Tiers. Evoquant des souvenirs personnels, il a rappelé que le bon poète, en mainte occasion, avait été son auxiliaire précieux dans l'éducation de ces enfants qu'il aimait tant. « Cher poète, s'est-il écrié en terminant, soyez content ; désormais vos vers chanteront dans le cœur des enfants de ce pays qui vous fut si cher. » Et se tournant vers ses élèves, il a ajouté : « Enfants, vous garderez le souvenir de cette fête qui est un peu la vôtre. »

Ici s'est placé un incident qui a vivement ému l'assistance : M. Raymond, un fidèle serviteur de la famille Du Tiers, qui pendant vingt-cinq ans vécut auprès du poète et assista à ses derniers moments, a voulu à son tour faire l'éloge de son maître. Il l'a fait avec un rare bonheur d'expression, non pas comme on dit une leçon apprise, mais comme on laisse parler le cœur avec cette force et cette netteté que donne au langage une conviction profonde. Il a eu peur, ce dévoué serviteur, qu'en ce jour où l'on glorifiait son maître aimé, on ne dise pas de lui tout le bien qu'il avait mérité qu'on en connût, et il a apporté le témoignage des humbles, des petits, qui n'eurent jamais recours en vain à Emile Du Tiers, dont la porte leur avait été toujours ouverte. La foule, très émue, a montré par ses applaudissements combien elle s'associait aux paroles de M. Raymond.

Des chœurs composés des enfants des écoles et d'un groupe de jeunes filles chantèrent ensuite une des plus jolies pièces des *Visions rustiques*, « Remembrance », mise en musique par M. Ducret. Ce morceau, d'une très gracieuse inspiration musicale, a été très applaudi.

Après ce morceau, la foule s'est formée en cortège et a défilé lentement, tête nue, devant le médaillon du poète.

Elle s'est rendue ensuite dans la vaste cour de l'école, agréablement ombragée de beaux tilleuls, où elle a assisté à un très intéressant concours de costumes auquel une vingtaine de jeunes filles ont pris part. Les concurrentes étaient charmantes, et nous comprenons l'embarras qu'a dû éprouver le jury, composé de dames, pour décerner les récompenses. Celui-ci néanmoins a rendu le jugement suivant : *Crécboises*, premier prix, Mlle Marguerite Giraud ; deuxième prix, Mlle Amélie Juin ; troisième prix, Mlle Lucie Jamet ; mentions : Mlles Louise Alix, Eugénie Gazeau, Adèle Braud, Berthe Seigné. *Paysannes*, premier prix, Mlle Alida Boucher ; deuxième prix, Mlle Louise Ouvrard ; troisième prix, Mlle Adélina Fleury ; quatrième prix, Mlle Christine Chapenoir ; mentions : Mlles Joséphine Passebon, Azimia Cail, Juliette David, Germaine Poplineau, Alida Rochefort, Clarisse Bouin, Louise Bergeron, Mélina Barbaud, Lucie Raison.

Aussitôt après la proclamation des prix a commencé la fête littéraire, et pendant près d'une heure nous avons été charmés par la lecture de poésies inédites dédiées à la mémoire d'Emile Du Tiers. M. Auguste Gaud a dit des *Stances* ; M. Jean Philippe a lu d'abord une poésie de M. Caillon, empêché de venir à la fête, intitulée *Salbart*, et déclamé ensuite une poésie de sa composition, *Pour le cinquantenaire* ; M. Pierre Corneille a dit *Souvenance*, et M. Giraudias un sonnet, *Visions rustiques*.

Ces différents morceaux ont été entrecoupés de chœurs exécutés par les enfants des écoles dirigées par Mlles Aimé et Landreau, deux maîtresses aussi intelligentes que dévouées, et par des récitations de poésies d'Emile Du Tiers par Mlles Louise Magnien, Marie-Louise Coirier, Madeleine Rivault, Berthe Seigné et par MM. Baptiste Cail et Rivaud.

A six heures, un banquet fort bien servi réunissait une centaine de convives autour de tables dressées dans une des salles de l'école.

Au dessert, M. Delphin Sagot a porté le toast suivant :

Mesdames, Messieurs,

L'honneur de présider ce banquet m'étant échu, dois-je y porter un toast ? — Peut-être.

Mais ce que je sais bien, c'est que j'ai tout d'abord un premier devoir à remplir, et je ne veux pas y manquer.

J'adresse donc à vous tous, mais tout d'abord aux membres de la Société d'Ethnographie et particulièrement aux poètes à cette pléiade poitevine qui, des rives de la Boutonne aux sources de la Sèvre, est accourue pour chanter, en ce jour inoubliable, les vertus de notre poète à nous, paysans d'Echiré, j'adresse mes plus vifs, mes plus chauds remerciements.

Je remercie M. Ducret, dont le beau talent exprime en belle et saisissante musique la touchante pensée du poète. Oui, nous nous souviendrons !

Et vous m'en voudriez, je pense — et quant à moi je m'en voudrais sûrement — si j'omettais dans nos remerciements la part, grande entre toutes, qui revient à nos instituteurs, à nos vaillantes institutrices, dont j'excuse à cette heure l'absence involontaire, ainsi qu'aux élèves de nos écoles.

Je veux aussi remercier nos artistes amateurs locaux. N'ont-ils pas prouvé — et plus d'une fois — que le sentiment de l'art pouvait germer sous la pantine et dans nos « sillons »?

Et enfin, merci, Mesdemoiselles, merci à vous dont le zèle, la bonne volonté, l'enthousiasme ont assuré le succès, de ce beau jour en apportant à la fête le concours si précieux de votre gracieuse et charmante jeunesse.

Et maintenant, oui, je vois qu'il me faut porter un toast : je lève mon verre en l'honneur, à la mémoire du bon ami, de l'homme dont nous fêtons aujourd'hui l'œuvre vivante et forte, à la mémoire d'Emile du Tiers.

Après ce toast très applaudi, M. Auguste Gaud, dans une belle improvisation, a levé son verre aux paysans du Poitou. M. Gustave Boucher, dans une courte et charmante allocution, où il a finement établi la distinction entre ce qu'il appelle le véritable régionalisme et la décentralisation dans le mauvais sens du mot, a bu aux poètes poitevins et aux vraies traditions. M. le docteur Pech, d'Echiré, a dit une jolie poésie dédiée à Emile Du Tiers. Enfin, M. le docteur Ricochon a tenu tous les convives sous le charme d'une parole élégante et facile, et a rappelé des souvenirs de jeunesse auxquels s'est trouvé mêlé son ami Emile Du Tiers. Sur la prière de l'assistance, il a terminé son improvisation en disant une très belle poésie qu'il a dédiée à Emile Du Tiers au déclin de sa vie, et qui lui valut, sous la forme d'une lettre bien touchante, le dernier souvenir de son ami mourant.

Ainsi a pris fin cette journée qui a été une belle fête littéraire en même temps qu'une fête du souvenir, et dont tout le monde a rapporté une impression profonde et durable.

LES HOMMES ET LES ŒUVRES

ÉMILE DU TIERS

POÈTE NIORTAIS

Jacques-Pascal-Emile Corderoy Du Tiers naquit à Niort le 14 octobre 1848. Il fit de bonnes études au lycée de cette ville, puis prépara sa licence ès lettres. La littérature l'attirait, mais il dut momentanément y renoncer. L'éclosion tardive de ses rêves a bien montré qu'il y avait en lui l'étoffe d'un littérateur. La guerre éclata et vint interrompre ses études. Il partit avec les mobiles des Deux-Sèvres et fit vaillamment son devoir de citoyen. Il fut fait prisonnier vers la fin de la campagne et interné en Prusse. Lorsqu'il fut revenu de captivité, il retourna à Paris pour achever ses études de droit. Il vint ensuite s'établir à Niort comme avocat; tous ceux qui le connurent alors sont unanimes à se rappeler sa haute science du droit, le charme et la chaleur de sa parole bien faite pour enthousiasmer les foules. Ses collègues du barreau, qui l'estimaient, le nommèrent bâtonnier de l'ordre, malgré son jeune âge, tandis que ses concitoyens l'envoyaient siéger au conseil municipal comme républicain. Il continuait à faire du journalisme, et ayant été quelque temps imbu des idées boulangistes, il revint vite de son erreur et le reconnut franchement; il se retira, un sourire amer et déçu aux lèvres, un dégoût profond dans le cœur.

En 1885, il fut nommé juge au tribunal de La Roche-sur-Yon. Mais sa santé affaiblie le contraignit à résigner ses fonctions au bout de peu de temps. Alors, adieu la politique, adieu les discussions juridiques, l'ambition d'un sort élevé, ou l'espoir d'une brillante position universitaire; déjà rongé par le mal implacable qui devait le terrasser, il abandonne tout, pour se livrer entièrement à son culte déjà ancien pour la divine poésie,

qui sera désormais sa consolatrice dans sa peine, sa seule raison de vivre. De gai et jovial qu'il était auparavant, il devient alors sombre et rêveur; son corps est brisé, sa pensée se tend, son imagination s'exalte, s'échauffe à la poursuite de l'idéal, il devient tout à fait poète. En 1889, il publie ses premiers vers dans *Niort-Artiste*; ils donnèrent de belles espérances. C'étaient cependant les premiers essais d'un timide. En 1890, il commença à se montrer sous la forme d'un volume : *Promenades sans but*; il est spirituellement et amicalement dédié à la Sèvre Niortaise, la rivière qui eut ses premières et ses dernières amours.

> La Sèvre où se mira *son enfance envolée*,
> . . . .
> ... Qu'il aima comme on aime
> Ce que l'on a peuplé de ses rêves d'enfant...

Le titre du volume dit assez l'indécision du poète sur la route qu'il doit suivre. Il n'a que le mérite de la sincérité et de la volonté. En 1892, paraissent : *Jours perdus*, dédiés à la mémoire de Jules Sandeau, le maître, presque un ami, encore un amant de la Sèvre et du Clain, qui habita Niort souvent. Ce second volume est un peu plus considérable, il indique mieux la direction que prend son auteur, l'esprit en est plus net et le genre a un peu plus d'originalité. Le titre cependant indique bien une sorte de déception, de lassitude de la vie, qui fait du poète un être meurtri, qui se laisse aller au courant des choses, insoucieusement.

Une petite plaquette toute frêle que nous feuilletons ensuite se compose d'une douzaine de sonnets dédiés exclusivement à des amis pris parmi les fervents de l'art et de la littérature : Paul Verlaine, Auguste Tolbecque, le musicien; Combe-Velluet, peintre; Jean Philippe, poète; Arthur Ducret, compositeur; Eugène Thebault, le poète des champs; Léon Philouze, publiciste; Ch. Escudier, peintre; Ernest Vivien, professeur, chroniqueur; Louis Germain, peintre; Désiré Rittberger, violoniste, et Henri Clouzot, le jeune et fécond écrivain.

Cette plaquette est d'une grande importance dans la vie de notre poète; *Silhouettes rimées* marque un arrêt et un départ. Sa route est tracée maintenant, bien nettement, et il n'en sortira plus, dans sa course vers le beau.

Derniers Sillons et *Pulvis* paraissent ensuite. Le premier de ces volumes est dédié à Sully-Prudhomme, le maître préféré du poète; il en fut remercié par une charmante lettre; *Pulvis* est offert à l'impeccable poète des *Trophées*, José-Maria de Hérédia. La sensibilité du poète s'est émoussée, son sens de l'art s'est affiné, sa langue s'est épurée, son imagination est plus colorée, l'on peut juger de son talent à son entier développement. Sa personnalité se dégage plus nette et plus précise.

Enfin en 1896, aussitôt après l'inauguration du Congrès ethnographique de Niort, Du Tiers publia ses *Visions rustiques*, que la Société d'Ethnographie vient de rééditer, avec un beau portrait de lui, tel que celui placé en tête de cet article, d'une ressemblance frappante, et exécuté par l'habile sculpteur, son beau-frère, M. de Monterban. Les *Visions rustiques* sont dédiées à André Theuriet, qui y a ajouté une lettre liminaire. Tout son talent poétique s'affirmait dès lors avec une maîtrise incontestable. Il devait être arrêté dans sa course ascensionnelle vers l'idéal, par la mort. En 1895, ses amis fêtaient intimement ses palmes académiques venues bien tard. Le 13 juin 1897, la Société d'Ethnographie nationale prit l'initiative d'honorer publiquement le chantre enthousiaste des *Visions rustiques*. L'on organisa une charmante fête littéraire dans les ruines du château Salbart, près Niort. La représentation de *Bonne Fée*, de M. le docteur Corneille, fut la principale attraction de cette journée. L'auteur avait eu l'inspiration heureuse pour cette pastorale et elle eut un succès justement mérité. Quelques poètes du cru prêtèrent à cette manifestation leur concours très goûté. Pendant ce temps le pauvre poète traînait les derniers jours de sa douloureuse existence. Ce fut comme un rayon de soleil qui vint inonder son cœur de joie. Il remercia les organisateurs de cette fête dans une lettre bien belle, bien touchante, qui peut être regardée comme son testament littéraire. Un mois après, le 28 juillet, il s'éteignait doucement ; son âme s'envolait vers Dieu, dans des régions qu'il avait rêvées ; cet homme, qui fut un temps de sa vie quelque peu sceptique et frondeur, mourait réconcilié avec Dieu. Le samedi 31 juillet, par un temps assez gris, peu de monde suivait sa dépouille mortelle, mais on peut dire que ce peu formait un groupe de fidèles et sincères amis.

Je viens de relire les œuvres d'Emile Du Tiers, pas bien considérables — six petits volumes — et une nouvelle sympathie pour lui, un sens plus complet de ses qualités sont nés en moi. Je me figure le pauvre poète marchant sur le dur chemin de la vie, courbé par ses réalités, mais l'âme élevée par ses rêves. J'aurais voulu suivre le rêveur, le « visionnaire », comme il s'est appelé, de vision en vision, coup d'aile par coup d'aile ; mais dans ce court article, il m'est impossible de suivre ses rêves dans leur chrysalide, depuis l'éclosion jusqu'à l'épanouissement complet, près du lumineux soleil. Disons simplement de lui ce qui peut bien le faire connaître et le faire aimer : il était profondément sincère, ému, délicat, brillant, philosophe, ayant un grand souci de son art. Détail singulier, digne d'être retenu : il ne fit de vraie poésie que vers sa quarantième année, alors que son énergie physique s'amoindrissant, toutes les forces de son être semblaient se réfugier en son cerveau.

Ajoutons, à son honneur, que les qualités de l'esprit étaient chez lui bien complétées par celles du cœur, car il avait en apanage la douceur, la franchise, la loyauté, la bonté, qui lui avaient attiré de nombreuses amitiés.

Nous n'en voulons prendre pour preuve que la réussite de la fête commémorative du 16 octobre dernier. On inaugurait alors à Echiré, près Niort, le médaillon du poète posé à la maison d'école. Fête touchante et pieuse qui avait attiré une foule considérable de citadins et de campagnards. De beaux vers ont été dits à sa gloire par M. le docteur Corneille, M. Jean Philippe, M. Auguste Gaud, etc. Et les enfants des écoles ont chanté en chœur ses poésies, réalisation d'un vœu qui lui fut très cher. Des toasts ont été portés le soir, au banquet, par MM. Corneille, Sagot, Gaud, Boucher et Ricochon.

Nous apprenons qu'un comité est en formation pour l'érection d'un buste à Emile Du Tiers dans l'un des coins verdoyants du jardin public de Niort. La ville s'honorera en rendant hommage à la mémoire de l'un de ses plus illustres enfants.

GABRIEL COUSSOL.

ETHNOGRAPHIE — FOLK-LORE

Les Coiffes poitevines

COLLECTION DE LA SOCIÉTÉ DU COSTUME POITEVIN

(Suite et fin)

Septième vitrine

A part une *gâtinelle*, hors série, la septième vitrine est consacrée aux coiffes de Pornic et de l'île de Ré.

La rétaise ancienne était très vaste, moins élargie que la marandaise, mais plus haute, et avec quatre arceaux sur les côtés. Le

Vitrine 7

bonnet adopté aujourd'hui dans l'île de Ré, avec sa forme presque cubique, n'a qu'une analogie assez lointaine avec la coiffe antérieure.

La même chose s'est passée à Pornic. En voyant le simple et léger bonnet, fort peu différent de celui des Maraîchines, que portent actuellement les jeunes Pornicaises, on se douterait difficilement des dimensions et de la richesse des coiffes anciennes de Pornic.

Nous en avons recueilli trois formes, qui répondent à la coiffe de mariée et des grandes fêtes, à la coiffe ordinaire, et au deuil. Le corps de ces coiffes est quasi cylindrique, avec des pendentifs variés, rattachant inférieurement l'entrée et l'extrémité du bonnet. Dans la coiffe la plus ordinaire, le bonnet proprement dit laisse transparaître une passe teintée de bleu. La coiffe de deuil est accompagnée de larges ailes blanches, contournant en arrière le cou et les épaules.

Huitième vitrine

L'élégante créchoise qui s'y trouve se rapporte aux types déjà rencontrés dans la première vitrine. Les autres coiffes sont spéciales à la ville de Niort.

Les diverses formes de la *grisette*, actuellement portée par une centaine de femmes d'âge avancé, y sont toutes représentées. C'est d'abord le bonnet rond, coiffe de tous les jours, qui n'a de *rond* que son entrée, le fond étant aplati en arrière dans l'espace libre entre les ailes. La *rochelaise*, plus riche de tissu, diffère surtout du *bonnet rond* par le fond, maintenu bouffant à l'aide de trois arcelets en laiton argenté. La grisette à *pans volants*, qui se fait de plus en plus rare, était une coiffe de gala, et la *coiffe à cornes* n'est autre chose qu'une modification de la précédente, dont les pans, relevés en dessus du bonnet, forment aux angles deux saillies ou *cornes*.

Les photographies, les portraits à l'huile, les pastels et gravures représentant des grisettes, très nombreux dans les deux salles consacrées à l'Exposition particulière de la Société du Costume poitevin, montrent la richesse et la variété de cette ancienne et superbe coiffe niortaise, que le siècle prochain ne connaîtra plus.

A côté des amples et majestueuses grisettes, on peut voir des

**Vitrine 8

spécimens de ce *bonnet Jamain* qui, après avoir été porté exclusivement, dans l'origine, par la petite bourgeoisie des villes, avait fini par tomber peu à peu dans le domaine commun, se modifiant et se déformant parfois sur la tête des commerçantes et des ouvrières.

On trouve également dans cette vitrine, à côté d'un bonnet d'enfant des environs de Niort, trois spécimens des anciens fonds de bonnets matelassés et piqués, sur lesquels les grisettes montaient leurs coiffes. Ils sont ornés de curieux dessins, formés de points noués, et que toutes les formes de la *grisette* laissaient transparaître en arrière au travers des mousselines ou des tulles. La confection et l'ornementation de ces bonnets constituaient une industrie locale assez prospère, qui, naturellement, a disparu.

Vitrine supplémentaire

Les huit vitrines précédentes contiennent la presque totalité des coiffes du Poitou et d'une partie des Charentes. Il s'y trouve même quelques bonnets des régions circonvoisines, destinés surtout à fournir des termes de comparaison.

Le musée du Costume poitevin s'étant enrichi de quelques types nouveaux depuis l'exposition ethnographique, nous reproduisons, en une planche supplémentaire, les coiffes récemment acquises. Si l'on va de haut en bas, et, dans chaque rangée, de gauche à droite, on trouvera : 1° Une coiffe élégante, quoique assez ancienne, de Lencloître (Vienne) ; 2° un bonnet du Châtelleraudais, de forme très voisine ; 3° une coiffe bretonne de Guéméné (Morbihan), offrant avec nos béguins poitevins une certaine analogie, en ce sens qu'elle présente un bâti ferme, et peut se transporter d'un bloc, alors que la

Vitrine supplémentaire

plupart des bonnets bretons, formés de pièces flottantes, ne prennent figure de coiffe qu'après que les pièces diverses ont été réunies et juxtaposées sur la tête même de la personne qui les porte ; 4° la coiffe d'Adriers, canton de l'Ile-Jourdain (Vienne), à fond aplati et élargi, légèrement anguleux au sommet ; 5° un bonnet de La Trimouille (Vienne), d'une seule pièce, avec nœud de rubans à la partie postérieure, et qui paraît n'être qu'une modification locale, très peu accentuée du reste, du banal petit bonnet rond que les servantes ont adopté comme coiffe de travail dans tout le Poitou ; 6° une coiffe de deuil, forme ancienne, de La Châtaigneraie (Vendée), avec pourtour circonscrit, dans la région médiane, par un léger liséré noir.

Henri Gelin.

𓇽𓇽𓇽𓇽𓇽𓇽𓇽𓇽𓇽𓇽𓇽𓇽𓇽𓇽𓇽𓇽

Légendes et Superstitions

Mrelusine et Py-Chabot. — Nous avons fait allusion, dans une précédente étude, aux déformations satiriques ou macabres que la légende de Mélusine avait à la longue subies dans l'imagination populaire.

Nous recueillerons avec reconnaissance toutes les communications que nos correspondants voudront bien nous faire sur ce sujet.

Le récit populaire que nous donnons aujourd'hui fut recueilli à Fontenay, sous la première République, et reproduit par M. B. Fillon[1].

C. R.

Le borgne de Py-Chabot, l'âme damnée de la Grand'Dent, a enlevé la fille de Tribault le manchot, vieillard privé du bras droit perdu à la guerre, ce qui le met hors d'état de tirer vengeance d'un tel affront. Dans sa détresse, l'infortuné père implore le secours du roi, alors occupé à rosser les Anglais dans le voisinage. Saint Louis accourt sans plus tarder, mais le borgne trouve asile avec sa proie dans le château de Fontenay, dont le siège est immédiatement entrepris et poussé avec tant de vigueur que le chevalier manchot, à la tête de mille bons compagnons, pénètre le troisième jour dans la forteresse. Déjà les cris de victoire se font entendre, déjà la porte du donjon cède sous l'effort des assaillants, lorsque à leurs yeux étonnés la Mrelusine s'élève dans les airs à califourchon sur une *acouette*[2], emportant en croupe son terrible fils Py-Chabot, sa captive, les sept cent quatre-vingt-dix-neuf gibiers de potence qui défendaient la place, et un gros matou noir fort occupé à *ressouner*[3] d'un moineau venu trop près de sa griffe. L'acouette rapide comme l'*éloise*[4] franchit coteaux, bois et ravines et va déposer sa charge sur la motte de Vouvent, où Mrelusine se hâte de ramasser dans son devanteau de mousseline une dornée de pierres dont elle bâtit plus bas en virant la main la grosse tour « *pr' y caller sans bourder tot le drigail qu'a traînait dare lé*[5] ».

A peine la porte est-elle fermée sur le dernier payen ayant le chat à ses trousses qu'on voit arriver le roi à bride abattue. Mieux édifié cette fois sur l'espèce d'ennemis qu'il a à combattre, il fait signe à l'armée de s'arrêter. Suivi d'un seul moine avec son bénitier, il s'avance à la portée du trait, saisit le goupillon et sa forte main lance une telle quantité d'eau bénite, qu'elle retombe en pluie sur la tour, qui s'écroule incontinent et laisse à sa merci hommes et choses, armes et bagages, y compris l'endiablé matou. Quant à la fée, dans la frayeur des brûlures de l'eau bénite, elle entr'ouvre du talon la terre et va sortir à la Fumerie de Jazeneuil[6], à treize lieues de là, sous la chaise de Catuche la revêche, qui dormait en triant des mojettes au nez de son voisin Michâ. Le choc est si rude qu'il envoie la vieille, avant de retomber à la même place à côté de son jadeau, passer par-dessus la lune, où elle laisse échapper de sa main dans un champ labouré quatre mojettes qui fournissent l'espèce à ce pays réduit jusqu'alors à la gesse de Saintonge et au pois limousin, dont se nourrissent les gorets maigres et les habitants de Bourneau.

Le borgne est pendu au chène de la Grand'Rhée comme s'il

---

1. *Poitou et Vendée*; Fontenay-le-Comte, 27-28.
2. Manche à balai.
3. Dîner.
4. Éclair.
5. Pour y mettre sans tarder toute la bande qu'elle traînait derrière elle.
6. La ferme de la Funerie, changement d'm en n.

était Jacques-Bonhommet, le meunier de Pilorge; le chat noir est brûlé vif devant l'église de Vouvent; les sept cent quatre-vingt-dix-neuf payens sont livrés aux grolles[1], et la Grand'Dent, que sa qualité de cousin du roi protège, se met en route, sous l'habit de moine, pour Jérusalem, afin d'y demander à Dieu pardon de ses méfaits.

La jeune beauté, cause première de tant de bruit et de tant de combats, épouse le lendemain Gilles Mussaprès, le plus beau garçon du Poitou.

Depuis cette aventure, Mrelusine a cessé de hanter ses anciens domaines, et Mervent, Vouvent et Lusignan se sont allés en devallant.

(Cité par M. B. Fillon.)

La possession chez les animaux; le Timbre aux Chats. — Certains animaux sont possédés du diable à périodes déterminées. Le soir du carnaval, ce sont les chats qui se réunissent à l'Ormeau Robinet, nœud de routes plus connu sous le nom de Timbre aux Chats, parce qu'il y a dans cet endroit pour l'usage des chats un timbre, c'est-à-dire une auge. Elle est en granit. L'Ormeau Robinet est au croisement, sur la route de La Chapelle-Saint-Laurent à Moncoutant, de l'ancien chemin de Pugny, et de celui qui, lui faisant face, va se perdre dans les terres. Le soir du carnaval donc, le Timbre aux Chats, cadeau du diable, sert à leurs diaboliques agapes. Chacun des félins de la région y dépose les reliefs qu'il a su dérober à ses hôtes. Le *lutin* fournit le complément du festin. Toute la nuit l'air frémit de leurs miaulements effrayants, du bruit de leurs mâchoires. Malheur à qui les dérangerait! en un clin d'œil, leurs griffes aiguës déchireraient l'imprudent, leurs dents acérées le dévoreraient.

Maints fermiers dont le timbre a tenté la cupidité l'ont emporté chez eux. Ils ont dû le retourner. Tant qu'ils l'ont conservé, leur maison était hantée. Des animaux inconnus rôdaient autour, interdisant, par leurs cris épouvantables, à ses habitants, de retremper dans un sommeil réparateur leurs forces épuisées — bouleversant les travaux de la journée, dévastant les cultures, salissant l'herbe des prés. Les animaux domestiques mouraient d'un mal mystérieux. La ruine arrivait à grands pas. Devant cette malédiction, le coupable réintégrait le timbre à sa place primitive et retrouvait la tranquillité perdue. Le bétail prospérait, les prés verts se couvraient d'une herbe luxuriante, les moissons, merveilleusement, se chargeaient du grain de vie. La ferme revenait au bonheur des vieux jours. De loin en loin, le maudit la visitait, mais sans avarie pour quiconque et quoi que ce soit. Il se contentait de vaquer aux environs, de *richógner* à la fenêtre.

Un de mes anciens amis voyait tous les soirs, depuis une huitaine, un fantastique animal circuler autour de sa maison, s'enfuyant quand en sortait un habitant, pour revenir quand il était rentré. A la veillée, où l'un des voisins du maître était venu, on décida de le tuer avec le fusil pendu à la cheminée, vieille arme qui servit pendant la guerre de Vendée, et fut instrument et témoin d'illustres épopées. On le chargea avec une balle trempée dans de l'eau bénite. Complaisamment, le voisin s'offrit à lâcher le coup; il prit le fusil, et, la porte entr'ouverte, ajusta l'animal assis devant lui à vingt pas dans la bande lumineuse de l'entrebâillement. Une courte lueur sillonna l'espace : la poudre avait parlé et la bête était morte. On sortit avec des lumières pour la contempler. Le tireur avait tué son chien. La balle l'avait atteint en plein cerveau, la tête était éclatée.

____

1. Corbeaux.

On avait occis dans la maison un cochon gras. Chaque soir depuis lors, le chien était venu récolter sa moisson d'os. Il mourut victime de sa gourmandise... regretté de son maitre qui, s'il ne fut pas sans peur, fut sans reproches... pour les autres.

Le cheval mallet. — Le cheval mallet est un coursier magnifique, au poil noir lustré, qui parcourt, les nuits sombres, couvert d'un harnachement splendide, les chemins creux du sol poitevin. S'il rencontre un voyageur isolé, il se penche, caressant, devant lui, en hennissant doucement, comme pour lui faire comprendre qu'il lui offre complaisamment le trône de ses reins puissants pour le conduire à la porte de sa demeure. Le voyageur est fatigué, il accepte l'aide qui lui est offerte.

Il monte en selle, s'applaudissant du retour facile, ayant en son esprit charmé la vision de sa famille rassemblée qui l'attend. Il voit le couvert mis, les bons mets fumants dont le parfum provocant embaume. Le vin mousse dans les verres clairs, et le feu joyeusement pétille dans l'âtre flambloyant, alors qu'on s'embrasse heureux de se revoir. Il monte en selle, il est monté. Aussitôt, comme un ouragan qui se déchaîne, le cheval s'en va, dévorant l'espace. Ses pieds légers ne touchent plus la terre, ses naseaux vomissent la fumée, ses yeux éclairent l'horizon. Il s'en va, sans souci des chemins frayés, traversant les halliers, franchissant les fondrières. Sa vitesse est telle, que le vent de son passage incline jusqu'à terre les arbres géants que la tempête ne dérange pas de leur solennelle immobilité. A son arrivée, les forêts se sont couchées. Devant ses yeux éblouis, le cavalier voit les villes et les bourgs défiler aussi promptement que dans un rêve. En quelques instants, il a parcouru l'univers. Son voyage dure la nuit entière, toujours aussi rapide, car sa monture infatigable renouvelle en son parcours, en son vol vertigineux, ses forces, en s'abreuvant de vent, en se repaissant d'étendue. Déjà le matin point au loin, sa clarté réveille les coqs, dont le chant clair et jeune met debout les hommes reposés. Ils s'habillent en silence. Allons, en route pour le travail! Ils partent en chantant à plein gosier la vieille chanson que, dès le berceau, leur chantait leur mère, et brusquement, au détour du chemin, ils s'arrêtent... sans voix, angoissés. Devant eux gît un cadavre. C'est celui du voyageur nocturne. Le cheval mallet, avant de disparaître, l'a jeté là, les reins brisés, le col tordu.

Ah! s'il avait eu dans sa poche un sou marqué, il aurait évité le malheur. Sa femme éplorée ne se lamenterait pas devant son corps meurtri; ses enfants jeunes qui jouent, inconscients de leur position désespérée, recevraient encore de lui le pain savoureux qui va leur manquer, et que son rude et incessant labeur fournissait à peine à leur insatiable appétit ; ses amis en deuil ne restitueraient pas à la terre sa dépouille mortelle.

Un homme de Saint-Philbert-du-Pont-Charrault fit sur un cheval mallet un incomparable voyage. Il était porteur du talisman sacré, le sou marqué. Le réveil du jour le surprit à Paris. Il descendit de cheval sans encombre, et resta trois jours dans la capitale. Il y mena joyeuse vie. Ces trois jours ont compté dans son existence parmi les plus heureux. Il avait parcouru le monde et connu Paris. Laissez-moi vous donner un conseil :

Ne voyagez pas sur un cheval inconnu. Ayez toujours dans votre poche la rançon du voyage.

Ceux qui vendent leur âme au diable. — A deux ou trois kilomètres de La Chapelle-Saint-Laurent, entre Pitié et Clessé, existe l'étang dit des Olivettes, qu'une chaussée sépare de celui des Mottes, commandé par le moulin des Olivettes. Le moulin moud quand l'eau court. Quand elle est rare, il arrête son tic-tac joyeux et le meunier chôme. Ses rentes diminuent, car le client va demander à d'autres la farine nécessaire à ses besoins.

Un meunier d'antan, des Olivettes, manquant d'eau dans une grande sécheresse, en demanda au diable, qui lui en promit en échange de son âme. Le moulin tourna, mais la farine s'en fut aux deux étangs. Dans les sacs il ne se trouva que du charbon moulu. Le meunier trompé n'en devint pas moins la proie du prince de la géhenne. En souvenir de cette aventure, tous les ans, les étangs des Olivettes et des Mottes blanchissent. Je les ai vus blancs, telles de gigantesques jattes de lait, à l'époque des pluies. Vous me direz peut-être que les grandes eaux y amènent la détrempe des marnes qu'ils ont pour ceinture. Chut ! chut ! Je ne veux connaître que la légende.

Vous ne croyez pas au merveilleux ? Libre à vous ! Voici le récit d'une histoire qui s'est passée à Saint-Philbert-du-Pont-Charrault (Vendée), au carrefour de l'Ormeau de la Billette. Ce carrefour est célèbre parce que tous les sorciers de la région s'y réunissent pour y perpétrer leurs enchantements. Aux Avents, si vous aviez la curiosité d'y aller, vous feriez la connaissance de tous les personnages marquants de la magie noire ou blanche, de dix lieues à la ronde et plus. Le voyage leur est facile. Ils ferment leur porte à clef, se déshabillent, se frictionnent avec une certaine pommade, puis enfourchent leur balai, qui les transporte avec une célérité merveilleuse au rendez-vous, en passant par la cheminée.

Bref, un soir, un brave homme des environs de Saint-Philbert quitta ce bourg, porteur d'un trépied à destination de sa ménagère. En arrivant à l'Ormeau de la Billette, il entendit de l'un des chemins venir quelqu'un qu'il voulut voir sans être vu. Pour cela, il s'accroupit dans le coin le plus sombre du lieu. Survint un fils de l'Auvergne, chaudronnier de son métier. Ils sont expansifs, ceux de là-bas ; aussi celui-là s'écria-t-il avec l'accent du cru : « Le voilà donc, ce fameux Ormeau de la Billette, rendez-vous du diable et des sorciers ! — Oui ! oui ! (s'écria le premier venu se mettant en lumière), apporte la poêle, voici le trépied. » L'Auvergnat ne jugea pas à propos de continuer la conversation. On le recueillit dans une ferme voisine à demi mort de peur. N'allez pas lui insuffler qu'un farceur s'est gaussé de lui. Il était à l'Ormeau de la Billette à l'ouverture du *sabbat*. Longtemps, très longtemps, ses descendants raconteront à qui voudra les entendre qu'il s'est trouvé face à face avec le démon.

C. PUICHAUD.

THÉATRE EN PLEIN AIR

Rectification. — Dans le dernier numéro du *Pays Poitevin*, à l'article *Théâtre en plein air*, nous avons désigné M. Pierre Corneille sous le nom de Dr Saint-Marc, dit Pierre Corneille ; au lieu de « dit », c'est « alias » qu'il faut lire. Le nom de Corneille n'est pas en effet un pseudonyme littéraire pris par M. Saint-Marc, ainsi d'ailleurs que nos lecteurs ont pu s'en convaincre en lisant la suite de l'article où la parenté de l'auteur avec les grands classiques est affirmée. Ce nom fut jadis celui de la famille Saint-Marc, qui lui substitua depuis le nom d'une terre ; M. le Dr Corneille tient à restaurer le nom ancestral : c'est à son honneur, et aussi à celui de notre province.

G. B.

Dialogue poitevin

La mère CAQUET,
balayant devant sa porte, aperçoit une femme se dirigeant de son côté.

Jésus ! qu'est-o tchiell' gourgandine
Qu'a l'air de couri le garou ?
All' è mis' quem' dans la Gâtine ;
Bé sûr qu'à né poit de chez nous,
Mais — y crè qui n'me trompe gyère ? —
A r'vint à la femme au grous Jean
Qui s'en ongit (*alla*) l'année derère
Teni auberge à Moncoutant ;
Qu'est o que tchielle créature
Vint encore fair' dans tchiau pays ?
Y'espèrè bé, ma foi, y o jure,
Pus jamais la r'voir itchi.

A JEANNETON, *qui s'est approchée d'elle.*

Eh ! pardine, ol è vous qu'y bicle,
Ol é vous, ma pauv' Jeanneton !
Y ve queneutrais sans besicles
D'itchi jusqu'à la quou d'au pont.
Ah ! qu'y sè ben aise et contente
De ve reveur encor chez nous !
Y'étais trejous dans votre attente,
Y m'émoyais (*informais*) souvent de vous.
Entrez donc, ma pauv'camarade !
Vos drôl' sont trejou bé portants ?
Votre homme a poit été malade ?
O va tau bé dans Moncoutant ?

JEANNETON

Cha pi, cha poix (*comme ci comme ça*), tant qu'à men homme
G'le va trejou (*toujours*) son petit train,
Pre mes drôl' gle fasant qu'in somme
Deupis le ser jusqu'au matin.
Ma, y v'nais chez mon cousin Pierre
Qui s'marie définiment
Avec son ancenne chambrère
Que g'la repri à la Saint-Jean.
Y m'ai dit : « O m'along'ra gyère
D'passer pre prè la mèr' Caquet,
Et y pourrai de tchiell' manière
Apprend' d'aus nouvell' de l'endret. »

LA MÈRE CAQUET

Ah ! vrément, v'sètes bé tombaie !
Y sais pu ren de ren,
Y vis tout qu'min loup renfremaie
Deupis (*depuis*) qu'y ogis mon mau de rein.
Si ve v'liez avoir d'aus nouvelles
Fellait aller chez la Bossé !
Ol é lé qui en sait de belles,
Tout le monde pre sa goul' a passé.
Si y'étais pas aussi ret'nue,
Y l'y barais (*donnerais*) un beau paquet ;
Hier au ser encore dans la rue,
All' agonisait la Marquet.
S'o n'avait eu qu'ma pre o dire
L' mande en aurait pas su bé lourd,
Mais tchiell' boun' pièce de Lapire
O z'a conté à tout le bourg.

JEANNETON

Et Lapire — à propos de l'aôtre —
Son faill' (*fils*) à tiré au beillet ? (*à la conscription*).
G'l'avait bé l'air d'in boun apôtre.

Est-o pas li qui fréquentait
La feille à définte Javotte ?
S'a-t-o arrongé ?

LA MÈRE CAQUET

Ma fri nan !
La drôlesse était poué trop sotte ;
All' avait r'çu d'l'inducation,
A lisait dans les écritures
Tout aussi bé que l'sacristain.
— Quant a sortit de la couture,
O l'é lé qui m' fit tchiau justain (*corsage*).
Mais dam' all' était si volage !
A disait qu'les gens d'au village
Aviant tous l'air de grous paours.
Mamsell' aimait les étalages,
La belle dentelle et les velours.
Fallait la voir sans s'faire de bile
Quem' a troussait son troutfignan (*derrière de la jupe*).
Quand tchiès biau messieurs de la ville
La r'luquiant avec leu lorgnan,
Fallait pas ètre bé sorcière
Pre voir quement o tournerait ;
Mais tout tchieu n'est poué mon affère,
Parlai d'aus autr' est poué man fait.

JEANNETON

Et la femme à Dimarlçot,
Qu'on app'lait la grand' Pouzinière,
Qu'a-t'all venu ?

LA MÈRE CAQUET

Ah ! brenonciot !
Me parlez pas de tchiell sorcère !
A n'a mis l'nez qu'in fois itchi,
In' boun fois de trop, Dieu merci !
In ser, qu'all était d'vant ma porte,
Si lasse qu'a n'en pouvait pus,
Y l'y dis d'entrai et l'y apporte
Un grond migé (*soupe au vin*) qu'all a tout bu.
Pre me r'compenser de ma peine,
A m'dit : Allans veure vos gorets !
Y veux les fair' dan in' semaine
Veni grouds quem' d'aus bourriquets.
Y l'emmène de confiance ;
Mais la pauv' treu qui s'en méfiait
Poussait d'aus cris de doléance,
Quem' si l'diab lu trevirait (*renversait*).
A s'demenait dessus sa paille.
Tondis que les petits bedas (*porcs*)..
Grimpiant tot le lang d'aus murailles,
Ni pus ni moins que d'aus vrais rats.
Deupis j'ai bé quenu l'affère ;
A l'eus avait jeté in sort.
Deux jours d'après g'l'étiant tous morts !..
A-t-o d'aus gens chétis sur terre !
Ah ! qu'vavé fait in bounn' affère
De pus rester dans tchiau païs !
O l'est pis qu'in vraie galère !
Y'a pus ni parents ni amis.
Y'ai bé vu l'temps où le pauv' mande
Se sout'niant encor d'amitié,
Anneu (*aujourd'hui*), à deux lieues à la rande
G'le s'mangeant queme d'aus chins gâtés ;
Pas pus grou que l'châ d'ine aigueuille
En fait dire pus lang que l'bras.
Les femm' valant pas meux qu'les feuilles,
Les houm' valant pas meux qu'les gas.
Quand leu sont las de batt' leus femm',
Quand y'l'ont bé fait leu train cheu nous,
G'l'allant riboter chez la dame,
Pre y manger les dernés sous.
Tchiès enfants d'loup on-tal d'la chonce !
Faut leu servi de bans poulets !
Pis, quand g'l'ont ben empli leu panse,
Gl'arrivant sous quem' daus gorets.

Pre nous, boun' gens ! pauv' créatures,
Faut s'abimer l'tempérament ;
O faut, tant qu'l'a sainte journée dure,
Travailler pre tchiès garnements.
Ah ! qu'y sé lasse de tchiell tchicusine ! (*cuisine*)
Pre vere ailleu qu'ment o s'ra,
Pas pus tard qu'à la Saint-Michea,
Y fich' mon camp de tchiell' cassine ;
Y dis zut à tchiau païs d'chins,
Pr'aller vivre avec daus chrétiens.

Ch. Paillot.

Chansons et Rondes

I N'ME PLAÉ POUÉ TONT EN VILLE

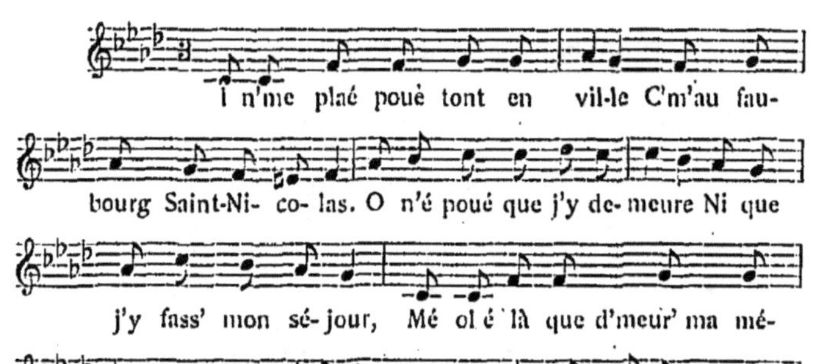

1.

In'me plaé poué tout en ville,
C'm'au faubourg Saint-Nicolas.
O n'é poué que j'y demeure,
Ou que j'y fass' mon séjour,
Mé ol é là que d'meur' ma métresse,
L'tendre objet de mes amours (*bis*).

2.

Ol' était pr'in dimonche après vaê-
Que j' l'avisis au sarmon   [pres
.Tuguieu ! qu'al était geantive !
Jarni ! com 'i la r'gardaè !
I ne l'avaé jamé vuse,
Ol' était la première fouaé (*bis*).

3.

A la sortie de l'église
V'li li fair' civilité.
V'là qui m'oncourus baé vite
Vers le béniquier d'au coin
I n'li bailli poué d'io bénite
O' l'était pass' qu'o ien avé poué (*bis*).

4.

Velant savoir sa demeure,
Il la suivis pas à pas.
A' passi par ine rue
Tout' bordée de bâtiments,
Al'entrit par ine porte
Qu'al ouvrit auparavant (*bis*).

5.

Ayant doniché z'in marle,
V'lis l'ien fair'in p'tit présent.
I l'avas mis dan ine cage,
Qui subiait si joliment !
Notre chatte sans mou dire,
Me le tuit tout vivant (*bis*).

6.

Ol' était peur le jour de sa faète.
V'lis li fair'in compliment
V'là qui m'en allis chez elle,
Qui pousais si joliment !
J'ouvris bé la goul' bé gronde ;
Maé o n'sortit ré de d'dans ! (*bis*)

7.

Ol' était peur le jour des étrennes,
V'lis li écrire in p'tit billet.
I achetis daus piumes, pi de l'oncre,
Pi dau papier d'in grou prix ;
V'li ma boutre pour i'écrire,
I n'avué jamué appris (*bis*).

8.

O' l'était peur in jour dans la praé,
I avisis qu'al me r'gardait ;
V'lis li montrer moun adresse,
Peur souti in grou courant,
I l'araé jà souti de raeste,
Si n'avaé poué chet dé d'dans (*bis*).

9.

I m'en fus pr'en mariage
La demandad à sé paronts.
Thie m'l'ariant ben accordaé
Si o n'avuit 'té d'son galant.
Maé cil l'aveut épousaée
Drèt le jour d'auparavant.

LE PAYS POITEVIN
ETHNOGRAPHIE FOLKLORE ART POPULAIRE
LITTERATURE HISTOIRE ARCHEOLOGIE

JACQUES DU FOUILLOUX

Nous avons peu de détails biographiques sur du Fouilloux, le célèbre auteur de la *Vénerie*; l'écrivain a absorbé l'homme ; on croit cependant qu'il naquit vers l'an 1520, au château du Fouilloux, situé paroisse de Saint-Martin, dans la Gâtine poitevine, près Parthenay. Dans son poème *De l'Adolescence*, notre auteur, venant en aide à cette hypothèse, s'exprime ainsi :

> Pendant le temps que le noble François
> Faisoit ployer la France sous ses loix,
> Tendre orphelin, sortant de la tétine,
> Transporté fust hors de ma Gastine.

Livré tout entier à cette vie de gentilhomme campagnard qu'il vante sans cesse dans son livre si remarquable pour l'époque, même au point de vue littéraire, du Fouilloux ne s'éloigna guère de sa chère « Gastine ». Il y passa son temps à chasser, à faire bonne chère, à élever des chiens, à les dresser et à étudier les mœurs et habitudes des bêtes des forêts. Il nous raconte naïvement et non sans charme les folies rabelaisiennes auxquelles il se livrait parfois : notre héros, sous ce rapport, fut loin d'être exemplaire, et en cela Salnove, un autre veneur poitevin, a raison de le critiquer.

Dans les quatre vers suivants, du Fouilloux s'est peint lui-même :

JACQUES DU FOUILLOUX

(Gravure extraite de *La Chasse à travers les âges*.)

> Je suis veneur qui me lève matin :
> Prends ma bouteille et l'emplis de bon vin,
> Beuvant deux coups en telle diligence
> Pour cheminer en plus grande assurance.

Une légende poitevine prétend que, lors de l'entrée à Poitiers du roi Henri III, du Fouilloux lui présenta une compagnie de cinquante hommes d'armes qui tous prétendaient être ses fils.

Le roi Charles IX, qui prisait fort le veneur poitevin, le préposa, par un édit du 28 août 1571, à la garde de ses forêts et bois du Poitou, charge dont Fouilloux s'acquitta avec honneur jusqu'à sa mort, le 5 août 1580.

La *Vénerie* fut publiée pour la première fois en 1561, par Le Marnetz et Bouchetz frères. Elle fut rééditée à Angers, et à Niort par Favre. Elle fut traduite en allemand et en italien.

Le frontispice que nous reproduisons représentant notre auteur à genoux offrant son livre au roi en présence des dames et des gentilshommes de la cour, est empreint de la sincérité qui règne dans tout l'ouvrage. Dans la première édition, le portrait du roi semblerait être plutôt celui de François II. On présume que l'ouvrage étant à l'impression au moment de la mort prématurée de ce souverain et de l'avènement de Charles IX, la dédicace seule a été changée, et la gravure déjà faite a servi quand même.

Dans ce traité, les principes de la science sont exposés d'une façon claire, précise ; on sent que du Fouilloux n'était pas seulement un écrivain en chambre, mais encore un veneur émérite. La manière de juger les cerfs par le pelage, les fumées, les portées, le frayoir, les « abatures », la tête et le pied ; les sangliers par la « trace », le « souil » et le « boutis » : le travail du valet de chien et du limier, le courre du cerf surtout, sont traités de main de maître. Les illustrations naïves dont nous donnons quelques reproductions sont loin d'égaler le mérite de l'ouvrage.

La *Vénerie* se divise en six chapitres principaux : dans le premier, l'auteur décrit les diverses races de chiens courants employés de son temps, avec gravures à l'appui, et il expose le système adopté en Poitou pour leur éducation et leur hygiène ; le second traite de la chasse du cerf ; le troisième de celle du sanglier ; le quatrième de celle du lièvre. Dans le chapitre cinquième, qui décrit avec une certaine complaisance le « terrer » du renard et surtout du « tesson », du Fouilloux nous apprend « comment il faut chercher et prendre renards et tessons, et les instruments qu'il faut avoir pour ce faire ».

servoit viandes diverses et de grand foison, selon le pouvoir du seigneur de la chasse ; où l'on mangeoit assis, accoudé, l'autre sur pieds ; où chacun buvoit, rioit, jongloit et bourdoit de son mieux, en tout esbattement et liesse ».

Du Fouilloux, bien qu'il blâme les veneurs de préférer parfois la bouteille à leur métier, n'a garde d'oublier « les barraux de bon vin d'Arbois de Beaune, et ainsi que les bons harnois de gueule, jambons de Mayence, langues fumées, groins et oreilles de pourceaux et aultres menus suffrages ».

Après la prise, le premier piqueur devait présenter le pied droit de devant de l'animal au maître d'équipage : ceci s'appelait « faire les honneurs du pied ».

Le grand Sénéchal mentionne déjà cet usage dans son poème :

> Quand nous eûmes assez corné,
> Madame le pied demanda :
> Pour ce que l'avois détourné
> A lever me le commanda.

La curée, qui suivait les honneurs du pied, avait toujours lieu avec un grand appareil. Le roi ou le maître d'équipage y présidait en cornant ainsi que tous les assistants ;

Il n'oublie pas la petite charrette dont la naïve gravure nous dit assez l'emploi : « Toutes les chevilles et peaux de la charrette doibvent estre garnies de flaccons et bouteilles, et doibt avoir au bout de la charrette un coffre de boys plein de coqs d'Inde froids, jambons, langues de bœufs et autres bons harnois de gueule. Et si c'est en temps d'hyuer, il pourra faire porter son petit pavillon et faire du feu dedans pour se chauffer ! »

Dans le sixième chapitre, l'auteur donne « les receptes pour guerrir les chiens de plusieurs maladies ».

Le gai gentilhomme fixa définitivement les préceptes de la chasse à courre ; aussi son ouvrage eut-il un succès inusité. Il est comme le trait d'union entre les usages de l'époque moderne et les coutumes des disciples de saint Hubert pendant le moyen âge et la Renaissance.

Notons ce fait que la langue de la vénerie a peu varié depuis saint Louis ; le français du moyen âge se trouve encore dans le langage des veneurs de nos jours.

Gaston Phébus le parlait, du Fouilloux le notait, et nous nous servons encore des expressions du veneur poitevin. Tout gentilhomme devait parler correctement ce langage, sous peine de passer pour malappris : Gaston Phébus disait qu'on doit « paroler diversement selon les bestes que l'on chasse ; car on ne parle mie à ses chiens quand on chasse le sanglier, comme on fait quand on chasse le cerf ». « Pour le premier et pour le loup les tons bas, rudes, furieux ; pour le second, les haustains et plaisants cris. » Savoir « bien huer » (parler aux chiens) et savoir corner était une science importante. Du Fouilloux a noté musicalement « ces cris et langages plésants, comme faisoient les anciens ». Et j'ajoute, comme on le fait encore aujourd'hui dans les manuels de trompe.

Le roi Modus et Gaston de Foix célèbrent avec enthousiasme ces joyeux déjeuners qui avaient lieu au rendez-vous, en attendant le rapport des valets de limiers, « où sur des touailles on

(Gravures extraites de la *Vénerie* de DU FOUILLOUX)

Du Fouilloux faisant hommage au roi de son livre *De la Vénerie*
(Frontispice de la *Vénerie* de DU FOUILLOUX)

souvent même la curée se faisait aux flambeaux, et alors les
dames embellissaient par leur présence cet intéressant spectacle.

LE VICOMTE JACQUES DE LARYE

En 1812, Desgraviers, dans son traité *Du parfait chasseur*,
écrivait ceci : « Vingt ans de désastres et de malheurs ont
presque effacé les traditions de l'art de la chasse. »

La Révolution guillotina la plupart des veneurs, anéantit
les équipages, et c'est à peine si dans certaines provinces
on put soustraire à la fureur républicaine quelques restes de
nos anciennes races de chiens courants.

Avant de parler des rares veneurs qui purent, pendant la
première République, chasser encore à courre dans quelques
coins reculés de notre territoire, nous croyons utile de citer,
à propos de la conservation de certaines de nos races de
grand équipage, quelques faits peu connus et cependant fort
intéressants pour la plupart de nos veneurs français.

En Bas-Poitou, au cœur de la Vendée militaire, le comte
de Vaugiraud avait réussi à conserver un étalon de la race
des grands chiens blancs du roi ; croisé plus tard avec les
briquettes du pays, il devint la tige des chiens dits « de
Vendée ». Avant d'émigrer, M. de Vaugiraud avait confié
ce chien à un fermier, après toutefois lui avoir fait couper la
queue et les oreilles : son maître avait voulu que son chien
eût l'air d'un mâtin, de peur que sa mine aristocratique le
signalât comme suspect.

Le vicomte de Larye, gentilhomme d'origine écossaise,
avait créé en Haut-Poitou et Limousin une race rivale des
« Foudras ». On sait que c'est par un croisement de ces

derniers avec un chien importé d'Ecosse qu'il obtint son remarquable équipage pour le loup.

Avant de partir pour l'émigration, M. de Larye avait donné
quelques-uns de ses chiens à deux de ses voisins, MM. de La
Borderie et des Thermes. Par un heureux hasard, cette précieuse
race ne fut pas perdue. M. de La Borderie avait pu conserver,
pendant la tempête révolutionnaire, un chien remarquable,
Figaro. M. de La Guéronnière le croisa avec deux lices qui descendaient des grands chiens blancs du roi, et fit ensuite cadeau à
M. de Villars de plusieurs de leurs produits. Le neveu de M. de
Villars, le vicomte Emile de La Besge, reçut de ce dernier quelques couples de ces précieux chiens ; pendant de longues années,
ce sang remarquable s'est conservé dans le chenil de l'habile
veneur de Persac.

Sous ce titre : *Un preneur de loups sous Louis XVI*, M. P. La-
forêt a publié dans la *Revue Britannique* (novembre 1897) un
article intéressant sur le vicomte de Larye et sa meute. Très
aimablement autorisé par l'auteur, nous en détachons les pages
qui suivent :

Le vicomte Jacques de Larye naquit au château de La Besge, le
3 juillet 1752. Sa jeunesse fut celle de ses ancêtres : elle se passa en
plein air. Ayant hérité des goûts cynégétiques de ses pères, ses premières aspirations le poussèrent vers le grand déduit de saint Hubert,
et nous osons affirmer que le jour qui fit époque dans sa vie fut celui
où il lui fut donné de faire le bois pour la première fois avec le limier
favori de l'équipage paternel.

Habitant une contrée sauvage et inculte, avec des communications
avec les villes voisines rendues impossibles en hiver, où les chemins
défoncés offraient aux voyageurs de réels dangers, l'unique distraction
d'un seigneur, à cette époque et dans cette partie de la France, n'é-
tait et ne pouvait être que la chasse. Aussi fut-elle le grand passe-
temps des Larye. La vie qu'on menait à La Besge, au dix-huitième
siècle, était analogue à celle des barons du moyen âge dans leurs
forteresses crénelées ; le mari passait son temps à galoper derrière ses
chiens, pendant que la châtelaine filait sa quenouille en s'occupant de
ses enfants.

. . . .

La fortune foncière des derniers des Larye était considérable en étendue ; mais ses revenus, étant donné la pauvreté du sol, étaient relativement modestes. Ce fut au château de La Besge, la résidence de la
famille, qu'il fixa la sienne. Situé sur une colline dominant le cours
pittoresque et sinueux de la Gartempe, ayant en face de lui Château-
Tison, sur la rive droite de la même rivière, le manoir favori des Larye
avait grand air.

Chien blanc du roy (Extrait de la *Vénerie* de DU FOUILLOUX)

Princesse, lice du Haut-Poitou, descendant de la race de Larye, ayant appartenu à M. le comte de Chabot

En ces temps, le gibier foisonnait en France, et surtout les loups. En Limousin, ils étaient particulièrement nombreux, et c'est encore de nos jours cette contrée qui abrite dans ses vastes forêts les derniers débris de cette race maudite. Chaque jour était témoin de leurs méfaits, et dans les longues veillées d'hiver, sous le chaume, on racontait sur leur compte des histoires lugubres. Autant par affection pour ses paysans que par goût personnel, le vicomte s'occupa de mettre sa meute dans la voie de ce fauve redoutable, et il découvrit dans ses chiens de telles aptitudes pour le courre de cet animal, qu'il délaissa les autres pour ne s'occuper que de celui qu'il considérait comme devant être son délassement favori et celui de ses précieux auxiliaires. Dès lors, chaque jour, au château de La Besge, les trompes sonnaient de nouveaux triomphes, et les murs du chenil se couvrirent de trophées attestant les grandes qualités de veneur du maître, de même que la valeur de ses inestimables compagnons de gloire.

Les chiens de M. de Larye jouirent d'une grande renommée noblement acquise, et justifièrent par leurs rares qualités l'origine illustre à laquelle ils appartenaient, de même que les judicieux croisements auxquels ils devaient leurs mérites sont un titre de gloire pour le créateur de leur race, l'illustre du Fouilloux. Ces chiens étaient donc au château de La Besge depuis le seizième siècle, et c'est avec un soin jaloux que les générations successives firent leurs efforts pour conserver et pour améliorer cette race splendide dont ils étaient si fiers à si juste titre.

Les principales qualités de ces bêtes excellentes étaient un fond inépuisable allié à une excessive finesse de nez. Ils attaquèrent quelquefois un loup sur une brisée de la veille au soir, et cela en plein midi, après que le soleil avait pris soin de dessécher le sol. Etant donné la légèreté de la voie de cet animal, on peut se rendre compte de l'acuité de leur sens olfactif. Ils avaient, en outre, une telle prédilection pour la chasse du loup et étaient si bien créancés, qu'ils quittaient les autres voies pour suivre celle de ce fauve avec un acharnement remarquable. Aussi, avec de pareils auxiliaires, toutes les prouesses étaient possibles.

Un jour, voulant avoir une preuve convaincante de la valeur de ses braves compagnons de chasse, le vicomte de Larye attaque un vieux loup, décidé à ne pas lâcher, à moins de fatigue évidente de la part des chiens et des chevaux. Pendant trois jours, la chasse continua ardente ; le soir, on s'arrêtait le plus près possible de la brisée et à proximité d'une ferme, s'il y avait moyen ; on pansait les chevaux, on réconfortait les chiens, et le lendemain l'équipage, frais et dispos, recommençait sa chevauchée. A la fin du troisième jour, le pauvre loup, les jambes raidies, coiffé par la vaillante meute, recevait le coup de couteau qui mettait fin à ses tribulations.

Une autre fois, le gentilhomme lance un loup à la forêt de Coutumes avec seize chiens ; l'animal débuche, son piqueur et lui perdent la chasse ; ils la cherchent vainement tout le jour, et le lendemain, en revenant à cette même forêt de Coutumes, près Bellac, pour quêter leurs chiens, ils les retrouvent tous seize qui chassaient vaillamment leur loup de la veille. Ils l'avaient mené et avaient été vus à la forêt de la Braconne, près d'Angoulème, à quinze lieues de là.

. . . .

Voici le portrait de ces chiens inestimables, tel qu'a bien voulu nous le faire M. le vicomte Emile de La Besge, mieux à portée que qui que ce soit au monde pour en donner la description : « Les chiens Larye étaient tricolores, de taille moyenne de vingt-deux pouces environ, légers de conformation, le dos quelque peu harpé, la poitrine profonde, la tête fine, assez longue et peut-être un peu busquée. Ils criaient beaucoup, avec des voix claires et prolongées, et étaient doués d'un nez exquis qui leur permettait de

Chiens blancs du Roy (Jean Goujon)

Bélisaire, bâtard anglo-gascon-saintongeois, à M. le comte de Chabot

rattaquer le lendemain leur animal sur une brisée de la veille. Ajoutez à cela un fond inépuisable, mais sans être très vites; ils chassaient facilement un loup depuis le lever jusqu'au coucher du soleil. »

LES DE LA BESGE

M. Émile de La Besge

La société de la Moulière, en Haut-Poitou, fut fondée par MM. de La Besge ; l'aîné, Emile, a survécu à tous ses contemporains, il porte gaillardement « son bois » ; son animal favori, le loup, a encore fort à faire avec le châtelain de Persac, il faudrait un volume pour raconter les hauts faits des deux frères, d'Emile surtout, que rien n'arrêtait quand, monté sur ses chevaux de pur sang, il « tenait » à la suite d'un loup ses rapides bâtards poitevins. Il lui est arrivé souvent de faire des débuchers de vingt et vingt-cinq lieues à la poursuite d'un grand loup ; combien de fois ne les a-t-il pas rejoints et tués dans ces belles brandes de Montmorillon, qui de là s'étendent jusqu'en Berry et en Limousin !...

Le comte d'Osmond a consacré tout un chapitre à célébrer un des hauts faits cynégétiques du célèbre veneur poitevin.

Il avait fait la connaissance d'Emile de La Besge lors du déplacement du duc de Beaufort, et l'avait invité à venir « tâter » des cerfs de la Vénerie, son rendez-vous de chasse en Nivernais. La Besge avait accepté pour la première quinzaine de novembre 1867. La moitié du mois était déjà écoulée, pas de nouvelles de Persac ; d'Osmond avait fini par croire à un malencontreux événement, quand, le 25 au matin, il entend sous les fenêtres du fumoir une « calèche de dame » sonnée à pleins poumons.

D'un bond j'ouvre la fenêtre (c'est le comte d'Osmond qui parle) et je me trouve face à face avec le grand chasseur de loups poitevin, qui me tendit joyeusement la main du haut d'un grand pur sang alezan.

M. Arthur de La Besge

Derrière lui, à dix pas, également à cheval, la tête découverte, se tenait son piqueur, précédant une petite meute de douze chiens, pas un de plus, pas un de moins.

— Vous m'avez fait une fameuse peur avec votre retard de douze jours, lui dis-je.

— Excusez-moi, mon cher comte, j'ai évidemment mal calculé mon affaire.

— Par quel train êtes-vous donc arrivé à la Charité ?

— Mais par aucun, je viens de Persac à petites journées, à travers le Limousin et le Berry, et j'ai quitté la Charité précisément ce matin après y avoir couché hier soir.

Ce fut par des gestes expressifs que je témoignai ma surprise sur cette rude campagne.

— Et puis, ajouta-t-il avec une charmante simplicité — apanage des hommes de race, — c'est plus économique que de trimballer des chevaux et des chiens dans ces abominables wagons. Dame ! il faut songer à tout ! Mais vous avez déjeuné, je suis désolé d'arriver en retard : je croyais la route moins longue.

Mon valet de chambre se chargea de la réponse, car ayant deviné l'état caverneux de l'estomac de M. de La Besge, il vint ouvrir la porte de la salle à manger. Mon aimable invité me prouva à sa façon de fonctionner que la tasse de café au lait du « Grand Monarque » avait au moins fait depuis le matin autant de chemin que lui.

— Ah çà ! quand chassons-nous ? dit La Besge après avoir fait avec moi le tour du propriétaire.

— Mais sans doute après-demain, juste le temps de laisser un peu de repos à vos chiens, à vos chevaux et à vous-même. En tout cas, votre jour sera le mien, vous êtes ici chez vous, et en faisant ma proposition j'ai surtout songé à votre grand alezan, qui me paraît assez bas d'état et à première vue peut-être un peu boiteux.

— Bah ! bah ! ce n'est rien, il a besoin de mouvement, ça le guérira. Les chiens sont en condition après ce long trajet, le maître aussi, et puisque vous le permettez, hein ! si nous chassions demain ?

Je commençais à donner des ordres à mes cinq valets de limiers afin de leur distribuer les quêtes.

— Pas besoin de tout cela, reprit La Besge, je ne réclame qu'une voie quelconque de bon temps, et cela afin de ne pas trop vous ennuyer en attaquant *à la billebaude*.

Avant de m'endormir, je me demandais si ces grands chiens blancs et noirs, légèrement efflanqués, brillants dans les landes poitevines, main-tiendraient leur allure, leur finesse de nez, leur sûreté de change, dans une contrée accidentée, coupée d'obstacles, au milieu de fourrés peu pénétrables, au centre de forêts mal percées. Je me demandais comment l'alezan boiteux se tirerait des pierres roulantes de nos côtes ardues. C'est sur ces interminables points d'interrogation que le sommeil me prit.

Le lendemain 26 novembre, mon piqueur Adolphe vint au rapport et lui offrit seulement des animaux en bonne voie, mais *non détournés*. Le veneur poitevin choisit la rentrée d'une harde de huit biches, accompagnée d'une quatrième tête et d'un daguet.

Pour un début, c'était prendre le taureau par les cornes... Nous voilà à la *brisée*. Le vieux maître et son piqueur Charles prennent connaissance des pieds, font découpler les douze chiens ; La Besge ôte sa casquette — en poussant la moitié de son cheval dans le gaulis, — et sur ce simple signe les douze bâtards entrent gaiement dans l'enceinte.

Presque aussitôt un des chiens donne, puis deux, enfin tout l'équipage.

— Ils sont dans la harde, me dit le vicomte de La Besge, ma chance est trop grande, c'est un vrai *buisson* que m'a donné Adolphe.

— Non, Monsieur, il a suivi vos instructions.

Comme je finissais, les chiens ne donnaient plus du tout. Je regardai le grand Poitevin de mes deux yeux interrogateurs.

— Les animaux marchent toujours ensemble, les cerfs ne veulent pas se détacher, reprit-il tranquillement.

Bientôt un recri se fait entendre.

« Au coute à Négresse ! » s'écrie La Besge, tandis que le reste du petit équipage donne plus chaudement.

— Maintenant, me dit-il, ils ont un cerf seul devant eux, seulement il tourne et cherche les biches. Tenez, ajouta-t-il au même instant, le voilà déjà retourné dans la harde, les chiens se taisent.

C'était merveilleux de le voir si bien juger de loin le travail surprenant de ces chiens inestimables ; je me sentais enthousiasmé. Tout à coup un formidable coup de gorge, semblable à nos abois de sangliers, nous fait tressaillir. Alors le veneur poitevin, sans se presser, secouant les cendres de sa pipe, se tourne vers moi.

— Cette fois, mon cher comte, c'est attaqué, et en voilà un qui ce soir ne couchera pas dehors.

Il n'avait pas plus tôt dit cette phrase, qu'une quatrième tête, talonnée par la petite meute de Persac, sautait fièrement l'allée à cinquante pas

Calypso, lice de Saintonge, à M. le comte de Chabot

Tamerlan, chien vendéen, poil ras, à M. Beaudry-d'Asson

de nous. Ébahi d'une si prestigieuse attaque, je ne pus m'empêcher de serrer la main du gentilhomme poitevin sans pouvoir trouver une parole, et partant à mes côtés à la bonne allure — la main fixe, dans l'attitude correcte d'un cavalier de manège de l'ancienne école, — M. de La Besge dut, ainsi que moi, forcer le train pour rejoindre la tête de la chasse.

Les chiens semblaient voler et — comme ce diable d'homme l'avait affirmé la veille — le grand alezan ne boitait plus...

La quatrième tête fut prise après trois heures de chasse, dont une demi-heure d'hallali courant. Le cerf, raconte encore le comte d'Osmond, n'avait jamais pu prendre plus de trente pas d'avance sur les chiens. Le train a été sévère, il eût été impossible de le prolonger une demi-heure de plus.

Ce brillant laisser-courre fut suivi de dix autres prises, le succès a été complet ; dans son déplacement, le veneur poitevin, sur onze cerfs donnés à courre, a pris onze cerfs, dans un pays outrageusement fourré, où les chiens ne sont ni appuyés ni suivis de près, où on les voit à peine à l'attaque pour ne les retrouver qu'à l'hallali.

C'est donc à la qualité de ces vaillants bâtards et au talent du veneur poitevin que revient la gloire de ce remarquable succès.

En terminant les pages qu'il a consacrées au vicomte de La Besge et que j'ai résumées ici, le comte d'Osmond ajoute : « J'ai l'intime conviction que tous ceux qui, de près ou de loin, se sont trouvés mêlés aux déplacements de mon noble confrère, doivent avoir conservé comme moi un souvenir ineffaçable de cet heureux temps ; et l'esquisse du maître d'équipage de Persac, dont j'espère ne pas être tout à fait oublié, devait trouver sa place dans cette sélection de veneurs d'élite. »

Nous devons à ces excellents veneurs une sous-race de bâtards poitevins aujourd'hui à peu près aussi fixée que les bâtards gascons-saintongeois. Je crois que, sans médire des autres races, ce sont les deux familles dont le renom est le moins contesté, les qualités les plus remarquables.

Comte DE CHABOT.

Lire dans la chronique, page 3, l'article sur *La Chasse à travers les âges*, par M. le comte de Chabot, d'où sont extraits l'étude et les clichés qui précèdent.

LA SAINT HUBERT

(Air de la *Saint Hubert*)

Sonnez, piqueurs, sonnez à trompe pleine,
Faisons honneur à notre saint patron.
De sa fanfare, au bois comme en la plaine,
Que les échos nous répètent le ton.

De saint Hubert, piqueurs, sonnez la fête...
Le vent glacé ne nous arrête pas !
Hors de la brume on voit percer le faîte
Des grands bouleaux qui s'étendent là-bas.

Du chapelain, la cloche nous rappelle
Un vieil usage ; il faut le respecter.
Comme au bon temps, allons à la chapelle
De saint Hubert, avant de découpler.

Sonnez, piqueurs, pour le saint sacrifice,
La saint Hubert à l'élévation,
Et quand du seuil, le prêtre, après l'office,
Donne à nos chiens sa bénédiction.

Pour le départ, vite que l'on s'apprête,
Au rendez-vous nous avons trois rapports,
Le vol-ce-l'est d'une seconde tête,
Deux rembuchers, un daguet, un dix-cors.

A la brisée, avant qu'il ne détale,
Allons frapper, s'il en revoit par corps
Chacun de nous sonnera la royale,
Que fit un roi jadis pour un dix-cors.

Des cors joyeux, entendez-vous, marquise,
Ces sons lointains, perçant le vent du soir ?
Ce sont les tons de la retraite prise,
Vous annonçant la rentrée au manoir.

Le verre en main, vous, maître d'équipage,
Avec ardeur, formulez-nous des vœux,
Qui, tous les ans, répétés d'âge en âge,
Soient le refrain de nos petits-neveux.

A saint Hubert, veneurs, nous devons boire !
En son honneur vidons tous nos flacons !
Jusqu'à cent ans qu'il nous donne la gloire
De porter tous vaillamment nos boutons.

(Extrait de la *Chasse à travers les âges*, du comte de Chabot.)

FOLK-LORE

Légendes et superstitions

L'âme en peine. — Il en est peu qui soient irréprochables devant l'Eternel. Vous ou moi, la mort vous surprendra. Si notre âme n'est pas sans tache, alors l'entrée du ciel lui sera refusée. Elle errera dans l'espace, cherchant des prières indispensables à sa satisfaction définitive. La pauvresse est une âme en peine.

Entre Clessé, Saint-Germain-de-Longues-Chaumes et Fénéry, dans un champ du domaine de Bonnefontaine, a péri, je ne sais quand, tant la date est lointaine, un homme, assassiné probablement, un pécheur sûrement. Depuis lors. le champ du crime, où son corps repose, est maudit.

Nous étions, un jour d'hiver, allés chasser à Bonnefontaine, où nous avons un pied-à-terre, un de mes amis et moi. Nous avions décidé d'y coucher pour recommencer le lendemain la partie.

Un gros brouillard nous avait, en rentrant à la maison, noyés dans son froid. Nous nous installâmes les pieds sur les chenets, devant un bon feu. Le frugal dîner fut court. Sur les huit heures pour rompre le tête-à-tête monotone, vite ennuyeux, nous invitâmes le fermier à venir avec nous terminer la veillée. Au brouillard avec succédé la pluie qui tombait drue, fouettant les carreaux. Un grand vent soufflait. Le fermier vint : « Mes maîtres, bonsoir, je vais vous conter une histoire. — Toi, mon garçon, — s'adressant à son fils — va te coucher, tu n'as pas besoin d'entendre ce que je vais dire. — Mes maîtres, savez-vous que je cultive un champ maudit, là, tout près, en face Saint-Germain. Certains jours, à l'approche de la nuit, on y entend des cris effrayants. Ils se prolongent pendant des heures, entremêlés d'appels désespérés et de râles d'un homme à l'agonie. Afin d'assister le malheureux, vous vous approchez en hâte. Rien ne s'offre à votre vue, mais de tous les points du champ des soupirs de mourants s'élèvent, vous figeant le sang dans les veines. Une chasse, un vendredi saint, y passa. Les chiens y fnrent frappés par des mains invisibles, si durement qu'ils restèrent sur place, en hurlant lamentablement, on eut grand peine à les arracher vivants de ce sinistre lieu. »

Il finissait à peine son récit que le vent redoubla. Les contrevents battirent violemment. L'eau des dalles insuffisantes tomba par paquets sur les vitres. Nous écoutions la grande voix de la tempête, à demi engourdis dans la chaude atmosphère, savourant avec délices un vieux vin d'Anjou, quand subitement une masse énorme, avec un fracas épouvantable, descendant de la cheminée, s'abattit dans le foyer. Nos chiens saisis de terreur glapissaient dans les coins. La chambre était pleine de fumée, couverte de charbons enflammés. Et nous, brusquement secoués de notre torpeur, nous nous trouvâmes debout en son milieu, nous contemplant sans paroles, pâles comme des morts. Le fermier faisait un grand signe de croix. « Il y a des choses, dit-il, dont il ne faut pas parler, ça porte malheur. » Il partit en murmurant des prières. En un tour de main, pour empêcher l'incendie des lits, nous balayâmes la chambre, pendant que le vent sifflait de plus en plus fort, enragé. Nous constatâmes que la rafale avait déraciné la tête de la vieille cheminée qui nous avait envahis. Je ne sais de quel sommeil nous dormîmes cette nuit-là. Mais le lendemain la pluie avait cessé, nous chassâmes. Nous passâmes et repassâmes, sans rien entendre, dans le champ maudit. J'y suis passé bien des fois depuis, il fut comme le rossignol du poète, sans voix.

C. Puichaud.

Les hantises du château de Saint-Pompain. — Les grand-mères ne manquent jamais, pour faire coucher leurs petits-enfants, de les menacer des prisons du château de Saint-Pompain (même commune, canton de Coulonges-sur-l'Autise (Deux-Sèvres), et des fantômes blancs que leurs aïeux ont assuré avoir entendus traînant avec fracas de longues chaînes dans les grandes salles du seigneur. Elles s'entretiennent souvent à la veillée, avec un ton de voix et un langage spécial, d'une mystérieuse caverne, dont l'ouverture parait dans un endroit inaccessible des rochers du château, et que tout le monde connaît sous le nom de *trou de Farfadet* ; c'est la demeure, assure-t-on, de nombreuses légions d'esprits malfaisants. C'est au fond de cet antre que se réfugie, pendant le jour, la chasse Gallery : c'est de là que partent pendant la nuit les loups-garous, les béliches des avents et les chevaux-malets du carnaval.

On nous a dit, et ce n'est plus un conte, qu'en 1793 les habitants de Coulonges-les-Royaux (aujourd'hui Coulonges-sur-l'Autise), menacés d'une visite des chouans, étaient venus y cacher leur bonnet de la liberté.

(Le château de Saint-Pompain. Journal *La Revue de l'Ouest*, Niort, Robin et L. Favre, jeudi 8 avril 1858, p. 3 ; en sous-titre : Histoire et traditions poitevines. Article anonyme, dont l'auteur était feu l'abbé Proust, alors curé de Saint-Pompain, natif de Saint-Denis, près Champdeniers, Deux-Sèvres.)

Léo Desaivre
(*Revue des Traditions populaires.*)

Chansons et rondes
RONDE DU DÉSERTEUR

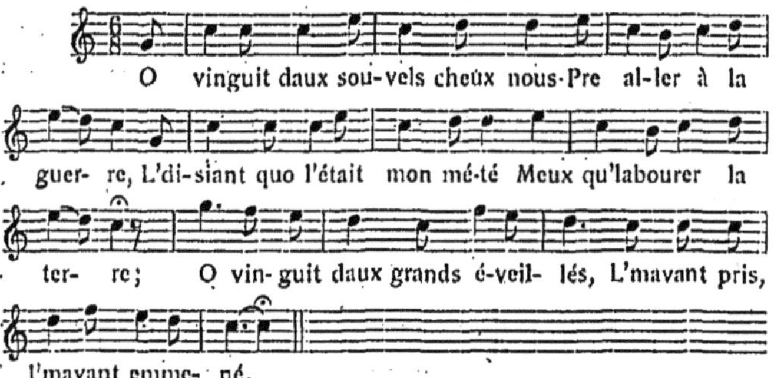

O vinguit daux souvels cheux nous
Pre aller à la guerre,
L'disiant qu'o l'étoit mon mété
Meux qu'labourer la terre ;
O vinguit daux grands éveillés,
L'm'avant pris, l'm'avant emmené.

Le me mirant à mon couté
Ine grande gibessère,
Et de la graine de navias
Dedans mes escritoueres,
Sur mon épale un bois crugé,
Ine grande broche à mon couté.

Gle me mirant en faction
Pre dare ine citadele,
Tcholai qui n'saviant ja mon nom
M'appeliant sentinelle.
Hé ! sentinelle, dormez-vous ?
Nenni, mon maître, i pense en vous.

Ol y en avoit qu'i etiant à chevaux
Qui fasiont ben leu maîtres ;
L'aviant daux grandes plumes de jaux
Tout à l'entour d' leu têtes,
Et puis l'aviant à leu talons
Au moins cent pointes d'aguillons.

Le batiant su dos tchus de boissias
Avecque daux baguiettes,
O me fasait ressouveni
Dos fuseax de Jeannette.
Le méniant bé tant de brit
Qui prit mon sac et m'en enguit.

Quand i arrivit à la maison
Dedans tchel étchipage,
Ma boune mère me disit :
A tchi tout tcho bagage ?
Ma boune mère, y sai soudard,
I ai mis ma vie à l'hazard.

I velit m'approcher d'au feut
Pr'égrabouiller la braise,
O sautit in breton de feut
Dedans mes escritoires ;
O sembloit cinq cent diablotons
Qu'etiant à l'entour de mes fonds.

Recueilli par M. Aug. Gaud, air noté par M. Moinard, Chef-Boutonne.

LES ABBAYES POITEVINES

Ligugé

SON ABBAYE. — SON PÈLERINAGE

Esquisse historique

Au début de l'année 361, le grand évêque de Poitiers, Hilaire, revenait dans sa ville épiscopale, d'où un ordre impérial l'avait arraché six ans auparavant pour avoir soutenu l'intégrité de la foi catholique contre l'arianisme triomphant.

vie solitaire ; il en avait goûté les charmes. Dieu lui réservait la mission de l'organiser afin de faire servir les forces morales que cette vie développe dans chaque solitaire pour le plus grand bien des âmes et de l'Église, comme aussi pour le plus grand honneur de Dieu.

Martin fit part de son projet à l'évêque. Celui-ci comprit que cette pensée venait de Dieu et eut à cœur de collaborer à cette grande œuvre. Il possédait, aux environs de sa ville épiscopale, un territoire assez vaste pour qu'une communauté d'ascètes pût y vivre. Le site en était pittoresque, sauvage même, assez éloigné de la ville pour qu'on fût en pleine solitude, assez rapproché cependant pour que l'accès n'en fût point trop difficile pour l'évêque qui comptait y venir de temps à autre au milieu de ses

Phot. de M. Charles Sautou.

ABBAYE SAINT-MARTIN DE LIGUGÉ

Presque en même temps arrivait à Poitiers un homme que son extérieur chétif et négligé faisait mépriser. Cet homme était le disciple de l'évêque, un exorciste de l'église de Poitiers, c'était Martin.

Dieu avait fait grande l'âme de ce petit homme et le destinait à faire une révolution pacifique dans l'univers et dans l'Église. Martin, pendant l'exil volontaire qu'il s'était en quelque sorte imposé tandis qu'Hilaire témoignait de sa foi, s'était initié à la

courses et de ses travaux apostoliques, s'y recueillir un instant et se sentir plus près de Dieu dans le silence, la retraite et la prière.

Le premier monastère en Gaule, dans l'ordre chronologique, venait d'être fondé. Nous allons dire maintenant quelles en furent les destinées à travers les siècles.

Saint Hilaire nomma saint Martin abbé de la communauté naissante et l'ordonna diacre.

Les disciples vinrent bientôt se ranger nombreux sous la direction de saint Martin.

Quelle était la vie de ces nouveaux solitaires ?

Nous sommes réduits à des hypothèses : cependant nous ne serons point téméraire en disant qu'à Ligugé elle dut être ce qu'elle fut plus tard à Marmoutier. Parmi les moines, les uns étaient appliqués aux travaux des champs, les autres, nouveaux venus dans la vie ascétique, étaient occupés à la transcription des livres, d'autres plus âgés vaquaient à Dieu dans la prière, l'oraison et les exercices de vie contemplative, mais ce n'était là que l'exception et l'on n'y parvenait qu'après avoir vécu longtemps de la vie de travail et d'apostolat.

Saint Martin fit de Ligugé le centre de ses courses apostoliques dans le Poitou et la France centrale.

Ce fut à Ligugé qu'il accomplit son premier miracle : la résurrection du catéchumène.

Enfin ce fut de Ligugé, après un séjour heureux de treize ans, comme le grand évêque aimait à le redire plus tard, qu'il fut pour ainsi dire enlevé pour être placé sur le siège épiscopal de Tours.

L'histoire de saint Martin se confond désormais avec celle de Marmoutier et de l'église qu'il gouverna.

Cependant le petit *moutier* fondé par lui ne perdit point toute sa renommée. Les vocations monastiques ne cessèrent d'affluer. Parmi les plus généreuses il ne faut pas oublier de signaler celle de saint Savin, qui, entraîné par l'exemple de son élève, commença sa vie religieuse sur les bords du Clain et qui l'acheva au milieu d'effroyables austérités dans les grottes sauvages des Pyrénées (fin du quatrième siècle).

La renommée croissante de saint Martin amena les peuples de la chrétienté à témoigner leur dévotion pour tous les lieux où l'on trouvait une trace du passage ou du séjour du grand thaumaturge. Ligugé ne fut point oublié : un beau monastère remplaça les huttes et les grottes des premiers ascètes, une grande basilique consacra l'emplacement de la cellule de Martin et celle du catéchumène ressuscité : les pèlerins accoururent nombreux. Les Saints n'oublièrent pas cette station dans leurs pieux itinéraires et les chroniques mentionnent à cette époque les noms de saint Yrieix ou Héray, de saint Léger et de saint Grégoire de Tours. Celui-ci nous donne de longs détails sur son pèlerinage et nous fait le récit du miracle qu'obtint la foi d'une paralytique.

Au septième siècle, le monastère de Ligugé était gouverné par Ursinus, homme lettré et savant, l'historien choisi par l'évêque Auscald pour retracer la vie, l'épiscopat et le martyre de saint Léger. Une autre épave littéraire de cette époque nous est restée : ce sont les *Étincelles,* du moine Defensor. Ce livre est une compilation en quatre-vingts chapitres des sentences les plus remarquables, au point de vue ascétique, de l'Écriture sainte et des Pères de l'Église.

Ce siècle marque l'apogée du monastère poitevin, c'est aussi l'époque où il adopta la Règle bénédictine.

Cette splendeur ne fut pas de longue durée : les invasions musulmanes du huitième siècle y vinrent mettre un terme et la désolation dura jusqu'au onzième siècle. Durant ce long intervalle, le pèlerinage de saint Martin ne fut point tout à fait abandonné : des prêtres, aidés de quelques clercs, continuèrent à desservir la basilique. Mais les propriétés du monastère étaient tombées entre les mains des comtes du Poitou, qui les distribuèrent à leurs vassaux.

Cependant une petite portion des biens de l'abbaye fut restituée

à l'église par les seigneurs de Lusignan. Ceux-ci transmirent le fief de Mézeaux à l'abbaye de Maillezais, monastère bénédictin de la réforme de Cluny. L'abbé de Maillezais eut à cœur de recouvrer quelques autres parties de l'héritage de saint Hilaire et de saint Martin ; il put se rendre acquéreur de la partie occupée autrefois par l'église.

Dès lors, il fit reconstruire le sanctuaire, espérant pouvoir lu rendre un jour une vie autonome ; mais des obstacles politiques insurmontables empêchèrent cette restauration.

Malgré cette déchéance, Ligugé n'en resta pas moins un lieu de pèlerinage important ; successivement vinrent s'agenouiller sur les dalles du sanctuaire restauré un saint évêque, comme saint Fulbert de Chartres, un pape illustre, comme le bienheureux Urbain II, et un saint abbé, comme Guibert de Gembloux.

Le treizième siècle n'offre rien de remarquable pour l'histoire du vieux prieuré poitevin ; il faut noter cependant qu'en 1267 Alphonse, comte de Poitiers, donna au monastère la haute et basse justice, ainsi que le plein domaine sur le bourg de Ligugé.

Le pape Clément V vint se reposer de ses fatigues pendant une dizaine de jours, du 5 au 14 août 1307, auprès de la « première cellule de saint Martin ». C'est là qu'il reçut une ambassade du roi d'Angleterre qui voulait se faire restituer par le roi de France la citadelle de Mauléon.

L'histoire ajoute — qu'est-ce que l'histoire ne dit pas ? — que le pontife s'y purgea. Mais parlons de choses plus relevées : après le départ du pape et de la cour pontificale, le calme se fit de nouveau dans le monastère. Un peu de prospérité matérielle — ce surcroît promis à ceux qui recherchent Dieu avant tout — revint au prieuré, grâce à l'intelligente administration de Jean de Cursai *(1318).*

Ce fut à cette époque aussi que l'église du monastère cessa d'être église paroissiale.

Mais hélas ! cette prospérité ne fut pas de longue durée : le prieuré et l'église de Saint-Martin furent détruits de fond en comble dans les guerres du quatorzième siècle contre les Anglais. Comme au treizième siècle les moines furent dispersés et les biens devinrent la proie d'injustes détenteurs.

C'en était fait de la vie religieuse sur ce petit coin de terre, si l'évêque de Maillezais ne se fût résolu à revendiquer les biens de son église et à restaurer le prieuré.

Mais un autre fléau ne tarda pas à éprouver notre communauté : elle tomba en commende en 1501. Les prieurs commendataires parurent prendre à tâche d'effacer jusqu'à la trace de la régularité monastique partout où ils s'installaient. Il en fut de même pour Ligugé.

Cependant il faut faire une exception honorable pour Geoffroi d'Estissac (1504-1552).

Ce prélat eut à cœur de relever les ruines de son prieuré. C'est à lui que l'on doit l'église actuelle et la tour qui existe encore aujourd'hui et qui abrite l'oratoire privé et la bibliothèque du monastère. Quant à la vie religieuse elle était réduite à l'état de souvenir : Ligugé n'était plus qu'un lieu de repos pour les moines de Maillezais.

Geoffroi venait chaque année passer quelque temps dans son prieuré, où il recevait les lettrés du temps : Rabelais y reçut l'hospitalité et une de ses lettres consacre la réputation des laitues que l'on y mangeait.

A sa mort, le prieur commendataire fut enterré dans l'église de Saint-Martin, mais son tombeau avait disparu dans la seconde moitié du dix-septième siècle.

Vue de l'Abbaye Saint-Martin de Ligugé en 1882

Les guerres de religion ne furent pas moins funestes au monastère ligugéen que les invasions des barbares, les guerres de l'Islam et la guerre de Cent Ans.

Le dernier prieur commendataire, Gaspard Le Franc (1598-1610), trouva les bâtiments de son bénéfice en ruines et l'église dépourvue du linge nécessaire au culte.

Ces embarras, joints au procès qu'il dut soutenir pour s'en assurer la paisible jouissance, lui firent prendre sa commende en dégoût : aussi, à peine en fut-il assuré qu'il la transmit aux Pères de la Compagnie de Jésus.

Les Jésuites gardèrent Ligugé depuis 1618, époque de la bulle pontificale et des lettres patentes du roi qui annexaient le prieuré à leur collège de Poitiers, jusqu'en 1763, époque où leur Compagnie fut supprimée.

Ils élevèrent en 1674 un corps de logis — aujourd'hui l'aile méridionale de l'abbaye, — ne laissant subsister qu'une faible partie des constructions de Geoffroi d'Estissac.

Tous ces changements avaient fait tomber le pèlerinage dans le plus profond oubli : cependant la tradition ne fut point tout à fait oubliée, si bien que l'on peut citer parmi les pèlerins de cette époque le bienheureux Grignon de Montfort.

Toute vie monastique avait disparu du prieuré de Saint-Martin longtemps avant l'installation des Jésuites. Ceux-ci firent desservir le pèlerinage par un prêtre et deux choristes : celui des deux choristes qui était revêtu du sacerdoce portait le titre de « desservant ».

La suppression de la Compagnie de Jésus n'apporta aucune modification dans le service religieux du sanctuaire, bien que les biens en fussent mis sous séquestre et affermés à des fermiers généraux.

Les derniers choristes de l'église moururent en 1781 et ne furent pas remplacés.

La Révolution, qui s'avançait à grands pas, fut bientôt un fait accompli, et, en vertu du décret du 14 mai 1790, sanctionné par le roi le 17 mai, le prieuré de Ligugé et les terres qui en dépendaient furent divisés en seize lots d'inégales valeurs et vendus aux enchères à diverses personnes de Poitiers et de Ligugé.

La famille Véron acquit les bâtiments du ci-devant prieuré, avec plusieurs lots qui en dépendaient, pour une somme de 107.000 livres.

Quant à l'église, elle était dépouillée de ses ornements sacrés, que l'on faisait servir à la défense nationale ; l'édifice devint le lieu de l'assemblée communale.

Au moment du Concordat, l'église fut vendue à l'évêque de Poitiers, qui la consacra au service paroissial.

En 1822, le curé de Ligugé résolut de renouer les traditions du passé aux espérances de l'avenir ; des efforts furent tentés pour renouveler l'ancien pèlerinage, une relique de saint Martin fut envoyée de Tours : la réception en fut très solennelle.

En 1849, une nouvelle chapelle s'élevait sur l'emplacement traditionnel de la « cellule du catéchumène ressuscité ».

Mais les restaurations ne devaient point s'arrêter là.

Mgr Pie, évêque de Poitiers, amena en 1853 une petite colonie de moines Bénédictins de Solesmes qui firent retentir les voûtes de la vieille église des échos de la louange divine : une abside fut élevée aux frais d'une généreuse bienfaitrice, trois cloches animèrent la tour.

D'abord simple prieuré de Solesmes, le monastère fut érigé en 1863 en abbaye indépendante.

Un avenir plein de promesses se levait pour Ligugé. On put croire toutefois un instant que ces jours de résurrection n'auraient point de lendemain.

En 1880, les moines furent dispersés, mais ce ne fut qu'une éclipse : ils rentrèrent bientôt peu à peu et ne furent plus inquiétés.

En 1887, un noviciat fut annexé à l'abbaye, qui put ainsi assurer son avenir.

Enfin, en 1890, on commença à restaurer et agrandir le

monastère, qui, devenu bientôt trop étroit, dut fonder une maison d'études à Paris et envoyer un essaim repeupler la solitude de Saint-Wandrille, en Normandie.

Aujourd'hui les constructions s'achèvent dans le style autrefois adopté par Geoffroi d'Estissac et quarante religieux habitent la solitude de saint Martin.

Dom Basquin.

D'après les travaux du R. P. Dom Chamard.

Musée du Poitou Chrétien

(MUSÉE SAINT-MARTIN)

Nous commençons aujourd'hui, et nous continuerons dans chaque numéro, l'inventaire des objets donnés au Musée du Poitou chrétien. Nos lecteurs trouveront au Bulletin le compte rendu de l'inauguration du Musée et quelques détails sur le but poursuivi, nous y reviendrons ultérieurement. L'abondance des matières nous oblige aussi à renvoyer à un prochain article la liste des gravures, photographies, manuscrits et médailles que nous avons reçus : citons seulement parmi les donateurs de la première heure : l'abbaye de Ligugé, Mgr Barbier de Montault, M. l'abbé Savatier, curé-doyen de La Villedieu, M. Jules Robuchon, le R. P. Dom Chamard, M. l'abbé Jamain, curé de Pamplie, M. l'abbé Ripault, curé-doyen de Lusignan, M. Constant Roy, M. Louis Boucher, M. Oudin, M. l'abbé Percheron, curé de Saint-Christophe-sur-Roc, les religieuses de l'Union chrétienne de Pamplie, plusieurs anonymes, etc.

Chaque objet décrit sera, autant que possible, accompagné de sa reproduction par la photographie ou le dessin. Nous recevrons toujours avec reconnaissance les rectifications, notes additionnelles, références bibliographiques, iconographiques, que nos lecteurs voudront bien nous faire parvenir.

Pupitre de sainte Radegonde. — Un moulage de ce petit meuble, dont l'original en bois est conservé au monas-

tère de Sainte-Croix de Poitiers, a été donné au Musée par les RR. Pères Bénédictins de Ligugé.

On en trouve pour la première fois la description dans le troisième volume des *Mélanges d'archéologie, d'histoire et de littérature* des PP. Cahier et Arthur Martin, publié en 1859. La monographie est signée Paul Durand.

D'après la tradition, ce meuble fut le pupitre de sainte Radegonde : son apparence et le caractère des sculptures ne démentent pas la haute antiquité qu'implique cette origine.

Ses dimensions sont de 26 centimètres 1/2 en longueur sur 21 1/2 de largeur. Sa hauteur est de 17 centimètres dans la partie postérieure et de 10 centimètres dans la partie antérieure.

Le plateau est sculpté en bas-relief, divisé en neuf compartiments.

Au centre l'Agneau mystique et des palmiers, flanqués à droite et à gauche de croix gemmées. Aux quatre angles, les quatre Evangélistes figurés d'après les symboles traditionnels ; au-dessus et au-dessous de l'Agneau, des colombes supportent le monogramme du Christ et la croix.

Une particularité archéologique qui milite en faveur de l'antiquité reculée de ce meuble de style mérovingien et qui paraît être le plus ancien monument de ce genre connu en France, est l'absence de nimbes autour de la tête de l'Agneau.

Croix de sainte Radegonde. — Le Musée Saint-Martin doit un moulage de cette relique à la libéralité de Dom Chamard, Prieur de l'Abbaye de Ligugé.

De même que le pupitre, l'original est conservé au monastère de Sainte-Croix. Sa forme décèle également un objet d'origine mérovingienne.

En voici la description tirée de l'*Histoire de sainte Radegonde*, de M. l'abbé Briand :

« Cette croix est en cuivre jaune, avec pourtour en argent ; des traces de dorure apparaissent aux angles. Les quatre bras sont pattés aux extrémités, bordés d'un ornement zigzagué et évidés en cuve. Ces bras sont reliés entre eux par un large médaillon rond, mais avec une saillie au centre, et bordé d'une applique en argent zigzagué. Chaque bras est percé d'un trou, et il y en a six dans le médaillon du milieu ; là étaient fixés les clous qui maintenaient l'ornementation rapportée dans les creux. Tous les vides en effet étaient remplis par une pâte couverte d'émail, et au centre de la croix se trouvait la relique de saint Pierre. »

Cette croix est l'objet d'un culte spécial à Poitiers, où fréquemment on la demande aux filles de sainte Radegonde pour en faire l'application aux malades. Elle n'est pas, comme on l'a cru longtemps, celle que décrit saint Fortunat et que, d'après son biographe, la Sainte faisait rougir au feu pour se l'appliquer ensuite sur le corps ; mais bien la croix terminale qui surmontait la châsse d'or de Sainte-Croix enlevée par les huguenots pendant les pillages des guerres de religion.

Saint Thibault. — Statue en bois peint. — L'intelligente intervention de M. l'abbé Jamain, curé de Pamplie, et la généreuse abnégation des Sœurs de l'Union chrétienne de cette commune, nous ont permis de transporter au Musée l'œuvre remarquable que nous reproduisons.

Nous ouvrons, entre nos lecteurs, une enquête, pour déterminer quel est le saint Thibault qu'a voulu représenter l'artiste. Cette statue provient de l'église Saint-Hilaire de Poitiers, où elle a dû être remplacée, à une date que nous essaierons de déter-

miner, par une autre statue en pierre blanche, d'un art conventionnel et froid, mais tolérable, qui se trouve derrière le maître-autel. M. l'abbé Tual, devenu possesseur de l'œuvre primitive, l'installa dans l'église de Pamplie lorsqu'il en fut nommé curé, puis à son départ, il y a dix ans, il l'en retira pour la donner aux Sœurs de l'Union chrétienne, qui ont bien voulu consentir à s'en dessaisir au profit du Musée du Poitou chrétien.

Vue de face, cette statue, comme nos lecteurs peuvent s'en convaincre, a un grand caractère. Le profil est moins heureux. L'artiste, probablement un moine, a dû copier avec une sincérité parfaite un modèle dans l'intimité duquel il *vivait sans* doute. Ayant à représenter un saint qu'il aimait, il aura cherché autour de lui le moine dont les qualités morales, dont la haute piété, l'ascétisme, se rapprochaient le plus de l'idéal qu'il se formait du saint qu'il désirait faire revivre. Ce modèle avait le corps déjeté par les macérations ; le dos se creusait en arc de cercle et, par contre, l'abdomen se projetait en saillie énorme ; le cou, trop long, avançant exagérément, supportait une tête émaciée émergeant du capu-

Phot. de M. Max. Ménard.

chon, telle la tête d'une tortue hors de sa carapace. L'ensemble était disgracieux, grotesque ; mais cette difformité faisait mieux ressortir la beauté morale : l'âme transparaissait à travers ce corps affaissé. Souvent en voyant passer sous le cloître son frère, muet et méditatif, l'artiste s'était senti plus porté à la piété, à l'amour divin. Or, cette impression, il s'agissait de la communiquer aux fidèles qui viendraient invoquer son Saint. Pourquoi par des artifices, pour obéir à des règles académiques que fort heureusement d'ailleurs l'artiste ignorait, pourquoi risquer d'amoindrir cette impression, faire moins prier pour faire plus admirer, pourquoi étonner plutôt qu'émouvoir ? Il fallait représenter un saint, l'artiste avait devant lui un saint : il copia, fit un portrait, et aujourd'hui encore son œuvre émeut ou fait sourire, selon qu'elle est comprise ou incomprise.

Le saint, en costume bénédictin et revêtu de l'étole, tenait dans sa main droite un attribut, lequel ? Ses pieds foulent un terrain marécageux où crapauds et plantes aquatiques alternent ; un clou est fixé intentionnellement, semble-t-il, au bas de la coule. Quel est le symbolisme de ces détails ? Nous espérons que les communications de nos lecteurs nous aideront à reconstituer la physionomie de ce saint Thibault, dont le culte en Poitou est répandu et populaire sans que la détermination exacte du personnage paraisse nettement établie. En 1793, d'importantes reliques, enfermées dans un cercueil de plomb, portant inscrit le nom de THEOBALDUS, furent découvertes près Melle, par M. Aymé, président du tribunal de première instance de l'arrondissement de Melle, dans les démolitions du prieuré de l'Enclave, placé sous l'invocation de saint Thibault. Ces reliques sont actuellement dans l'église de Nieul-l'Espoir, où Mgr Pie les a fait transporter.

Boîtes à saintes huiles, *don de M. l'abbé Jamain, curé de Pamplie.* — 1° Un coffret contenant trois godets dans chacun desquels s'insère une spatule, le tout en étain, destiné à recevoir les trois sortes d'huiles saintes : huile des catéchumènes, huile

Bougouin, supérieur du grand séminaire de Poitiers, qui nous appelait récemment à l'honneur d'exposer devant MM. les séminaristes l'opportunité et la méthode des recherches et des études collectives sur la Tradition, et insistait auprès de ses élèves

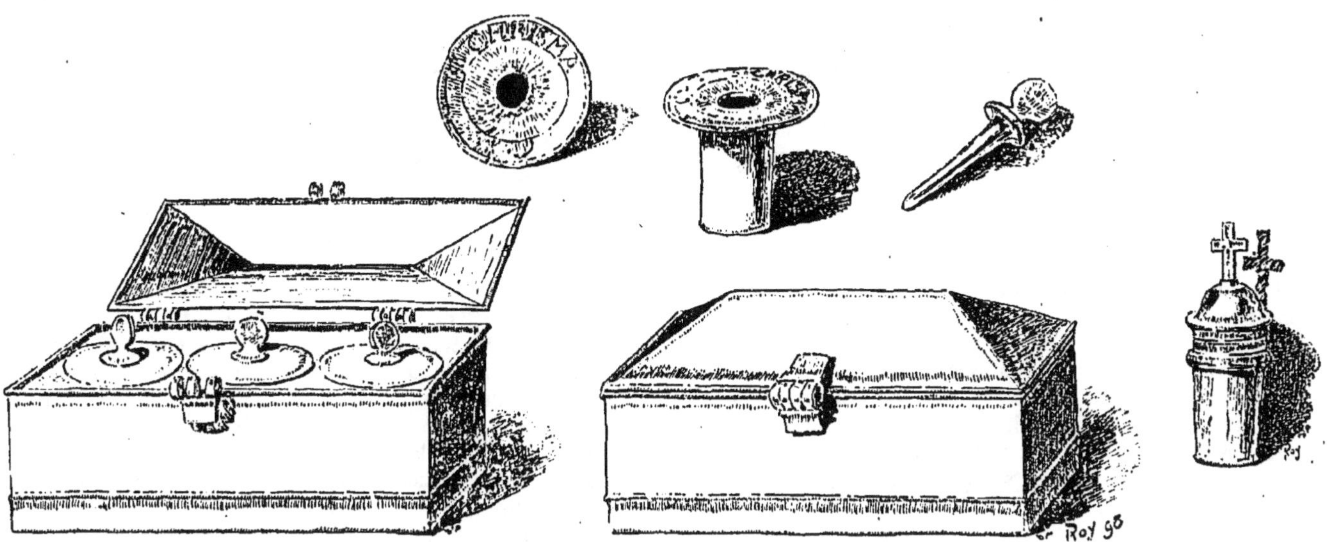

des ordinations, huile des mourants. L'usage des spatules est maintenant interdit et les onctions doivent être faites avec les doigts ;

2° La petite boîte, surmontée d'une croix, aussi en étain, représente le modèle encore généralement usité.

Ciboire et ostensoir en fer battu. — Ces deux objets semblent appartenir à la catégorie de ceux que les prêtres réfractaires, ou les paroisses dépouillées de leurs objets précieux, firent fabriquer en hâte à leur usage, pendant la

période révolutionnaire. Le Musée a reçu ces deux curieux spécimen de M. l'abbé Ripault, curé-doyen de Lusignan, également donateur de deux croix processionnelles dont nous publierons plus tard la reproduction, d'un calice en cuivre doré et argenté, et d'une burette en étain.

Nous ne pouvons terminer ce premier article sans remercier les généreux collectionneurs qui, lors de l'inauguration de la salle provisoire du Musée, ont bien voulu mettre à la disposition du Comité leurs objets les plus précieux afin d'organiser une Exposition donnant par avance l'idée du but à réaliser. Citons tout particulièrement : MM. Casimir Puichaud, de Moncoutant ; H. Clouzot, Cuvillier, de Niort ; Robuchon, de Fontenay-le-Comte ; Dangy, de Châtellerault ; Mᵍʳ Barbier de Montault, M. Jolly-Guignard, de Poitiers, etc.

Il nous faut aussi exprimer notre reconnaissance à M. l'abbé

pour qu'ils veuillent bien consacrer une partie de leurs vacances à des recherches qui les mettent à même d'apporter une utile contribution au *Congrès de la Légende dorée* et aux collections du Musée. M. l'abbé Bougouin a pris là une initiative féconde pour l'histoire de notre province, qui trouvera en le jeune clergé poitevin d'ardents pionniers. Nous souhaitons vivement que cet exemple soit suivi.

Gustave Boucher.

HAGIOGRAPHIE

De la beauté de sainte Radegonde

Les modernes qui ont écrit sur sainte Radegonde ont tous vanté sa grande beauté. Je citerai particulièrement de Fleury, Filleau, l'Anonyme de 1621, le Jésuite Dumonteil, dont l'ouvrage fut fini de composer en 1618.

Filleau a consacré sur ce sujet neuf pages in-4° de *La Preuve historique des litanies de sainte Radegonde.* Il commence ainsi : « Combien que la beauté du corps soit un advantage purement naturel et qui ne contribue point à la saincteté et perfection des ames, qui se vouent parfaictement au service de Dieu, elle ne laisse toutesfois de se rendre recommandable, quand un généreux mespris le réduit soubs les loix de la raison, et qu'au lieu de servir d'escueil à la grace, elle luy va préparant de plus hautes démarches pour parvenir à la gloire. La divine Providence, pour rendre saincte Radegonde plus admirable en la pratique de la vertu, la fit naistre dans les advantages d'une si rare beauté, qu'elle effaçoit par sa présence l'éclat de toutes les autres, qu'un miroüer non flateur rendoit assez hardies pour luy en voüloir disputer le prix... »

Le P. Dumonteil a aussi traité largement la question. Son curieux article est à lire ; le voici presque en entier : « Il resteroit de dire quelque chose de la grandeur et disposition du corps de cette saincte Royne Religieuse pour plus vive souvenance et consolation de ses dévots et dévotes. Mais hélas ! nous ne pouvons avoir de si longtemps aucun pourtraict tiré sur le naturel, n'y approchant, comme la dévote ville de Milan a eu ceste faveur du Ciel d'avoir conservé le vif pourtraict de son grand Archevesque et grand Docteur Ambroise, et celle de Poictiers, de son grand Pasteur et Docteur Hilaire, qu'on void peint d'une médiocre stature avec un œil vif, un nés poinctu et un seing ou poireau en la joue gauche. C'est ainsi que les anciennes peinctures le représentent... Or quant à nostre saincte Royne puisque le vray pourtraict nous manque, les Historiens nous asseurent que c'estoit une Princesse d'une rare et excellente beauté, voire la beauté sans pareille, la première qui fust de son temps, et peut-estre ait esté depuis. Car elle estoit d'un pays froid, où le tein ordinairement est plus frais, plus blanc et plus beau, elle ravit à sa prinse par sa beauté les yeux des Roys, si bien que chascun la vouloit, et en faillirent venir aux mains : elle agrea tellement au Roy Clotaire qu'elle sembloit une autre Esther envers Assuere tant pour sa beauté que pour sa vertu, pour cela il la regretta tant et s'efforça de la reprendre quand il l'eut congediée en Religion. Mais la grace et la beauté de ceste saincte ame attira davantage le Roy des Roys son espoux celeste, et fit qu'il en demeura seul paisible possesseur. Pour la perfection d'une Majesté et beauté accomplie son corps estoit de belle taille, de haute et grande stature, bien proportionné, d'une robuste complexion. Son pays d'Allemaigne qui porte pour l'ordinaire des gens forts nous le donne assés à cognoistre, et les effects le monstrent... Que tous les Peintres donc, Statuaires et Graveurs les plus ingenieux et subtils, s'efforcent de la peindre, effigier et relever, quand ils seroient des Apelés, des Lysippes et Polycletes ils ne sçauroient jamais luy donner aûtant de beauté, gravité et majesté qu'elle avoit. Entre tous les pourtraicts que j'ai veus de ceste saincte Royne Religieuse, celuy-la qui est en ce chef d'argent doré que Madame de saincte Croix a fait faire dont il a esté parlé si dessus, est le superlatif en perfection. Parce que la face est si belle, si modeste et si devote avec des yeux comme larmoyans et soubs-rians tout ensemble qu'elle excite une tendre devotion et consolation dont je ne m'estonne pas si elle faisoit venir l'envie d'estre religieuse à une jeune Damoiselle à Paris, veu qu'il n'y reste rien que la parole. »

*
* *

Remontons plus haut. A la fin du quatorzième siècle, le savant hagiographe Pierre *de Natalibus* dans son *Catalogus Sanctorum* dit que Radegonde ravie à sa patrie et emmenée toute jeune en France, « tomba en partage au roi Clotaire qui l'épousa à cause de sa rare beauté ».

Le vénérable Hidebert, évêque du Mans, puis archevêque de Tours († vers 1134), a composé la troisième des vies latines de sainte Radegonde que nous possédons. Dès le commencement il déclare qu'elle était « d'une beauté remarquable, *vultu elegans* ».

Un peu plus bas, il donne à la sainte cet éloge : « Loin d'elle la légèreté propre à son sexe, loin d'elle tout éclat emprunté. Rien de recherché dans sa parure, rien de futile dans son langage. Sa tenue, ses manières étaient simples et naturelles, et n'avaient rien d'affecté. »

Wulfin Boëce, qui écrivit dans le premier tiers du neuvième siècle la vie de saint Junien, l'ami de sainte Radegonde, raconte qu' « aussitôt qu'elle parut aux yeux de Clotaire, elle plut extrêmement au prince, toute jeune qu'elle était. Elle était, en effet, bien faite, d'une ravissante beauté, aimable et gracieuse : *quæ cum conspectibus excellentissimi regis oblata esset, statim cobœsit animo ejus; erat quippe elegantissima, speciosa nimis et venusta aspectu, labiis gratiosa* ».

*
* *

Mais ces auteurs étaient plus ou moins éloignés du temps où vivait sainte Radegonde. Ils n'ont pu parler que par ouï-dire.

Abordons les trois historiens contemporains, témoins oculaires et auriculaires des actions de la sainte reine.

Saint Fortunat relate qu'après leur victoire sur les Thuringiens, Thierry et Clotaire se disputèrent la possession de la jeune Radegonde. Elle échut enfin à ce dernier qui la voulait absolument.

Il est tout à croire que les qualités naturelles de l'enfant, sa beauté naissante et son intelligence précoce furent la seule cause de cette contestation.

Au rapport de Baudonivie, Clotaire tenta à deux fois différentes de rappeler Radegonde auprès de lui et de la reprendre pour épouse.

L'amour toujours très vif qui possédait ce prince lui était inspiré sans doute par les charmes extérieurs et les attraits de la sainte reine.

Mais voici un texte très explicite pour notre sujet, tiré du récit même de Baudonivie. Après beaucoup d'autres louanges données à sainte Radegonde, elle s'écrie : « Qui pourra jamais rendre, grand Dieu ! la beauté et les charmes de son visage, les grâces répandues dans toute sa personne? Le seul souvenir de cela fait notre tourment. Oui, nous humbles créatures, nous regrettons en elle ce langage si instructif, ce visage si beau, cet air si noble et si gracieux, cette science, cette piété, cette bonté, cette douceur, toutes choses qu'elle avait reçues de Dieu plus que tous les autres mortels à un suprême degré. »

Enfin saint Grégoire de Tours, qui présida aux funérailles de sainte, dit que quand il la vit couchée dans son cercueil, son visage lui parut « plus beau et plus éclatant que les lis et les roses : *sancta facies ita fulgebat, ut liliorum rosarumque sperneret pulchritudinem.* »

Il ajoute que les religieuses de la communauté, au nombre d'environ deux cents, étaient là qui pleuraient et se lamentaient, s'adressant à la morte : « Pourquoi nous avoir abandonnées, ô Mère ? En quelque lieu que nous fussions, nous étions heureuses quand nous pouvions contempler votre radieux visage, *contemplantes gloriosam faciem tuam.* »

*
* *

Avec les *Litanies* rédigées au dix-septième siècle en l'honneur de notre sainte et dont l'oraison a été composée par Mgr Henri-Louis de La Roche-Pozay, nous pouvons donc conclure :
Radegundis Regina corpore et animo speciosa, ora pro nobis.
Sainte Radegonde Reine belle de corps et d'âme, priez pour nous.

L'abbé Alfred LARGEAULT.

(Croix des Deux-Sèvres.)

LÉGENDE DORÉE

Dévotions populaires

Saint Fesset. — Auprès de Saint-Benoit, près Poitiers, on conduit les enfants dont le postérieur ne se développe pas suffisamment, auprès d'une grosse pierre, au milieu de laquelle il y a un trou ; on jette quelques pièces de monnaie en nombre impair (condition indispensable au succès) dans ce trou, on fait une prière et on ramène son enfant. Cela s'appelle « aller à saint Fesset ».

Nous avons recueilli la légende suivante :

Un jeune enfant, par malice, avait souillé saint Fesset. Un mal mystérieux se répandit sur la partie coupable, et nul médecin n'en eut raison. Pressé de questions, l'enfant avoua son

6

méfait. Ses parents le ramenèrent à saint Fesset, à qui tous firent amende honorable, sans oublier l'aumône, et l'enfant guérit aussitôt.

*
* *

Saint Braillard. — *M. le curé de Smarves (Vienne)* conserve dans son presbytère une statue en bois de l'Enfant Jésus qui était autrefois dans l'église. Cette statue assez grossière a une joue volumineuse, ce qui lui donne un aspect larmoyant. Les habitants de Smarves appellent cette statue *Saint Braillard*, et allaient autrefois lui faire leur dévotion pour obtenir que leurs enfants cessassent de *brailler*.

Recueilli à Ligugé par M. Dumont.

●●●

Clefs de saint Hubert. — Il existe à Oiré (Vienne) une chapelle de Saint-Hubert, située à quatre kilomètres du village. En 1847, on retrouva dans les ruines la statue du saint Patron, et la clef qui, chauffée à blanc, préserve les chiens qui en sont touchés, de la rage. Les habitants ont fait reconstruire la chapelle, et le pèlerinage a été restauré.

*
* *

A Loudun, on conservait aussi, dans l'ancienne église des Carmes, aujourd'hui paroisse Saint-Hilaire, où se trouve un petit autel dédié au patron des chasseurs, une clef de saint Hubert, confiée à la garde du sacristain. Celui-ci la remplaça un jour, de sa propre autorité, par une longue tige de fer terminée par une barre horizontale, ce qui lui permettait d'atteindre le chien sans l'approcher. Cette clef est aujourd'hui en possession de l'héritier du sacristain.

M. Taillandier, de Loudun, a établi une concurrence. Il a fabriqué lui-même une clef à laquelle il attribue toutes les vertus requises, et marque les chiens moyennant une redevance de o fr. 50.

(D'après la *Revue d'Archéologie poitevine*.)

Mégalithes sacrés

La Pierre-Levée de Loubressac [1]. — C'était la sainte Vierge qui passait là, en filant sa quenouille : ses fusées dans sa dorne, et portant sur la tête cette grosse pierre plate. Elle a piqué là ses fusées et posé la pierre dessus. Du côté du ris, elle elle avait laissé l'ouverture d'une porte : on la voit bien encore.

C'était une remarque que la sainte Vierge faisait où elle passait.

On a fait maçonner, tout autour, des pierres qui sont debout, pour en faire une chambre ; et on y avait mis une porte ; mais on avait beau la fermer le soir, tous les matins cette porte se trouvait ouverte.

Mère LOUISE FOUCHET, 70 ans, née à Loubressac.

(LÉON PINEAU, *Folk-Lore du Poitou*.)

●●●

Saint Martin en Bretagne. — En Haute-Bretagne saint Martin n'a pas la prodigieuse popularité dont il jouit encore dans une grande partie de la France, surtout vers le Centre ; on

rencontre toutefois son nom associé à certains mégalithes. Comme dans une partie de la Haute-Bretagne saint Martin de Vertou est très connu, il est possible qu'il s'agisse parfois de ce dernier saint et non du grand apôtre des Gaules.

La Pierre du Diable, à Orgères, d'après une légende très suspecte en ce qui concerne tout au moins ce discobole, fut lancée par la druidessse Nuranda contre saint Martin évangélisant le pays, et les creux que l'on remarque sur la pierre sont l'empreinte des mains de la druidesse.

A Sffendic, une pierre à bassin, située à la queue de l'étang de Tromelin, est connue sous le nom de Pas de saint Martin ; les gens du pays prétendent que l'excavation que l'on voit dans sa partie médiane est l'empreinte de l'un des pieds du saint. On s'y rend en pèlerinage pour la guérison de la fièvre, et l'on dépose dans le pas des pièces de monnaie et de petites croix de bois.

(P. BÉZIER, *Inventaire des Mégalithes de l'Ille-et-Vilaine*.)

Fontaines miraculeuses

Bellévau. — A quelques kilomètres de Sers, on voit encore, creusées dans le rocher crétacé et disposées en longues files, sur deux rangs superposés, des cellules, restes d'un ancien ermitage connu sous le vocable de Notre-Dame. Une grande table servant de lieu de réunion ou de réfectoire, une chapelle taillée dans le roc avec ses colonnes et sa lucarne, une nef extérieure en maçonnerie, témoignent encore en faveur de l'importance de ce lieu. Une belle vallée s'étend au pied des rochers, et une fontaine sourd à deux mètres de la chapelle, s'échappe en faible ruisseau d'abord et va alimenter des réservoirs créés peut-être par les ermites.

On croit que cellules et chapelle ont été creusées vers le sixième siècle, mais on ne sait rien de positif à ce sujet.

La fontaine, parfaitement voûtée et pavée, est ornée, sur le côté, d'une croix de bois d'un mètre de hauteur, et cette croix disparaît toujours sous les ex-voto, consistant en vêtements d'enfants et en pièces de monnaie. C'est que la fontaine a la propriété de procurer du lait aux nourrices stériles et de guérir les enfants malades. C'est peut-être la fontaine la plus fréquentée de l'Angoumois.

Le clergé des communes voisines s'y rend quelquefois en procession pour obtenir de la pluie, et alors on ne manque pas de tremper la croix processionnelle dans la fontaine.

FAVRAUD, inspecteur primaire en retraite.

Noëls et cantiques

NOEL DES MÉTIERS

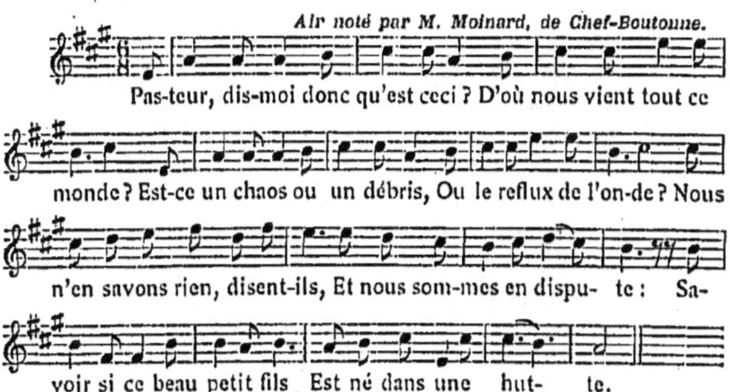

---

1. Loubressac, petit village sur la rive gauche de la Vienne, à quelque distance de la rivière, entre Lussac et Civaux. Le dolmen en question, relativement peu considérable, est visible du chemin de fer de Poitiers à Limoges.

Variante (Tirée des *Vieux Noëls*, de Libaros, à Nantes).

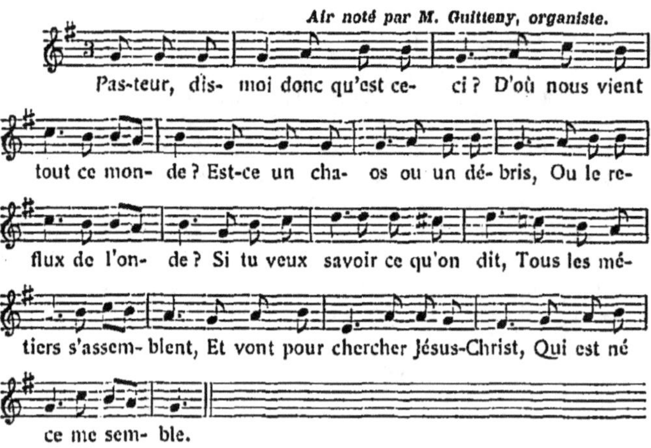

Pasteur, dis-moi donc qu'est ceci ?
   D'où nous vient tout ce monde ?
Est-ce un chaos ou un débris,
   Ou le reflux de l'onde ?
Si tu veux savoir ce qu'on dit,
   Tous les métiers s'assemblent,
Et vont pour chercher Jésus-Christ,
   Qui est né, ce me semble.

Un dit : J'ai quitté mon troupeau,
   Comme l'a dit un ange ;
J'ai été voir l'enfant nouveau,
   Né dedans une grange.
Allez, courez-y pour le voir,
   Vous tous, tant que vous êtes,
Car, pour lui marquer mon devoir,
   J'ai donné ma houlette.

Sur ce viennent deux *procureurs*,
   Qui demandent l'étable,
Où était ce Roi des seigneurs,
   Ce Dieu si tant aimable.
Nous n'en savons rien, disent-ils :
   Nous sommes en dispute :
Savoir si ce beau petit Fils
   Est né dans une hutte.

Il ne faisait encore jour
   Quand ces gens arrivèrent ;
Chacun d'eux y fut à son tour.
   Les *procureurs* entrèrent,
Parce qu'ils étaient les premiers :
   Par un hasard étrange
Le feu se prit dans leurs *papiers*
   Comme on chauffait les langes.

Les *typographes* pour présent
   Apportèrent une *Bible*,
Des presses sortie récemment,
   Et beaucoup d'autres *livres*.
Puis ils supplièrent l'Enfant,
   D'une façon civile,
De leur permettre dans cent ans
   D'imprimer l'*Evangile*.

Les *relieurs*, au point du jour,
   Arrivèrent à la fête ;
Chacun d'eux voulut à son tour
   Faire un cadeau honnête ;
Mais ne se trouvant pas d'accord
   Sur quelque point frivole,
L'Enfant, les remerciant d'abord,
   Reçut leurs *jattes à-colle*.

On vit entrer des *boulangers*,
   Qui donnèrent des miches,
Avec quatre *pâtissiers*
   Apportant des saucisses ;
Joseph les mit dans un panier.
   Elles n'y furent guère,
Car un friand de *galounier*
   Les lui prit par derrière.

Le *chausselier* et le *taillleur*,
   Qui sont toujours contraires,
Furent ensemble à ce Seigneur,
   A ce Dieu débonnaire ;
Et là, lui demandant pardon
   De leur faute commise,
L'un donne à Jésus un *landon*
   Et l'autre une *chemise*.

Un *cordounier* bien humblement
   Adore le Messie
Et lui consacre constamment
   Le reste de sa vie.
Ensuite on vit deux *chandeliers*,
   D'une amitié fidèle,
Qui lui donnent très volontiers
   Dix livres de *chandelle*.

Un *menuisier* dans ce taudis
   Remet une fenêtre.
Un *charpentier*, nommé *Cotris*,
   Voulut faire le maître ;
Mais Jésus lui dit : Doucement :
   La vanité du monde
Pourrait vous perdre assurément
   Si Dieu ne vous seconde.

Un homme noir comme un charbon
   Se trouva dans l'étable ;
Plusieurs crurent bien tout de bon
   Que c'était quelque diable :
Mais c'était un pauvre *cloutier*,
   Lequel, oyant l'horloge,
Partit aussitôt sans quitter
   Ses vêtements de forge.

Un qui semblait le précédent
   Se vit, par aventure,
Au milieu de ces braves gens,
   Sortant de la *teinture* ;
Un *serrurier* lui demanda
   S'il n'en voulait point être,
Mais un *coutelier* répliqua
   Qu'il n'en était pas maître.

Un *sergetier* donne à Jésus
   Quatorze aunes de *serge* ;
Le *lisserand* encore plus
   D'une toile bien large.
Sans oublier un beau couteau,
   Bien garni de dorure,
Qu'eut Joseph de *Châtellerault*
   Sans payer de voiture.

Un *vitrier* nommé Lucas,
   Proche d'une prairie,
Passant dedans ces cantons-là,
   Vit une bergerie
Où il trouva que Jésus-Christ
   Ne venait que de naître,
Pose aussitôt, sans contredit,
   Ses panneaux aux fenêtres.

Après, trois *jurés saveliers*
   Se parlent à la porte
Pour savoir qui va les premiers
   Voir Jésus dans la grotte ;
Quand une troupe de *piqueurs*
   De la bonne manière
Renvoya tous ces beaux messieurs
   Sans faire leur prière.

Il vint après quatre *tanneurs*
   Prier le Roi de gloire,
Et dix ou douze *chamoiseurs*
   Craquetant des mâchoires ;
Ils sentaient si mauvais qu'on dit
   Que tous prenant la fuite
Laissèrent d'abord Jésus-Christ
   Tout seul comme un ermite.

Trois *avocats* crurent en mourir
   Et cinq ou six *libraires*,
Mais il vint pour les secourir
   Brisset l'apothicaire,
Qui leur tira d'un petit pot
   Dix ou douze tablettes
Et à chacun un abricot
   Sortant de la poëlette.

Un autre trouve à son besoin
   Un *chirurgien* habile
Qui le saigne dessus du foin
   Pour lui chasser la bile ;
Comme on le vit si étonné
   Plusieurs de lui s'approchent,
Disant qu'il est, sans le nommer,
   Maître fondeur de cloches.

D'un air aussi doux que constant
   Un *imprimeur* s'avance,
Qui, adorant dévotement
   Jésus dans son enfance,
Lui dit : Je vous donne mon cœur,
   Père de tout le monde ;
Conservez tous les imprimeurs
   Sur la terre et sur l'onde.

Seigneur Jésus, n'oubliez pas
   Que nous sommes vos frères ;
Quand nous serons près du trépas,
   Tirez-nous de misère ;
Souvenez-vous, Père éternel,
   Auteur de la nature,
Que vous n'avez créé le ciel
   Que pour la créature.

La lecture de ce noël nous a suggéré une idée que nous nous permettons de soumettre aux directeurs d'institutions ou de patronages.

Il nous semble qu'il y a dans cette œuvre populaire matière à une délicieuse représentation.

Au fond du théâtre, sur l'un des côtés, une crèche, avec personnages vivants ; en avant, et sur le côté opposé, un *meneur de jeu* chantant les couplets après chacun desquels des groupes d'enfants, personnages muets, habillés en procureurs, en typographes, en boulangers, en menuisiers, en tanneurs, etc., viennent mimer la scène. On peut, bien entendu, réduire la longueur du noël dans les proportions qui conviennent.

CONGRÈS D'HAGIOGRAPHIE & DE LÉGENDE DORÉE

Deuxième Congrès
de la Tradition en Poitou et Charentes

La Section religieuse du Comité Poitou-Charentes d'Ethnographie et d'Art populaire organise à Poitiers et à Ligugé, pour les 10, 11 et 12 novembre 1898, à l'occasion de la saint Martin, des fêtes, et un Congrès d'Hagiographie et de Légende dorée en Poitou.

Ces fêtes et ce Congrès auront lieu sous le haut patronage de Mgr Pelgé, Évêque de Poitiers, et du Rme Père Abbé de Ligugé, membres du Comité.

Nous publierons ultérieurement la liste des membres du jury et le programme des fêtes. Voici l'indication sommaire des matières qui feront l'objet du Congrès.

COMMUNICATIONS :

Le culte populaire des Saints en Poitou ;
Croyances et légendes populaires les concernant ;
Leurs sanctuaires, leurs pèlerinages ;
Fontaines, empreintes, grottes, etc. ;
Liturgie, propres, cantiques notés ;

OBJETS

qui seront reçus avec reconnaissance par le Comité, soit en originaux, soit en copies, photographies, dessins, moulages :

Statues, tableaux, images, plombs et enseignes de pèlerinages, ex-voto, ornements, médailles, etc.

La collaboration des congressistes doit se borner à l'envoi de notes concises, accompagnées, s'il est possible, de photographies, dessins, références bibliographiques et iconographiques. Tous les envois rentreront dans les Archives du Musée du Poitou chrétien. Les objets prendront place dans la collection de ce Musée.

Le jury décidera des travaux qui pourront composer le deuxième volume de " LA TRADITION EN POITOU ET CHARENTES ". Les autres pourront être publiés dans des recueils périodiques. Tous seront mentionnés dans l'inventaire publié par le Musée. Des prix et des diplômes seront distribués aux meilleurs envois.

Les envois devront être adressés avant le 1er octobre, à **M. Gustave Boucher, à Ligugé (Vienne).**

Le symbolisme architectural
de la cathédrale de Poitiers

L E symbolisme monumental a réellement existé au moyen âge, quoiqu'il ait été contesté et même nié par certains écrivains qui n'avaient pas suffisamment étudié la matière.

Il s'est manifesté à la fois dans l'architecture et l'iconographie, c'est-à-dire dans la construction et sa décoration, car, dans un édifice religieux, l'art est un.

Sa source authentique fut la Bible, interprétée et commentée par les saints Pères, ainsi qu'en témoigne la *Clef* de saint Méliton, dont le docte cadinal Pitra a donné une si utile et complète édition. Il vit donc par la tradition.

Deux évêques en ont condensé les préceptes : Sicard, de Crémone, au douzième siècle, dans le *Mitrale*, et, au treizième, Guillaume Durant, de Mende, dans le *Rationale divinorum officiorum*.

De nos jours, le symbolisme a été vulgarisé par deux ouvrages, d'inégale valeur : l'un, d'origine anglaise, traduit par le chanoine Bourassé, de Tours ; l'autre, un peu trop long, édité par le chanoine Auber, de Poitiers.

Malgré cela, il y a encore place pour un nouveau traité, prenant strictement pour base la concordance des textes et des monuments. Je travaille à sa compilation et rédaction depuis bien des années ; mais, entravé par l'impression sans relâche de mes *Œuvres complètes*, je me vois encore dans la nécessité d'en différer la publication.

Entre temps, voici sur une des faces de ce sujet un article qui sera le complément de ce que j'ai écrit dans les *Paysages et monuments du Poitou* sur la cathédrale de Poitiers,

Nº 2.

l'espace ayant manqué pour l'y insérer, car, à chaque auteur, le nombre de pages était absolument compté.

La cathédrale de Poitiers est un édifice bien connu des archéologues, parce qu'il a été souvent visité par eux et que plusieurs se sont plu à le décrire. Il n'y a certainement pas lieu de revenir sur les études antérieures : une description nouvelle serait tout à fait superflue. Mais il y a utilité pour la science d'examiner les points négligés et de mettre en relief plusieurs particularités intéressantes, relatives à la *situation*, au *plan* et à l'*aménagement*, trois formes différentes du symbolisme traditionnel.

I. — SITUATION

L'ancien Poitiers étalait ses maisons sur la croupe d'une colline qui descend vers le Clain, dont le cours indolent suit le fond de la vallée. Ses deux points extrêmes étaient pour ainsi dire délimités par deux monuments, presque d'égale importance, mais de caractère absolument différent. En haut, sur une motte artificielle, entourée d'un fossé, se dressait un donjon, qui est devenu la *tour Maubergeon*, symbole de la puissance civile et militaire : là ont résidé successivement les comtes et les ducs ou sénéchaux du Poitou, altiers souvent et se posant volontiers en protecteurs de la commune et de l'Église. En bas était la cathédrale, à l'écart de la foule et du bruit des affaires, comme retirée et réclamant, pour exercer sa juridiction, le secours du bras séculier : là était le siège permanent de l'autorité spirituelle.

Une rue, qui a toujours été longue, mais étroite, reliait le palais à la cathédrale [1], comme pour manifester l'accord constant des deux pouvoirs, unis pour le bien de la cité. Chemin faisant, on y rencontrait les églises de Notre-Dame-la-Petite et de Saint-Paul, qui ont donné leur nom à deux tronçons de cette artère, laquelle ne prenait celui de Saint-Pierre qu'aux approches de la cathédrale. Récemment les différentes parties de cette voie ont été unifiées et portent le nom commun de *rue de la Cathédrale*. Cette mesure a été heureusement prise en vue de la commodité publique.

Le regretté Arcisse de Caumont, à qui nous sommes redevables de la classification archéologique et d'une foule d'observations précieuses, avait remarqué que les cathédrales primitives étaient situées près des remparts, comme en font foi celles de Tours, d'Angers, du Mans, d'Orléans, de Sens, etc. ; et que, malgré des reconstructions réitérées, elles ne changeaient jamais de place. Il en fut ainsi pour celle de Poitiers : elle est située à proximité du mur d'enceinte, ce qui implique l'existence d'un système généralement adopté [2], et sur le même emplacement qu'à ses débuts, afin de se maintenir dans un lieu sanctifié déjà par les onctions des pontifes et les prières de plusieurs générations.

Le sol a pu s'exhausser autour du monument, ainsi qu'on l'a remarqué partout ailleurs; mais le niveau actuel, à l'intérieur,

en se basant sur les calculs approximatifs qui s'imposent en pareille matière, reporte à un édifice bâti sur des remblais vers le huitième siècle.

Les dimensions ont varié suivant les siècles, le centre a dû rester le même et les agrandissements se sont faits, dans l'église actuelle, aux deux bouts, par l'addition du chevet et du portail. Nous avons un point de repère certain dans le baptistère Saint-Jean : sa position, au sud, indiquait déjà l'église épiscopale, puisqu'alors le rite n'autorisait pas la collation du baptême en plusieurs églises de la cité ; il n'est pas moins curieux de constater qu'il était à l'alignement de la façade, qui, en conséquence, ne dépassait pas la porte latérale, dite encore de *Saint-Jean*, parce qu'elle y conduisait [1].

Le nivellement fut peu de chose, étant données les dimensions restreintes de l'édifice. Plus tard, il devint une difficulté pour asseoir un monument, dessiné dans des proportions considérables. Il se fit donc, à l'est, un terre-plein, très sensible au mur du chevet, car il fallait éluder la déclivité trop rapide du sol; au contraire, à l'ouest, en prolongeant la nef, on tailla dans la colline, en sorte qu'elle est en contre-bas de la rue et qu'on y descend par douze marches : le sol du parvis accuse déjà quatre-vingts centimètres de différence.

II. — PLAN

Le plan, tracé sur le sol par les fondations, est cruciforme, en croix latine, c'est-à-dire avec une tige plus développée que la tête, un peu forte ici à cause du clergé nombreux qui y prenait place pour la célébration des saints offices.

L'orientation était de rigueur au moyen âge. L'architecte de Saint-Pierre ne manqua pas à cette règle absolue; mais, en dépit des symbolistes qui, comme Guillaume Durant, exigeaient un point fixe, il prit l'orient, ainsi qu'on pratiquait ailleurs, à l'endroit où se levait le soleil lorsque fut posée la première pierre. Ce système nous permet de conclure que la cérémonie eut lieu au mois de décembre.

Là est le pivot de la distribution et de l'ornementation des diverses parties de l'édifice. Le chevet reçoit les premiers feux du soleil à son lever, tandis que la façade n'est éclairée que par le soleil couchant. Le nord, toujours privé de la lumière de l'astre du jour, représente, en iconographie, le froid, l'Ancien

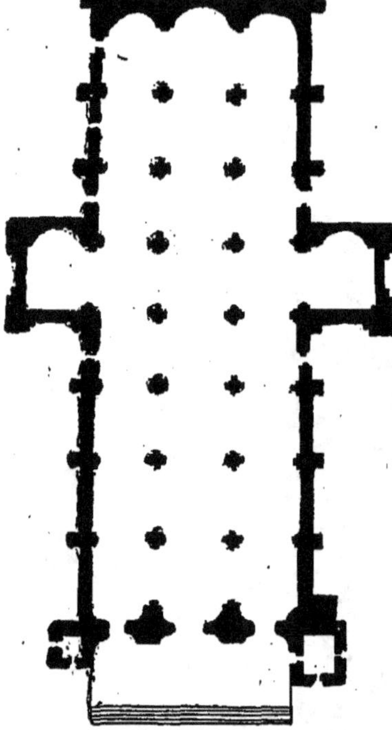

Plan de la cathédrale de Poitiers

Testament austère et glacial, l'enfance engourdie. De ce côté furent établis le cimetière, la porte Saint-Michel qui y conduisait et dont le patronage rappelle le pèsement des âmes par l'archange, une série de vitraux où se succèdent les histoires de Loth, d'Isaac, de Joseph et de Josué; puis, à la porte latérale, les scènes de l'enfance du Sauveur. Au sud, plein de la chaleur vivifiante du soleil, voici les vitraux consacrés au Sauveur et à l'enfant prodigue, le palais épiscopal et le baptistère, où l'âme du néophyte est à la fois purifiée et illuminée. Au couchant, sont réservées les fins dernières de l'homme, qui, comme le soleil, va disparaître de la face du monde pour renaître à une vie nouvelle. Sur les tympans de ses trois portes sont donc sculptés : la Mort, le Jugement et le Paradis.

III. — AMÉNAGEMENT

Je viens d'en donner un premier aperçu, mais le symbolisme

---

1. « Per quem itur de aula regia Pictavis ad Ecclesiam Pictaviensem. » (*Acte de 1330*). — « La rue qui va de la grant sale à l'Église de Poitiers. » (*Acte de 1418.*) — « La grant rue qui va du Palais à l'Église Saint-Pierre. » (*Acte de 1417.*) — « La rue comme on descend du Palais à Saint-Pierre. » (*Acte de 1647.*)

2. « Lorsque saint Sergius Paullus vint prêcher la foi nouvelle à Narbonne, il s'établit hors de la ville, à l'opposé du Capitole, du Forum et de la Curie, loin des puissants et des persécuteurs. » (*Bulletin de la Comm. arch. de Narbonne*, 1890, p. 50.)

---

1. Cette porte est située à la quatrième travée, à peu près au milieu de la cathédrale.

éclate encore d'une manière manifeste en bien d'autres endroits.
Le nombre trinaire y apparaît avec une intention marquée [1] : on
n'en sera pas étonné au siège même du grand évêque saint
Hilaire, qui se voua avec tant d'ardeur et d'éloquence à la défense du mystère sublime de l'auguste Trinité.

La façade montre, en largeur, trois corps distincts, le portail
resserré entre deux tours ; et, en hauteur, trois ordres, le rez-de-
chaussée, l'étage des fenêtres et le pignon : les fenêtres elles-
mêmes, au nombre de trois [2], sont décorées de trèfles. Trois
portes ouvrent sur les trois nefs [3] qu'irradient, à l'orient, trois
grandes fenêtres [4]. Le chœur est long de trois travées, qui font
penser tout ensemble aux trois personnes divines et aux trois
vertus théologales. Trois absidioles [5] au chevet abritent trois
autels ; trois autres autels étaient érigés : un dans la nef centrale,
et deux dans les absidioles creusées aux bras du transept, où s'é-
lançait vers le ciel une flèche, qui avait son complément dans les
deux tours de la façade.

La pierre crie donc sans cesse, dans cette enceinte, au dedans
comme au dehors, la louange incessante de la Trinité, emprun-
tant sa formule au texte même de la liturgie. A laudes et à com-
plies, les chanoines disaient : « Benedicamus Patrem et Filium
cum sancto Spiritu » ; toute la journée, ils terminaient les psaumes par un autre acte de glorification : « Gloria Patri, et Filio,
et Spiritui Sancto ». Le samedi, aux vêpres, ils chantaient cette
touchante prière du soir que saint Hilaire composa pour sa fille
sainte Abre :

> O lux, beata Trinitas
> Et spiritalis Unitas,
> Jam sol recedit igneus,
> Infunde lumen cordibus.
>
> Te mane laudum carmine,
> Te deprecamur vespere ;
> Te nostra supplex gloria
> Per cuncta laudet sæcula [6].

La connaissance de la Trinité nous introduit dans l'Église par
le bienfait de la foi ; elle nous dirige, comme un flambeau, pendant notre vie, nous illuminant de ses vives clartés, fruits de la

grâce ; elle nous fait prosterner devant elle dans un acte d'adora-
tion, et là nous lui demandons, matin et soir, de participer un
jour à sa gloire sans fin. Telle est, dans son ensemble, cette merveilleuse synthèse, dont la simplicité majestueuse est accessible
à toutes les intelligences.

Les fenêtres des latéraux, au nombre de vingt-quatre, sept par
côté, éveillent de suite l'idée des vingt-quatre vieillards de l'Apo-
calypse glorifiant Dieu. Or, ce chiffre correspond aux douze prophètes et aux douze apôtres, que l'Église qualifie : « Vera mundi
lumina », et nous savons, par les vitraux de Saint-Serge d'Angers,
que les prophètes éclairent le nord, c'est-à-dire l'Ancien Testament, et les apôtres le midi ou la Loi nouvelle.

Ce n'est pas tout : la disparition du jubé a pu rompre l'harmonie de la conception première, mais il est aisé néanmoins de
la rétablir. En longueur, la croix du plan présente successivement, toujours basé sur le nombre trois, une nef, un transept et
un chœur. Le jubé formait clôture au chœur au delà du transept,
et de la sorte se comprenaient mieux les trois Églises militante,
souffrante et triomphante [1].

La nef est de quatre travées. Or le nombre quatre symbolise
la Terre, avec ses quatre points cardinaux, ses quatre saisons et
ses quatre éléments, plus ses quatre fleuves, figures anticipées
des quatre évangélistes [2], des quatre grands docteurs de l'Église
et des quatre vertus cardinales. Sur le pavé se déroulaient les cir-
cuits de son labyrinthe, qui, à la suite des croisades, avait pris
le nom de *chemin de Jérusalem*, image du pèlerinage de la vie ten-
dant à la Jérusalem céleste [3].

Le transept représente le purgatoire, lieu de passage, où l'âme
ne s'arrête que pour l'expiation. Elle l'entrevoyait, dans le saint
sacrifice, célébré sur les autels, et le Christ triomphal qui, debout sur le jubé dont il facilitait l'accès, étendait ses bras et ver-
sait son sang pour sauver le genre humain.

Le ciel, séparé par son chancel de la partie terrestre, montrait
la sainte Trinité dans ses trois travées, et les huit travées du plan
général faisaient songer aux huit béatitudes, suivant l'adage populaire du moyen âge : *Octo facit esse beatos*.

Cet enseignement n'est pas moins consolant que le premier,
car il mène de la terre au ciel, qu'il offre en récompense aux la-
beurs de la vie.

X. BARBIER DE MONTAULT,
Prélat de la Maison de Sa Sainteté.

Illustrations. — La vue de la cathédrale a été gravée pour le
Pays Poitevin d'après une photographie de M. Perlat. — Le plan a été
dessiné d'après celui de Viollet-le-Duc, reproduit dans le *Dictionnaire
d'architecture.*

---

1. M. Cesa-Bianchi, dans sa brochure intitulée : *Alcune considerazioni unite
ai progetti presentati al concorso di secondo grado per la nuova facciata del duomo
di Milano*, Milan, 1888, in-8°, se livre à des considérations sur la « trauna »
ou *ter in unum*, qui conviennent aussi bien à notre cathédrale qu'à celle de Milan,
où il voit, aux murailles, comme dans l'homme, le *pied*, le *corps* et la *tête*, et au-
dessus de la toiture, la flèche centrale et les deux tours de la façade : « Ci ar-
rida, dit-il, il valore di quelle tre cime. » Voir dans l'*Archivio storico dell'arte*,
Rome, 1894, p. 107-108, le groupement significatif des trois nefs, des trois
portes, des trois fenêtres, des trois absides et des trois autels.

2. L'entrée de l'église de Roueiha, en Syrie, œuvre du cinquième ou sixième
siècle, est surmontée de trois fenêtres égales et sur le même rang. (Corroyer,
L'Architecture romane, p. 86.)

3. Saint Paulin de Nole écrivait dans son épitre à Sulpice Sévère, au quatrième siècle :

> *Alma domus triplici patet ingredientibus arcu*
> *Testaturque piam janua trina fidem.*
> *Una fides trino sub nomine quæ colit unum,*
> *Unanimes trino suscipit introitu.*

L'église de Babouda, en Syrie, élevée au cinquième siècle, a trois portes, quoiqu'il n'y ait qu'une seule nef et que l'édifice soit de petites dimensions. (Corroyer, *L'Architecture romane*, p. 76.)

4. Il n'est pas rare, dans l'architecture romane, de voir trois fenêtres à l'abside ou au chevet. Dès le cinquième siècle, ce type s'observe en Syrie, à l'abside
(Corroyer, *L'Architecture romane*, p. 71) : voir aussi l'église de Tourmanin dans
la même contrée (*ibid.*, p. 89).

5. Les trois absides, à l'orient, sont fréquentes dans les églises romanes. Un
des plus anciens exemples est la chapelle de Sainte-Croix, à Munster (Suisse),
qui date du septième siècle (Corroyer, *L'Architecture romane*, p. 168). L'intention
symbolique est évidente dans la chapelle de la Trinité, à Lérins, qu'on attribue
au septième ou huitième siècle (*ibid.*, p. 169). Le nom même ne le voulait-il
pas ? L'église de Vignory (Haute-Marne), construite au onzième siècle, entoure
son abside majeure de trois absidioles ouvrant sur le déambulatoire (*ibid.*,
p. 176).

6. Dom Fonteneau, t. LXXXII, p. 65, a relevé cette hymne sur une inscription
de l'église Saint-Hilaire, dont il ne donne pas la date.

---

1. Saint Thomas d'Aquin, cité par Benoît XIV dans son traité *De sacrosancto
Missæ sacrificio*, où il se porte ainsi garant de sa doctrine, émet une idée analogue quand, dans sa *Somme* (3° part., quest. 83, art. 5 ad 8), conformément
au canon *Triforme* (*De consecr., dist. 2*), il déclare que le prêtre, à la messe,
par la division de l'hostie en trois, symbolise les trois Églises : la parcelle jointe
au précieux sang représente ceux qui sont encore sur la terre ; celle qui est réservée, les saints qui jouissent au ciel de la béatitude complète ; enfin la partie
affectée à la communion, les âmes du purgatoire. Le docteur angélique donne
encore cette interprétation : L'immixtion dans le calice symbolise la résurrection
du Christ, c'est-à-dire l'union de son âme avec son corps, le matin de Pâques,
ou la gloire des saints ; la partie consommée au sacrifice signifie les vivants,
qui ont encore besoin des sacrements, et la particule mise en réserve pour les
infirmes, les âmes souffrantes du purgatoire.

2. X. Barbier de Montault, *Traité d'iconographie chrétienne*, t. II, p. 50.

3. L'épure du labyrinthe est gravée près de la porte Saint-Michel, sur le mur
latéral du nord. Le chanoine Auber l'a reproduite (*Mém. de la Soc. des Ant. de
l'Ouest*, 1848, pl. 1, fig. 6).

Le Miracle en Poitou

NOTRE-DAME DES CLEFS

Jean Bouchet, dans ses *Annales d'Aquitaine*, raconte comment, en 1202, les Anglais ayant voulu s'emparer de la ville de Poitiers par trahison, furent défaits grâce au miracle connu sous le nom de Notre-Dame des Clefs.

« Le maire de Poictiers avait un clerc fort avaricieux et de grand esprit, lequel il envoya pour aucuns ses affaires au païs de Périgort. Et luy, estant en la ville de Périgueux, un jour de quaresme dudit an 1202, les Anglais, qui tenaient ladite ville, s'enquirent avec ledit clerc dont il estoit. Il fit response qu'il était serviteur du maire de Poitiers ; dont ils furent joyeux ; et le tentèrent s'ils pourraient entrer en ladite ville par son moyen : il leur fit responce s'ils voulaient luy donner un pot de vin, leur livrerait ladite ville dedans le jour de Pasques prochainement ensuivant.

Et il fut fait ainsi. La veille de Pàques les Anglais se présentèrent nuitamment sous les murs de Poitiers pendant que le traitre essayait de dérober à son maitre les clefs de la ville. Mais il ne put les trouver. Et s'en alla montrer aux Anglais sur la muraille, auxquels il jecta un brevet, par lequel leur mandait qu'ils attendissent jusques à quatre heures du matin et qu'il ne faillerait de promesse. Ladite heure sonnée, ledit clerc réveilla son maistre et luy dist que les portiers de la Tranchée demandaient les clefs.

« Le maire respondit qu'il estoit encore bien matin. Le serviteur dist qu'il y avoit un gentilhomme qui vouloit sortir en diligence, pour aller vers le roy Phelippes. Le maire le creut et voulut prendre les clefs, mais ne les peut trouver, dont fut tout effrayé ; et après les avoir prises et cerchées partout, se douta de trahison. Il manda incontinent à plusieurs habitants qu'ils allassent en armes aux portes ; ce qu'ils firent, et mesurement à la Tranchée, parce que c'estoit la plus dangereuse, et qu'il n'y a rivière. Et virent les Anglais, lesquels s'entre battoient eux-mêmes. Le pauvre maire s'en alla tout effrayé recommander la ville à Dieu et à la benoiste Vierge Marie, en son église Nostre-Dame la Grande. Et comme il fut devant l'image de Nostre-Dame, veit entre ses bras les dites clefs, dont il rendit gràces à Dieu, et plusieurs autres gens de bien qui estoient avec luy.

« Le bruit fut incontinent par la ville que les Anglais estoient à la Tranchée et le beffray sonné ; par quoy chacun des habitants se mist en armes, et s'en allèrent tout esmeus à la porte, et

veirent par les créneaux des murailles plus de mil et cinq cents Anglais morts et couchez par terre, et les autres qui se tuaient.

« Par quoy ceux de Poictiers ouvrirent leurs portes et sortirent pour défaire le demeurant, ce qu'ils firent, fors ceux qu'ils retinrent prisonniers. Lesquels déclarèrent au maire et aux principaux de la ville toute la trahison. Et que ledit jour à l'heure de quatre heures avoient veu au devant des portes une Royne, vestue le plus richement qu'on sçaurait faire, et avec elle une Religieuse et un Evesque, qui avoient sans nombre de gens arméz ; lesquels s'estoient mis à frapper sur les Anglois. Et qu'aucuns d'eux, considérant que c'estoit la Vierge Marie, sainct Hilaire et saincte Radegonde, s'estoient par désespoir occis eux-mêmes, et les autres tué occis leurs compagnons. Dont tous les habitants rendirent gràces à Dieu et s'en allèrent faire leurs Pasques. »

La critique historique a formulé des doutes au sujet de la date précise qu'il faudrait assigner à l'événement dont Jean Bouchet se fait le naïf historien ; le récit des contemporains varie même sur quelques points secondaires ; enfin, dans la suite des temps, l'imagination populaire a pu ajouter au fait principal bien des circonstances accessoires ; mais ce qui fait le fond de cette tradition, c'est que la ville de Poitiers, exposée à un péril extrème, a été, de la part de la Mère de Dieu, l'objet d'une protection extraordinaire contre ses ennemis.

Par suite de cette croyance constante et unanime, la reconnaissance publique a placé aux mains de l'image de Notre-Dame les clefs de la ville, et inscrit aux voûtes de la basilique qui lui est consacrée à Poitiers sous le nom de Notre-Dame-la-Grande ces deux mots significatifs : *Refugium Pictaviorum*.

De là encore ce grand nombre de monuments élevés dans la cité pour conserver le souvenir de sa délivrance. A la vérité, ces monuments ne remontent pas jusqu'au commencement du treizième siècle, mais plusieurs étaient certainement antérieurs à l'époque où le récit de l'événement fut transcrit sur les registres de la commune. Avant la Révolution, les trois statues de la Vierge, de saint Hilaire et de sainte Radegonde figuraient sur le grand autel de Notre-Dame. Celle de la Vierge tenait à la main des clefs d'argent ; d'autres clefs étaient suspendues à la voûte. Les statues des trois saints patrons de la ville se voyaient aussi dans les trois niches surajoutées à la belle façade de l'église, et sous les trois petits arceaux placés au-dessus du porche qui précède la porte latérale.

Ce n'est pas tout : les statues de Notre-Dame, de saint Hilaire et de sainte Radegonde surmontaient toutes les portes de la ville ; celles que reproduit notre cliché ornaient la porte de la Tranchée et se voient encore aujourd'hui dans l'église Saint-Hilaire. Il existait à la Tranchée, et sur les ponts de Rochereuil,

Joubert, Achard et Saint-Cyprien, de petits oratoires dédiés à Marie et renfermant une de ses statuettes. Son image remplissait pour ainsi dire la cité ; tous les carrefours et tous les monuments parlaient de sa puissante protection ; en sorte que si, pour nous servir d'une expression des Livres saints, les hommes avaient pu se taire sur ses bienfaits, les pierres elles-mêmes auraient élevé la voix pour les publier et pour en perpétuer la mémoire.

C'est enfin à cette croyance que se rattachent les hommages annuels offerts à la statue de la sainte Vierge par le corps de la ville et la procession solennelle du lundi de Pâques, qui a malheureusement été supprimée en 1888 : hommages et procession dont on retrouve des traces dans les plus anciens registres de l'échevinage.

Jusqu'au dix-septième siècle, l'hommage du corps municipal consistait en cinquante livres de cire qui devaient brûler nuit et jour sur une roue ou couronne en bois peint, suspendue à la voûte. A cette époque on substitua au don de luminaire celui d'un manteau dont la valeur, par arrêt du Conseil, était fixée à trois cents livres. La remise de ce manteau était faite le jour de Pâques, par l'épouse du maire, qui procédait elle-même à ce que le peuple appelait la *toilette de la bonne Vierge.*

Aboli en 1793, repris à la Restauration, cet usage fut de nouveau interrompu par la Révolution de juillet, et n'a pas été restauré depuis.

Le 29 novembre 1869, de grandioses cérémonies eurent lieu à Poitiers au milieu d'une pompe inouïe et d'un grand enthousiasme du peuple, à l'occasion du couronnement de la statue miraculeuse. Une relation de ces cérémonies, publiée par le soin de l'Ordinaire, perpétue le souvenir de ces fêtes. C'est à cette relation devenue rare, que nous avons, dans notre souci de vulgarisation, emprunté presque textuellement les détails qui précèdent.

J. M.

LÉGENDE DORÉE

Fontaines miraculeuses

Fontaine de Saint-Denis de Lécherie. — Lorsque les petits enfants sont malades, qu'ils languissent ou maigrissent, en un mot qu'ils sont atteints d'un mal inconnu qu'à Lécherie on appelle la *maigrine,* la mère se rend à la fontaine de Saint-Denis, située à trois kilomètres du bourg. Aussitôt arrivée, elle se jette à genoux et, du plus profond de son cœur, prie saint Denis d'intercéder pour son enfant auprès de Dieu, afin qu'il lui rende la santé. Il n'y a pas de prière spéciale ; la mère dit celle qu'elle veut, mais principalement des *Pater* et des *Ave.* Sa prière achevée, elle se relève et jette dans la fontaine un *bonnet* ou une *chemise* de l'enfant, qui doit y rester. Si l'objet jeté surnage longtemps, ses vœux seront exaucés.

La mère, après avoir puisé de l'eau qu'elle emporte afin d'en laver l'enfant et de lui en faire boire, se rend à l'église et là, devant la bannière de saint Denis, renouvelle ses prières. Souvent, on termine le pèlerinage par l'assistance à une messe dite à cet effet.

Quelques pèlerins déposent un morceau de lard et une miche sur l'autel de la sainte Vierge.

Si l'enfant ne guérit pas la première fois, la mère recommence ses dévotions.

Bien des personnes racontent que leur enfant, très malade, a été guéri après le premier pèlerinage.

(Mme BERNARDIN, 76 ans, institutrice à Lécherie, Charente.)

Fontaine de Saint-Antoine, à Saint-Sornin. — On va à la fontaine de Saint-Antoine, on offre à la fontaine un bout de ruban au nom de l'enfant malade, on fait lire un évangile, ou dire une messe, ou brûler un cierge à cette intention, et l'enfant guérit.

(M. BERNARD, maréchal à Saint-Sornin.)

Fontaine d'Eymauthiers. — Pour guérir le mal de ventre des petits enfants, on apporte à la fontaine une chemise ou un béguin de l'enfant : on laisse le béguin dans l'eau, on y trempe également la chemise et on la fait prendre encore humide au malade. Le patron de la fontaine est saint Pierre-ès-Liens, dont la statue domine la fontaine.

(M. LAVERGNE, instituteur.)

Fontaine de Voulon — Cette fontaine est dédiée à saint Maclou. Les parents vont invoquer le Saint pour obtenir la guérison de la faiblesse des membres chez leurs enfants. Une chemise est trempée dans la fontaine, le bras qui enfonce le premier indique le côté le plus faible du malade. L'aumône doit être de 25 ou de 35 centimes.

(M. Georges DESCHAMPS, à Ligugé (Vienne).

Hymnographie poitevine

I. — SAINT HILAIRE

D'APRÈS le témoignage d'anciens auteurs ecclésiastiques, saint Hilaire, théologien et interprète des Écritures, doit aussi revendiquer le titre d'hymnographe.

Le quatrième concile de Tolède *(633)* approuve et maintient l'usage des « hymnes composées à la louange de Dieu ou en l'honneur des apôtres et des martyrs, à l'exemple de celles qu'ont données les très bienheureux Hilaire et Ambroise[1] ». Avant la tenue de ce concile, Isidore de Séville avait présenté « Hilaire, évêque de Poitiers, dans les Gaules, illustre par son éloquence », comme « le premier qui se soit distingué dans la composition d'hymnes versifiées[2] ». Notre glorieux Docteur est à bon droit nommé ici le premier des hymnographes, puisque sa mort précéda de seize ans l'avènement de saint Ambroise au siège de Milan.

Moins de trente ans après la mort d'Hilaire, saint Jérôme, dressant l'énumération de ses œuvres, fait connaître un livre d'hymnes, dans l'une desquelles, « Gaulois lui-même et né à Poitiers, il reproche aux Gaulois leur indocilité[3] ».

Ces témoignages anciens ne déterminent pas les hymnes composées par l'évêque de Poitiers. Les éditeurs de ses œuvres, aussi bien que les collectionneurs d'hymnes liturgiques ont hésité sur l'attribution probable faite à saint Hilaire de diverses catégories d'hymnes.

---

1. LABBE, *Concil.*, V, 1709.

2. *De ecclesiasticis officiis,* I, VI. MIGNE, *Patr. lat.,* LXXXIII, 743.

3. *De Viris illustribus,* c. C. *Patr. lat.,* t. XXIII, c. 699-701. *Comm. in Ep. ad Galatas,* II, c. XXVI, c. 355. — Le trait a été relevé. C'est pour les fidèles poitevins un titre de gloire que d'avoir eu à la tête de leur église un pontife qui, à l'exemple de saint Paul, les a jugés tels qu'il n'était pas besoin de « s'excuser pour les reprendre devant Dieu et dans le Christ ». II *Cor.,* XII, 19.

13

On nous indique en premier lieu cinq hymnes matutinales, citées par Tomasi, sous cette rubrique : *Mane. sive diluculo. albescente cælo. ac incipiente luce. S. Hilarii Episc. Pictavorum*[1]. « Pour le matin, au point du jour, lorsque le ciel blanchit et que la lumière commence à paraître. De saint Hilaire, évêque de Poitiers. » Suit le texte de l'hymne (*a*) *Lucis largitor splendidæ*, que, d'autre part, les éditeurs des œuvres de saint Hilaire placent à la suite de la lettre du saint Docteur à sa fille Abra[2]. Cette lettre annonce en effet l'envoi d'une « hymne pour le matin et pour le soir[3] ». Bien que le contexte désigne une seule hymne, certains manuscrits joignaient à la précédente une composition d'une tout autre facture : *Ad cæli clara non sum dignus sidera*, que Dom Coustant se refuse à reconnaître pour hilarienne. On l'attribue plus communément à Paulin d'Aquilée; sa forme, au surplus, rappelle les pièces métriques des offices mozarabes.

L'hymne *Lucis largitor*, sans emploi dans les liturgies modernes, fut autrefois en usage. Les anciens bréviaires de la Trinité de Poitiers n'en témoigneraient-ils pas ?

A la suite de cette première hymne, Tomasi donne la série : (*b*) *Deus Pater ingenite* (p. 409), qui se trouve aux matines du mercredi après l'Epiphanie, au bréviaire mozarabe[4]; (*c*) *In matutinis surgimus* (matines du jeudi après l'Epiphanie, c. 205); (*d*) *Deus creator omnium, lucis auctor et diei* (samedi après le premier dimanche de carême, c. 318); (*e*) *Jam meta noctis transiit* (Tomasi, p. 410. Office férial de l'aurore. *Brev. goth.*, c. 939).

On donne aussi sous cette mention « *Hilarii* », les hymnes (*f*) *Jesus refulsit omnium*[5], en usage autrefois, à la fête de l'Epiphanie, dans de nombreux diocèses d'Allemagne et du midi de la France; (*g*) *Jesu quadragenariæ* (p. 360), assignée au temps de carême dans les anciens bréviaires d'Allemagne et du midi de la France; (*h*) *Beata nobis gaudia*, employée à l'office de la Pentecôte au bréviaire mozarabe comme au bréviaire romain, sauf la suppression, dans ce dernier, de quatre strophes.

Il est vrai que l'attribution à saint Hilaire des hymnes citées en dernier lieu (*f-h*) n'est pas soutenue de preuves suffisantes. Si l'on invoque à tort, croyons-nous, contre leur authenticité les allitérations et les assonances, fréquentes dans les hymnes authentiques de saint Ambroise et caractéristiques de la métrique de cette époque; si la paternité de pièces contenant des mots grecs ne peut non plus pour cette seule raison être refusée à l'évêque qui vécut quatre années en Asie et traduisit Origène[6], on devra toutefois reconnaître que plusieurs de ces hymnes diffèrent des autres, au point de ne pouvoir former avec celles-ci un ensemble concordant. Au surplus, pour telle d'entre ces hymnes, la tradition a varié, de sorte que celles qu'on ne peut expressément rapporter à l'évêque de Poitiers seront sans doute, comme le poème sur l'Evangile *Hic Christus flos est, d·cor hic est fonsque perennis*, l'œuvre possible d'un autre Hilaire[7]. Quel est d'ailleurs le personnage de ce nom, mentionné au prologue des nombreuses éditions imprimées en France, en Allemagne et en Espagne, aux quinzième et seizième siècles, sous le titre d'*Expositio* ou *Recognitio hymnorum*, sous cette vague désignation : *Quidam vir prudens nomine Hilarius*, dont le nom, dit l'abbé Pimont, se rencontre partout et la légende nulle part[8] ? »

Les pièces de la première catégorie (*a-e*) vont nous fournir, à défaut de certitude, une constatation intéressante. Sans revenir ici sur le détail de la lettre, peut-être authentique, où est mentionnée l'hymne du matin et du soir, pour en rapprocher la série d'hymnes matutinales portant le nom d'Hilaire, nous insisterons sur ce double fait : saint Isidore de Séville et le concile de Tolède témoignent authentiquement que saint Hilaire fut compositeur d'hymnes liturgiques, et Tomasi place notre évêque parmi les « auteurs » du rite mozarabe[1]; d'autre part, des cinq poèmes qui lui sont attribués avec les meilleures présomptions par les anciens liturgistes, quatre se trouvent justement faire partie, ainsi que nous l'avons vu, de l'office mozarabe, tandis que les compositions qui prêtent le plus au doute sont dispersées dans les bréviaires français, anglais ou allemands. Le rapprochement de ces faits n'est pas sans intérêt, encore qu'il n'amène pas une conclusion définitive.

Ce n'est pas ici le lieu d'établir que le rôle liturgique du bienheureux Hilaire ne se borna pas à la composition de quelques hymnes, mais que l'évêque de Poitiers eut une part effective dans le développement du rite ancien dont les églises des Gaules étaient en possession depuis qu'elles avaient reçu l'Evangile, selon le mot d'Hilduin[2], rite consacré, dit Grégoire de Tours, par les canons antiques[3], et qui céda, au neuvième siècle, moins à la persuasion du pouvoir ecclésiastique qu'à la force de la puissance impériale[4].

Il existe une dernière hymne attribuée à saint Hilaire. Bien qu'aucune liturgie ne l'emploie de nos jours, les citations qu'en font les auteurs anciens montrent qu'elle a joui d'une particulière célébrité. Nous la transcrirons en entier, pour en justifier sinon l'authenticité, du moins les termes élogieux dans lesquels ces auteurs en ont parlé. Aussi bien, sa forme métrique le met à part des compositions indiquées ci-dessus; en outre il convient de signaler des pensées et des expressions que cette composition possède en commun avec des chants authentiques de la liturgie mozarabe.

Hincmar de Reims, au neuvième siècle, citant trois vers de de cette pièce, l'appelle « la très belle hymne évangélique composée par Hilaire[5] ». Avant lui, saint Bède le Vénérable en avait reproduit sept vers[6].

Les hymnes indiquées précédemment sont en dimètres iambiques, le mètre commun des « ambrosiens », devenu typique dans l'hymnodie liturgique de l'Occident. Celle-ci, au contraire, suit le tétramètre trochaïque, rythme favori du chant populaire chez les anciens Romains, répandu dans tout le monde occidental sous la forme de refrains militaires ou d'autres sortes de chansons, rythme facile et gracieux, que le moyen âge n'a pas perdu de vue et qui revit de nos jours « dans le *saltarello* romain et la taren-

---

1. J.-M. Thomasi, *Opera omnia*, t. II. Rome, 1747, p. 408.

2. *S. Hilarii opera*. Vérone, 1730, c. 529, 530. *Patr. lat.*, X, 551-554.

3. Interim tibi hymnum matutinum et serotinum misi, ut memor mei semper sis. Tu vero, si minus per ætatem hymnum et epistolam intellexeris, interroga matrem tuam (c. 528).

4. *Breviarium gothicum. Patr. lat.*, LXXXVI, 202.

5. Tomasi, p. 358.

6. Hieron, *Ep.* 57 et 62. *Patr lat.*, XXII 572, 603.

7. *Eidem aut alteri tribuendum Hilario.* Pitra, *Spicilegium Solesmense*, t. I, p. 166.

8. *Les hymnes du Bréviaire romain*. Paris, 1874, t. I, p. II.

1. J.-M. Thomasi, *Opera omnia*, t. VI, p. (xlv).

2. *Ab initio receptæ fidei* (Lettre à l'empereur Louis.)

3. *Vit. Patr.* XVII, c. 1234.

4. Les lignes écrites à ce sujet par le docte liturgiste romain, le Cardinal Tomasi, ne déplairont point aux lecteurs du *Pays poitevin*. « Nous voyons que chaque peuple et, pour ainsi dire, chaque individu possède ses coutumes particulières; et, lorsqu'ils changent de pays, ils montrent pour les garder plus de ténacité que de bonne volonté pour en accepter de nouvelles; et plutôt que de les modifier, s'ils le pouvaient, ils forceraient les autres à les prendre. « *Videmus enim unamquamque gentem, ac singulos fere homines propriis moribus addictos adeo reperiri, ut, licet in aliis regionibus transportati, quantum fas illis est, iisdem tenacius adhaereant, quam novos adoptare se patiantur; imo suos potius ab aliis adoptari velint, et faciant etiam, si auctoritate polleant.* » (T. VI, p. [xlv, xlvi]).

5. Et Hilarius..., in hymno evangelico pulcherrime a se composito, dicit Spiritum Dei perfectum Trinitatis vinculum. (*De una et non trina deitate. Patr. lat.*, CXXV, 486.) Et Hilarius in hymno : Et refert fragmenta cenæ ter quaternis corbibus (566). Le titre d' « hymne évangélique » est expliqué par toute la teneur de cette pièce, où, d'après l'Evangile, sont célébrés les miracles du Sauveur. L'opinion singulière de Remi d'Auxerre, Honorius d'Autun, Hugues de Saint-Victor, attribuant à saint Hilaire la composition du *Gloria in excelsis*, tient sans doute à la manière dont ces écrivains ont compris l'expression de *Hymnus evangelicus*.

6. De metro trochaico... Hujus exemplum totus hymnus ille pulcherrimus : Hymnum dicat (*De arte metrica*, 23. *Patr. lat.*, XC, 173).

telle napolitaine[1] », aussi bien que dans les vers « communs » des Néo-Grecs. Nous verrons, au sixième siècle, Fortunat appliquer ce mètre à la louange de la croix, en même temps que le rite mozarabe lui fait dans son hymnaire une place considérable, et, plus tard, saint Thomas d'Aquin rythmera sur la même mesure l'hymne principale de l'office du Saint-Sacrement. Dans la pièce qui nous occupe, les vers sont disposés sans divisions strophiques, et non, comme dans la plupart des hymnes de ce mètre, par doubles ou triples distiques réguliers. On constate aussi que la vieille métrique est devenue impopulaire, et que la quantité n'est plus observée rigoureusement : le syllabisme règle les temps forts sur les accents.

Nous donnons le texte de cette hymne d'après Tomasi (cit., p. 405) et Daniel (*Thesaurus hymnologicus*, Halle, 1841, p. 191). Le manuscrit 207-8 de la bibliothèque de Bruxelles la présente comme envoyée par l'évêque de Poitiers à sa fille Abra[2].

HYMNUS EVANGELICUS

Hymnum dicat turba fratrum :.
   hymnum cantus personet.
Christo regi* concinentes, laudes
   demus debitas.
Tu Dei de corde verbum : tu
   via, tu veritas.
Iesse virga tu vocaris : te leonem
   legimus.
5. Dextra* patris, mons et agnus,
   angularis tu lapis :
Sponsus idem, vel columba,
   flamma, pastor, ianua.
In prophetis inveniris nostro
   natus saeculo.
Ante saecla tu fuisti factor primi
   saeculi.
Factor caeli, terrae factor, con-
   gregator tu maris,
10. Omniumque tu creator, quae
   pater nasci iubet.
Virginis receptus membris, Ga-
   briele nuncio :
Crescit alvus prole sancta. nos
   monemur credere.
Rem novam nec ante visam :
   virginem puerperam.
Tunc magi stellam sequuti primi
   adorant parvulum.
15. Offerentes tus et aurum,
   digna regi munera.
Mox Herodi nunciatum invidens
   potentiae :
Tum iubet parvos necare, tur-
   bam fecit martyrum.
Fertur infans occidendus, Nili
   flumen quo fluit.
Qui refertur post Herodem, nu-
   triendus Nazareth.

20. Multa parvus, multa adultus
   signa fecit caelitus,
Quae latent et quae leguntur,
   coram multis testibus :
Praedicans caeleste regnum dicta
   factis adprobat.
Debiles fecit vigere, caecos luce
   inluminat .
Verbis purgat* leprae morbum,
   mortuos resuscitat.
25. Vinum quod deerat hydriis
   mutari aqua iubet :
Nuptiis moerore tentatis propi-
   nato poculo.
Pane quino, pisce bino, quinque
   pascit milia :
Et refert fragmenta caenae ter
   quaternis corbibus.
Turba ex omni discumbenti
   iugem laudem pertulit.
30. Duodecim viros probavit,
   per quos vita discitur :
Ex quibus unus invenitur christi
   Iudas traditor.
Instruuntur missi ab Anna pro-
   ditoris osculo.
Innocens* captus tenetur, nec
   repugnans ducitur :
Sistitur falsis, grassatur obferen-
   dus Pontio.
35. Discutit obiecta praeses :
   nullum crimen invenit.
Sed cum turba Iudaeorum pro
   salute Caesaris,
Dicerent christum negandum,
   turbis sanctus traditur.
Impiis verbis gravatur : sputa,
   flagra sustinet.

Scandere crucem iubetur, innocens pro noxiis.
40. Morte carnis quam gerebat
   mortem vicit omnium.
Tum deum clamore magno patrem pendens invocat.
Mors sequuta membra christi
   laxat stricta vincula.
Vela templi scissa pendent : nox
   obscurat saeculum.
Excitantur de sepulcris dudum
   clausa corpora.
45. Adfuit Ioseph beatus : corpus
   myrrha perlitum
Linteo rudi ligatum cum dolore
   condidit.
Milites servare corpus Annas
   princeps praecipit :
Ut videret si probaret christus !
   quod spoponderat.
Angelum Dei trementes veste
   amictum candida :
50. Quo candore claritatis vellus
   vincit sericum.
Demovet saxum sepulcro : surgit
   christus integer.
Haec vidit Iudaea mendax ; haec
   negat cum viderit.
Feminae primum monentur sal-
   vatorem vivere :
Quas salutat ipse moestas, complet tristes * gaudio.
55. Seque a mortuis paterna
   suscitatum dextera
Tertia die redisse nunciat apos-
   tolis.

Mox videtur a beatis quos probavit fratribus :
Quod redisset ambigentes intrat
   clausis ianuis.
Dat docens praecepta legis : dat
   divinum spiritum :
60. Spiritum dei perfectum trinitatis vinculum *.
Praecipit totum per orbem bapti-
   zare credulos,
Nomen patris invocantes, confi-
   tentes filium.
Mystica fide revelat tinctos
   sancto spiritu,
Fonte tinctos, innovatos, filios
   factos dei.
65. Ante lucem, turba fratrum,
   concinimus gloriam :
Qua docemur nos futuros sempiterna saecula.
Galli cantus, galli plausus proxi-
   mum sentit diem.
Nos cantemus et precantes quae
   futura credimus.
Maiestatemque immensam concinimus uniter.
70. Ante lucem nunciemus christum regem saeculo.
Ante lucem nunciemus christum
   regem dominum *.
Qui * in illo recti credunt regna-
   turi cum eo.
Gloria patri genitori, gloria uni-
   genito,
Una cum sancto spiritu in sempiterna saecula. Amen.

Traduction

HYMNE ÉVANGÉLIQUE

Que la troupe des chrétiens fasse entendre une hymne ; qu'une hymne retentisse dans leur chant ; rendons en chœur au Christ Roi les louanges qui lui sont dues.

Tu es le Verbe, sorti du cœur de Dieu ; tu es la Voie, la Vérité. Tu es appelé la Tige de Jessé et le lion dans les Écritures, la Droite du Père, la Montagne, l'Agneau, la Pierre angulaire, l'Époux, la Colombe, la Flamme, le Pasteur, la Porte.

On trouve dans les Prophètes que tu devais naître en notre monde, toi qui fus avant les temps l'auteur du premier de tous les siècles, l'auteur du ciel, l'auteur de la terre, celui qui rassemblas la mer, le créateur de toutes les choses dont le Père ordonne la naissance.

A l'annonce de Gabriel, les membres d'une Vierge le reçoivent, et son sein conçoit une divine progéniture. La foi nous ordonne de croire cette chose nouvelle, inouïe : une vierge-mère.

Alors les Mages, suivant l'étoile, viennent les premiers adorer l'Enfant. Ils lui offrent l'encens et l'Or, présents dignes d'un roi.

Puis la nouvelle, donnée à Hérode, porte ombrage à sa puissance ; aussi ordonne-t-il de mettre à mort les petits enfants. Il fait une troupe de martyrs. Mais l'Enfant qui devait être tué est porté au pays où coule le Nil,

Après [la mort d'] Hérode, il est ramené à Nazareth pour y être élevé. Dans sa jeunesse, puis à l'âge adulte, il opère un grand nombre de prodiges célestes. Ces miracles, ceux qu'on ne connaît pas comme ceux que l'on peut lire, accomplis devant de nombreux témoins, confirment ses discours lorsqu'il prêcha le royaume du ciel.

Il rend la vigueur aux malades,

---

1. GEVAERT, *La mélopée antique dans le chant de l'église latine*. Gand, 1895, p. 79.

2. *Ymnus S. Hilarii quem misit filiae suae.* (*Catalogus Codicum hagiographicorum bibliothecae regiae Bruxellensis. Analecta bollandiana.* 1886, III, Append. p. 138).

2. Beda. *Patr. lat.*, XC, 173. *Christum regem*, Cod. bruxell.

5. *Dextera Patris, lapis angularis, via salutis, ianua caelestis.* Brev. gothicum, IV^a feria V^{ae} hebdomadae, ad Sextam. *Patr. lat.*, LXXXVI, 534. *Variae preces*, p. 104.

24. *Purgas.* Beda, l. cit.

28. *Et refectis.* Tomasi. — *Refert* Hincmar. *Patr. lat.*, CXXV, 566.

33. *Innocens captus nec repugnans ductus testibus falsis pro impiis damnatus.* Brev. gothicum, l. cit.

54. *Domini.* Tomasi. *Christo Regi Domino.* Bruxell.
55. *Et qui in illum.* Tomasi.
60. Hincmar, 486.

aux aveugles la lumière des yeux ; par ses paroles il guérit le mal de la lèpre, il ressuscite les morts.

Le vin qui manquait dans les urnes, il le produit par le changement de l'eau, et il offre cette boisson aux convives qu'allait saisir la tristesse.

Au moyen de cinq pains et de deux poissons il nourrit cinq mille hommes, et rapporte dans douze corbeilles les restes du repas. Toute la foule assise pour manger [lui] rend une louange sans fin.

Il éprouve douze hommes, par lesquels la vie [nous] sera enseignée. Sur leur nombre il s'en trouve un, Judas, pour trahir le Christ. Les envoyés d'Anne sont renseignés par le baiser du Maître. L'Innocent est saisi, fait prisonnier, emmené sans résistance, présenté à de faux [témoins], puis il va pour comparaître devant Pilate.

Le juge examine les accusations : il n'y trouve aucun grief ; mais, comme la foule des Juifs disait que, pour la grâce de César, le Christ devait être renié, le Saint est livré au peuple.

Il supporte les paroles impies, il reçoit les crachats et les coups de fouet. L'Innocent est obligé à monter en croix pour les coupables. Mais la mort de cette chair qu'il avait prise triomphe de la mort de tous.

Suspendu au gibet, il invoque Dieu le Père par un grand cri. La mort, s'emparant du corps du Christ, détruit les liens étroits de la vie. Les voiles du temple pendent déchirés, la nuit couvre le monde, des morts depuis longtemps ensevelis sortent de leurs tombeaux.

Voici maintenant le bienheureux Joseph : il couvre le corps de myrrhe, il le lie dans un linge grossier et l'ensevelit avec larmes.

Anne, le grand prêtre, ordonne que des soldats gardent le corps,

afin de voir si le Christ accomplirait sa promesse. Mais ceux-ci sont effrayés par l'ange de Dieu, quand, vêtu d'un habit blanc dont l'éclat surpasse la splendeur d'un tissu de soie, il retire la pierre du sépulcre, et que le Christ se lève plein de vie.

Les Juifs menteurs ont vu ces choses et nient les avoir vues.

Les femmes sont averties les premières que le Sauveur est vivant. Lui-même les salue dans leur tristesse et change toute leur douleur en joie. Il annonce aux apôtres qu'il a été ramené à la vie par la droite de son Père et qu'il revient le troisième jour. Bientôt après il se fait voir aux frères bienheureux qu'il a éprouvés et qui doutent de sa résurrection. Il entre les portes étant closes, il instruit les disciples, leur transmet les préceptes de la loi, leur donne le divin Esprit, l'Esprit de Dieu, le lien parfait de la Trinité. Il leur commande de baptiser les croyants par tout l'univers, en invoquant le nom du Père et en confessant le Fils. Il découvre le mystère de la Foi, pour où ceux qui seront baptisés dans l'Esprit-Saint, lavés par l'eau, seront renouvelés et deviendront les fils de Dieu.

Avant le jour, nous, l'assemblée des chrétiens, nous chantons en cœur la gloire qui nous fera le monde à venir. [De même que] par son chant et le battement de ses ailes le coq prévient l'approche du jour, ainsi nous chantons dans nos prières les choses à venir que la foi nous fait croire ; ensemble nous célébrons l'infinie Majesté.

Avant le jour, annonçons au monde le Christ-Roi. [Avant le jour, annonçons le Christ-Roi, le Seigneur]. Les justes qui croient en lui auront part à son règne.

Gloire au Père, qui l'a engendré, gloire au Fils unique, avec le Saint-Esprit, dans les siècles éternels. Amen.

Cette citation clôt la liste des documents sur lesquels la critique s'est exclusivement exercée, jusqu'au jour où son attention fut sollicitée dans un autre sens par l'importante découverte de Gamurrini.

(A suivre.)

Dom J. Parisot.

Noëls et cantiques

CANTIQUE EN L'HONNEUR DE SAINT MARTIN

LA SCHOLA

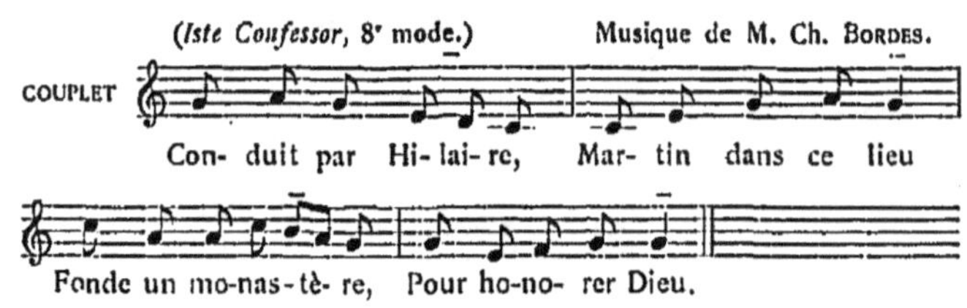

LES FIDÈLES

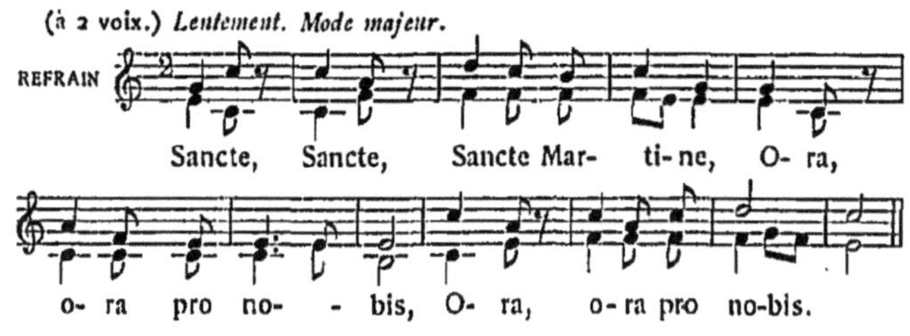

2.
Dans ce sanctuaire,
Le bon Saint priait :
Devant sa prière
Le Seigneur cédait.

3.
Un catéchumène
Succombe au trépas ;
Martin le ramène
Aux jours d'ici-bas.

4.
Ici, d'âge en âge,
Nos pères pieux,
Avec leur hommage,
Lui portaient leurs vœux.

5.
Des rives lointaines,
Chaque pèlerin
Venait dans ses peines
Invoquer Martin.

6.
A Dieu rendons grâce ;
Nous voici venus,
Retrouvant la trace
Des temps disparus.

7.
Soldat charitable
Au pauvre d'Amiens,
Soyez secourable
A tous les chrétiens.

8.
Glorieux apôtre,
Dès les premiers jours,
La France fut vôtre ;
Gardez-la toujours.

9.
Oui, si pour la France
Vous daignez prier,
Dieu, dans sa clémence,
Viendra nous sauver.

10.
Longue, longue vie
Au Pontife-Roi !
L'enfer et l'impie,
Qu'ils tremblent d'effroi.

11.
Martin est ta gloire,
Ton puissant secours ;
Bénis sa mémoire,
Ligugé, toujours.

12.
Admire son zèle,
Imite sa foi ;
A Dieu sois fidèle.
Accomplis sa loi.

13.
Qu'ici Martin règne,
Au nom de Jésus !
Martin nous enseigne
Toutes les vertus.

14.
L'Ordre monastique
Par lui fleurira ;
Tribu lévitique,
Il te bénira.

15.
Martin en ce monde
Regardait les cieux,
Où la joie abonde,
Où l'on est heureux.

16.
Que, dès cette vie,
Au ciel soit mon cœur
Si Martin je prie,
J'aurai ce bonheur.

17.
Disciple d'Hilaire,
A vous, chaque jour,
Mon humble prière,
Mon tribut d'amour.

MONOGRAPHIES PAROISSIALES

Saint-Denis de Jaulnay

I. — DE LA PAROISSE

L'ÉGLISE, pour conquérir le monde et pour perpétuer sa conquête, a institué l'organisation paroissiale. Au moyen âge, la paroisse chrétienne a donné naissance à la commune, qui, dans le principe, n'était qu'un groupement des familles et de leurs intérêts autour de l'autel.

La commune aujourd'hui est une partie de territoire administrée par un maire. Les catholiques qui l'habitent forment la paroisse. Ils ont à leur tête le curé, qui est chargé de pourvoir à tous leurs besoins spirituels.

Les paroisses jadis étaient groupées en archiprêtrés et en doyennés, leur réunion formait le diocèse.

Jaulnay. — Jaulnay, aujourd'hui paroisse importante du doyenné de Saint-Georges-les-Baillargeaux, faisait autrefois partie de l'archiprêtré de Lassie, dont le curé de Dissais était titulaire[1].

Curés de Jaulnay. — Avant 985, les biens de la cure de Jaulnay appartenaient au chapitre de Saint-Paul[2] de Poitiers, qui nommait son titulaire.

A partir de 985, ce fut l'abbé de Bourgueil[3] qui perçut les revenus de la cure et nomma le curé. C'était en général un de ses religieux.

Voici les noms des curés de Jaulnay, de 1607 jusqu'à nos jours, avec l'année de leur prise de possession :

Verneau,	1607;		Thevenet,	1668;
Gouin,	1634;		Lucas,	1691;
Carrelger,	1665;		Demayré,	1719;
Boucault,	1728;		Herbanet,	1778;
Guiber,	1752;		Ayrault,	1813;
Pain,	1753;		Rabanit,	1827;
Demayré,	1764;		De Chazelles,	1852;
Nepveux,	1765;		Vigneau,	1893[1];

enfin le curé actuel, qui a pris possession de sa charge le 3 août 1896.

L'histoire locale ne nous a pas conservé les noms des prêtres qui ont occupé la cure de Jaulnay avant 1607.

Plusieurs de ceux dont nous venons de citer les noms ont été enterrés dans l'église.

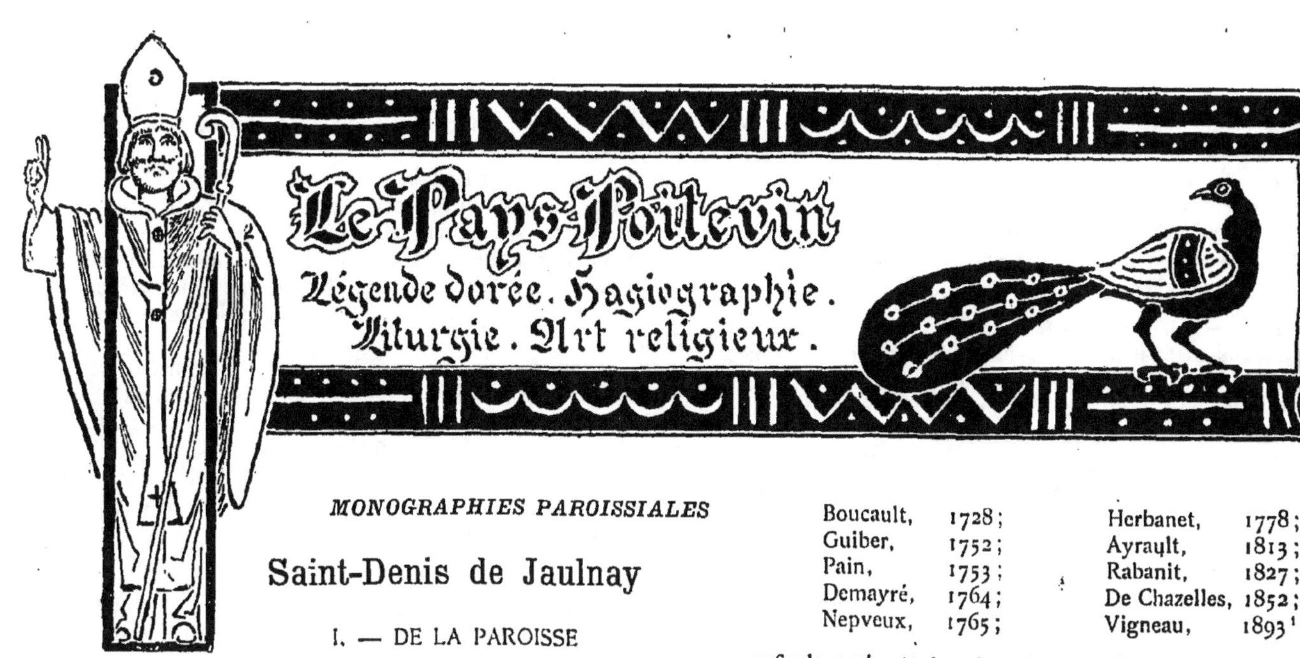

INTÉRIEUR DE L'ÉGLISE DE JAULNAY

Sépultures dans l'église. — L'honneur d'être enterré dans la maison de Dieu n'était pas exclusivement réservé aux prêtres. Les chrétiens, quels qu'ils fussent, qui s'étaient fait remarquer par leurs générosités envers l'Église ou même certaines personnes d'une condition plus modeste, y recevaient également la sépulture. On accordait aussi parfois la même faveur à des fidèles qui s'étaient distingués par leurs vertus.

C'est ainsi que nous relevons les noms de personnes du peuple qui sont encore portés de nos jours, tels que Bobin, Gouttière, Thibault, etc.[2].

Bénéfices. — Les bénéfices ou revenus affectés à la cure consistaient en domaines et en dîmes.

Les curés affermaient ordinairement les revenus de la dîme, car le ministère paroissial leur en rendait la gérance trop difficile.

Les revenus de la cure de Jaulnay étaient en 1728 de 355 livres[3].

En dehors de ce fermage, les curés percevaient encore des offrandes que les fidèles leur faisaient sous forme de rente. Ces rentes étaient touchées par la fabrique. C'est ainsi qu'on voit, en 1598, M. Morineau, propriétaire de la métairie de Buffomont, s'imposer d'une rente de 5 boisseaux de blé pour avoir, sans

---

1. Pouillé du diocèse.
2. Ancienne église de Poitiers située dans la rue Saint-Paul, aujourd'hui rue de la Cathédrale.
3. Abbaye bénédictine du diocèse de Tours.

N° 3.

---

1. Archives municipales.
2. Ibid.
3. Mgr Barbier de Montault.

doute dans la chapelle de Parigny, une messe solennelle et un salut du Saint-Sacrement le jour de la fête de l'Annonciation, le 25 mars [1].

Quelques-unes de ces rentes pieuses ont subsisté après la Révolution [2]. Les héritiers, d'un commun accord avec la fabrique de Jaulnay, les ont éteintes, mais celle-ci doit remplir à perpétuité les charges qu'elles comportent.

Prieuré. — A côté des biens de la cure, il y avait ceux du prieuré, qui étaient également affermés. Le prieur était distinct du curé et habitait le plus souvent, dans les derniers siècles, ailleurs qu'à Jaulnay, ainsi que le constate l'analyse de l'acte suivant, de 1671, relevé aux archives de Tours :

« Prieuré de Jaulnay dépendant de Bourgueil. Bail à ferme pour six années des maisons, granges, étables, fuie, jardin, enclos, prés, terres, rentes, honneur, profits de fiefs composant le temporel dudit prieuré consenti par François Perrault, curé de l'église Saint-Porchaire de Poitiers, prieur de Jaulnay, à Sébastien Carrelier, maitre boulanger, et à Daniel Blanchard, maitre vinaigrier, pour la somme de 600 livres [3]. »

Soit pour les bénéfices de la cure, soit pour ceux du prieuré, les tenanciers s'adressaient aux fermiers et non aux véritables propriétaires de la rente.

Vicaires et chapelains. — Le curé était aidé dans son ministère par un vicaire et deux chapelains. Nous avons retrouvé quarante de leurs noms. L'un des chapelains desservait la chapelle dite des Mazurier, qui était sans doute attenante au prieuré, propriété aujourd'hui de MM. Bodin, Raveau et Bourguignon [4] ; l'autre desservait la chapelle de Notre-Dame de la *Doue* [5], nommée au dix-huitième siècle Notre-Dame la Douce [6]. Cette dernière était bâtie sur la jetée d'un fossé qui unissait Clan à Jaulnay. La maison de M. Raoul, notaire, a été élevée sur ses ruines.

II. — DE LA VIE CHRÉTIENNE A JAULNAY

Sainte Radegonde, désirant posséder un fragment de la vraie croix du Sauveur, en fit la demande à Justin le Jeune, empereur d'Orient ; elle obtint ce qu'elle demandait.

La tradition rapporte que la précieuse relique fut apportée à la noble religieuse par des prêtres de Tours, le 19 novembre 569. Les clercs de Poitiers qui allèrent au-devant des envoyés tourangeaux les rencontrèrent à Sigon, paroisse de Migné.

Pour arriver en ce lieu, où passa la pieuse caravane ?

Elle ne suivit évidemment pas la voie romaine de Tours à Poitiers, passant par Saint-Georges, sur la rive droite du Clain. On connait dans le pays un chemin qui porte le nom de *Chemin des Bœufs*. De temps immémorial ce chemin est donné comme ayant été une voie de grande communication entre Poitiers et la Touraine. Il entre sur le territoire de Jaulnay, au moulin de Train, laisse Climcé à trois cents mètres sur la droite, traverse la vallée des Justices, coupe la route de Clan à Saint-Maixent, entre Jaulnay et Martigny, et descend presque en ligne directe sur Sigon. N'est-ce point là que passèrent les porteurs de l'insigne relique ?

Une ancienne tradition, chère à la piété des gens de Jaulnay, l'affirme. Elle trouve une confirmation dans le fait historique que nous allons raconter.

Saint Léger. — Saint Léger, archidiacre de Poitiers, abbé de Saint-Maixent et enfin évêque d'Autun, avait reçu la palme du martyre le 3 octobre 698. Son corps fut transféré à Saint-Maixent en 681.

Il devait passer par Poitiers,

L'évêque Ansoald vint le recevoir à Jaulnay, où il attendit durant trois jours l'arrivée des saintes reliques.

La population entière, dans un élan de foi enthousiaste, accompagna son premier pasteur qui allait au devant du cortège. On le rencontra au lieu qui a reçu depuis le nom de Saint-Léger-la-Pallu.

C'est au milieu de la fumée de l'encens, à la lueur des cierges que chacun tenait à la main, que les habitants de Jaulnay reçurent le précieux dépôt. Des chants préparés à l'avance remuèrent profondément les cœurs, et ce fut une marche triomphale que la procession qui s'organisa alors de Saint-Léger à Jaulnay, où un miracle éclatant récompensa la foi de nos ancêtres et excita encore davantage leur enthousiasme.

Guérison. — Une femme pliée en deux par une déviation de la colonne vertébrale se rendit au-devant de la procession ; elle leva les yeux pour voir le cortège, pria devant les reliques et se releva guérie à la vue de tout le monde [1].

M. Dufour, dans l'*Ancien Poitou*, croit que la présence de l'évêque à Jaulnay fut la raison qui détermina le convoi de 681 à quitter la voie romaine pour passer dans notre localité [2]. La voie romaine était sur la rive droite du Clain, et Saint-Léger et Jaulnay sont sur la rive gauche. N'est-il pas plus juste de penser que le chemin suivi par ces deux cortèges fut le même et que ce chemin était alors la voie de grande communication entre Châtellerault et Poitiers?

Église. — Pour trouver une autre manifestation de la piété des fidèles de Jaulnay, il faut descendre jusqu'au onzième siècle. C'est à cette époque que fut construite l'église actuelle. Alors, comme de nos jours, les paroissiens se faisaient un honneur de contribuer à la construction de la maison de Dieu.

Maintenant, nous employons les souscriptions, des dons en argent ; autrefois l'argent étant plus rare, l'on donnait alors du bois, des pierres, le travail de ses bœufs et ses propres journées.

Notre belle église est donc bien l'œuvre de nos pères. Depuis lors ils l'ont maintes fois remaniée en y faisant les restaurations que nécessitaient les circonstances et les accidents.

Chapelle. — Ce monument ne suffisait pas à leur piété ; ils élevèrent encore dans le bourg les deux chapelles désignées plus haut.

Les villages de Louneuil [3], Climcé et Parigny eurent chacun la leur.

Celle de Louneuil était dédiée à saint Gille.

Il y eut dans ces chapelles des bénédictions de mariages et de sépultures. C'est ce qui explique les nombreux ossements qu'on rencontre auprès des anciens murs de fondation. De plus, les archives municipales renferment plusieurs actes de mariage et de décès relatifs à ces chapelles [4].

Un souvenir de ces anciennes sépultures. — Les anciens nous disent qu'après la démolition de ces sanctuaires on voyait errer çà et là, en pleine nuit, des lumières mystérieuses. C'était, disait-on, les âmes des personnes qui avaient doté ces chapelles ou des chrétiens enterrés en ces lieux. Elles venaient se plaindre aux vivants de ne plus recevoir les bienfaits des prières jadis offertes pour elles.

Pèlerinages. — Chaque année, nos pères se rendaient en pèlerinage à Poitiers pour satisfaire leur dévotion. En inaugurant

---

1. Archives de la Vienne.
2. Archives de la fabrique.
3. De Grand-Maison. Dans la cour du prieuré on a récemment mis à jour une belle mosaïque de l'époque romaine.
4. On voit encore aujourd'hui les ruines de cet édifice.
5. Archives de la Vienne.
6. M. Mongruel (acte d'achat).

1. *Acta Sanctorum*, 2 octobre.
2. Dufour, *Ancien Poitou*.
3. Autrefois Nouneuil, et c'est ainsi que le peuple le désigne encore.
4. Archives municipales.

nos pèlerinages à sainte Radegonde, nous ne faisons que renouer une tradition interrompue à la fin du siècle dernier.

Un de ces pèlerinages mérite surtout notre attention. La relation qui en est faite est consignée aux archives de la mairie, à la date de 1723. En voici le texte :

« Nous avons été processionnellement cette année à la Visitation de Poitiers pour demander au Sacré-Cœur de Jésus la pluie qui nous était si nécessaire dans une affreuse sécheresse. Notre procession a eu bon effet, car la nuit suivante survint une pluie abondante.

« Nous eûmes ordre de Monseigneur l'évêque de chanter le psaume *Benedictus* en action de grâce, ce que nous fîmes le dimanche suivant, et nous mîmes notre paroisse sous la protection de ce Cœur adorable. Que nos successeurs n'oublient jamais cette dévotion et les obligations que Jaulnay a contractées à ce sujet[1]. »

L'année suivante, la sécheresse était aussi très grande et l'on ne pouvait pas semer les blés. On renouvela le pèlerinage au Sacré-Cœur et le lendemain une pluie abondante permit de labourer[2].

La Quintaine[3]. — On savait autrefois se divertir d'une manière bien innocente. Parmi les amusements qui avaient à Jaulnay une plus grande attraction, la quintaine occupe la première place.

Elle attirait à Jaulnay les populations voisines et procurait à la jeunesse une intéressante récréation. Elle commençait après la sainte messe, à laquelle tout le monde assistait, le jour de la Trinité[4].

Cette fête populaire a été l'origine de notre assemblée de la Trinité, qui est presque tombée en désuétude.

L'aveu suivant de 1778 nous met au courant de ce qui s'y passait.

« Tous les jeunes hommes et nouveaux mariés de l'année sont aussi tenus de courir la quintaine ledit jour de la *Trinité*, avec chevaux dont le roi des bacheliers doit fournir et doivent aussi se fournir de lances et où ils manqueraient de le faire me doivent par chacun un 60 sols d'amende[5]. »

Ceux qui faisaient les frais de cette fête étaient à cheval pour *amuser le monde*.

C'était évidemment la quintaine. Elle ressemblait beaucoup au jeu de *bacquet*, avec cette différence que les héros de la quintaine étaient montés.

Communions et confirmation. — A la veille de la Révolution, le chiffre des communions pascales à Jaulnay fut de 1200.

Douze années auparavant, l'Evêque de Poitiers vint donner la confirmation à Dissais et à Neuville. Il y eut 469 confirmants de Jaulnay.

Les pauvres. — Les pauvres n'étaient pas abandonnés à Jaulnay. Nous voyons en 1770 et pendant les années suivantes des quêtes se faire à domicile pour leur venir en aide. Le curé, M. l'abbé Nefsveux, leur abandonna les revenus de ses domaines. Cela dura pendant les sept années de la disette qui désola alors la contrée.

Comment on mourait. — L'acte suivant du 6 octobre 1680 nous prouve que nos pères, profondément chrétiens de leur vivant, savaient aussi pratiquer en face de la mort les vertus chrétiennes.

« L'an mil six cent quatre-vingt, le six octobre, Louise Gouin est décédée dans la communion de la sainte Eglise catholique, apostolique et romaine, munie de tous les saints sacrements qu'elle a reçus pendant sa maladie avec une dévotion et piété singulières, et dont elle a accompagné la réception de plusieurs notes héroïques des vertus chrétiennes de foi, d'espérance, d'amour de Dieu, et d'une patience tout à fait illustre, vertus qui ont laissé lieu de croire que son trépas est une ombre de ceux auxquels le prophète couronné donne ce glorieux éloge : La mort des saints est précieuse aux yeux de leur Seigneur[1]. »

Dimanche. — Le saint jour du dimanche était en grand honneur, et ce fut un véritable scandale quand on vit en 1844 quelques ouvriers maçons, étrangers au pays, travailler pendant que tout le monde allait à la messe. On porta plainte à la municipalité pour prévenir le retour d'une pareille profanation[1].

Missions. — La vie chrétienne a toujours été entretenue et renouvelée par des missions qui se donnaient à intervalles presque réguliers ; je ne signalerai que les principales.

En l'année 1721, les fils du Père de Montfort donnèrent une mission à Jaulnay à la suite de laquelle on se rendit en pèlerinage à Poitiers, à Notre-Dame des Larmes, tableau miraculeux qui était exposé dans l'église Saint-Michel[3].

Cette église faisait l'angle de la Grand'Rue et de la rue des Feuillants. Le tableau de Notre-Dame des Larmes est conservé aujourd'hui dans l'église Sainte-Radegonde.

Bénédiction d'une cloche. — La mission de 1769 fut terminée par la bénédiction d'une cloche baptisée sous le nom de Marie-Françoise, appelée aussi petite cloche.

Le peuple lui a toujours attribué une vertu contre la grêle. Cette cloche a été conduite au district de Poitiers, pendant la Révolution.

C'est en 1802 seulement que la paroisse a pu s'en procurer une autre.

L'usage de sonner la *Petite Cloche* pendant l'orage s'est conservé jusqu'à nos jours[4].

La mission de 1848 se termina par la plantation de la croix, aujourd'hui bien détériorée, qui se trouve au chevet de l'église.

L'épisode suivant, se rapportant à la croix Brunet, trouve ici sa place :

« Un nommé Brunet avait, à la suite d'une mission, fait planter une croix à l'angle de l'une de ses propriétés, sur le chemin de Parigny ; mais sous la Terreur, pris d'un beau zèle patriotique, il renversa lui-même sa croix, en 1794. Or, à peine la croix fut-elle tombée, qu'un mal inconnu le plongea dans d'atroces souffrances. On l'entendait alors s'écrier : « Dieu me « punit, qué l'on relève ma croix et je guérirai. »

Il souffrit, dit-on, jusqu'au jour où le calme permit de relever cette croix, qui conserve encore le nom de *Croix Brunet*[5].

La plupart de nos croix ont toutes été plantées à la suite d'une mission, pour en perpétuer le souvenir.

J'appelle de tous mes vœux le jour où Jaulnay pourra se procurer l'immense avantage d'une mission, à la suite de laquelle nous pourrions élever un calvaire digne de notre localité.

La Révolution. — La tempête révolutionnaire sévit à Jaulnay comme partout. On fit deux parts du mobilier de l'église ; la première fut envoyée au chef-lieu du district (Poitiers) ; la seconde fut vendue aux enchères[6].

---

1. Archives municipales.
2. Ibid.
3. Pour l'exercice militaire de la quintaine, fort connu dans le moyen âge, remarque P. Paris (Berte, cviii), on élevait sur un pivot une espèce de trophée composé de cinq pièces, casque, cuirasse, bouclier, lance et épée. L'adresse des cavaliers consistait, leurs chevaux courant à toute bride, à frapper de la lance le juste milieu du trophée. S'ils réussissaient, le trophée tournait sur lui-même aux applaudissements des spectateurs. Dans le cas contraire, la quintaine se dérangeait, les cinq pièces tombaient ou venaient frapper le pauvre jouteur, qui accueillait force huées pour prix de sa maladresse.
4. Almanach de Poitiers de 1701 à 1790.
5. Aveu de Clarveaux, 1778.

1. Registre par. de Dissais.
2. Archives de la fabrique.
3. Notes de M. le chanoine Rosière.
4. Arch. de la fabrique.
5. Tradition.
6. Archives municipales.

Nous devons dire. à la louange de plusieurs acquéreurs, qu'ils gardèrent religieusement chez eux ces objets sacrés pour les restituer après la Révolution, et nous sommes heureux et fiers de trouver parmi eux des noms honorés encore dans la paroisse.

Les faits suivants montrent combien la population tenait à ses pratiques religieuses : l'église ne fut fermée que pendant dix-sept mois ; et, dès qu'on le put, on s'empressa de la disposer pour y célébrer la sainte messe, qui fut chantée solennellement le 20 juillet 1796[1].

La procession de la Fête-Dieu fut célébrée jusqu'au moment de la Terreur. La garde nationale qui y assistait militairement présentait les armes au Dieu de l'Eucharistie.

Nos pompiers ont fait la même chose jusqu'à la publication du décret de 1882, qui le leur a interdit.

A propos de processions, rappelons celle de la Saint-Marc, qui faisait le tour de la paroisse, avec halte aux principaux villages de Louneuil, Climcé, Parigny, où l'on prenait un peu de nourriture aux frais de la fabrique[2].

III. — ÉGLISE PAROISSIALE

Dans un remarquable rapport à la Société des Antiquaires de l'Ouest (1875), M#gr# Barbier de Montault a fait une intéressante description de notre vieux monument.

Il fait remonter la première construction de l'église au onzième siècle ou au commencement du douzième. C'est donc depuis huit cents ans que ce vaisseau réunit sous ses voûtes une population sans cesse renouvelée et toujours animée des mêmes sentiments de foi et de piété[3].

Porte Saint-Michel. — Devant la grande porte, appelée autrefois porte Saint-Michel, se trouvait un petit hangar connu sous le nom de *ballet*, sans doute parce que les habitants des villages y attendaient l'heure des offices les bras ballants[4].

Fonts baptismaux. — En descendant les marches de la grande porte, on voyait jadis à gauche un autel dédié à saint Michel. Les fonts baptismaux, qui occupent aujourd'hui cette place, étaient dans la chapelle du Sacré-Cœur, appelée autrefois chapelle Saint-Jean. C'est en 1775 que fut fait ce changement[5].

Chapelle de la Vierge. — La chapelle de la sainte Vierge était réservée au seigneur du lieu et à sa famille. C'est là que la famille seigneuriale assistait à la messe et recevait la sépulture ; ses armoiries étaient peintes dans le vitrail et on voyait dessinée sur les murs leur *litre funèbre* que le peuple appelait cordon[6].

Le banc seigneurial était situé devant l'arc ogival du mur nord, à droite de l'autel. La municipalité fit enlever de l'église tous les titres seigneuriaux, le 22 mai 1790[7].

Statues des Saints. — On vendit pendant la Révolution une statue de la Vierge en terre cuite, fabriquée à Paris en 1750. Elle a été depuis replacée dans l'église, où elle est l'objet d'une vénération toute spéciale.

Il y avait encore dans l'église un christ et trois statues en bois représentant saint Denis, patron de la paroisse, la sainte Vierge et saint Jean au pied de la croix.

Ces divers objets eurent le même sort que la statue de la Vierge. Vendus sous la Révolution, ils furent restitués à l'église. Nous les gardons précieusement. Le christ est, parait-il, l'œuvre d'un artiste du pays.

---

1. Archives municipales.
2. Archives de la fabrique.
3. M#gr# Barbier.
4. Dupiney.
5. Archives municipales.
6. M#gr# Barbier.
7. Archives municipales.

Canons d'autel. — La sacristie de Jaulnay renferme deux canons d'autel imprimés sur soie et entourés d'un encadrement perlé. Le canon du milieu a été imprimé en 1701, *chez la veuve de Jean-Baptiste Braud, imprimeur-libraire de l'Université de Poitiers* ; celui de l'épitre est sorti des presses de *François-Xavier Mesnier, imprimeur du roi et de l'Université à Poitiers*. Nous n'avons trouvé aucune trace du canon de l'évangile.

Chasuble. — Le souvenir le plus précieux que possède l'église de Jaulnay est une chasuble rouge, qui sert aux fêtes de la Pentecôte, de saint Pierre et de saint Denis, patron de la paroisse. Elle porte un christ brodé en soie qui est d'un effet

CHASUBLE DE L'ÉGLISE DE JAULNAY

saisissant ; le travail est d'une finesse remarquable. Au pied de la croix, Notre-Dame et saint Jean se tiennent dans une attitude qui exprime l'étendue de leur douleur. Des Anges recueillent dans les calices le sang qui coule des plaies du Sauveur.

Autel. — L'autel n'a pas été fait pour notre église, il nous est

AUTEL DE L'ÉGLISE DE JAULNAY

venu de Sainte-Radegonde de Poitiers, en 1874. Il est en pierre recouverte de bois sculpté et peint.

Sur le devant, on remarque une Vierge tenant dans ses bras

l'Enfant Jésus. A sa droite, se tiennent sainte Radegonde et deux de ses pieuses compagnes : sainte Agnès et sainte Disciole. A sa gauche, saint Fortunat, le célèbre auteur du *Vexilla Regis*, que les liens d'une sainte amitié unissaient à sainte Radegonde ; saint Grégoire de Tours, qui présida les funérailles de la bienheureuse reine, et saint Médard, qui lui donna la bénédiction des diaconesses.

Pierres d'autel. — A chaque autel, nous avons une pierre sacrée sur laquelle le prêtre offre le saint sacrifice de la messe.

La pierre du grand autel n'offre rien de remarquable ; elle est en ardoise et a ses cinq croix parfaitement bien conservées.

Les pierres des deux autres autels sont également en ardoise. Celle de la chapelle de la sainte Vierge porte le nom de AYRAULT, qui fut curé de Jaulnay, de 1813 à 1827. Sur celle de la chapelle du Sacré-Cœur, on lit : LORIN.

Il y a encore à la sacristie quatre autres pierres sacrées, un peu détériorées. Sur l'une d'elles est l'inscription suivante :

PH. CL.

PA. DE. PLE

VVILLE

c'est-à-dire : Philippe Clamat, curé de Pleuville.

Ce Philippe Clamat a été curé de Pleuville (Charente) en 1633.

Tableau de saint Hyacinthe. — A gauche, sur le mur septentrional, on aperçoit un tableau qui n'est pas sans valeur. Voici la description qu'en a donnée Mᵍʳ Barbier de Montault :

« Il représente un seigneur à genoux, priant les mains jointes, vêtu de noir, fraise au cou, manchettes aux poignets, figure de quarante à quarante-cinq ans ; costume du dix-septième siècle naissant ; il a pour patron saint Hyacinthe, qui lui montre, au-dessus d'un autel où sont posés les saints Evangiles, et dans les nuages, l'Enfant Jésus qui le bénit et la Vierge qui lui adresse ces paroles : GAVDE FILI HYACINTHE. Dans les huit médaillons qui encadrent le tableau, la vie du pieux Dominicain est tracée sommairement :

1. *Il marche sur la mer :* SVPRA MARE AMBVLAT.
2. *Il ressuscite des morts :* MORTVOS RESSVSCITAT.
3. *Il rend la vue aux aveugles :* CÆCIS VISVM RESTITVIT.
5. *Il baptise.*
6. *Il rend la santé aux ulcérés :* VLCERATIS SANITATEM RESTITVIT.
7. *Il guérit un hydropique :* HYDROPICVM CURAT.
8. *Il guérit les infirmes :* INFIRMOS SANAT[1].

Ancien chevet de l'église. — Quand se construisit l'abside actuelle, en 1871, l'ancien chevet a été renversé. M. Mongruel, l'un de nos compatriotes, nous a conservé le dessin de cette partie de l'église et de sa verrière, œuvre du quinzième siècle.

Clocher. — Le clocher remonte au douzième siècle. La tradition rapporte qu'il était surmonté d'une flèche très élégante, détruite par une tempête vers le dix-septième siècle. Depuis lors, la tour fut couverte d'une simple toiture avec appentis jusqu'en l'année 1884, époque où fut construite la flèche actuelle.

La chaire. — La chaire est l'œuvre d'un artiste de Jaulnay.

Ce qui précède montre l'attachement des habitants de Jaulnay pour leur église paroissiale. Nous espérons que ce sentiment se maintiendra vif dans leurs cœurs, et qu'il se manifestera de la façon la plus honorable pour eux. Il reste encore beaucoup à faire. La génération présente se fera un devoir pieux de continuer l'œuvre de celle qui l'a précédée ; son exemple provoquera

ses enfants à rivaliser de zèle pour la beauté de la maison du Seigneur.

L'église paroissiale doit être le plus bel ornement et la gloire d'une localité.

P. MÉTAIS,

Curé de Jaulnay,

Directeur de la Revue éclectique *d'Apiculture.*

Légende dorée

Saint Braillou. — Dans une chapelle latérale de l'église paroissiale de Chasseneuil (doyenné de Saint-Georges-les-Baillargeaux), se trouve une statue de saint Pierre auquel on donne le nom de saint Braillou. Une coutume religieuse a donné lieu à cette transformation de noms. Lorsqu'un petit enfant de la paroisse est sujet à des pleurs prolongés ou excessifs, on l'amène à l'église et on lui fait dire un évangile devant la statue de saint Pierre, dont le nom s'est par suite métamorphosé en celui de saint Braillou.

●●●

Voyage à Notre-Dame de Bonne-Nouvelle. — Dans la cathédrale de Poitiers, près de la sacristie, se trouve une statue de Notre-Dame de Bonne-Nouvelle entourée de fleurs et d'ex-voto. On lui faisait un *voyage* (mot employé dans les environs de Poitiers dans le sens de visite à un sanctuaire vénéré, pèlerinage) pour obtenir qu'elle délivrât les enfants de leurs peurs. Pour cela on donnait à un pauvre une aumône de vingt-cinq centimes, et on faisait toucher à la statue un des vêtements de l'enfant.

✷ ✷ ✷

Deux miracles de saint Martin. — I. Quand saint Martin était jeune, il allait, raconte une légende, à l'école à Parthenay ; mais le temps qu'il passait ainsi à s'instruire, il aurait dû le passer à garder les troupeaux de son maître. Celui-ci fut prévenu que son berger ne soignait pas le bétail et s'en allait abandonnant son troupeau. De tels rapports l'étonnaient, car il ne voyait rien d'anormal dans l'état de ses bêtes. Un jour cependant il se rend au pacage (c'était sur le terrier de Saint-Martin-du-Fouilloux) et naturellement il ne trouve pas Martin. Au même moment, ce dernier dit au maître d'école : « Mon maître m'appelle. — Comment peux-tu l'entendre ? — Mets ton pied sur le mien et tu l'entendras. » Le maître le fit et entendit la voix du propriétaire qui appelait Martin. « Va-t'en, lui dit-il, je n'ai plus rien à t'apprendre, tu en sais plus long que moi. » Martin se rend aussitôt au champ, où il est vigoureusement réprimandé par le propriétaire, qui lui reproche de ne pas faire boire les animaux. « Mais ils boivent tant qu'ils veulent, répond Martin. — Et où ? — A la fontaine. » Or il n'y avait aucune source dans le champ. Martin appelle sans hésiter un de ses bœufs : « Pigot, dit-il, pige ta corne là ! » Le bœuf obéissant enfonce sa corne dans le sol et il en jaillit une source superbe, « la plus belle que nous n'ayons pas », disent les paysans, et que l'on montre encore au terrier de Saint-Martin-du-Fouilloux dans la paroisse du même nom.

Cette légende se raconte aussi dans les environs de Poitiers, mais les gens de ce pays ne savent où placer le lieu du miracle et de l'école que fréquentait saint Martin.

II. Saint Martin travaillait chez un maréchal-ferrant. Son maître le charge de ferrer un cheval ; immédiatement, le Saint coupe la patte du cheval et va la ferrer sur l'enclume. Le maître survient et lui dit : « Ah ! qu'as-tu fait ? pourquoi as-tu coupé la patte de

---

1. Mʳ Barbier de Montault.

ce cheval? que va dire cet homme? » Saint Martin, sans rien dire, continue son ouvrage, et quand il a fini, prend la patte du cheval et la remet en place sans que la bête en souffre. A Saint-Maurice-la-Fougereuse, doyenné d'Argenton-Château, on raconte le même trait de saint Eloi.

◆ ◆ ◆

La découverte de la tête de saint Sébastien dans la paroisse de Fontaine-le-Comte. — Dans la paroisse de Fontaine-le-Comte, saint Sébastien est désigné sous le nom de « patron des cornars » (bêtes à cornes). Dans l'église actuelle de Fontaine-le-Comte, les sculptures (toutes récentes d'ailleurs) qui ornent l'autel de la chapelle consacrée à saint Sébastien mentionnent cette tradition. On y voit un jeune homme montrant à saint Sébastien un bœuf couché et semblant le mettre sous la protection du Saint. C'est pour obtenir eux aussi cette protection que tous les ans le jour de la fête patronale les cultivateurs viennent faire brûler un cierge devant ladite chapelle. Voici une des légendes se rapportant à l'action de saint Sébastien sur les animaux à cornes.

Un berger gardait son troupeau dans les Fontenelles (champ voisin de Fontaine-le-Comte, sur le coteau qui domine le ruisseau à gauche en se dirigeant vers Croutelle). Or un de ses bœufs ne mangeait jamais, mais « luchait » sans cesse une broussée de ronces au milieu du champ. Le berger se demandait : « Pourquoi mon bœuf ne mange-t-il rien et engraisse-t-il plus que les autres? » A la fin, il se décida à regarder la touffe d'épines et trouva au milieu la tête de saint Sébastien, qui, portée à l'église y fut honorée ; et telle est l'origine de la fête de saint Sébastien à Fontaine-le-Comte.

Une curieuse superstition doit son origine à cette fête. Les cultivateurs faisaient brûler un nombre considérable de cierges devant la chapelle du Saint et la chaleur en faisait fondre et casser quelques-uns avant qu'ils fussent complètement brûlés. On disait alors que le propriétaire de ce cierge perdrait une tête de bétail, ce qui se traduisait par cette pittoresque expression : « Encore un *bétau* de crevé. »

Abbé PIERRE DE MONSABERT.

LES SAINTS CHATIÉS

Saint Sylvain de Loubressac. — Saint Sylvain habitait autrefois dans le Limousin. Mais, ayant laissé geler les vignes que les habitants du pays avaient mises sous sa protection, ceux-ci le jetèrent dans la Vienne. En tombant à l'eau, saint Sylvain leur dit qu'ils n'auraient jamais de vignes, et qu'ils viendraient le trouver là où il s'arrêterait. En effet, à partir de ce jour, il n'a pas été possible d'y récolter du vin.

Saint Sylvain, suivant le cours de l'eau, vint s'arrêter à Loubressac. On voulut l'emmener à l'église de Mazerolles. Mais on eut beau mettre des bœufs, on ne put le remuer de place.

On lui éleva donc une chapelle sur le bord de la Vienne.

Et c'est là que tous les ans, à la fin de septembre — l'assemblée a lieu le dimanche avant la saint Michel, — des centaines et des centaines de Limousins viennent lui faire leurs dévotions.

LÉON PINEAU (*Folk-Lore du Poitou*).

Musée du Poitou chrétien

(MUSÉE SAINT-MARTIN, LIGUGÉ)

Crosse eucharistique. — Peu de temps après la restauration du monastère de Ligugé (1853), Mgr Pie fit envoyer aux Bénédictins la crosse monumentale dont nous reproduisons le dessin, et qui provenait de l'ancienne abbaye de Saint-Maixent. Fixée derrière l'autel de l'église abbatiale, et le dominant, elle servait de support à la colombe eucharistique dans laquelle se conservaient les saintes espèces. Sa hauteur est de quatre mètres, les ornements sont en fer et tôle, autrefois dorés, fixés sur bois ; une rainure, dans laquelle passait la corde qui permettait de descendre et de remonter la colombe, la creuse dans toute sa hauteur.

L'usage de ces crosses, d'un bel effet décoratif, s'est malheureusement perdu ; il serait même d'une restauration difficile, à cause des inconvénients qu'offrirait de nos jours, où les vols sacrilèges se multiplient, la présence de l'Eucharistie dans un tabernacle mobile comme l'était la colombe liturgique ; l'église abbatiale de Solesmes conserve cependant la sienne, mais, la chapelle n'étant pas publique, l'inconvénient disparaît.

Saint Martin, statue en bois. — Nous ne présentons pas l'œuvre ci-contre comme un spécimen d'art religieux, mais les lecteurs du *Pays Poitevin* savent que la destination du musée Saint-Martin n'est pas tant de recueillir des objets précieux que de rassembler des matériaux sur l'histoire du Poitou chrétien et surtout sur l'hagiographie locale. A ce titre, notre statue ne manque pas d'intérêt. C'est bien, en effet, le saint Martin poitevin, le saint Martin de Ligugé, qu'a représenté le naïf artiste. Suivant les indications du premier historien de l'Apôtre des Gaules, Sulpice Sévère, notre ymagier nous donne un solitaire petit et laid, revêtu d'une robe grossière et d'un manteau de peau de bête. Dans sa main droite, le bâton pastoral, qui se terminait en Tau ; dans la gauche un livre d'heures. C'est ainsi que la tradition et l'histoire nous représentent le fondateur de Ligugé au milieu de ses premiers disciples, alors que les Tourangeaux n'en avaient pas encore fait leur évêque. Cette statuette de quarante centimètres de hauteur a inspiré un moine artiste, qui a exécuté, d'après ce modèle retrouvé au presbytère, la statue qui décore la chapelle du Catéchumène ; c'est d'après ce même modèle qu'a été peint le vitrail placé au-dessus de la porte d'entrée de l'église abbatiale.

Hymnographie poitevine

I. — SAINT HILAIRE

(Suite)

L E public lettré applaudissait, il y a quinze ans, à la découverte, faite par M. le chevalier Gamurrini, administrateur de la bibliothèque d'Arezzo, d'un manuscrit du onzième siècle, contenant, avec la célèbre *Peregrinatio Sylviæ*, le Traité des Mystères et les Hymnes de saint Hilaire. L'histoire de ce manuscrit[1] montre que nous sommes redevables de la conservation de ces précieux fragments aux Bénédictins du Mont-Cassin, lesquels au onzième siècle recueillaient avec une égale ardeur les livres traitant des Lieux saints et les œuvres des anciens docteurs de l'Église. Des multiples copies de ces mêmes livres, une seule, celle du manuscrit d'Arezzo, nous est parvenue.

Le Traité des Mystères, par où débute ce manuscrit, ne nous arrêtera pas ici. Nous voulons parler seulement des trois hymnes qui le suivent.

Après la clausule de l'opuscule précédent : *Finit Tractatus Mysteriorum S. Hilarii episcopi...*, vient immédiatement l'en-tête du recueil d'hymnes : *Incipiunt hymni eiusdem.* La première hymne, privée de ses dernières strophes, est séparée de la suivante, amputée à son tour des cinq strophes initiales, par une lacune de six feuillets. La troisième hymne est de même incomplète, de sorte que les quatre pages d'hymnes du manuscrit d'Arezzo fournissent au plus le quart du recueil primitif.

Le rapprochement de ces pièces avec le passage suivant du *Traité sur les Psaumes* montre le but poursuivi par saint Hilaire : « Qu'un homme placé en dehors de l'église entende la voix du peuple qui prie ; qu'il prête attention aux hymnes chantées par des voix nombreuses; qu'il écoute aussi, durant les solennités des divins mystères, l'acclamation de la pieuse louange. Il faut que l'ennemi soit effrayé, le diable combattu, la mort vaincue par la foi en la résurrection, dans ce cri de nos voix joyeuses[2]. » C'est, semble-t-il, d'après le même sentiment, qu'il expose, dans la première hymne, la foi catholique sur la divinité du Fils de Dieu. Ses adversaires, les ariens, ne sont pas nommés, mais le dogme ecclésiastique est défendu contre eux avec une vigueur d'expression qui ne met aucun scrupule à s'asservir les formes métriques. Pourtant, si l'écrivain s'affranchit ainsi de la régularité que nous retrouvons dans les compositions des hymnographes postérieurs, il faut voir dans cette versification autre chose qu'une « sorte de prose poétique », formée de « strophes se composant d'un nombre égal de lignes ou de membres rythmiques », où « les lignes correspondantes de chaque strophe contiennent un même nombre de temps faibles (*ictus*) qui frappent des syllabes accentuées[3] ». La vérité est que les vers de ces hymnes se ramènent à des mètres réguliers, d'une autre conception toutefois de la facture classique, parce qu'ils tiennent à un état différent de la langue latine, et à des modifications de la prononciation, ayant amené des changements radicaux dans la prosodie[1]. Cette métrique populaire apparaît pour la première fois au troisième siècle de notre ère, dans les vers de l'évêque africain Commodien. L'accent tonique, qui n'entrait pour rien dans la versification antique, prend ici un rôle essentiel et arrive à usurper les fonctions de l'élément de quantité. A la suite de l'altération lente de la prononciation, la durée et l'intensité allèrent se confondant, jusqu'à ce que la seule alternance des syllabes accentuées et des syllabes atones ait constitué la distinction entre la poésie et la prose.

Malgré les caractères communs de la métrique de Commodien et de saint Hilaire, celui-ci n'est pas l'imitateur du premier. Il ne vise pas comme lui à la recherche des expressions et des formes difficiles, et l'obscurité des hymnes hilariennes tient au sens, non aux mots. Leur latinité est simple, mais dure et incorrecte. (Voir *ipsud*, vers 41, *duum*, vers 42.) L'alphabétisme, qui est la forme la plus simple de l'acrostiche, règle deux de ces pièces.

On se demande si ces hymnes furent destinées à être chantées. Le texte transcrit ci-dessus porte à une réponse affirmative. Du moins les vers 9-14 et 55 indiquent que ces compositions étaient destinées à la communauté chrétienne. La dureté de la forme explique suffisamment, semble-t-il, pourquoi ces hymnes ne furent pas maintenues dans l'usage liturgique.

La date de leur composition paraît devoir être fixée après l'exil de saint Hilaire (360), qui, durant un séjour de quatre années en Asie, entendit le chant des hymnes des Églises orientales.

*
* *

Dans l'hymne qui va suivre, la division strophique est déterminée par la succession alphabétique. Le mètre suivi est le septénaire iambique. En effet, les deux premiers vers de chaque strophe sont composés en principe de sept iambes, avec césure après le quatrième pied :

$$\text{Crēdĕns} \mid \text{tĕ pō—pŭlŭs} \mid \text{rŏgăt} \parallel \text{hy̆mnō} \mid \text{rŭm rē} \mid \text{sŏnăns.}$$

Le troisième vers est, comme ceux de l'introduction, un trimètre (sénaire), ayant la césure après le troisième pied ou au milieu du quatrième :

$$\text{Mūndō} \mid \text{tĕ gē} \mid \text{nŭīt} \parallel \text{vĭrgo} \mid \text{pŭer} \mid \text{pĕrā.}$$
$$\text{Felix} \mid \text{prophe} \mid \text{ta David} \parallel \text{pri} \mid \text{mus or} \mid \text{gani.}$$

L'élision n'est qu'exceptionnelle, et l'hiatus abrège quelquefois la voyelle des monosyllabes longs. L'accent l'emporte sur la quantité prosodique. Au premier pied d'abord, la valeur des deux syllabes, longue ou brève, du groupe iambique, se modifie, en vertu de ce principe que le groupe initial du vers est considéré comme une sorte d'anacruse indépendante de la mesure propre au reste du vers. Aux autres pieds, le spondée se substitue à l'iambe, sans distinction de pieds pairs et de pieds impairs, et, si les seuls pieds purs obligatoires sont régulièrement le quatrième et le dernier, leur existence n'est pas indispensable, et ils disparaissent soit par l'anticipation de l'iambe, soit par le défaut d'une syllabe :

$$\text{O fe} \mid \text{lix du} \mid \text{um u} \mid \text{nitas} \mid \text{alter} \mid \text{qui cum} \mid \text{sit.}$$

La quantité est libre pour la finale de l'hémistiche, considérée comme finale de vers. Enfin la longue se dissout en deux brèves :

$$\text{Profe} \mid \text{ctus fu} \mid \text{erit} \mid \text{primo} \mid \text{genitus} \mid \text{Dei.}$$

---

1. *S. Hilarii Tractatus de Mysteriis et Hymni, et S. Sylviæ Aquitanæ peregrinatio ad loca sancta, quæ inedita et codice Arretino deprompsit* Ioh. Franciscus GAMURRINI, Rome, 1887, p. IX-XII. — Cf. C. KOHLER, *Note sur un manuscrit de la bibliothèque d'Arezzo.* (Bibliothèque de l'Ecole des Chartes, t. XLV, 1884, p. 140, 141.)

2. « Audiat orantis populi consistens quis extra ecclesiam vocem ; spectet celebrem hymnorum sonitum, et inter divinorum quoque sacramentorum officia responsionem devotæ confessionis accipiat. Necesse est terreri omnem adversantem et bellari adversus diabolum vincique resurrectionis fide mortem, tali exsultantis vocis nostræ, ut dictum est, jubilo. » *Tract. in Psalmum LXV.* (*S. Hilarii Opera*, t. I, c. 196.)

3 GEVAERT, *La Mélopée antique*, p. 64.

1. G. BOISSIER. *Mélanges Rénier*, 52-59.

Texte

Felix propheta david, primus organi
n carne christum ymnis mundo nuntians.

Ante saecula qui manens semperque nate,
semper ut est pater : namque, sine te, quomodo
5. dici, ni pater est, quod pater sit potest?

Bis nobis genite deus, christe, dum innato
nascens a deo, vel dum corporeum et deum
mundo te genuit virgo puerpera.

Credens te populus rogat, hymnorum resonans
10. mitis ut audias voces, quas tibi concinit
aetas omnigena sancti gregis tui.

Dum te fida rogat, sibi clemens ut maneas,
plebs tui nominis in te innascibilem deum
orat; quod maneat alter in altero.

15. Extra quam capere potest mens humana, manet
filius in patre, rursum quem penes sit pater,
dignus qui genitus est filius in deum.

Felix qui potuit fide res tantas penitus
credulus adsequi : ut incorporeo ex deo
20. profectus fuerit primogenitus dei.

Grande loquimur, et deum verum, ut genitor,
quidquid inest sibi aeternae decus gloriae,
totum in unigenitum ediderit deum.

Hinc unus merito bonus, ipsum quod deus est,
25. extra invidiam sui gigni vellet in alterum,
transformans se, ut est, vivam imaginem.

Istis vera patet dei virtus cum dederit
omnia, non tamen ipsis quae dederit caret,
cuncta quae sua sunt cum dederit habens.

30. Kara progenies dei, cognatum cui sit
. omne decus patris, nil nato * eguit dari,
sed natum simul est quidquid erat dei.

Lumen fulsit a lumine, deusque verus
subsistit ex deo vero, non aliud habens
35. ortus unigena quam innascibilis pater.

Mirum dei hoc opus est : aeternus ut incor-
ruptibilis deus ortu qui careat, quia
sit sempiterna virtus quod est deus.

Non natis quibus est in bonis ex sese placidus,
40. gigneret in deum, ac sic in unigena deo,
hoc ipsud ortu, quod genitum est, caret.

O felix duum unitas : alter qui cum sit
mixtus in altero, unum sic faciunt duo,
sit in duobus cum quod est in altero.

45. Patri sed genitus paret omnemque ad nutum
attonitus manet, et scire non est arduum
quid velit, sese qui penes est pater.

Quanta est genitus in bona, nam constitutus in
cunctorum exordia, condens qui primum saecula
50. aeternum in motum tempora protulit.

Rebus anterior deus cunctis nam per eum
omnia facta sunt, esset cum nihilum modo,
mundum corporeo condidit in statu.

Sed nos litera non sinit per quam te genitum
55. concinimus deum, gesta quae tua sunt loqui,
carmenque, natum, iam qui eras deus.

Te cunctis dominum modis caelorum regem et
caelestis gloriae, ut cuncta per te condita

. . . .

---

11. *sanctae. ms.*
31. *nate. ms.*
40. *gigneret deum. Gamurrini.*

Traduction

Heureux le prophète David, qui le premier annonça au monde, par des hymnes mélodieux, le Christ incarné !

Toi qui subsistes avant les siècles, Fils éternel, éternel comme le Père lui-même ! Car, sans toi, comment celui-ci serait-il le Père et pourrait-il être appelé de ce nom ?

O Christ, né deux fois pour nous : lorsque, Dieu toi-même, tu nais de Dieu, qui est sans commencement ; lorsque ensuite une Vierge-Mère t'enfante au monde, homme et Dieu à la fois.

Le peuple fidèle te supplie, au chant des hymnes, d'écouter avec bonté les voix des chrétiens de tout âge composant ton troupeau sacré, qui chantent en chœur tes louanges.

En te priant avec confiance de lui être toujours propice, le peuple qui porte ton nom invoque en toi le Dieu sans commencement, parce que l'un subsiste dans l'autre.

L'esprit humain ne peut comprendre comment le Fils demeure dans le Père, de même que le Père est en lui, Fils excellent, engendré pour être Dieu.

Heureux le croyant qui parvient à connaître à fond par la foi cette haute vérité de la procession du premier-né de Dieu, engendré de la divinité incorporelle !

Nous énonçons une grande chose lorsque nous disons que le vrai Dieu communique au Fils unique qu'il engendre la plénitude de gloire éternelle qu'il possède lui-même.

Ainsi, celui qui est vraiment le seul Bon, parce qu'il est Dieu, veut, sans craindre pour lui-même nul préjudice, se reproduire en un autre lui-même, se faisant en celui-ci sa vivante et parfaite image.

En cela se montre la véritable puissance de Dieu, qui, donnant tout ce qu'il possède, n'est cependant privé de rien de ce qu'il a donné, conservant, après l'avoir donné, tout ce qu'il a.

Le bien-aimé Fils de Dieu, possédant à sa naissance toute la gloire du Père, n'a pas eu besoin de rien recevoir en naissant, mais avec lui est née toute propriété divine.

C'est la lumière, resplendissant [du sein] de la vérité, le vrai Dieu [procédant] du vrai Dieu, le Fils unique ne possédant à sa naissance que ce que possède le Père, qui est sans commencement.

C'est une admirable opération divine : le Dieu éternel et incorruptible n'a pas d'origine, étant, parce qu'il est Dieu, la puissance éternelle.

Au milieu des biens éternels dans lesquels il subsiste dans sa tranquillité, il engendre de soi-même un Dieu ; et ainsi, dans le Fils unique qui est Dieu, cela même qui est engendré n'a pas d'origine.

Tous deux composent cette bienheureuse unité, l'un étant mêlé dans l'autre. Ainsi les deux sont un, de sorte que ce qui est en chacun se trouve dans l'un et l'autre.

Mais le Fils obéit au Père et révère toutes ses volontés. Pourtant il n'a aucune peine à savoir ce que veut le Père qui est en lui.

A quels biens est-il destiné par sa naissance ! car, placé à l'origine de toutes choses, créateur des siècles au commencement, il amena les temps à leur éternel mouvement.

Comme Dieu il est avant toutes choses, car tout a été fait par lui. Alors que rien n'existait, il créa le monde à l'état de matière.

Mais l'écriture par laquelle nous te chantons, Dieu engendré, l'hymne [dans lequel nous te louons], né [homme], toi qui étais Dieu auparavant, ne nous suffisent pas pour célébrer les actions.

O toi, le Seigneur absolu, roi des cieux et de la gloire céleste ! que toutes les choses que tu as créées...

(A suivre.)

Dom J. PARISOT.

LES ABBAYES POITEVINES

NOTRE-DAME
DE FONTAINE-LE-COMTE

A environ huit kilomètres sud-ouest de Poitiers se trouve le petit village, aujourd'hui inconnu, de Fontaine-le-Comte. Mais une vaste et belle église, de vieux bâtiments conventuels, le nom de « cloîtres » conservé à un jardin attenant à l'église, indiquent qu'il y eut là autrefois un asile de prière et d'étude, un monastère.

Jusqu'en 1127, les campagnes de Fontaine-le-Comte n'étaient que des bois immenses couvrant tout le pays, jusqu'à Lusignan, et servant de théâtre aux chasses des comtes de Poitou. Peut-être possédaient-ils une maison de campagne à Fontaine-le-Comte même, car, avant la fondation de l'abbaye, ce nom était déjà usité. Trois points seulement de la paroisse actuelle semblent avoir été habités à cette lointaine époque : Chaumont, propriété d'une famille de ce nom dont la trace disparaît dans les titres de l'abbaye après le commencement du quatorzième siècle (Chaumont est, aujourd'hui encore, un hameau important dominant le ruisseau de Croutelle);

ÉGLISE ABBATIALE DE FONTAINE-LE-COMTE

ami de Pierre le Vénérable, Geoffroy de Loriol ou Loroux, le lieu appelé Fontaine-le-Comte avec une grande étendue de bois et de landes qui l'avoisinaient. Les religieux et leurs gens étaient pour toujours affranchis de toute espèce de taille et impôts, exempts de péage pour les marchandises qu'ils feraient passer par les terres du comte. Richard, roi d'Angleterre, confirma ces privilèges en 1164.

Guillaume avait-il le droit de faire une semblable donation ? Les religieux de Bonnevaux le nièrent et soutinrent que la terre concédée à Geoffroy de Loriol leur avait été précédemment donnée. Guillaume Adelelme, évêque de Poitiers, et après lui Geoffroy, évêque de Chartres et légat du Saint-Siège, donnèrent gain de cause aux religieux de Fontaine-le-Comte. Enfin, en 1148, dans une assemblée capitulaire tenue à Bonnevaux, l'accord entre les deux abbayes fut confirmé solennellement en présence de nombreux témoins, dont l'évêque de Saintes, le doyen de la cathédrale de Poitiers et l'abbé de Saint-Cyprien de la même ville.

Geoffroy de Loriol était présent à cette assemblée, mais il avait déjà quitté Fontaine-le-Comte. Lorsqu'il eut fondé son abbaye et qu'il y eut établi des Chanoines réguliers de Saint-Augustin, dont l'Ordre, alors aux jours de sa splendeur, comprenait, outre la Congrégation des Prémontrés, un grand nombre d'abbayes indépendantes (Fontaine-le-Comte était de ce nombre),

Basse-Fontaine, village plein de vieilles maisons, mais dont le cachet antique commence à disparaître (il y avait là, dit-on, une villa romaine, et un aqueduc conduisait à Poitiers les eaux de sa source); le Poizac, où des érudits croient retrouver une étymologie celtique.

Entre 1127 et 1137, de nouvelles destinées s'ouvrirent pour Fontaine-le-Comte. Déjà les environs étaient peuplés d'abbayes, et les Bénédictins de Ligugé, les Cisterciens de Bonnevaux et du Pin, sanctifiaient depuis longtemps cette partie des campagnes poitevines, lorsque Guillaume VIII d'Aquitaine, le protecteur d'Anaclet, le vaincu de saint Bernard, accorda à un saint homme,

il fut désigné en 1136 pour le siège archiépiscopal de Bordeaux, qu'il occupa vingt-deux ans, mêlé à plusieurs grands événements du douzième siècle. Il n'oublia jamais — nombre d'actes en font foi — sa première et toujours chère retraite de Fontaine-le-Comte.

Pendant tout le moyen âge, l'abbaye fut honorée de puissantes protections et vit s'accroître considérablement son domaine et sa renommée. Deux papes, Anastase IV en 1153, Alexandre III en 1165, la prirent sous leur protection. Hugues de Lusignan dispensa les chanoines (4 novembre 1166) du droit de payer tribut pour les choses qu'ils achèteraient, vendraient ou feraient passer par ses terres. Certaines donations pieuses sont assez intéres-

FONTAINE-LE-COMTE. — Restes de l'abbaye (vue intérieure)

santes. Ainsi, vers 1136-1140, une dame du nom de Druesiane donne à l'abbaye de Fontaine-le-Comte tout ce qu'elle possède dans les bois de Savari pourvu que l'abbé consente en retour à recevoir gratis trois religieux, dont l'un priera pour la donatrice, le second pour ses parents défunts, le troisième pour ses fils encore vivants. En 1192, Simon Rogue donne à l'abbaye des terres voisines du prieuré du Bois-de-Secondigny, dépendance de Fontaine-le-Comte; il renouvela par quatre fois sa donation, au prieuré même, au pied de l'autel et touchant le livre des évangiles, à Parthenay, au chapitre de Fontaine-le-Comte, où l'abbé, en présence du convent, le reçut moine et l'agrégea à la communauté, et enfin dans l'église Saint-Pierre de Poitiers.

En 1199, l'abbaye bénédictine d'Orbestier, en Vendée, se soumit à celle de Fontaine-le-Comte, touchée qu'elle était par la vie pieuse et édifiante de ses religieux. Les moines d'Orbestier actuellement vivants devaient continuer à suivre la règle de saint Benoît, mais quand leur nombre serait réduit à six, ils devraient embrasser celle de saint Augustin.

Vers 1200, Guillaume Aler fait don d'une rente de cinq sous sur la terre de la Bécilière pour la célébration quotidienne d'une messe en l'honneur du Saint-Esprit.

La célèbre Aliénor d'Aquitaine s'occupa à plusieurs reprises de l'abbaye de Fontaine-le-Comte. Elle ordonna à ses officiers de n'exiger des religieux aucun impôt et de considérer leurs droits comme les siens propres; elle les affranchit aussi du droit de *canagium*, qui consistait en une redevance de grain ou de pain pour les meutes ducales.

Alphonse, comte de Poitou et frère de saint Louis, légua soixante sous à l'abbaye de Fontaine-le-Comte et trente sous de rente perpétuelle à l'aumônerie de Croutelle, qui en dépendait, pour la célébration de son anniversaire. En décembre 1276, ce legs fut confirmé par Philippe le Hardi.

Un grand nombre de particuliers firent à cette époque des donations à l'abbaye, et même joignirent au don de leurs biens celui de leur personne, soit en se faisant religieux, soit en promettant simplement obéissance à l'abbé. Ainsi, dans le cours du treizième siècle, Simon Rogue, dont il a déjà été question, Hugues Ryo, qui promit de ne se marier que du consentement de l'abbé, Pierre Claveau de Parthenay, dont la femme ne se contenta pas de permettre à son mari l'entrée en religion, mais

promit, elle aussi, obéissance à l'abbé de Fontaine-le-Comte, Guillaume Grimaud, paroissien de Mouterre-Scillé, Maurice Guygneau, paroissien de Sauve, qui se réserva cependant l'usufruit de ses biens sa vie durant.

Au commencement du quatorzième siècle, Clément V, venu à Poitiers en 1307 pour s'occuper du procès des Templiers, envoya aux religieux de Fontaine-le-Comte une bulle pour confirmer la possession des dîmes dont ils jouissaient dans leurs terres. En 1323, Pierre Belet, paroissien de Mezeaux, demanda par testament à être enseveli dans le cloître de l'abbaye de Fontaine-le-Comte, près de la sépulture de sa femme, Agnès de Symau, et confirma la fondation qu'il avait faite d'une chapelle dans l'église de l'abbaye.

Fontaine-le-Comte, comme bien d'autres institutions plus importantes, n'a pas vu renaître pour lui les beaux jours du treizième siècle. Dès le commencement de la guerre de Cent Ans, en 1347, Philippe de Valois accorda bien à l'abbaye des lettres de sauvegarde; mais deux ans seulement après, en 1349, l'élection de Guillaume d'Archigné comme abbé de Fontaine-le-Comte devait se faire à Poitiers, au prieuré de Saint-Hilaire-de-la-Celle, en raison de la dévastation de Fontaine-le-Comte et des dangers de s'y rendre, et le 22 février 1358, le pape Jean V, en unissant les revenus du prieuré d'Aunay (près Loudun) à la mense commune de Fontaine-le-Comte, s'exprimait ainsi : « Après la supplique qui nous a été présentée de la part du vénérable Etienne, abbé de Fontaine-le-Comte et de ses religieux, de l'Ordre de Saint-Augustin, portant que leur monastère a été saccagé pendant les guerres qui ont longtemps désolé notre diocèse et principalement la contrée où il est situé, et qui ne cessent, hélas ! d'exercer leurs ravages; que leurs bâtiments sont en ruines, leurs terres sans culture, et qu'ils sont sans aucun moyen de réparer ces désastres; que, chose plus déplorable encore, ils manquent de quoi vivre et se voient depuis longtemps réduits à chercher hors de leur couvent les aliments et les autres choses dont ils ont besoin; nous, en considération de cette extrême disette, et pour les mettre en état de supporter les charges de leur maison, unissons à leur mense commune le prieuré d'Aunay. »

Le prince de Galles, maître du Poitou après le traité de Brétigny, protégea les religieux, confirma leurs privilèges, leur accorda une sauvegarde pour eux et leurs biens et, pour que personne ne pût prétexter l'ignorance, il fit dresser ses panonceaux dans les bâtiments et sur les terres de l'abbaye. De plus, il ordonna au sénéchal de Poitou de contraindre les habitants de Poitiers et des environs à reconstruire l'église de Fontaine-le-Comte et plusieurs maisons qu'ils avaient brûlées, de peur que l'ennemi ne s'en emparât.

Le contrecoup de cette protection se fit sentir lorsque Charles V eut reconquis le Poitou. Par ordre du roi, on confisqua une partie du temporel de l'abbaye; mais les religieux, que leur abbé avait quittés, fuyant devant la victoire française, représentèrent à Duguesclin que s'il ne levait pas la saisie, ils n'avaient plus qu'à demeurer mendiants, et ce dernier accéda à leurs désirs. L'abbaye de Fontaine-le-Comte exerçait alors les droits de haute, basse et moyenne justice, et ses officiers donnaient les mesures à blé et à vin dont on faisait usage dans sa censive.

A la fin du quatorzième siècle, nous voyons pour la première fois (1384) mention d'une confrérie de Sainte-Catherine établie dans l'église de Fontaine-le-Comte. Il existait dans cette église une chapelle dédiée à la même sainte Catherine, et qui possédait entre autres revenus une rente de quarante sous sur une maison située à Niort, paroisse de Saint-Gaudain. Ce n'est, du reste, qu'après la dernière restauration de l'église que la statue de sainte Catherine a disparu pour faire place à celle de saint Sébastien, patron de la paroisse.

Dans le courant du quinzième siècle, Guy Dousset, élu en 1435 abbé de Fontaine-le-Comte, fit faire d'importantes réparations à l'église, comme l'atteste une inscription placée à droite de la porte :

GUY DOUCET ABBÉ DE CEST LIEU
FIT IADIS EN LONEUR DE DIEU
MOULT RÉPARER CEST ÉGLISE
EN GLOIRE SOIT SON AME MISE. AMEN.

Nous savons peu de choses sur l'histoire de l'abbaye pendant les guerres de religion ; elle fut pillée et dévastée comme les autres églises voisines, et, au commencement du dix-septième siècle, il n'y restait que trois religieux, dont deux infirmes ; le service divin ne se faisait plus régulièrement, et même était souvent interrompu ; des cloîtres, il ne restait plus que trois piliers ; du chapitre et du réfectoire, que les murs ; dans l'église, la nef était à découvert et il ne restait aux fenêtres ni vitres ni ferrures.

Pour remédier à ce déplorable état de choses, François le Veneur, abbé commendataire de Fontaine-le-Comte, conclut, le 15 juin 1647, un concordat avec le P. Blanchard, Supérieur général des Chanoines réguliers de Sainte-Geneviève, pour y rétablir des religieux de cette Congrégation. Ces revenus furent divisés en trois lots, un pour l'abbé, un pour les religieux, un pour les charges de la maison. Les clauses du contrat furent plusieurs fois modifiées, en 1667 et 1690. Les revenus de l'abbaye étaient à cette époque de 5427 livres, dont 2251 seulement en argent. La censive de l'abbaye s'étendait sur 1680 arpents de 8 boisselées chacun. Il y avait des dîmes et terrages sur 1571 arpents et 252 arpents de bois, sans compter d'autres biens plus éloignés. Les religieux s'occupaient avec la plus grande sollicitude de la culture des terres, et en particulier des vignes ; ils donnaient des terres à défricher pour des redevances assez faibles (le sixième de la récolte) et renvoyaient les fermiers qui laissaient leurs vignes incultes [1]. A la fin du dix-septième siècle, en 1688, un hôtelier de Vieille-Fontaine, aujourd'hui Basse-Fontaine, coupable d'insultes et blasphèmes envers un religieux, consentit, pour éviter les poursuites, à la transaction suivante : il se soumet à la pénitence que le prieur lui imposera et promet de demander pardon à genoux et de fournir un cierge de cinq livres qui brûlera devant le Saint-Sacrement, et sur lequel il sera marqué que c'est en réparation et en l'honneur de Dieu.

Il nous est resté du dix-huitième siècle plusieurs documents intéressants sur l'abbaye de Fontaine-le-Comte. D'abord un calendrier de 1701 contenant l'indication de toutes les fêtes du propre et du mobile, avec ce qui se pratiquait dans l'église de l'abbaye et les messes et services d'obligation dont elle était chargée. Déjà la fête de saint Sébastien était une des plus solennelles. En 1704, un nouveau cimetière fut bénit par ordre de l'évêque de Poitiers. De 1716 à 1721, on fit faire d'importantes réparations à l'église : les stalles datent de cette époque (1720). Il n'en reste plus que cinq aujourd'hui, outre celles de l'abbé et de ses assistants ; neuf autres ont été données à l'église de Vouneuil. En 1749, Pierre de Ribereys, vicaire général de Poitiers, nommé abbé commendataire de Fontaine-le-Comte, prit possession de la manière suivante : il entra dans l'église au son des cloches, fit des aspersions d'eau bénite, se prosterna devant le Saint-Sacrement et prit séance au chœur dans sa stalle, puis il monta dans la maison abbatiale, parcourut quelques chambres

dont il ouvrit les fenêtres, descendit dans le jardin, où il cassa des branches d'arbres et arracha des plantes.

Mais l'introduction des Chanoines de Sainte-Geneviève avait été impuissante à rendre à l'abbaye son ancienne splendeur, et les revenus ne suffisaient plus qu'à l'entretien de trois religieux. On résolut de supprimer la mense conventuelle et de l'unir à celle de Saint-Hilaire-de-la-Celle à Poitiers, qui se trouvait alors dans une situation aussi précaire. Le 1er février 1756, les paroissiens de Fontaine-le-Comte consentirent à cette union, sous cette réserve que l'on maintiendrait le curé et le vicaire et que l'église, la sacristie et les objets du culte resteraient dans le même état. Le 24 mars de la même année, le décret fut porté par Mgr Marthonie de La Caussade, évêque de Poitiers.

On faisait à cette époque un pèlerinage à Fontaine-le-Comte pendant le mois de mai. Jusqu'en 1751, les paroisses de Poitiers y venaient tour à tour chaque dimanche ; à cette date, Montierneuf et Notre-Dame-la-Grande furent désignées comme le but de ce pèlerinage. Il en résultait une grande animation, car boulangers, fouaciers, merciers, cabaretiers, venaient tenir leurs boutiques le long des murs de l'église, sous le porche et devant la croix située au milieu de la place. L'assemblée annuelle du premier dimanche de mai semble un reste de ces dévotions populaires. En 1775, Mgr Beaupoil de Saint-Aulaire vint donner la

FONTAINE-LE-COMTE. — Chevet de l'église

confirmation dans l'église aux paroisses de Fontaine-le-Comte, Croutelle, Mezeaux, Ruffigny, Ligugé, Iteuil, et permit de célébrer la solennité de saint Sébastien le jour même de sa fête.

La Révolution de 1793 vint effacer les derniers vestiges de la vie religieuse à Fontaine-le-Comte. Toutefois le bon esprit de la population sauva l'église, qui fut réparée en 1825 par les soins de M. l'abbé Gibault, conservateur des antiquités du département de la Vienne. En 1830, M. l'abbé Moreau fut le premier curé

---

1. D'après certains articles de la Coutume du Poitou.

installé régulièrement à Fontaine-le-Comte depuis la Révolution. De 1865 à 1873, de nouvelles et considérables réparations furent faites à l'église et la mirent dans l'état que nous voyons aujourd'hui.

Des moines de Fontaine-le-Comte, des pèlerinages à la Vierge, de la domination des comtes de Poitou, des constructions romaines, il ne reste que des ruines et de vagues souvenirs. Seule l'église attire encore les regards, aujourd'hui comme il y a huit siècles. Sa vaste nef ne retentit plus chaque jour des touchantes mélodies de l'office divin, mais elle abrite toujours les paysans de Fontaine-le-Comte, joignant ainsi dans une fraternelle et chrétienne unité les souvenirs du passé, les joies et les peines du présent et les espérances de l'avenir.

Abbé PIERRE DE MONSABERT.

D'après les travaux de M. Rédet : *Notice historique sur l'abbaye de Fontaine-le-Comte* (Mémoires de la Société des Antiquaires de l'Ouest); — *Inventaire des litres de l'abbaye de Fontaine-le-Comte* (aux archives de la Vienne).

Photographies de M. Albert Boutaud.

ART LITURGIQUE

Le fer à hosties de l'église d'Azay

(DEUX-SÈVRES)

I

LES fers à hosties sont nombreux dans les églises du diocèse de Poitiers ; mais, depuis que les hosties se trouvent toutes faites dans le commerce, les fabriques les négligent et les relèguent au grenier. Voilà un premier mal, auquel il conviendra d'apporter un remède efficace.

Ces ustensiles liturgiques sont de toutes les époques et de tous les styles, Moyen âge, Renaissance, derniers siècles. Par ce côté, ils intéressent l'archéologie et il y a lieu de les collectionner et de les étudier.

Jusqu'ici trois spécialistes seulement s'en sont occupés en Poitou. Vers 1840, le chanoine Auber commençait à en réunir les empreintes, qui sont actuellement en la possession de M. de La Ménardière : il n'a jamais rien publié à cet égard et n'a même pas cherché à les classifier.

J'ai entrepris ma collection en 1848 : c'est peut-être la plus complète. Elle est disposée selon l'ordre chronologique. Mon intention est d'en faire un travail d'ensemble, avant que je la lègue à un musée, où elle pourra servir à l'instruction de tous [1].

____

1. Telle est ma bibliographie des fers :

1. *Description iconographique de quelques fers à hosties de l'Anjou*, Angers, 1880, in-8° de 20 p. — 2. *Le fer à hosties du monastère de Sainte-Croix à Poitiers*, Lyon, in-4° de 20 p. — 3. *Le fer à hosties de Marsac*, Montauban, 1885, in-8° de 11 p. avec 1 lith. — 4. *Les fers à hosties du diocèse de Verdun*, Nancy, 1886, in-8° de 22 p. avec 1 lith. — 5. *Le fer à hosties de Châteauponsac et les fers du Limousin*, Limoges, 1888, in-8° de 28 p. avec 2 lith. — 6. *Les fers à hosties du musée d'Orléans*, Orléans, 1888, in-8° de 6 p. — 7. *Les fers à hosties de la Saintonge*, La Rochelle, 1890, in-8° de 11 p. — 8. *Le fer à hosties de Saint-Marcel-d'Urfé (Loire), douzième siècle*, Roanne, 1892, in-8° de 12 p. — 9. *Trois fers à hosties du Midi*, Narbonne, 1892, in-8° de 8 p. — 10. *Les fers à hosties de l'arrondissement de Confolens*, Angoulême, 1895, in-8° de 55 p. avec 3 pl. — 11. *Le fer à hosties de Lencloître*, Caen, 1897, in-8° de 6 p.

Une troisième collection, dépassant de beaucoup les limites du Poitou, est celle formée par le R. P. Ladislas, ancien Gardien du couvent des Capucins de Fontenay-le-Comte (Vendée), qui se propose de la publier en album, avec un texte explicatif. La Société française d'archéologie a voulu sans doute l'encourager à réaliser son programme, en lui décernant une médaille de bronze.

La Société des Antiquaires de l'Ouest, à Poitiers, sans avoir de collection proprement dite en ce genre, a recueilli des fers et des empreintes, qu'il sera toujours utile de consulter.

Le P. Roy, Oblat de Saint-Hilaire, avait fait de même au musée naissant du *Grand Séminaire* de Poitiers ; après son départ, l'œuvre est restée stationnaire.

Enfin, pour ne rien oublier de ce qui concerne le sujet, je dois dire que, au fur et à mesure de mes découvertes, j'ai eu soin d'envoyer au Comité des travaux historiques, institué près le Ministère de l'Instruction publique, des estampages en papier, qui, sur l'initiative d'Alfred Darcel, directeur du Musée de Cluny, à qui je les destinais, ont été déposés au Musée des moulages du Trocadéro, à Paris.

En outre, M. le baron de Sarachaga a fait photographier ma collection pour le Musée eucharistique de Paray-le-Monial, qu'il dirige avec autant de zèle que de persévérance. Son exemplaire est unique, car le photographe Fellot, en quittant Poitiers, a emporté les clichés, qu'il m'a été impossible de ravoir.

M. Martin-Sabon paraît disposé à entrer dans cette voie, car, parmi les photographies de son dernier catalogue de 1897, se rencontre le fer de La Trémouille (Vienne), qui, je l'espère, sera ultérieurement suivi d'un grand nombre d'autres [1]. La matière ne manque pas et est loin d'être épuisée.

II

Il importe que le Musée Saint-Martin, consacré à l'art chrétien en Poitou, continue et développe les efforts tentés jusqu'ici et qui n'ont pas encore abouti, dans l'intérêt du monde savant. Il ne faut plus d'individualités, mais un groupement général dans un local accessible à tous les travailleurs, archéologues ou artistes.

Voici le programme que je me permets de lui soumettre :

D'abord, qu'on assure un refuge aux originaux, afin qu'ils ne soient plus exposés à se détériorer ou à sortir du diocèse. Si les fabriques répugnent à s'en dessaisir, ce dont je ne les blâme pas, qu'elles s'engagent, devant l'autorité diocésaine, à veiller à leur conservation ou qu'elles les mettent en dépôt au Musée, qui attestera leur droit de propriété par un reçu en règle.

A défaut du fer lui-même, il importe d'en posséder une reproduction qui peut être de six sortes : pâte, dessin, frottis, estampage, moulage et photographie. Chacun de ces procédés est bon ; mais il y a entre eux comme une hiérarchie et l'on va ainsi graduellement du simple au parfait.

La pâte de farine, cuite comme pour les hosties, se conserve difficilement, car elle est fragile et surtout on ne peut la protéger contre les mites. Il n'y a donc pas là chance de durée.

Le dessin est long à faire, et on n'y réussit pas toujours, témoins ceux qu'on voit dans quelques publications et qui sont réellement insuffisants.

Le frottis, au crayon ou à la mine de plomb, a l'inconvénient de ne pas détailler les creux où il ne peut pénétrer et de donner la gravure à rebours, car l'empreinte seule la redresse.

L'estampage au papier humide, pressé par une brosse de crin

____

1. *Catalogue des photographies archéologiques*, p. 90, n° 25.

ou un tampon de linge, est d'une pratique aussi prompte qu'excellente. On ne saurait donc trop l'encourager.

Le moulage sera la perfection du genre, car c'est le procédé le plus exact et le plus durable. L'exécution est aussi aisée qu'économique.

En dernier lieu, la photographie sera une grande ressource, à condition toutefois qu'elle opère sur un estampage ou un moulage ; autrement, l'on aurait le même inconvénient qu'au frottis, de voir les hosties à l'inverse de ce qu'elles doivent être ; ce serait un cliché négatif.

III

Une fois la collection constituée, la besogne n'est pas achevée. Une autre tâche s'impose impérieusement ; je veux dire la classification et l'étiquetage.

Une seule classification mérite qu'on s'y arrête : c'est celle qui suit rigoureusement l'ordre chronologique. L'ordre alphabétique, par paroisses, qui n'est pas à dédaigner et qui complète l'autre, ne vaut que sur fiches, en manière de répertoire.

L'étiquette donnera, en peu de mots, la substance de ce qu'il est utile de savoir, la provenance, la date, le sujet et le nom du donateur, au besoin. Le catalogue se trouve ainsi tout fait au détail.

Les fers devront toujours être accompagnés d'une empreinte, afin qu'on puisse mieux juger du travail du graveur. Les moulages seront accrochés aux murs ; et les autres procédés, pour tenir moins de place, s'entasseront dans des cartons ou des albums, ou, mieux encore, seront exposés en permanence sur des tourniquets.

J'ai encore une double recommandation à faire au sujet des originaux. Le fer s'altère vite, et la rouille ronge souvent la gravure d'une façon fâcheuse et irrémédiable. Qu'on n'oublie pas de l'enduire de vaseline ou d'huile lourde de pétrole.

Les bras gênent pour le classement, parce qu'ils sont encombrants. En quelques endroits, on s'est avisé de les couper : je n'ose approuver cette pratique qui dénature l'instrument, réduit ainsi à une seule palette. On ne se rend pas compte alors de son fonctionnement, ce qui a bien son inconvénient.

IV

Le concours de toutes les bonnes volontés est nécessaire pour mener à bien cette vaste entreprise. Commençons par un recensement général des fers du diocèse. Que ceux qui en possèdent ou en connaissent veuillent bien me les signaler, et, d'une manière quelconque, même sommaire, me donner facilité d'en apprécier la valeur. Le plus commode serait d'expédier par la poste les hosties entre deux cartons : j'aviserai ensuite à ce qu'il conviendrait de faire, en raison de la beauté ou de la rareté de l'objet.

Je commence aujourd'hui cette série par le fer de l'église d'Azay (Deux-Sèvres), que m'a communiqué M. Poirault avec beaucoup d'obligeance. On lui doit de ne pas l'avoir laissé se détériorer davantage, car il est déjà fortement atteint par la rouille.

De forme rectangulaire allongée, la palette gravée mesure seize centimètres de largeur sur dix de hauteur. Les hosties y sont ainsi disposées : deux petites, superposées, pour la communion des fidèles, entre deux grandes, pour la communion du prêtre. Les premières ont un diamètre de près de trois centimètres, et celui des secondes est de cinq et demi.

Les sujets sont, verticalement, les monogrammes divins, et horizontalement, la Crucifixion et la Résurrection. Le champ est circonscrit, d'une part, par un cercle strié et, de l'autre, par deux cercles de même. Le cercle extérieur indique le contour que suivront les ciseaux du découpeur.

Les monogrammes forment les noms du Christ et de Jésus, suivant la règle traditionnelle qui les réduit à trois lettres, les deux premières et la dernière. XPC doit se lire XPictuC et IHS IHesuS. A *Christus*, l'aspect est primitif, c'est-à-dire conforme au grec, jusque dans la finale, qui emploie le *sigma* lunaire ; latinisé, le mot est devenu XRS, en prenant les formes équivalentes du *rho* et du *sigma* ; quant au *ki*, il a persévéré presque jusqu'à l'époque moderne.

IHS, au contraire, a pris la finale latine et gardé l'*éta* grec, forme admise encore, mais qu'a singulièrement popularisée le chiffre de la Compagnie de Jésus, qu'il faudrait bien se garder de traduire, comme le font trop souvent les ignorants qui veulent passer pour savants, *Jesus Hominum Salvator*, interprétation venue après coup, quand on ne soupçonnait pas l'origine grecque du monogramme.

La contraction du nom est indiquée par un sigle, surmonté de la croix, qui en fait un nom divin, un mémorial de la Passion du Sauveur et Rédempteur. En haut, ce sigle s'arrondit en double cintre et, en bas, il s'aiguise en triangle, ce que les archéologues ont appelé l'*arc en mitre*, à la suite de de Caumont et de Viollet le Duc.

La Crucifixion est à gauche du fer, la droite du spectateur. La croix est plate et fixée dans le sol par trois éclats de bois. Sa traverse est surmontée des astres qui s'éclipsèrent, en signe de deuil, à la mort de leur auteur : la lune, en croissant, à droite et à gauche, le soleil en étoile. Le Christ incline sa tête, entourée d'un nimbe crucifère, car il rend le dernier soupir. Ses bras s'allongent sous le poids du corps qui s'affaise et se tord. Un linge étroit couvre la nudité des reins, et les jambes, posées de profil, ont leurs pieds percés d'un seul clou. Sur le Calvaire poussent, à droite et à gauche, de grandes tiges feuillues et fleuries, la croix étant l'arbre de vie. Dans le champ de l'hostie, deux grandes majuscules, J S, rappellent, par l'initiale et la finale, le nom de Jésus, exprimé par deux seules lettres, faute de place, puisque le milieu est occupé par la croix. On constate par cette orthographe une variante dans le langage, car I de la petite hostie est devenu J sur la grande, ce qui prouve qu'on commençait alors à prononcer *Jesus*, au lieu de *Iesus*, qu'ont conservé les Italiens.

La Résurrection est figurée en manière de symbole. Le Canon de la Messe requérait sa présence, car le saint Sacrifice s'offre en souvenir à la fois de la Passion et de la Résurrection [1]. C'est juste : après la souffrance, la glorification. L'Agneau divin, vivant, détourne la tête pour inviter les fidèles à le suivre et à se rallier autour de l'étendard qu'il arbore et dont la haste est la croix même de son supplice ; cette croix, à banderole flottante, a un nom spécial en iconographie : on l'appelle, d'une façon très significative, la *croix de résurrection*, parce qu'elle atteste que le Christ, vainqueur de la mort, est sorti triomphant du tombeau. En témoignage de la joie universelle, qui atteint jusqu'à la nature, le sol est parsemé de touffes d'herbe : en effet, à Pâques, la terre reverdit et se pare de fleurs pour honorer son maître. Les anciens textes liturgiques ne manquent pas de le constater : *Pratum viret*. Le langage populaire a même nommé *pâquerettes* les petites fleurs blanches qui, les premières, s'éveillent au printemps renaissant.

L'Agneau était tout indiqué à cette place. En effet, le prêtre, au moment de la communion, montrant l'hostie aux fidèles, leur dit expressément : « Voici l'Agneau de Dieu qui efface les péchés du monde [2]. » Sous cette forme de l'hostie, le Christ, qui a racheté le genre humain en mourant sur la croix, continue par le saint Sacrifice, où il s'immole chaque jour, sa mission rédemptrice.

---

1. « Unde et memores, Domine, nos servi tui sed et plebs tua sancta, ejusdem Christi Filii tui Domini nostri tam beatæ Passionis necnon et ab inferis Resurrectionis. »

2. « Ecce Agnus Dei, ecce qui tollit peccata mundi. »

Le fer d'Azay appartient à la période de transition : l'art roman, qui a persévéré pendant tout le treizième siècle, se transforme et s'affine. Nous sommes arrivés ici à la fin de cette période, dont le fer de l'abbaye Sainte-Croix est peut-être le plus beau spécimen. L'art a dégénéré, sous l'outil d'une main moins habile. Malgré cela, il y a quelque saveur dans cette iconographie traditionnelle, qui vit encore beaucoup des idées du passé, dont on ne s'affranchit pas tout d'un coup. Dans XPC les lettres sont gothiques, tandis que dans IHS la physionomie est plutôt romane : il y a donc combat et hésitation.

Je ne propose pas le fer d'Azay comme un modèle, mais simplement comme une curiosité, dont il faut tenir compte dans l'histoire de la gravure sur métal. L'ouvrier sans doute est médiocre, mais du moins il rachète son inhabileté par une pensée appropriée au sujet. Il n'en faut pas davantage pour nous intéresser.

X. Barbier de Montault.

Hymnographie poitevine

I. — SAINT HILAIRE

(Suite)

LE second document hymnographique du manuscrit d'Arezzo est un chant de triomphe, que l'écrivain place dans la bouche d'une néophyte, sans qu'il faille pour cela, à la suite de Gamurrini[1] et de Kohler[2], dénier à l'évêque de Poitiers la paternité de cette œuvre. Il est possible que le sujet de l'hymne soit Florentia, baptisée par saint Hilaire et ramenée d'Orient à Poitiers[3]. Ou bien est-ce une communauté entière de néophytes que le poète fait parler. Les conversions collectives devaient être fréquentes à cette époque. Quoi qu'il en soit, la teneur de cette pièce est tout autre que celle de la précédente. La versification n'est plus asservie à un texte dogmatique : partant, le ton est plus poétique, le rythme plus souple et plus égal, le sens se découvre facilement, la forme n'offre rien de pénible, et le lecteur n'a plus à s'orienter au milieu des détails d'une phraséologie abstruse. Dans ces conditions, les raisons par lesquelles on repousse l'attribution à saint Hilaire de la présente hymne ne semblent pas probantes.

Nous retrouvons ici le tétramètre ïambique ; mais, contrairement aux exemples fournis par la première hymne, la césure principale tombe régulièrement au milieu du troisième pied. Ce vers, dont l'invention était rapportée par les anciens au poète de Paros, Archiloque, donne l'impression d'une haute poésie. Moins ample que l'hexamètre dactylique, il « revêt une noblesse aisée, qui convient à la fois à la gravité du sujet tragique et aux exigences un peu familières du dialogue[4] ». Plus facile et plus populaire, il pénétra mieux dans les mœurs ; aussi le retrouvons-nous dans le grand nombre des prolixes compositions métriques du Bréviaire mozarabe, tandis qu'il n'est qu'exceptionnel dans les recueils ambrosien et romain, qui ont préféré le dimètre ïambique.

L'alphabétisme nous montre que les cinq strophes initiales manquent dans notre manuscrit.

Texte

. . . .

Fefellit saevam verbum factum et caro :
Deique tota vivi in corpus irruis.

Gaudes pendentem carnem * ligno cum crucis,
tibique membra fixa clavis vindicas.

5. Hanc sumis ante pompam tanti praelii,
sputus, flagella, ictus*, cassa arundinis*.

Ibat triumpho morte* sumpto mortuo
Deus inferno vinci regno nesciens.

Kandens frigescit stagnum, pallida est iugis*,
10. rigensque nescit flegethon se fervere.

Lux orta vastae noctis splendet, inferum
tremet, et alti custos saevus tartari.

Mors, te peremptam sentis lege cum tua,
Deum cum cernis subdedisse se * tibi.

15. Non est caducum corpus istud quod tenes,
nullum in illo ius habet corruptio.

Omnis te vincit carnis nostrae infirmitas :
natura carnis est connata cum Deo.

Per hanc in altos scandam laeta cum meo
20. caelos resurgens glorioso corpore.

Quantis fidelis spebus christum credidi,
in se qui natus me per carnem suscipit*.

Renata sum, o vitae laetae exordia !
novis quae vivo christiana legibus.

25. Sanctis perenne * munus praestat hoc Dei,
conformi secum vivant post haec corpore*.

Terror recedat mortis tandem, mors, tuae ;
sinu me laetam patriarcha suscipit.

Vivam locata post haec in caelestibus,
30. dei sedere carnem certa a dexteris*.

Xriste, reversus caelos victor in tuos,
memento carnis in qua natus es meae.

Ymnos perennes* angelorum cum choris
in hoc resurgens laeta psallam corpore.

35. Zelavit olim me in morte satanas :
regnantem cernat tecum totis saeculis.

Traduction

..... *Le Verbe fait chair a trompé la [Mort] cruelle ; et tout entière tu te jettes sur le corps du Dieu vivant.*

Tu te réjouis [en voyant] cette chair attachée au bois de la croix, et tu réclames pour toi ces membres percés de clous.

Comme prélude au triomphe d'un tel combat, tu choisis les crachats, les fouets, les coups, les tiges de roseau.

Mais Dieu, qui ne peut être vaincu par le royaume d'en bas, s'est avancé, triomphant de la mort par la mort.

L'étang de feu se refroidit, [la Mort] blémit pour jamais, et le fleuve des enfers se glace sans pouvoir désormais s'embraser.

La lumière qui se lève brille dans l'étendue ténébreuse, et le féroce gardien du Tartare tremble au fond des enfers.

O Mort ! tu te sens perdue avec les droits, lorsque tu vois que Dieu s'est soumis à ton pouvoir.

---

1. *S. Hilarii Tractatus de Mysteriis et Hymni*, p. xix.
2. *Bibliothèque de l'Ecole des Chartes*, 1884, p. 142.
3. Fortunat, *Vita Hilarii*, I, 7 (*S. Hilarii Opera*, I, cxliii). — L'éditeur des Hymnes attribue celle-ci à Florentia elle-même. (Gamurrini, p. xix.)
4. F. Plessis, *Traité de Métrique grecque et latine*. Paris, 1889, p. 142.

3. Ms. *carnis*.
6. Ms. *bictus. barundinis*.
7. Ms. *mortem sumpta*. Gamurrini : *mors sumpta*.
9. Gamurrini : *Kandens frigescit stagnum, pallida rigensque...*
14. *te*.
22. Ms. Gamurrini : *suscepit*.
25. Ms. *perbenne*.
30. Ms. Gamurrini : *dextris*.
33. Ms. *perbennes*.

Ce corps dont tu t'es emparé ne doit pas périr, et la corruption n'a aucune puissance sur lui.

La faiblesse de notre chair suffit à le vaincre : cette nature corporelle a reçu [dans le Christ] une naissance divine.

Par elle je monterai joyeuse dans les hauteurs du ciel, lorsque je ressusciterai avec mon corps glorieux.

Avec quelles espérances moi, fidèle, j'ai cru au Christ, qui, étant né, me prend en lui par la chair !

Je suis née une seconde fois. O principe de la vie bienheureuse ! moi, qui, devenue chrétienne, vis suivant de nouvelles lois.

Ce don éternel de Dieu accordé aux bienheureux [la gloire] de vivre ensuite avec lui dans un corps semblable [à celui du Christ].

O Mort ! que la crainte du trépas soit enfin écartée : le Patriarche me reçoit heureuse dans son sein.

Je vivrai après cela, ayant ma place dans les régions célestes, assurée que je suis que la chair siège à la droite de Dieu.

Christ, retourné vainqueur dans ton ciel, souviens-toi de ma chair, dans laquelle tu es né.

Ressuscitant avec ce corps, je chanterai joyeusement les hymnes éternelles avec les chœurs des anges.

Jadis, Satan m'a désirée pour me vouer à la mort. Qu'il me voie régnant avec toi pendant tous les siècles.

On trouvera les mêmes caractères de pensée et de style dans la pièce qui suit. Cette troisième hymne porte dans l'exemplaire d'Arezzo la suscription *In Satanam*. Le texte, arrêté au milieu de la dixième strophe par le fait de la mutilation du manuscrit, nous représente le démon triomphant d'abord du genre humain, déconcerté à la venue du Christ. Les strophes perdues célébraient sans doute la victoire du Sauveur.

Kohler ne mentionne pas cette hymne dans son étude du manuscrit d'Arezzo [1].

Le beau tétramètre trochaïque, dont nous avons signalé l'emploi dans les chants populaires antérieurs au christianisme [2], est employé ici en tristiques, sous la forme que nos hymnaires nous ont rendue familière.

Le premier vers manque d'une syllabe. Un plus grand nombre doivent se scander par dissolution irrégulière [3]. L'élision s'observe dans deux cas seulement [4]. Ailleurs (v. 10, 11, 12, 18, 23), l'hiatus se produit.

Texte

HYMNUS IN SATANAM

Adae cernis gloriam et caduci corporis :
in caelesti rursum Adam concinamus praelia,
per quae primum satanas est Adam victus in novo.

Hostis fallax saeculorum et dirae mortis artifex,
5. iam consiliis toto in orbe viperinis consitis,
nihil ad salutem praestare spei humanae existimat.

Gaudet aris, gaudet templis, gaudet sanie victimae,
gaudet falsis, gaudet stupris, gaudet belli sanguine,
gaudet caeli conditorem ignorari * gentibus.

10. Inter tanta dum exsultat nostrae cladis funera,
deo audit in excelsis nuntiari gloriam,
et in terra pacem hominum voluntatis optimae.

Terret coetus angelorum laetus ista praedicans,
terret christum terris natum nuntians pastoribus
15. magnum populis hinc futurum desperatis gaudium.

Errat partes in diversas, tantis rebus anxius,
quaerit audax et quis hic sit tali dignus nuncio,
nihil ultra quam commune est terris ortum contuens.

Cernit tamen his quod Iohannes in desertis praedicet,
20. aquis mersans in Iordanis, cunctis paenitentiam,
quam sequatur confessorum criminum remissio.

Inter turbas quae frequenter mergebantur accipit
vocem e caelo praedicantem : meus est hic filius,
hunc audite, hic * dilectus, in quo mihi complacet.

25. Cernit hominem, cernit corpus, quod Adae perlex * erat;
nihil ultra vox honoris adferebat desuper.
scit terrenam subiacere mortis legi originem.

Ad tentandum multas artes priscae fraudis * conmovet,
quaerit audax tempus, quid sit. . . . .

HYMNE CONTRE SATAN

Tu vois la gloire d'Adam et de son corps mortel. Chantons maintenant dans l'Adam céleste les combats par lesquels Satan, pour la première fois, fut vaincu par le nouvel Adam.

L'ennemi des siècles, le trompeur, l'auteur de la mort cruelle, ayant semé par tout le monde ses desseins dangereux, croit le salut des hommes désormais sans espoir.

Il se réjouit de ses autels, de ses temples, de l'horreur des sacrifices ; il aime les mensonges, les déshonneurs ; les combats sanglants ; il se plaît à voir le Créateur du ciel inconnu aux nations.

Mais au milieu de tels désastres, alors que notre ruine le transporte de joie, il entend la gloire annoncée à Dieu au plus haut du ciel, et sur terre la paix aux hommes de bonne volonté.

La troupe joyeuse des anges cause son effroi lorsqu'elle proclame ces choses ; elle l'épouvante lorsqu'elle annonce aux bergers le Christ né sur cette terre afin d'être, pour les peuples sans espoir, une grande joie.

Inquiet de ces prodiges, il erre de divers côtés, se demandant avec effronterie qui peut mériter un tel message, alors que la terre ne lui offre qu'un événement ordinaire.

Cependant il voit Jean au désert, baptisant dans les eaux du Jourdain et prêchant la pénitence que doit suivre la rémission des péchés avoués.

Et tandis que des foules nombreuses se font baptiser, il entend une voix du ciel proclamant : « Celui-ci est mon Fils : écoutez-le ; c'est le bien-aimé en qui je me complais. »

Il voit l'homme ; il voit ce corps, soustrait par Adam à la loi ; et comme la parole d'en haut qui le glorifiait a cessé de se faire entendre, il sait que tout ce qui naît sur terre reste sujet à la loi de mort.

Afin de séduire, il met en œuvre les innombrables artifices de sa perfidie ancienne ; il cherche audacieusement le temps.......

Tels sont les restes des cantiques de saint Hilaire, exhumés en ces dernières années d'un manuscrit rongé par le temps ou mutilé par des mains barbares. Peut-être un heureux travailleur rencontrera-t-il quelque jour un nouvel exemplaire, qui remplira les lacunes du manuscrit d'Arezzo. En attendant, nous nous approprions les paroles par lesquelles le premier éditeur nous présente sa découverte, en souhaitant au lecteur studieux de jouir de ce que la fortune a procuré au chercheur, afin que l'antiquité chrétienne étant chaque jour mieux connue, nous en recueillions des fruits plus copieux et une lumière plus abondante [1].

(A suivre.)   Dom J. PARISOT.

---

1. *Bibliothèque de l'Ecole des Chartes*, 1884, p. 142. L'indication FINIT, au folio 30 du manuscrit, se rapporte à la seconde hymne, et se trouve immédiatement suivie de celle-ci : ITEM ALIUS. *In Satanam.*

2. Le plus ancien des refrains militaires, fait pour railler César, vainqueur des Gaulois, est conçu dans ce mètre :

> Gallias Caesar subegit ; Nicomedes Caesarem.
> Iure Caesar nunc triumphat, qui subegit Gallias ;
> Nicomedes non triumphat, qui subegit Caesarem.

« César a soumis les Gaules ; Nicomède a vaincu César. César, vainqueur des Gaules, reçoit à juste titre les honneurs du triomphe ; Nicomède, vainqueur de César, n'a pas obtenu l'ovation. » (PITRA, *Spicilegium Solesmense*, I, Paris, 1852, p. XXIV.)

3. 4 *et* dirae. 5 consiliis, 6 nihil, *spei*. 7 sanie. 12 hominum. 15 populis. 18 nihil. 19 Iohannes. 23 praedicantem. 25 hominem.

4. 5 toto in orbe. 27 legi originem.

9. *ignorare*. ms. *ignorari a*. Gamurrini.

24. *hinc*. ms.

25. sic. ms.

28. *fraudes*. ms.

1. GAMURRINI, *S. Hilarii Tractatus de Mysteriis et Hymni*, p. XXXIX.

Noëls et cantiques

SAINTE RADEGONDE (Chant historique)

2.
Loin de sa patrie
En guerre et meurtrie
Par le fer, le feu ;
A dix ans captive,
Elle est fugitive :
« O Thuringe ! adieu ! »

3.
De son âme pure,
Vierge de souillure,
Le Christ est jaloux.
Clotaire, son maître,
Se promet bien d'être
Un jour son époux.

4.
Dans la solitude,
L'oraison, l'étude,
Eclairent sa foi.
Demeure d'Athie,
Que de sympathie
Elle aura pour toi !

5.
Pour le saint baptême,
L'instruisit lui-même
L'évêque Médard.
Sur l'âme altérée,
Fontaine sacrée,
Coule sans retard.

6.
Sitôt baptisée,
Son âme embrasée
Aspire aux oublis,
Et son cœur de vierge
Brûle comme un cierge,
Fleurit comme un lis.

7.
C'est l'heure où Clotaire
— De la solitaire
Jugez de l'effroi ! —
L'arrête en sa fuite
Et la veut de suite
L'épouse d'un roi.

8.
Radegonde est reine !
Mais la souveraine,
Charme de la cour,
Sous le diadème,
A Dieu, bien suprême,
Garde son amour.

9.
Chaque jour amène
En son beau domaine
Les déshérités,
Et sous ses auspices,
De nombreux hospices
Les ont abrités.

10.
Sur l'épouse austère
Avant peu Clotaire
Dirige ses traits.
Les clameurs de croître :
— Sommes-nous au cloître,
Ou dans un palais ?

11.
Avec Radegonde
Vivait dans le monde
Un frère adoré.
Des mains de Clotaire,
Le malheureux trère
Tomba massacré.

12.
Du sein de l'orage
Parfois se dégage
Le désir du ciel.
Aussi Radegonde
Va fuir, loin du monde,
Son époux cruel.

13.
Vers Noyon s'avance
La reine en silence
En son train royal.
La foule surprise
Au seuil de l'église,
La voit, à cheval.

14.
Médard, son doux Père,
A l'autel révère
Son maître adoré,
Quand la reine en face
Lui demande en grâce
Le voile sacré.

15.
Le pontife hésite,
C'est chose insolite ;
Le peuple frémit.
Radegonde presse.
Comme diaconesse
Médard la bénit.

16.
La religieuse,
Enfin bienheureuse,
N'a que vingt-six ans.
Mais elle abandonne
Et sceptre et couronne,
Tous ses ornements.

17.
Sa joie est parfaite
De vivre en retraite
Au pays de Sais,
Ce vaste domaine
Qu'elle eut souveraine
Dans le Loudunais.

18.
Dieu ! quel sacrifice !
C'est le dur cilice,
Jeûne rigoureux ;
C'est le lit de cendre ;
C'est, de sa main tendre,
Le soin des lépreux.

19.
Redoutant Clotaire,
L'église d'Hilaire
A Poitiers l'attend.
C'est pour la transfuge
Un lieu de refuge
Contre le tyran.

20.
Mais Dieu fait la grâce
Que l'orage passe.
Libre de son choix,
Notre solitaire
Fonde un monastère,
Qui fut Sainte-Croix.

21.
Deux cents jeunes filles,
D'illustres familles,
Bientôt la suivront.
Près de Radegonde,
Leur mère féconde,
Ces lis fleuriront.

22.
L'honneur ne la tente,
Et d'être servante
Fut son seul désir.
Agnès est abbesse,
Car notre princesse
Ne veut qu'obéir.

23.
De sa pénitence,
Soif de la souffrance,
Jugez des transports !
En sa chair meurtrie,
Croix au feu rougie,
Chaînes sur son corps !

24.
De nouveau Clotaire
Sur son monastère
Trame un coup de main.
Sa vengeance est prête,
Quand Germain l'arrête,
Près de Saint-Martin.

25.
Notre illustre reine
Veut, nouvelle Hélène,
Le bois de la Croix.
Poitiers, sur ta rive,
D'Orient arrive
Ce trésor de choix.

26.
Près de Radegonde,
Joie unique au monde !
La relique est là.
Poitiers est en fête.
Pontife-poète,
Chante : *Vexilla !*

27.
Quel pèlerinage
On vit dès cet âge
Vers le lieu sacré !
Prodiges sans nombre
S'opèrent à l'ombre
Du bois vénéré.

28.
Avec la vieillesse,
Des veilles sans cesse,
Un jeûne cruel.
Jésus-Christ l'attire,
Radegonde aspire
Au jour éternel.

29.
Dans son oratoire,
Jésus, plein de gloire,
Lui dit : « Avant peu,
Perle précieuse,
Tu seras joyeuse
Dans le sein de Dieu ! »

30.
Elle est en extase,
Son cœur, comme un vase,
Déborde d'ardeur,
En voyant l'empreinte
Sur la dalle sainte
Du pied du Sauveur.

31.
Son visage austère
Brille de lumière,
Céleste clarté !
Elle entend les anges,
Echo des louanges
De l'éternité !

32.
A l'âme extatique
Viens, doux viatique,
Car voici l'adieu !
« Adieu, monastère,
Paix soit sur la terre,
Gloire soit à Dieu ! »

33.
La religieuse
Reste radieuse
Jusque dans la mort ;
Comme sur le trône,
Portant la couronne
Et son sceptre d'or.

34.
Chacun en prière
Entoure la bière,
Les petits, les grands :
« Adieu, sainte abbesse,
Aimable princesse
Et reine des Francs. »

35.
O perle des mères !
O larmes amères,
Coulez de nos yeux !
Le deuil est sur terre,
En son monastère.
La joie est aux cieux !

36.
L'évêque Grégoire,
De sainte mémoire,
Conduisit le deuil.
De plus d'un miracle
Tu devins l'oracle,
Illustre cercueil !

37.
O sainte patronne !
La foule environne
Toujours ce tombeau.
France catholique,
Patrie héroïque,
Il fut ton berceau !

HISTOIRE ECCLÉSIASTIQUE

Dom Fonteneau

BÉNÉDICTIN DE LA CONGRÉGATION DE SAINT-MAUR

Historien du Poitou

(1705-1778)

LA Congrégation de Saint-Maur avait fourni, dans le cours du dix-septième siècle et durant la première moitié du dix-huitième, une pléiade de moines qui se firent remarquer de leurs contemporains par leurs vertus religieuses autant que par l'étendue de leur savoir et le mérite de leurs œuvres littéraires. La vigueur de sa discipline et la sagesse de son organisation ne purent la préserver complètement de l'influence dissolvante qu'exercèrent sur la France, pendant le règne de Louis XV, les divisions qui suivirent le développement du jansénisme, et les erreurs rationalistes, que l'on décorait du titre pompeux de philosophie. Cette dernière période de son histoire ne fut cependant pas stérile. Si on ne vit plus dans son sein des hommes de la trempe des Mabillon, des d'Achery, des Montfaucon, il s'en trouva néanmoins qui surent encore lui faire honneur. C'est l'un de ces Mauristes que nous présentons à nos lecteurs. Tout dans sa vie n'est pas digne de louange. Mais l'honorabilité de sa conduite, l'estime dont il fut entouré par des personnages éminents et surtout les services qu'il rendit aux études historiques permettent à la postérité de se montrer indulgente pour des torts que les épreuves de sa vieillesse lui firent largement expier. Le nombre et l'intérêt des pièces dont se compose la volumineuse collection de ses notes manuscrites sur l'histoire du Poitou lui méritent la reconnaissance de tous ceux qui étudient le passé de cette belle province.

Léonard Fonteneau [1] naquit en 1705 à Jully, près de Vierzon, dans le diocèse de Bourges. Il avait vingt et un ans, lorsqu'il fit profession dans le monastère de Clermont, où se trouvait alors le noviciat de la province de Chezal-Benoît. Dès cette époque, il se signala par son application aux études sérieuses. La théologie parait avoir eu sa prédilection. Ses supérieurs ne craignirent point d'abuser de sa facilité ni de ses forces, en lui confiant, presque aussitôt après l'émission de ses vœux, la charge d'enseigner les humanités dans le collège de Saint-Allyre.

Dom Joseph-Marie Boudet occupait alors la même chaire au collège de Saint-Jean-d'Angély. Né à Rochefort, le P. Boudet avait fait profession dans l'abbaye de la Trinité de Vendôme, le 19 février 1726. Doué d'une intelligence peu commune et d'une infatigable ardeur au travail, « il avait un goût décidé pour les sciences, et était capable de réussir dans les ouvrages les plus considérables [1] ». Après avoir enseigné la philosophie au collège de Pontlevoy, il reçut l'obédience de faire la classe d'humanités à Saint-Jean. Ce monastère n'était pas très éloigné de l'antique et vénérable abbaye de Notre-Dame de Saintes, gouvernée alors par Mᵐᵉ de Duras. Cette digne abbesse pria Dom Boudet de lui traduire le cartulaire et les titres latins de sa maison. Celui-ci n'était pas homme à se contenter d'une vulgaire traduction. Il enrichit chaque document de notes et d'observations, où se révélait toute la sagacité d'un érudit. Il fit précéder son travail d'une histoire abrégée de la célèbre abbaye santone.

A cette époque, les Bénédictins de la Congrégation de Saint-Maur s'occupaient activement de l'histoire de France et surtout de celles des diverses provinces du royaume. Leurs recherches étaient couronnées de succès. Les hommes qui possédaient la confiance du roi les suivaient avec intérêt. Ils ne tardèrent pas à leur donner des encouragements précieux et à solliciter

L'ABBAYE SAINT-CYPRIEN AU XVIIIᵉ SIÈCLE

leur concours en vue de travaux historiques plus importants.

Les supérieurs majeurs, qui se faisaient un devoir d'entretenir

---

1. Dom Tassin, qui publia son *Histoire littéraire de la Congrégation de Saint-Maur*, en 1770, huit ans avant la mort de Dom Fonteneau, lui consacre une notice d'une demi-page environ (p. 797). Un moine de Saint-Jean-d'Angély rédigea en latin une biographie peu de temps après sa mort. Elle a été publiée par M. de La Marsonnière dans l'appendice du travail que nous allons signaler tout à l'heure. Foucart a fait précéder d'un travail sur la vie de l'auteur sa *Dissertation sur les voies romaines en Poitou* de Dom Fonteneau, qu'il publia dans les *Mémoires des Antiquaires de l'Ouest*, t. II (1836), 77-84. M. de La Marsonnière eut, en 1890, avant de quitter le fauteuil de la présidence des Anti-

quaires de l'Ouest, l'heureuse idée de choisir pour sujet de son discours, à la séance publique annuelle, *les amitiés et les épreuves de Dom Fonteneau* (*Mémoires des Antiquaires de l'Ouest*, t. XII (2ᵉ série), XIX-LXXIV). Il continua son travail dans un article qui parut dans le même recueil l'année suivante (t. XIII, 343-416). Il publia dans le cours de sa dissertation et en appendice un certain nombre de lettres et de documents, que nous mettrons souvent à contribution.

1. Dom Tassin, *Histoire littéraire de la Congrégation de Saint-Maur*, p. 790.

parmi leurs moines l'amour des fortes études et d'utiliser tous ceux qui étaient capables de s'y appliquer avec fruit, donnèrent à Dom Boudet l'obédience de préparer une *Histoire générale du Poitou*.

Cela se passait en 1741. Il fallait au P. Boudet un collaborateur. On lui donna Dom Fonteneau.

Les deux moines fixèrent le centre de leurs opérations à Saint-Cyprien de Poitiers. Cette abbaye, située aux portes de la capitale de la province qu'ils devaient explorer, leur offrait toutes les facilités désirables, soit qu'ils eussent à dépouiller les archives et les bibliothèques de la ville, soit qu'il leur fallût rayonner dans le diocèse. Ils se mirent résolument à l'œuvre. Le champ de leurs investigations s'étendit bientôt plus loin qu'ils ne le croyaient tout d'abord ; il finit par embrasser toute la région qui va des rives de la Loire aux bords de la Dordogne.

Une épreuve douloureuse vint ralentir leur travail. La mort frappa Dom Boudet le 5 janvier 1743, à Saint-Cyprien de Poitiers. Il était dans toute la force de l'âge. Fort heureusement Dom Fonteneau n'était pas homme à se laisser effrayer par la tâche qu'il avait à remplir.

La ville de Poitiers comptait de nombreux établissements qui avaient eu dans le passé une grande influence sur la province. Leurs archives renfermaient un chiffre énorme de pièces qui intéressaient l'histoire locale. Le territoire de l'ancien Poitou, qui comprenait au dix-huitième siècle les diocèses de Poitiers et de Luçon, possédait plusieurs villes qui avaient un passé et une histoire, un grand nombre d'abbayes, dont quelques-unes avaient joué un rôle important, des institutions religieuses ou ecclésiastiques étroitement unies depuis longtemps à la vie de la contrée où elles se trouvaient, sans parler d'une foule de châteaux où les propriétaires conservaient avec un soin jaloux des chartriers, que l'historien devait connaître. Il faut en dire autant de l'Aunis et de la Saintonge, qui entraient dans le domaine littéraire de notre Bénédictin. Ce sont tous ces dépôts qu'il devait tout d'abord visiter et dépouiller avec une scrupuleuse attention. Ne peut-on pas se demander si la vie et le travail d'un seul homme suffiraient à un pareil labeur ? Mais Dom Fonteneau ne se posa point cette question. Il se mit aussitôt en campagne, sans se préoccuper s'il atteindrait personnellement le but que lui proposait l'obéissance.

Pour réussir, il avait besoin d'une méthode basée sur l'expérience. Personne dans son entourage n'était capable de la lui fournir. Attendre que les années la lui enseignassent, c'était s'exposer à de fausses manœuvres et à des pertes de temps irréparables peut-être, par conséquent compromettre gravement le succès de son œuvre. Si le Poitou ne lui présentait pas alors de ces hommes rompus aux travaux de l'érudition, on les trouvait nombreux dans la Congrégation de Saint-Maur. Ils se faisaient depuis longtemps, personne ne l'ignorait, un devoir et un bonheur de communiquer leurs lumières à qui les sollicitait. Dom Fonteneau s'adressa donc à ceux de ses confrères que leurs études personnelles lui désignaient comme les plus compétents. Ils ne lui ménagèrent ni leurs avis ni leurs conseils. Ils furent précis et sages. De longues années après le commencement de ses recherches, en 1773, Fonteneau rapportait l'honneur de la méthode qu'il avait constamment suivie à trois hommes qui jouissaient d'une légitime réputation parmi les Mauristes et dans le monde savant. « Voilà quelle a été ma marche, dit-il à la suite d'un exposé de sa manière de travailler, d'après les conseils de feu nos savants et respectables confrères Dom Vaissette, Dom Toustain, Dom Bouquet[1]. »

Vaissette, Toustain, Bouquet, étaient au premier rang des historiens les plus distingués de la Congrégation de Saint-Maur. Le premier (1685-1776), auteur d'une curieuse *Dissertation sur l'origine des François, où l'on examine s'ils descendaient des Tectosages, ou des anciens Gaulois, établis dans la Germanie*[1], et d'une *Géographie historique ou description de toutes les parties du globe terrestre*[2], s'était fait connaître surtout par la publication de son *Histoire générale du Languedoc, avec des notes et des pièces justificatives*[3], sans contredit le meilleur ouvrage d'histoire provinciale publié au dix-huitième siècle. C'était, au dire de Dom Tassin[4], « un des plus savants et des plus habiles de notre temps pour l'histoire de la France ». Il savait unir à beaucoup d'esprit et d'érudition la simplicité et la candeur d'un enfant[5]. Dom Jean-François Toustain (1700-1754) a laissé une preuve manifeste de sa science et de la justesse de sa critique dans le *Nouveau Traité de Diplomatique*[6], composé avec la collaboration de Dom Tassin. Dom Martin Bouquet (1655-1754), tout d'abord disciple et collaborateur de Montfaucon, fut chargé par le roi, sur la présentation du P. Denys de Sainte-Marthe, Supérieur général de la Congrégation, de préparer l'important *Recueil des Historiens des Gaules et de la France*. Il rédigea et publia lui-même les huit premiers volumes. Dom Fonteneau eut occasion, en 1767, de consigner par écrit la méthode qu'il tenait de ces maîtres expérimentés. Ce qu'il en dit mérite d'être rapporté textuellement.

« J'ai rassemblé dans ces boîtes par ordre chronologique les pièces éparses dans les diverses archives du Poitou et de Saintonge, dont j'ai fait le dépouillement. Toutes ces pièces ne peuvent pas être également utiles et intéressantes. J'y en ai inséré un très grand nombre qui dans le premier coup d'œil ne donne connaissance d'aucun trait ou anecdote, et qui ne semble fournir aucune instruction. Mais si plusieurs pièces ne servent pas essentiellement à ces traits ou anecdotes, elles ont une autre utilité. Elles sont d'un très grand secours pour les dates des époques, pour les anciens noms des gentilshommes, pour la nomenclature des évêques, des abbés et autres dignitaires, pour les coutumes locales, pour les dates des autres chartes intéressantes qui n'en sont pas revêtues, pour faire connaître les différences de mœurs et des usages d'un siècle à un autre.

« Voilà quelle a été ma marche d'après les conseils de feu Dom Vaissette, qui me marqua dans le temps qu'il fallait généralement et indistinctement recueillir bon ou mauvais, utile et non utile, tout ce qui se trouverait avant le treizième siècle, et faire de chaque pièce des feuilles séparées, afin de pouvoir mettre facilement toutes ces chartes dans un ordre convenable et chronologique et obvier à la confusion. Tous ces recueils ainsi rangés peuvent aisément se mettre en cahiers pour la reliure. C'est l'affaire de l'ouvrier. Mais il ne faut pas prendre ce parti avant la fin du dépouillement général de toutes les archives qu'on a dessein de visiter. La raison en est évidente. Chaque archive fournit toujours de nouvelles richesses littéraires, qu'on peut ajouter, sans rien déranger, aux anciennes, lorsqu'elles ne sont pas reliées ; ce qu'on ne pourrait faire si elles l'étaient.

« Il y a une autre observation à faire. Un ouvrier qui cherche, qui fouille et qui ramasse tout ce qui se présente sous sa main, n'a pas dessein de faire imprimer tout ce qui entre dans ses portefeuilles. Il les meuble le plus abondamment possible. Ce n'est que pour son usage particulier et pour se faciliter les moyens de travailler plus commodément dans l'intérieur du cabinet à la perfection du corps de l'ouvrage entrepris. Conséquemment il

---

1. *Rapport sur l'état actuel des recueils relatifs à l'histoire du Poitou, dont l'inventaire est présenté par Dom Fonteneau au Très Révérend Père Général et aux RR. Pères Visiteurs assemblés en diète, dans l'abbaye de Saint-Germain-des-Prés, en 1777*, publié par M. de La Marsonnière (ib., XIII, 368).

1. 1 vol. in-12 (Paris, Vincent, 1722).

2. 4 vol. in-4°, ou 12 vol. in-12 (Paris, Desanis et Saillant).

3. 5 vol. in-folio (Paris, 1730-1745). Rééditée et complétée jusqu'en 1830 par du Mége, 10 vol. in-8° (Toulouse, Paya, 1838-1845) ; rééditée de nouveau sous la direction de M. Dulaurier et continuée jusqu'en 1790. 10 vol. in-4° (Toulouse, Privat, 1872-1880). Dom Vaissette eut pour collaborateur Dom de Vic.

4. *Hist. litt. de la Congr. de Saint-Maur.*

5. Id., 729.

6. 6 vol. in-4° (Paris, Desprez, 1710-1765).

lui est permis de faire sur ses feuilles toutes les notes et observations qu'il juge à propos pour son propre usage et pour sa commodité. C'est ce que j'ai fait moi-même sans dessein de les rendre publiques à l'impression [1]... »

Dom Fonteneau complète les indications de ce mémoire dans un rapport qu'il adressa aux Supérieurs majeurs de la Congrégation, six années plus tard.

« ... Je ne me suis pas borné au simple travail de recueillir dans les dépôts publics et particuliers : j'ai, de plus, examiné, de près et en détail, toutes les pièces que j'ai recueillies. Je les ai discutées avec sévérité ; j'en ai fixé les dates, très souvent avec beaucoup de peine. J'ai fait, en divers endroits, des notes pour faciliter l'intelligence des mots obscurs et de ce que les pièces pouvaient renfermer d'historique. J'ai ramassé scrupuleusement tous les monuments antérieurs au douzième siècle, tant pour la confection de l'histoire du Poitou en particulier, que pour la confection d'autres ouvrages, tels que la *Diplomatique*, le *Dictionnaire* de Ducange et surtout la refonte du *Gallia christiana* pour nombre d'églises de la métropole de Bordeaux.

« De quels secours ne seront pas encore ces mêmes monuments pour la fixation des dates de quantité d'autres chartes intéressantes qui, selon l'usage des siècles reculés, n'ont jamais été revêtues de notes chronologiques ! Quel avantage n'en retirera-t-on pas pour la connaissance des coutumes locales et des mœurs d'un siècle à un autre, pour celles des anciens et des Poitevins et des Saintongeais dans la disposition de leurs biens temporels, pour les différentes manières dont ils faisaient passer leurs héritages aux églises, et pour les généalogies de la noblesse du Poitou et autres provinces...

« Pour ne pas multiplier les titres sans nécessité et pour obvier à la répétition, je me suis contenté d'indiquer, au bas des chartes qui auraient eu besoin d'éclaircissements, celles où ces mêmes éclaircissements avaient été donnés...

« Il a une autre observation à faire : toutes les fautes qui se trouvent dans les chartes contre les règles de la grammaire et de l'orthographe ne doivent pas être rejetées sur l'inexactitude des copistes, mais sur le goût des siècles dans lesquels elles ont été dressées. En effet, toutes les chartes, depuis la première jusqu'à la dernière, ont été copiées très fidèlement, examinées attentivement, collationnées exactement. D'où l'on doit inférer que toutes les fautes, de quelque nature qu'elles puissent être, sont telles dans les originaux [2]. »

Le dépouillement des archives de toute une province fait avec le soin et l'intelligence que supposent ces indications aurait demandé tout un groupe de travailleurs intrépides. Dom Fonteneau ne les eut jamais à sa dispoition ; il lui fallut se contenter d'un seul religieux attaché à sa personne pour lui servir de copiste [3].

Jeune et vigoureux, il était dans cette période de la vie où les voyages et les changements de logis et de régime n'entraînent aucun inconvénient grave pour la santé. Réservant Poitiers pour le temps où l'âge et les infirmités lui rendraient tous ces déplacements fort difficiles [4], il commença le dépouillement des archives qui se trouvaient éloignées du centre de ses opérations.

Une grande partie de l'année se passait pour lui hors de l'abbaye de Saint-Cyprien, tantôt dans un monastère, tantôt dans une demeure seigneuriale, partout où il y avait des manuscrits ou des vieilles chartes à déchiffrer. Il parcourut ainsi le Poitou, la Saintonge et l'Aunis, et fit même des excursions sur le territoire des provinces voisines. C'est ainsi que notre infatigable travailleur eut la bonne fortune de revoir le monastère de Saint-Allyre, où s'étaient écoulées les premières années de sa vie religieuse. Une grave indisposition vint l'y surprendre.

La richesse des dépôts qu'il rencontrait sur sa route lui demandait parfois un séjour assez long dans quelques abbayes. « A Saint-Jean-d'Angély, écrit-il au Supérieur général, nous restâmes quatre mois pleins, pour dépouiller l'ample chartrier de la maison. Je fis la même chose à Saint-Maixent pendant trois mois. J'ai séjourné en divers temps des mois entiers dans des maisons. Notre respectable visiteur et son secrétaire en ont été témoins. De plus, j'ai resté quatre mois malade à Saint-Allyre de Clermont. Cette maison fournit, dans le temps, à tous les frais du médecin, de chirurgien, d'apothicaire et de soulagements. On m'y fit faire même quelques habits d'hiver pour retourner à Poitiers [1]. »

Le sérieux de sa vie et la sagesse de sa conduite dans tous les endroits où il dut vivre ou passer pour recueillir les matériaux de son histoire du Poitou lui conciliaient l'estime générale [2]. La finesse de son esprit, la bonne grâce de sa conversation et de ses manières, son désir d'obliger tout le monde, lui gagnèrent la confiance et parfois même l'amitié de plusieurs des personnes avec qui les circonstances le mirent en relations.

Elles entretinrent avec lui un commerce épistolaire, qui dura jusqu'à la fin de ses jours. Quelques-unes de ces lettres montrent le bon souvenir que le docte Bénédictin laissait à ses amis et le bonheur que leur procurait l'annonce de ses visites. Bornons-nous à citer celle que lui écrivit l'abbé Banchereau de La Ciergerie, le 6 avril 1772 : « Je m'entretiens souvent de vous avec la maman prieure, qui vous dit mille choses amicales, qui vous est attachée à tous égards. Nous admirons la douceur de votre caractère, cette complaisance qui cède sans faiblesse, qui loue sans flatterie, qui rend la société agréable, la vie plus commode et plus divertissante. Nous nous rappelons vos agréables conversations qui nous instruisaient. Nous y remarquons cette politesse, cette attention de faire paraître plutôt l'esprit des autres. Enfin, monsieur, nous ne cessons de dire que vous êtes fait pour être souhaité, désiré et aimé [3]. »

Quand il visitait les archives, Dom Fonteneau cherchait à les dépouiller de telle sorte qu'il n'eût plus à y revenir. Mais la chose n'était pas toujours en son pouvoir. Il notait alors celles où il savait devoir retrouver des documents utiles. Tel fut le cas de l'abbaye de la Colombe, des communautés religieuses de Saint-Maixent, des abbayes de Notre-Dame de Saintes, de Saint-Jean-d'Angély, de Bassac. La nomenclature qui nous a fourni ces noms a été rédigée par l'auteur lui-même en 1772 [4].

Il avait au contraire épuisé les archives des communautés et établissements suivants : dans le Poitou, abbayes de Saint-Junien, de Nouaillé, de Charroux, de Saint-Savin, de Montreuil-en-Vallée, de la Reau, de Saint-Jouin-de-Marnes, de Châtillon, de Saint-Michel-en-l'Herm, de Morceaux, de la Grenetière, de Groland, de la Blanche dans l'île de Noirmoutier, de Valence, des Chasteliers, de Thouars, de Saint-Maixent, monastère de Montazès, maison de ville et communautés religieuses de Niort, maison de ville de Saint-Maixent ; évêché et cathédrale de Luçon, collégiale de Mirebeau ; châteaux de la Durbelière, de la Guierche, du Parc-Soubise, de Sigournay, de Chantonnay, de Letenduère, de Saint-Martin-l'Ars, de la Flocellière, de la Guéronnière, de Dampierre-sur-Boutonne ; en Aunis, évêché et cathédrale de La Rochelle, abbaye de Sa Grâce-Dieu, châteaux de Benaon et de

---

1. Dom Fonteneau, *Observations sur toutes les Chartes contenues dans les boîtes ou cartons*, en l'abbaye de Saint-Cyprien de Poitiers, le 22 septembre 1767 (Collection Fonteneau, t. LVIII).

2. *Réflexion sur l'état actuel des recueils relatifs à l'histoire du Poitou* (De La Marsonnière, ib., 367-369).

3. Dom Fonteneau, *Requête au Supérieur général et aux RR. Pères Visiteurs assemblés en l'abbaye de Saint-Germain-des-Prés pour la tenue de la diète annuelle de 1771* (Collection Fonteneau, LVIII, p. 346. De La Marsonnière, XIII, 758).

4. Dom Fonteneau, *Requête au Supérieur général*, ib.

1. Dom Fonteneau, *Requête au Supérieur général*, ib.

2. Anonyme de Saint-Jean-d'Angély, *Vie latine de Dom Fonteneau* (De La Marsonnière, ib., XII, LIX-LX).

3. De La Marsonnière, ib., XII, 25.

4. *Nomenclature des dépôts dépouillés par Dom Fonteneau depuis 1742 jusqu'en 1772* (De La Marsonnière, XIII, 402-404).

Surgères ; en Saintonge, châteaux de Pons et de Grand-Fief. Il avait utilisé ses séjours à Saint-Cyprien pour dépouiller en partie ses archives et complètement celles de la cathédrale de Poitiers, de Notre-Dame-la-Grande, de Saint-Hilaire, de Sainte-Radegonde, de Saint-Pierre-le-Puellier, des abbayes de Sainte-Croix, de la Trinité, de Montierneuf et de Saint-Hilaire-de-la-Celle. Son secrétaire a ajouté sur cette liste un certain nombre de châteaux et de couvents omis : Le Buignon, Puyguyon, Le Soulier, Taillebourg, Carmes d'Aulnay, Cordeliers de la Vaste-rie, Augustins de Poitiers, Filles de l'Union chrétienne de Luçon, Robineau, Letenduère, Beaulieu-sur-Mareuil.

Parfois certaines communautés, pour faciliter ses recherches, lui permettaient d'emporter avec lui des ouvrages imprimés ou manuscrits, qu'il pouvait ensuite dépouiller plus à son aise. Il se trouvait ensuite en possession, le 26 septembre 1767, d'un imprimé non relié appartenant aux dames religieuses de l'abbaye de la Trinité, et contenant l'*origine de la fondation du premier calvaire de Poitiers* ; d'un manuscrit appartenant à l'abbaye de Saint-Maixent et contenant les *antiquités de cette abbaïe*, 94 f. ; d'un autre manuscrit de ce monastère, contenant l'*histoire de cette abbaye*, 3 f. ; d'un petit manuscrit de même provenance, contenant *la nomenclature des abbés*, 38 f. ; d'un manuscrit appartenant aux religieuses de la Trinité et contenant *la fondation de cette abbaye*, 138 f. ; d'une transaction manuscrite de 1680, appartenant au prieuré de Mortagne, avec un mémoire de Dom Louvet, sur les rachats demandés par le sénéchal de Mortagne, 24 f. ; un manuscrit appartenant à l'abbaye de Saint-Maixent et contenant les *actes originaux des assemblées générales des églises prétendues réformées de France*, 144 f. ; un manuscrit de Saint-Maixent, contenant la *vie de saint Léger* et nombre de chartes anciennes copiées sur les originaux de cette abbaye, 114 f. ; un cahier de la même abbaye, contenant des lettres détachées et un bref original d'indulgence donné par Innocent XI, 17 pièces ; un sac étiqueté, contenant des titres originaux au nombre de 246, en six liasses appartenant à MM. Jurieux de Mirebeau ; un titre original concernant la maison de ville de Poitiers, qui fut envoyé à Dom Fonteneau de Bourges par feu Dom Gérou [1], demeurant à Saint-Sulpice ; une charte originale, appartenant à l'abbaye de Saint-Savin [2].

Toutes ces pièces furent remises à qui de droit lorsque Dom Fonteneau quitta Poitiers en 1767.

Ce qui précède montre l'ardeur infatigable qu'il déploya pendant une vingtaine d'années.

Pour accomplir en si peu de temps une œuvre pareille, notre travailleur ne ménageait ni sa peine ni ses forces. Tous ne se rendaient pas compte de l'énergie qu'il lui fallut déployer. Quelques-uns allèrent jusqu'à critiquer sévèrement ce perpétuel chercheur qui ne publiait jamais le moindre fruit de son travail.

Pour se justifier, Dom Fonteneau n'avait qu'à mettre sous les yeux de ces censeurs sa riche collection de notes qu'il avait recueillies sur tous les points de la province. Aussi pouvait-il écrire avec une légitime fierté au supérieur général et aux visiteurs de la Congrégation, que ces critiques et ces railleries étaient de nature à indisposer contre lui : « Qu'on daigne mettre à l'écart toute prévention pour y substituer la saine et paisible raison, on verra clairement que, pour former d'aussi amples recueils que les miens, dans un espace de quinze à seize ans de travail tout au plus, je n'ai pas dû perdre de temps, et qu'il a fallu puiser avec courage et patience dans bien des sources et

dépouiller grand nombre de dépôts. C'est en Poitou, en Saintonge, en Aunis et dans les provinces limitrophes, que j'ai constamment exercé ma plume aux dépens de mes yeux et de ma santé, dont je puis dire avec vérité que j'ai fait litière, sans ménagement, pour le service du public et de la Congrégation [1]. »

(A suivre.)   Dom J.-M. BESSE.

Nous devons à l'obligeance de M. Robuchon communication du cliché de l'abbaye Saint-Cyprien.

Nous serions reconnaissant à ceux de nos lecteurs qui pourraient nous indiquer des portraits de Dom Fonteneau. Nous n'en connaissons aucun.

Musée du Poitou chrétien

(MUSÉE SAINT-MARTIN, LIGUGÉ)

Le musée Saint-Martin, de Ligugé, s'est enrichi de deux nouvelles pièces. La première, une statuette en bois d'un beau travail peinte avec un soin remarquable et une grande science des couleurs, représente **saint Hilaire**, la houlette pastorale

à la main, foulant aux pieds le crapaud, symbolisant l'arianisme vaincu par le grand docteur. Le Saint semble s'avancer victorieusement, les yeux levés au ciel, d'où lui vient l'inspiration, le geste bénissant, la démarche altière et souveraine. C'est un beau spécimen de l'art religieux du dix-septième siècle, d'une admirable conservation. Il a été mis à la disposition du musée par l'abbaye de Ligugé.

---

1. Dom Guillaume Gérou fit profession à Vendôme, le 10 juillet 1718. Associé à Dom Verninac pour préparer l'histoire du Berry, il y travailla seul après la mort de son maître. Il a ramassé des quantités de documents. Il mourut à Saint-Benoît-sur-Loire, le 27 avril 1767.

2. *État des pièces concernant l'histoire du Poitou et tirées de l'inventaire général signé par Dom Fonteneau le 26 septembre 1767 pour être remises aux personnes à qui elles appartiennent.* (Collection Fonteneau, t. LVIII, p. 599.)

---

1. Dom Fonteneau, *Réflexions sur l'état actuel des recueils relatifs à l'histoire du Poitou.* (De La Marsonnière, XIII, 367).

La deuxième pièce, un reliquaire chef, dépouillé de ses reliques, provient d'une petite chapelle de la paroisse d'Iteuil, et est due à la libéralité de M. de Clock. Les populations, peu soucieuses d'une identification précise, honoraient indifféremment

le Saint figuré par cette ymage sous le nom de saint Sernin ou de saint Braillard ; d'autres y ont vu, avec plus de raison peut-être, un **saint Martin** : le capuchon monastique qui émerge sous la chape, la barbe noire, le costume épiscopal, semblent donner raison à cette dernière hypothèse.

G. B.

Le conservateur du Musée Saint-Martin, à Ligugé, recevra avec reconnaissance les objets, documents, livres, brochures, gravures, concernant l'histoire ecclésiastique, l'hagiographie, l'art religieux en Poitou.

Les Oraisons populaires

— Sais-tu une prière, petit Jacques ?

— Oui, monsieur le curé. Je sais le *Petit Pigeon blanc*. C'est maman qui me l'a appris.

— Et toi, André ?

— Moi, monsieur, j'en sais deux : je sais la *Pauvre âme* et la *Vervadieu*. C'est grand-père qui me les faisait dire.

Voilà par quel dialogue presque invariable débutait, il y a cinquante ans, la première leçon de catéchisme, entre les desservants de nos campagnes et leurs jeunes élèves, fils d'illettrés, souvent illettrés eux-mêmes.

C'est que les prières liturgiques ne s'étaient pas encore, à cette époque, substituées partout complètement aux oraisons traditionnelles. Le peuple les avait faites lui-même, ces naïves oraisons, avec quelques récits fragmentaires de la Passion, des

lambeaux du jugement dernier, le tout semé de pensées de pénitence et de repentir, hanté par la peur de la mort et la crainte de l'enfer, animé par de fréquents dialogues auxquels participaient, concurremment avec les fidèles, le Christ, Dieu le Père, la Vierge et les Saints. Lambeaux et fragments étaient, le plus souvent, conçus en une prose cadençée, marquée çà et là d'assonances réalisant des rimes approximatives. Ils se redisaient tantôt isolément, tantôt soudés, juxtaposés, scindés, enchevêtrés de la façon la plus inattendue et la plus pittoresque.

Les combinaisons les mieux venues se condensèrent à la longue en quelques types, que l'on retrouve, identiques quant au fond, sous le même nom ou des dénominations approchantes, en des régions parfois très étendues.

Les récits allusifs à la Passion paraissent provenir du même mouvement pieux qui engendra les mystères du moyen âge. Quant aux oraisons rythmées, il est possible qu'un certain nombre dérivent, par voie d'adaptations successives, des formules rituelles d'anciens cultes disparus ; mais les éléments païens ont dû, à la longue, s'éliminer d'eux-mêmes, et l'on ne saurait nier que les gracieuses images qu'on y rencontre ne constituent une floraison, parfois peu orthodoxe, mais charmante toujours, spontanément éclose sur les rameaux de l'arbre chrétien.

A peine ces oraisons sont-elles des prières au sens strict du mot. Il s'y trouve rarement une invocation, une requête bien définie. Elles procèdent plutôt d'un sentiment mystique un peu enfantin, qui a besoin d'étayer la foi sur une matérialisation des dogmes, de dramatiser les incidents de la Passion ou du jugement des âmes, de concrétiser et mettre en scène les puissances secourables du ciel.

Le récit, la pieuse formule, une fois qu'ils ont été ainsi élaborés puis gravés dans les mémoires, deviennent, pour les humbles d'esprit comme des recettes infaillibles de salut. Il suffit de les répéter à intervalles réglés. On en trouve l'aveu naïf dans la péroraison qui termine, facultativement, il est vrai, la plupart d'entre elles :

> Qui la dira soir et matin
> Aura le paradis à la fin.

ou bien encore :

> Ceux qui sauront cette oraison
> Et trois fois par jour la diront,
> Jamais le feu d'enfer ne verront.

Ce n'est pas sans étonnement qu'au cours de mes recherches, j'ai retrouvé nos oraisons populaires jusque parmi des familles protestantes, qui continuaient, en dépit des confessions de foi officielles, à faire intervenir la Vierge et les Saints dans leur vie religieuse, et à se livrer à des répétitions proscrites de formules et de prières. La persistance des habitudes ethniques l'emportait ici sur les exigences du dogme, lesquelles, d'ailleurs, en écartant le rituel de l'Eglise Romaine, n'avaient pas songé à la modeste oraison transmise de génération en génération sur les genoux des grand-mères.

Toutefois, ce n'est guère plus que dans les villages éloignés des grandes voies de communication, où les illettrés sont plus nombreux, qu'on rencontre encore des femmes âgées gardant dans leur mémoire, à côté des contes et des chants qui bercèrent leur enfance, quelques-unes de nos rustiques oraisons.

J'en avais, il y a de cela vingt ans, déjà noté un certain nombre. C'est même, si mes souvenirs sont exacts, une version de la Vervadieu, recueillie à La Crèche, et que je communiquai à M. le docteur Desaivre, qui servit de point de départ à l'enquête entreprise par lui vers 1882 et 1883, et dont le résultat fut la publication d'une étude savante et très documentée sur les *Prières populaires du Poitou*. (Voir *Bullet. de la Soc. de Statis.*, 1883, p. 179 et suiv.)

J'ai, depuis, poursuivi mes recherches, et je viens offrir aux lecteurs du *Pays Poitevin* ma modeste glane d'oraisons.

Mais, avant d'aborder la reproduction et l'étude des textes recueillis, je crois utile de présenter quelques remarques d'ordre grammatical.

La prosodie des morceaux cadencés et rimés — et ceci s'applique aussi bien aux chants qu'aux prières d'origine populaire, — exige que le lecteur élide toute syllabe muette isolée au corps d'un vers et gênant le rythme. Beaucoup d'écrivains modernes, pour rendre plus exactement la langue populaire, marquent typographiquement les élisions nécessaires au moyen de l'apostrophe. Mais comme ces élisions sont de règle dans le langage poitevin, il suffira, au lieu de déformer les mots, d'aviser le lecteur, et de l'inviter à dire, par exemple :

> Petit pigeon blanc, petit pigeon gris,
> Ouvrez la porte du paradis,

comme si l'on avait imprimé :

> P'tit pigeon blanc, p'tit pigeon gris,
> Ouvrez la port' du paradis.

De même :

> Sur une petite pierre blanche s'assoira

devra être lu, en élidant les *e* muets inutilisés :

> Sur un' p'tit' pierr' blanch' s'assoira.

On passe également sous silence, à la fin des vers, l'*r* final des verbes à l'infinitif, les *s* et les *e* marquant le pluriel ou le féminin ; si bien que :

> Il n'est plus temps de s'en repentir
> Quand l'âme du corps est partie,

doit se lire ainsi :

> Il n'est plus temps d's'en repenti
> Quand l'âme du corps est parti.

Une diphtongue ne forme généralement qu'un pied. De même une voyelle finale se combine en un seul son avec la voyelle initiale qui suit : *il y a*, *qui en a*, ne comptent ainsi que pour deux syllabes.

Pour faciliter à tous l'intelligence des textes, j'ai systématiquement remplacé les formes patoises, variables selon les localités, par la forme française du même mot, quand cette substitution, toutefois, n'altérait pas la prosodie.

Dans ces conditions, et si le lecteur veut bien appliquer les règles faciles indiquées plus haut, il pourra se convaincre que la prosodie populaire n'est pas aussi barbare qu'elle le paraissait de prime abord ; et peut-être trouvera-t-il que *Vervadieu*, *Patenôtres*, *Pigeon blanc*, ne sont pas, en tant que poèmes, absolument dépourvus de toute valeur littéraire.

I

LE PETIT PIGEON BLANC

Le petit pigeon blanc est, de toute évidence, la colombe de la tradition chrétienne, symbolisant le Saint-Esprit. Mais il apparaît surtout, dans nos oraisons populaires, comme un messager divin, habituellement chargé d'ouvrir aux âmes des trépassés les portes du Paradis. Dans un tout charmant petit poème, recueilli à Souché, près Niort, et qui se répétait à la façon d'une prière, le pigeon blanc a pour mission de porter le saint chrême aux enfants morts sans avoir été baptisés.

> Petit pigeon blanc, petit pigeon gris[1],
> Ouvrez les portes du paradis.
> — Elles sont ouvertes d'hier à midi.

---

1. Ce pigeon *blanc* ne paraît être devenu *gris* que pour rimer plus aisément avec *paradis*.

> — Qui les a ouvertes
> — Notre-Seigneur Jésus-Christ.
> — Où est-il ?
> — Au Champ fleuri[1].
> — Que fait-il ?
> — Il juge les morts et les vifs[2].

(Maillezais, Vendée.)

> Petit pigeon blanc,
> Que portes-tu dans ton bec blanc ?
> — Je porte le saint chrême
> Aux enfants morts sans baptême[3].

(Souché, Deux-Sèvres)

II

LA VERVADIEU

Il a été recueilli en Poitou, par MM. Léo Desaire, Lacuve, Puichaud et par moi, une quinzaine de versions de la Vervadieu. Dans celles qui paraissent le plus complètes, l'oraison débute par une énonciation trinitaire, dont le sens reste douteux. Puis apparaît invariablement un tableau du jugement dernier.

Dieu, assis sur une « pierre blanche », la pierre de justice, appelle à lui les âmes des pécheurs. Mais, pour accéder au paradis, les trépassés ont à franchir une planche, étroite comme un cheveu, sorte de pont jeté au-dessus des abîmes de l'enfer. Ceux qui savent la *Vervadieu*, c'est-à-dire évidemment les fidèles en possession de la *parole divine*, franchissent sans effort et sans crainte le passage redoutable, alors que les autres demeurent, geignant fort, maudissant père et mère de ne pas leur avoir enseigné cette « parole divine », merveilleux schiboleth qui ouvre aux élus les portes du royaume céleste.

Cette oraison porte, en Poitou, différents noms : *Vervadieu, varvadieu, barbadieu, vervendieu, petite vervendieu, prière de saint Pardieu*. Dans le Berry on l'appelle *diction de Dieu, leçon de Dieu*, et dans la Nièvre, *raison* ou *oraison de Dieu*.

Le simple rapprochement de ces appellations paraît indiquer que le mot *Vervadieu* n'est qu'une altération de Verbe-à-Dieu, et que ce mot signifie : le verbe divin, la parole de Dieu. De *verbe-à-Dieu* au mot *vervadieu*, il n'y a que le passage du *b* au *v*, qui, sans être très commun en Poitou, s'y montre cependant : *chèvre, lièvre*, par exemple, se disent *cheubre, leubre* au midi de la Sèvre, et *cheuvre, leuvre* au nord de ce cours d'eau.

Varvadieu pour *vervadieu*, provient simplement de ce que *verbe* se dit communément *varbe*, de même que *merle, serpe* deviennent *marle, sarpe*.

Le changement de *varbe* en *barbe* paraît n'être qu'une déformation, une sorte de substitution par voie d'analogie — très fréquente dans nos patois — d'un mot à un autre mot voisin. Il est difficile d'admettre que *Barbe-à-Dieu*, malgré les étymologies qu'on a cherché à lui donner, puisse être l'expression primor-

---

1. Variante : Au milieu de son Paradis. — L'expression *Champ fleuri*, que nous retrouvons dans la Vervadieu, paraît être synonyme de Paradis.

2. Dans ses nombreuses versions poitevines, le *Pigeon blanc* ne se modifie guère qu'en sa terminaison. Tantôt on dit :

> — Il attend les bonnes âmes à venir,

ou

> — Il attire les bonnes âmes à lui,

ou bien encore

> — Il conduit les âmes en paradis,
> Conduisez-y la mienne aussi.
> Ainsi soit-il.

3. Dans la *Vervadieu* recueillie par M. Puichaud à Sainte-Radegonde-la-Vineuse (Vendée), on trouve un passage presque identique, mais dont le dernier vers a été certainement altéré :

> Petit pigeon blanc,
> Que portes-tu sur ton bec blanc ?
> — Je porte saint chrême
> Que j'aime sur les fonts du baptême.

diale, car elle n'offre aucun rapport de sens avec les autres appellations, *leçon de Dieu, oraison de Dieu, diction de Dieu*, qui toutes, au contraire, offrent avec le *verbe de Dieu* une incontestable analogie.

La version connue sous le nom de *prière de saint Pardien*, a été recueillie à Courlay (Deux-Sèvres), par M. C. Puichaud. M. Desaivre, qui l'a reproduite dans ses *Prières populaires*, estime que *saint Pardien* doit être entendu au sens de *sainte parole de Dieu*, ce qui, indépendamment du contexte, suffirait à la faire rattacher à la *Vervadieu*.

Une sorte de chant religieux, recueilli également à Courlay par M. Puichaud, et qui s'appelle, je ne sais pourquoi, *les conditeux de Notre-Seigneur*, amalgame dans la même mélopée les épisodes de la *Vervadieu* et le *Miracle de sainte Jouine*, cette sainte manchote à qui la Vierge rend « deux bras tout neufs, avec des mains plus blanches que la fleur », afin qu'elle puisse recevoir à sa naissance l'Enfant Jésus.

Voici le texte de la Vervadieu, telle que je l'ai entendu dire par une personne originaire de La Crèche (Deux-Sèvres).

> La Vervadieu, qui est si grande et si belle,
>   S'est mise en trois parcelles :
> Une en haut, l'autre en bas, l'autre en champ fleurira [1].
> Un jour Dieu du ciel descendra
> Sur une petite pierre blanche s'assoira,
>   Et il appellera :
> — Pécheurs, venez à moi.
> Lequel c'est-il de vous autres
> Qui en a souffert autant pour moi
> Comme j'en ai souffert pour vous autres ?
> — Seigneur, il n'y en a cheut (aucun) de nous,
> Qui en ait souffert autant pour vous
> Comme vous avez souffert pour nous [2].
> Lessus (Là-haut) il y a une petite planche
> Qui n'est ni étroite ni grande,
> Un cheveu de la Vierge la ressemble.
> Ceux qui sauront la Vervadieu dessus passeront,
>   Chanteront, riront.
> Ceux qui la sauront pas, au bout resteront,
>   Brailleront, diront :
>   — Cher père,
>   — Chère mère,
> Que faisiez-vous donc de moi dans mon petit jeune temps,
> Que vous ne m'appreniez la Vervadieu qui est si belle et si grand' ?
>   — Il n'est plus temps de s'en repentir
>   Quand l'âme du corps est partie.

LA PETITE VERVADIEU

> La petite Vervadieu, descendue du ciel
> Avec sa petite main blanche saignante,
>   S'écrie à trois pécheurs :
> — Hosane ! hosane ! feuille d'avril,
> Ouvrez les portes du paradis.
> — Elles sont ouvertes d'hier à midi.
> — Qui les a ouvertes ?
> — Notre-Seigneur Jésus-Christ.
> — Où est-il ?
> — Au champ fleuri.
> — Que fait-il ?

— Il attire les bonnes âmes à lui.
— Qu'en fait-il ?
— Il les fait passer sur une planche
Qui n'est ni petite ni grande.
Ceux qui sauront la petite Vervadieu
    Dessus passeront.
Ceux qui la sauront pas au bout resteront,
    Et maudiront
    Père et mère,
    Sœur et frère,
De ne pas leur avoir appris
    La petite Vervadieu
Pendant qu'ils étaient petits.
Mais quand le corps et l'âme sont partis,
Il n'est plus temps de s'en repentir.

(Villefagnan, Charente.)

III

LA PAUVRE AME

Il était une pauvre âme, qui n'espérait plus que de son corps.

Jésus dit à trois Anges : Allez chercher cette pauvre âme qui n'espère plus que de son corps.

Ces trois Anges s'en vont : — Venez, ma sœur, c'est Notre-Seigneur qui nous envoie. — Oh ! je ne puis, je suis trop grande pécheuse.

La pauvre âme arrive à la porte du paradis, frappe trois coups :
    — Tra, tra, tra.
    — Qui est là ?
— C'est moi, Seigneur, qui viens demander votre paradis terrestre [1].
    — Va, va, pauvre âme, point de paradis pour toi !
Vois comme tu m'as arrangé depuis la tête jusqu'aux pieds,
    Par tes morderies,
    Par tes graffigneries,
    Par tes médisances,
    Tes bals et tes danses.
La pauvre âme s'en est allée dans une maison
    Plus noire que le charbon.
— Ah ! Seigneur, Fils de Dieu, si vous me laissiez retourner
    A mon corps, je me repentirais.
    — Il n'est plus temps de s'en repentir
    Quand l'âme du corps est partie [2].

(Souché et François, Deux-Sèvres.)

La version recueillie à François ne contient pas le prologue. Elle commence ainsi : — Pan, pan, pan. — Qui est là ? etc... (Le reste comme dans la version de Souché.)

IV

LA PETITE PATENOTRE BLANCHE

> Petite patenôtre blanche,
>   Que Dieu fit,
>   Que Dieu dit,
> Que Dieu mit en paradis.

---

1. Ce passage offre, dans les versions retrouvées par M. Lacuve et M. Desaivre, plusieurs variantes :

> 1° Une en haut, l'autre en bas, et l'autre en champ fleuri.
> 2° Une en ciel, l'autre en terre, et l'autre sur le champ fleuri,
>   Où les gens finiront s'ils ne sont jà finis.
> 3° Une en foi, l'autre en loi, l'autre en Notre-Seigneur Jésus-Christ.

2. Entre ce dialogue et le passage relatif à la *petite planche*, plusieurs versions donnent tout ou partie du *Pigeon blanc* ; seul, le premier vers est parfois remplacé par ces mots :

> Housanne, housanne, feuille d'avril...

(L'housanne, en Poitou, c'est le buis, et particulièrement la branche de buis cueillie le jour des Rameaux.)

1. Variante : ... Votre royaume terrestre. — Le qualificatif *céleste* paraîtrait plus exact ; mais toutes les versions de moi connues disent *terrestre*.

2. On peut rapprocher de cette oraison certains chants de l'Epiphanie, recueillis à Niort et à La Mothe-Saint-Héray par M. Desaivre :

> Il y a une pauvre âme
> A la porte à mon Dieu...
> ... Le bon Dieu lui demande :
> — As-tu chaussé les pauvres ?
> As-tu vêtu les nus ?
> As-tu donné l'aumône
> Au saint nom de Jésus ?
> — N'ai fait ni l'un ni l'autre ;
> Malheureux que je suis !
> Si jamais je retourne
> Un jour en mon pays,
> Je chausserai les pauvres,
>   vêtirai les nus...
> — Va-t'en, va-t'en, pauvre âme,
> Dans l'enfer y brûler...

Le soir, quand je me couche,
Trois Anges dans mon lit,
Un au ciel, deux au châlit[1],
La bonne Vierge est au milieu.
Le bon Dieu est mon père,
La bonne Vierge est ma mère,
Les Anges sont mes frères.

Mon Dieu, si je m'endors,
Ayez pitié de mon corps.
Mon Dieu, si je trépasse,
Ayez pitié de mon âme.

Ceux qui sauront cette oraison,
Et trois fois par jour la diront,
Jamais le feu d'enfer ne verront.

(*Saint-Laurs*, Deux-Sèvres.)

(*A suivre.*)   H. GELIN.

Saint Martin et saint Brice. — C'étaient deux enfants de la même ferme. (Ça veut dire que c'est deux frères.) Et leurs parents tenaient une grande ferme.

Leur papa et leur maman étaient deux gens pour qui faire ses dévotions passait avant tout.

Aussi, il est inutile de vous dire que leurs enfants furent élevés dans l'idée et suivant le désir du bon Dieu.

On se demandera peut-être pourquoi est-ce que c'est qu'en étant deux frères et deux saints, Martin est patron de tant et de tant de paroisses, tandis que Brice ne l'est seulement que de deux, trois.

Ecoutez la légende que souvent, bien souvent, j'ai entendu raconter par mon ancêtre : je vous la rends le mieux que je puis.

Au temps passé, quand les fils de ferme avaient leur âge de droit (que c'était quinze ans), leur papa et leur maman leur donnaient leur part et leur bénédiction, et les envoyaient chercher leur position.

Martin et Brice arrivaient justement en même temps.

Ça fait que leur papa et leur maman, après avoir fait les deux parts, étaient fort embarrassés au sujet d'un poulain qui leur demeurait à donner.

On ne pouvait pas donner une moitié à l'un et une moitié à l'autre. Non.

De sorte que, après avoir beaucoup réfléchi, le pauvre papa trouve un moyen.

— Vous allez dire chacun à votre tour l'*Ave Maria*, et celui qui le dira le mieux aura le cheval.

Bon.

Voilà Martin qui commence et qui dit fort, fort bien le *Salue Marie.*

Brice le dit après lui.

Mais arrivé au milieu, il se retourne *sur* son père et lui demande :

— Est-ce que celui qui aura le cheval aura la bride avec ?

— Vous n'aurez ni cheval ni bride, répond le père, parce que vous êtes distrait en priant !

Voilà pourquoi est-ce que c'est que saint Martin est à cheval et saint Brice à pied.

De sorte que, comme les deux frères s'avaient faits prêcheurs, Martin allait beaucoup plus vite, et dans beaucoup plus de villages que Brice.

---

[1]. Bois de lit.

Et voilà pourquoi saint Martin est patron de tant et de tant de paroisses, et que saint Brice ne l'est seulement que de deux, trois.

ACHILLE NOËL.

Cette légende a été recueillie à Lens-sur-Dendre, écrite en wallon de ce village et publiée d'abord dans le *Farceur*, journal borain, numéro du 10 décembre 1897.

HAGIOGRAPHIE

Le culte de saint Martin
à Saint-Séverin de Paris

Un usage s'est perpétué pendant tout le moyen âge. Bien que l'église ne fût point placée sous son vocable, on y vénérait d'une dévotion toute particulière saint Martin, patron des voyageurs à cheval. Une part du fameux manteau avait été, en effet, donnée comme relique à Saint-Séverin, par les chanoines de Saint-Martin-de-Champeaux, en Brie. On brûlait en son honneur des cierges, et pour préserver leurs bêtes des maladies et des accidents, les voyageurs les faisaient marquer avec la clé de fer, rougie au feu, de la chapelle vouée à ce Saint. Les étudiants venus à cheval de leur province pour suivre les cours de l'Université de Paris agissaient de même, et, afin de remercier le grand Thaumaturge des Gaules de les avoir protégés durant le voyage, ils fixaient, dès leur arrivée dans la ville, les fers de leur monture sur la porte qui s'ouvre, au-dessus de la petite horloge du quinzième siècle, là où la rue des Prêtres prend en écharpe la rue Saint-Séverin. Un bas-relief, placé en 1853 sur le tympan du porche, évoque le souvenir de cette dévotion si parfaitement abolie qu'il n'y a même plus dans l'église un autel dédié à cet élu ; ce bas-relief est médiocre, et le portail même que le mauvais goût de notre époque le charge d'orner ne mérite qu'on l'examine qu'à cause des inscriptions en petites capitales gothiques qui sont gravées sur les cadres en pierre de sa baie. Elles rappellent aux fossoyeurs les obligations de leur métier ; on y peut déchiffrer celle-ci : qu'ils devaient nettoyer les voûtes et toute l'église, le jour de la saint Martin d'été, à cause de la fête que l'on y célébrait le surlendemain...

J.-K. HUYSMANS.

Nous devons à l'obligeance de notre ami la communication de ce fragment, extrait d'un ouvrage en préparation : *La Bièvre et le quartier Saint-Séverin.*

Le portail de Saint-Pierre
de Poitiers

L A façade de la cathédrale de Poitiers date tout entière du quatorzième siècle : nous savons par l'année de la consécration, qui eut lieu en 1379, à quelle époque précise sont attribués les travaux de clôture. Elle se compose de trois ordres distincts, tant en hauteur qu'en largeur. Deux con-

L'intérêt se concentre sur les trois portes, dont la galerie est ornée de crochets végétaux, avec gargouilles animées, au point de départ des rampants. L'ébrasement a un soubassement à arcades en ogive tréflée : au-dessus, une série de dais et de colonnettes dénote une succession de statues que les protestants ont brisées et que la science seule peut restituer. Au centre, six niches de chaque côté devaient être affectées au collège apostolique qu'exige la scène même du jugement dernier. A droite (la droite du spectateur), la présence de Marie motiverait les personnages bibliques qui furent ses figures historiques, comme Eve, Sara, Rebecca ; ou, comme à Reims, les scènes de l'Annonciation, de la Visitation et de la Présentation. A gauche pourraient prendre place les Saints vénérés dans l'Eglise de Poitiers.

LE PORTAIL DE LA CATHÉDRALE DE POITIERS

treforts, qui la partagent en trois, indiquent, ainsi que les trois portes, que l'intérieur est divisé en trois nefs. Au milieu, la rosace, aux rayons multiples, inscrite dans un carré, est prise entre deux galeries à arcades, et les bas-côtés sont couronnés par la même balustrade, en quatre feuilles, qu'au flanc nord.

L'ogive est circonscrite par un courant de vigne vierge, car la récompense finale n'est accordée qu'à ceux qui auront travaillé dans la vigne du Seigneur, de la première à la dernière heure. Cette récompense est décernée par le Christ lui-même aux Saints qui siègent dans les voussures, et qui jouissent en conséquence

DÉCEMBRE 1898.

des honneurs du dais. Chaque porte admet quatre rangs de Saints [1], ce qui donne un total de cent soixante-douze statuettes, assises ou debout.

Le tympan est historié en sculpture magistrale. A droite, des Apôtres entourent le lit où Marie est morte, et que des Anges s'apprêtent à ensevelir. Au-dessus, assise sur le même trône que lui, elle est couronnée par son Fils et encensée par un chœur d'esprits célestes.

Au milieu, le Christ en majesté montre ses plaies et prononce la sentence définitive : deux Anges tiennent, à ses côtés, l'un les clous et la couronne d'épines, l'autre la croix. La sainte Vierge et saint Jean, agenouillés, intercèdent pour l'humanité. En bas, appelés par les Anges, les morts sortent de leurs tombeaux, et, au registre intermédiaire, les élus vont en paradis, où un Ange les couronne, tandis que les démons précipitent les damnés dans la gueule béante de l'enfer.

A gauche, deux scènes superposées illustrent le tympan. Devant les Apôtres réunis, le Christ dit à saint Thomas, pour confondre son incrédulité, de mettre son doigt dans la plaie de son côté ; plus haut apparaît la *Maison*, soutenue et habitée par les Anges, palais qui figure le ciel et dont l'Apôtre s'est dit l'architecte. Ce motif est emprunté à la *Légende d'or* [1], et c'est faire fausse route que d'y voir l'histoire de saint Pierre et la représentation de la châsse de sa barbe. Au premier cordon de voussure, les cinq vierges sages ont en vis-à-vis les cinq vierges folles.

Les portes latérales nous donnent d'une manière sûre le vocable des deux autels du transept. A l'origine, celui du nord, qui est à droite, le côté le plus honorable, fut dédié à la Vierge. Plus tard, il devint l'autel de saint André, par suite de la donation d'une relique. La porte de gauche ouvrait sur le bas-côté qui menait à l'autel de saint Thomas, ultérieurement appelé des Cinq-Apôtres, quand on s'avisa d'accoler à ces murs de mauvaises statues figurant le collège apostolique.

Barbier de Montault.

(Extrait des *Paysages et Monuments du Poitou*, de M. Jules Robuchon.)

HISTOIRE ECCLÉSIASTIQUE

Dom Fonteneau

BÉNÉDICTIN DE LA CONGRÉGATION DE SAINT-MAUR

Historien du Poitou *(suite)*

(1705-1778)

PENDANT que le moine de Saint-Cyprien parcourait les divers chartriers du Poitou, des personnages haut placés cherchaient au nom du roi à mettre à profit pour un vaste travail sur l'histoire du pays l'érudition et l'acti-

---

1. Aux portes latérales, le premier cordon de voussures admet dix statuettes, le second douze, le troisième quatorze et le quatrième seize. La progression est motivée par l'agrandissement de l'ogive. A la porte centrale, la succession est de quatorze, seize, dix-huit et vingt.

2. « Hic homo frater (le frère du roi de l'Inde), amicus Dei et omnes angeli famulantur ei. Qui me in paradisum ducentes quoddam mihi ostenderunt palatium ex auro et argento et lapidibus pretiosis mirabiliter fabricatum : cum ejus pulchritudinem admirarer, dixerunt mihi : Hoc est palatium quod Thomas fratri tuo exstruxerat... Cui (à son frère) rex : Illud (palatium) erit meum. Apostolus fabricet tibi aliud. Quod si forte nequiverit, mihi et tibi unum hoc commune erit. Respondit apostolus : Innumerabilia palatia sunt in cælo, ac initio sæculi præparata, quæ fidei precibus, sive pretio et eleemosinis electis comparantur. »

vité scientifique des Bénédictins de la Congrégation de Saint-Maur.

Un homme doué d'une rare intelligence, d'une perspicacité peu commune, et d'une volonté que rien n'était capable d'ébranler, Jacob-Nicolas Moreau, avocat des finances, suggéra au contrôleur général, M. de Silhouette, le projet d'établir pour le service de son ministère une bibliothèque historique, législative et administrative, dans laquelle entreraient tous les documents nécessaires au contrôle général, souvent introuvables, parce qu'ils étaient disséminés un peu partout dans les divers dépôts du royaume (1759). Le projet fut accueilli favorablement par le ministre. Moreau déploya tant de zèle pour l'exécution que les documents ne tardèrent pas à venir de toutes parts. Cette bibliothèque, installée tout d'abord à Versailles, dut être transférée à Paris, dans le palais du contrôle général (1760), puis à la Bibliothèque du Roi (18 janvier 1764). L'avocat des finances élargit peu à peu les cadres de son plan primitif. Il finit par se proposer la création d'un dépôt central, où seraient réunis « la plus grande partie des matériaux qui doivent entrer dans un corps complet du droit public, c'est-à-dire des notices de tous les faits et de tous les monuments historiques, joints à une collection de toutes les lois [1] ». Cette collection unique fournirait un jour à des hommes tels que Foncemagne, Sainte-Palaye et Bréquigny, les éléments nécessaires à la rédaction d'un cours complet de droit public français et d'un dictionnaire de nos antiquités nationales, tandis que les ministres y trouveraient sans peine les renseignements qui leur seraient utiles.

De Silhouette n'était plus à la direction du contrôle général. Son successeur, Bertin, homme de grand mérite, qui sut rendre des services éminents aux sciences, à l'agriculture et à l'industrie nationale, ne négligea rien de ce qui pouvait faciliter et activer la réalisation du plan de Moreau. Sa haute situation lui permit d'obtenir le concours des Bénédictins de Saint-Maur, qui continuaient « les traditions auxquelles l'Ordre de Saint-Benoît avait dû tant d'éclat et la France une supériorité reconnue sur tout le reste de l'Europe, au dix-septième et au commencement du dix-huitième siècle, dans les travaux d'érudition historique [1] ».

Leur Supérieur général, Dom Marie-Joseph Delrue [3], n'attendit pas une invitation du ministre pour lui offrir la collaboration de ses moines. « Monseigneur, lui écrit-il en date du 27 juillet 1762, les travaux auxquels se sont livrés les religieux Bénédictins de la Congrégation de Saint-Maur leur ont acquis des richesses littéraires, dont, comme citoyens, ils sont comptables au Roy. Cette dette, Monseigneur, nous a inspiré un projet dont l'exécution, simple et facile, peut procurer et des secours importants au ministère qui vous est confié, et des lumières sûres au droit public du Royaume.

« Il est certain, Monseigneur, que, le droit public n'étant appuyé que sur des faits anciens, tout ce qui peut conduire à le connaître avec plus d'exactitude doit être précieux au Gouvernement. De là le projet conçu tant de fois, et dont l'exécution a été commencée par tant de ministres, de former une notice fidèle et générale de toutes les chartes qui sont dispersées dans les dépôts publics, dont la plupart, loin d'avoir été dépouillés, n'ont pas même encore été abordés par la curiosité...

« Il est donc certain, Monseigneur, que, pour suppléer les secours qui manquent aux savants qui peuvent s'occuper de cet objet, il paraîtrait nécessaire d'avoir recours à une société littéraire répandue par tout le Royaume, et qui ne demandât point

---

1. *Mémoire de Moreau sur la formation d'un dépôt de droit public et d'histoire* (1761), publié par X. Charmes. *Le comité des travaux historiques et scientifiques*, t. I, p. 30.

2. X. Charmes, l. c., t. I, XXII.

3. Dom Delrue, né à Tournai, fit profession à Jumièges le 17 septembre 1716. Il mourut à Saint-Denis, le 1er août 1767.

d'autre prix de ses travaux que l'honneur de les entreprendre et l'avantage de les conduire à leur perfection.

« Nous nous flattons que la Congrégation de Saint-Maur peut être cette société. Elle a dans son sein une foule de religieux accoutumés à débrouiller le chaos des titres; plusieurs, actuellement occupés à la composition de diverses histoires de provinces, ont déjà dépouillé un grand nombre de dépôts publics et y ont puisé les lumières nécessaires à leur travail. Ils ont entre les mains et les matériaux de tous les ouvrages qu'ils ont déjà donnés au public et sur l'histoire et sur la diplomatique, et tous ceux qui leur sont nécessaires pour leurs études actuelles.

« Indépendamment de ce premier avantage, Monseigneur, nous sommes en état de distribuer des religieux savants et laborieux dans toutes les maisons de notre Ordre, soit dans les villes, soit à portée des grandes seigneuries et des monastères où se trouvent des dépôts de chartes et de monuments, et par là nous pouvons couvrir toute la France de travailleurs qui ne coûteront au Roy que quelques frais de voyages et de copistes, et qui auront presque sous la main toutes les richesses dont il est important pour Sa Majesté d'acquérir une connaissance exacte.

« C'est ainsi, Monseigneur, que la Congrégation de Saint-Maur payera à Sa Majesté le tribut de ses travaux et lui prouvera autant qu'il est en elle son attachement pour sa personne sacrée et son zèle pour la gloire de son règne [1]. »

Le 30 septembre de la même année, le contrôleur général écrivit aux Bénédictins de la Congrégation de Saint-Maur pour leur annoncer que le roi acceptait leurs offres de services. Sa lettre leur fournit en outre les premiers renseignements indispensables [2]. Le 14 décembre suivant, Dom Delrue envoya à Moreau la liste des moines qui devaient concourir au travail de la collection des chartes. Elle contenait les noms suivants : Dom Ursin Durand et Dom Prosper Tassin, au monastère des Blancs-Manteaux, à Paris; Dom Jean Précieux, Dom Etienne Housseau, et Dom Nicolas Grenier, à l'abbaye Saint-Germain, de Paris; Dom Philippe Caffiaux et Dom Thomas Pardessus, à Corbie; Dom Claude Rousseau, à Saint-Remy de Reims; Dom Jacques Le Noir et Dom Jean Maheut, à Fécamp; Dom Claude Blanchard, à l'abbaye de la Couture du Mans; Dom Guillaume Gérou, à Saint-Benoît-sur-Loire; Dom Alexis Salazar, à Saint-Bénigne de Dijon; Dom Léonard Fonteneau, à Saint-Cyprien de Poitiers; Dom Joseph Col, au prieuré de Saint-Pierre de Mortagne en Poitou; Dom Guillaume Beaubens et Dom Bernard Soubira, à Sainte-Croix de Bordeaux; Dom Henri Dupré, au monastère de la Dorade de Toulouse [3].

Le 9 juillet 1763, Moreau se mettait personnellement en rapport avec chacun des travailleurs. Dom Fonteneau reçut, comme tous ses confrères, la lettre suivante : « Le Révérend Père Général vous a sans doute, mon Révérend Père, informé des arrangements qui ont été pris entre monsieur le contrôleur général et lui pour rendre plus utiles aux progrès du droit public les études et les recherches auxquelles vous vous livrez. Des arrangements ont été mis sous les yeux du Roy, qui non seulement les a approuvés, mais a paru très sincèrement désirer qu'ils fussent exécutés. C'est en conséquence de ces arrangements, mon Révérend Père, que j'ai l'honneur de commencer avec vous une correspondance utile aux lettres et aux progrès de l'histoire et de la diplomatique. Il n'est point question de vous engager à des études nouvelles, mais de mettre à profit celles dont vous vous occupez [4]. »

Moreau leur demandait une copie de tous les documents qu'ils avaient déjà réunis pour leurs travaux personnels, et de ceux qu'ils trouveraient à l'avenir dans les archives publiques ou pri-vées de leur province. Le roi prenait à sa charge tous les frais du travail.

Dom Fonteneau se montra l'un des plus empressés à seconder les desseins du contrôleur général. Bertin se mit en rapports directs avec lui. Dès le 18 janvier 1765, il lui annonça que sur l'ordre du roi, il avait écrit à l'intendant du Poitou de prendre son travail sous sa protection, d'interposer ses bons offices auprès des églises et des chapitres, et de seconder toutes les recherchés qu'il aurait à faire [1].

L'expérience montra promptement que, si l'on voulait procéder avec ordre, il était indispensable d'avoir une connaissance exacte des dépôts qui existaient déjà dans le royaume. En conséquence, Moreau demanda aux Bénédictins de lui dresser la liste complète de tous ceux qui peuvent renfermer des documents utiles à l'histoire ou au droit public. Ils auraient à indiquer les archives des cours supérieures, des tribunaux et des hôtels de ville; les chartriers des églises, des abbayes, des monastères et des communautés régulières ou séculières; ceux des possesseurs de terres et seigneuries importantes et les cabinets des savants. Ces listes doivent être composées, autant que possible, sous formes de tables, à trois colonnes; la première, destinée au nom de chaque dépôt; la deuxième, indiquant s'il avait été visité et dépouillé; et la troisième, recevant diverses observations sur l'état du dépôt lui-même [2].

Fonteneau, qui déjà avait envoyé à Paris la liste des archives dépouillées par lui [3], se mit sans retard à dresser la nomenclature qui lui était demandée [4].

De si hauts encouragements et une telle protection étaient bien de nature à lui faciliter singulièrement la besogne. On pouvait donc espérer que le dépouillement des archives poitevines serait promptement terminé et que l'*Histoire générale du Poitou* ne se ferait pas trop attendre désormais. Il n'en fut malheureusement pas ainsi. Des épreuves inattendues vinrent fondre sur Dom Fonteneau et le mirent, pour un temps d'abord, dans l'impossibilité de continuer ses recherches. S'il les reprit après une assez longue interruption, ce fut pour les abandonner bientôt d'une manière définitive.

En 1766, il reçut l'obédience de quitter l'abbaye Saint-Cyprien de Poitiers et de se rendre à Paris au monastère des Blancs-Manteaux, qui lui était assigné comme résidence. Ce fut pour lui, on le conçoit, un coup terrible. Il était porté par la diète annuelle, ou assemblée plénière des Visiteurs de la Congrégation réunie à Saint-Germain-des-Prés, sous la présidence du Supérieur général, Dom François Boudier [5].

La diète, pour prendre une mesure aussi rigoureuse, avait dû recevoir contre le P. Fonteneau des accusations bien graves. Son biographe anonyme prétend qu'elles étaient l'œuvre d'un seul homme, jouissant alors d'un très grand crédit [6]. Quel était donc ce personnage, capable de discréditer ainsi auprès de ses Supérieurs majeurs un moine qui faisait honneur à sa Congrégation et à qui jusque-là les plus hauts dignitaires avaient prodigué des témoignages d'estime?

Dom Fonteneau, dans une lettre sur laquelle il nous faudra revenir bientôt, fait de fréquentes allusions à celui qu'il appelle son *ennemi* et son *adversaire*; mais il se garde bien de le désigner par son nom propre. C'est l'un de ses amis, le comte de Polignac, qui nous le fait connaître [7]. Il n'était autre que le Prieur

---

1. Xavier Charmes, l. c. 34-36.
2. Id., 52-74.
3. Id., 54-55.
4. Id., 60.

---

1. De La Marsonnière, XII-XXXVI-XXXVII.
2. *Instruction pour les Bénédictins de la Congrégation de Saint-Maur occupés aux différentes histoires des Provinces, envoyée le 20 janvier 1765*; Charmes, l. c., 88-90.
3. Charmes, l. c., 119.
4. Id., 121.
5. Dom Pierre-François Boudier, né à Valognes, fit profession à Jumièges le 29 juillet 1722. Il fut dans la suite Abbé de Saint-Martin de Séez, avant de recueillir la succession du P. Delrue.
6. Cf. De La Marsonnière, t. XII, LXIX.
7. *Lettre du 8 octobre 1768*, id., XII-LXI.

de Saint-Cyprien de Poitiers, Dom Cailhava, qui avait remplacé depuis peu le P. Haudiquer [1].

Dom Cailhava parait avoir été le seul accusateur de Dom Fonteneau. Celui-ci, quand il parle de la cause de ses peines, les attribue toujours à un seul homme. Mais Dom Cailhava se sentait appuyé par un petit groupe de religieux, que le comte de Polignac nommait les *cailhavistes*. Leur victime les représente comme des hommes peu estimables. « Ceux qui ont formé le complot de défendre contre toute justice mon adversaire sont assez connus pour ce qu'ils sont. Le nombre de ces religieux est réduit à quatre ou cinq connus sous le nom de *la clique* [1]. »

S'il fallait en croire Dom Fonteneau, ce seraient de bas sentiments de jalousie et de haine qui auraient poussé le Prieur de Saint-Cyprien à le combattre lui et son travail, par tous les moyens en son pouvoir. Il affirme avoir mis sous les yeux des Supérieurs majeurs des preuves indiscutables de son assertion. « Je leur ai mis entre les mains, dit-il, le tableau qui exposait au grand jour la furie dont le souffle avait allumé contre moi le feu de la discorde dans le cœur de mon adversaire. J'ai eu le courage de tirer le voile dont cette mégère s'était couverte pour se dérober à la connaissance. Elle a paru, malgré elle, *in puris natalibus*; on a reconnu sans peine qu'elle s'appelait la jalousie. J'ai représenté aux RR. Pères Supérieurs majeurs que ce fut elle qui conçut le dessein de la chute de l'ouvrage. Je les ai avertis de l'activité avec laquelle elle en filait le désastre. J'ai passé en revue les satellites qui se sont engagés à son service pour élever l'écueil contre lequel elle voulait que tout fût brisé [3]. »

Cette lettre, dont le langage métaphorique rappelle le jeune professeur d'humanités de Saint-Allyre, est pleine d'insinuations contre Dom Cailhava. Mais elle ne fournit au lecteur désireux de se faire une opinion motivée sur cet incident aucune preuve convaincante.

Quels que fussent les sentiments personnels du Prieur à l'endroit du P. Fonteneau, il eut besoin, pour déterminer la diète à le frapper, de le présenter comme un sujet dangereux, dont la présence à Saint-Cyprien pouvait avoir de sérieux inconvénients. Comment atteindre ce but, sans formuler contre lui des accusations graves et fondées du moins en apparence?

A en croire l'anonyme de Saint-Jean d'Angély, biographe de son docte confrère, Dom Cailhava n'aurait pas eu le moindre motif de provoquer une pareille mesure, *nullaque causa nulloque prætextu* [4]. Mais ce n'est guère admissible. L'auteur de cette notice nécrologique, compagnon de Fonteneau sur ses vieux jours, et témoin ému de ses épreuves et de sa fidélité aux vertus monastiques, ne connut les choses que d'après le récit qu'il put lui en faire. Aussi son témoignage ne peut-il inspirer une entière confiance.

Le soupçon de jansénisme mis en avant, quelques années après la disgrâce de l'historien du Poitou, était-il fondé? Les jansénistes comptaient, il est vrai, un certain nombre de partisans et d'amis dans la Congrégation de Saint-Maur. Plusieurs furent à diverses reprises de la part du roi l'objet de mesures sévères. Les Supérieurs, soit de leur propre mouvement, soit sur un ordre de la cour, sévirent contre des religieux accusés de soutenir les erreurs condamnées par Rome. Dom Fonteneau, dans le volumineux recueil de ses notes manuscrites, manifeste à bien des reprises ses sympathies pour les doctrines de l'*Augustinus*. Mais cela fut-il pour quelque chose dans la disgrâce qui vint le frapper?

Il reçut, le 11 janvier 1774, de son amie et protectrice, la comtesse de Lusignan, une lettre où se montrent pour la première fois les soupçons de jansénisme formulés contre lui. Elle est fort curieuse et mérite d'être rapportée ici, d'autant que la noble comtesse a soin de nous dire son propre sentiment sur cette accusation. « Croyez, je vous prie, mon cher Révérend Père, que vos vœux et votre attachement me sont plus chers que vos travaux pour moi, et que les témoignages que vous m'en donnez me font grand plaisir. L'obstacle que j'ai trouvé chez M. le Cardinal pour vous avoir quelque chose de la *feuille* a été fondé sur ce que l'on vous prétend janséniste. Serait-il possible? Dom Fonteneau janséniste! Si c'était un pauvre religieux qui ne sût que le latin de son bréviaire et qui ne sût que faire de son temps! Mais vous, si instruit, si occupé! Je n'en crois rien. J'ai soutenu que ce n'était pas vrai. Aucune affaire de parti, ni janséniste, ni moliniste, n'est faite pour Dom Fonteneau. Se disputer sur la grâce! eh! demandons-la, en convenant que nous n'y entendons rien [1]. »

Si les Supérieurs de Dom Fonteneau ont eu des preuves de son jansénisme, ils ne paraissent guère s'être appuyés sur ce fait pour lui donner l'ordre de quitter Saint-Cyprien. Si telle eût été, en effet, la cause de leur détermination, ils n'eussent pas manqué de la mettre en avant pour justifier leur conduite à son endroit. Comment alors ne l'aurait-il pas mentionné dans la longue requête où il passe en revue tous les griefs que l'on avait contre lui? Que conclure de son silence, sinon que Dom Cailhava et le Supérieur général avaient d'autres reproches non moins graves à lui faire [2]?

La requête dont nous venons de parler fut écrite de Châtillon-sur-Sèvre le 23 mai 1775 et adressée au R. P. Maumousseau, Supérieur général de la Congrégation. C'est la pièce la plus importante que nous ayons sur cette affaire. Fonteneau l'écrivit sous l'influence d'un vif mécontentement. Aussi son langage dépasse-t-il toute mesure. On y chercherait en vain depuis la première ligne jusqu'à la dernière l'expression d'un sentiment religieux. Comme ce courageux travailleur apparaîtrait grand et digne d'un respect allant jusqu'à l'admiration, s'il avait su se dominer lui-même et porter en moine la disgrâce qui le frappait!

Cette lettre si peu honorable pour lui est le seul document qui permette de se faire une juste idée de la véritable cause de son malheur. « Les Supérieurs majeurs, dit-il, me supposent des infirmités dont je ne me sens pas heureusement atteint. Ils insinuent publiquement que leur conduite à mon égard n'est qu'un remède à une maladie du cœur et de l'esprit, qu'ils croient apercevoir en ma personne. »

Il précise sa pensée quelques lignes plus loin : « Quittons l'énigme pour nous faire entendre. Je n'ignore pas, mon Très Révérend Père, que des raisons particulières engagent les Révérends Pères Supérieurs majeurs à me faire passer pour un homme haut, indépendant, pour un esprit ennemi de la subordination, pour un religieux qui veut faire la loi à ses Supérieurs. »

Fonteneau était donc accusé de désobéissance, d'indépendance d'esprit, d'orgueil : défauts graves chez un moine.

Que répond-il pour se justifier? Il ne laisse échapper aucun regret. Son cœur n'éprouve pas le besoin de rejeter ces accusations, ou tout au moins de réparer ses torts par une protestation de respect et d'obéissance. Il cherche à s'excuser. Mais ses excuses légitiment plutôt les griefs que l'on a contre lui, si même elles ne vont pas jusqu'à les aggraver encore. Nous n'a-

---

1. Dom Haudiquer signa, le 23 juillet 1765, une *Requeste présentée au Roy par le Supérieur général, le Régime et la plus nombreuse partie de la Congrégation de Saint-Maur.*

2. Dom Fonteneau, *Mémoire adressé au R. P. Maumousseau, Supérieur général* (De La Marsonnière, XIII, 374).

3. Id., ib.

4. Cf. De La Marsonnière, XII, LIX.

1. De La Marsonnière, XLVIII-XLIX.

2. L'histoire du jansénisme dans la Congrégation de Saint-Maur n'a pas été écrite. C'est un sujet cependant qui ne manquerait pas d'intérêt. Celui qui s'aventurera dans ce monde si peu connu fera de curieuses découvertes. Il aura l'occasion de modifier bien des jugements portés sur tel ou tel, et d'éclairer certains points obscurs de l'histoire de cette célèbre Congrégation.

vons qu'à les produire. Il ne faudrait pas toutefois prendre au pied de la lettre toutes les expressions dont se sert Fonteneau. Son style emphatique et ses phrases sonores n'ont pas toute la portée qu'on pourrait leur supposer. Il ne faut pas oublier non plus que nous avons à faire à un homme irrité, par conséquent incapable de maîtriser ses sentiments et son langage.

« Je ne connais, mon Très Révérend Père, que deux sortes d'indépendance : une consiste à se mettre au-dessus des catastrophes de la vie; l'autre, à être libre de préjugés. Je possède, par la grâce de Dieu, la première : je travaille tous les jours à acquérir la seconde.

« Le cloître sera-t-il donc le seul endroit où l'on ne saura pas mettre de différence entre indépendance et grandeur d'âme, entre hauteur et liberté raisonnable, entre défaut de subordination et sensibilité à l'injustice? On est indépendant si l'on ne fait pas ce que l'on ne peut pas faire; on est haut si l'on parle avec une liberté décente; on manque de subordination si l'on fait des représentations respectueuses...

« Ce que le beau monde regarde comme un ornement, le cloître en fait un défaut. Ce qui passe chez les gens d'éducation pour dignité n'est réputé, dans la retraite, que pour hauteur. Ce que les uns appellent, avec éloge, aversion pour la bassesse, les autres le nomment, avec indignation, esprit d'indépendance. Le défaut de subordination est placé où ne se trouve que l'amour du bien. La candeur essuie des mépris où elle devrait recevoir des hommages. Les sources des agréments de la société deviennent une pépinière de désagréments.

« Dans le cloître, pour n'être pas haut, il faut être rampant; pour n'être pas indépendant, il faut se plier à toutes les idées. Pour être dans l'ordre de la subordination, il faut se rétrécir l'esprit. On est sûr de passer pour vouloir faire la loi, dès qu'on ne fermera pas les yeux à la raison. On sera présumé vouloir donner du ton, dès qu'on refusera de sourire au désordre. On cessera d'avoir l'esprit bien fait, dès qu'on ne se prêtera pas à tout. L'expérience journalière est la boussole qui dirige mes termes. Qu'on parle bassement contre sa pensée, on a le goût fin. Qu'on défère, sans examen, à toutes les volontés, on est homme entendu. Qu'on applaudisse, par crainte ou autrement, aux abus, on est admirable pour la société. Les Supérieurs de la trempe de mon adversaire feront de ces sortes de gens de pompeux éloges. Les faveurs tomberont à pleines mains sur ces protégés; disons plus : l'iniquité les canonisera dans le temps peut-être que la religion les anathématisera. »

Le lecteur est maintenant fixé. Un religieux qui oublie son devoir au point de tenir à un Supérieur général pareil langage, mérite assurément les reproches d'orgueil, d'indépendance d'esprit, de désobéissance[1].

Laissons Dom Fonteneau raconter lui-même, toujours dans la même épître, les circonstances qui ont précédé sa disgrâce. Il avait cru voir dans le gouvernement de son Prieur, Dom Cailhava, des actes qui méritaient d'être dénoncés aux Supérieurs majeurs. Et il l'avait fait. « J'ai cru que le sanctuaire était devenu l'habitation du crime. J'ai tiré du séjour des ténèbres d'affligeantes anecdotes et d'affreuses vérités. J'en ai représenté aux Supérieurs tout l'enchaînement. Je les ai regardés comme de sages pilotes auxquels la carte de toute la plage devait être connue pour conduire à bon port le vaisseau de la Congrégation. Je leur ai montré au doigt les voies entortillées d'un homme trop connu pour le nommer. J'ai groupé le tout au naturel. J'ai parlé dans mes écrits avec une confiance qui ne convient qu'à la vérité. Je n'ai rien

avoué dont je n'eusse la preuve en mains. J'ai supplié les RR. Pères Supérieurs majeurs de faire succéder la vertu au vice. Je n'ai suivi d'autre impulsion que l'amour du bien. »

Dom Fonteneau va nous apprendre le résultat de ces dénonciations :

« Je suis devenu la victime de mon devoir... On m'a su mauvais gré de n'avoir pas excusé des vices grossiers... Ils (mes ennemis) ont métamorphosé la bienveillance dont m'honoraient les RR. Pères Supérieurs majeurs en des dispositions auxquelles je n'avais pas lieu de m'attendre... Je me suis vu forcé de recourir moi-même aux armes de l'apologie... J'ai été criblé de traits décochés par mon adversaire... J'en ai informé mes juges naturels... J'ai imploré la protection de mes frères; quel accueil en ai-je reçu? On ne m'a regardé que de profil, on ne m'a opposé qu'inflexibilité, on n'a souvent pas daigné me répondre. »

Dom Fonteneau se contenta-t-il d'informer les Supérieurs des griefs qu'il avait contre le P. Cailhava? Sut-il veiller sur sa langue, et ne rien communiquer à ses confrères? La chose paraît difficile, surtout avec un tempérament tel que le sien. Il est fort probable que ses indiscrétions et son attitude irritèrent le Prieur de Saint-Cyprien, déjà si mal disposé à son endroit. Ce qui dut provoquer contre lui des mesures pénibles. Dom Cailhava lui interdit, en effet, de continuer son Histoire du Poitou. Il le dépouilla même de tous ses manuscrits. La mesure était excessive. Les Supérieurs majeurs, qui en furent informés par l'intéressé, n'essayèrent point de l'atténuer. « Quelle justice a-t-on rendue? » écrivait à ce sujet Dom Fonteneau. « L'innocent a été blâmé. Le coupable a été applaudi. »

(A suivre.)   Dom J.-M. Besse.

LES PÈLERINAGES POITEVINS

Notre-Dame de Celles

On écrit de Celles à la *Revue de l'Ouest* :

« Monsieur le Directeur,

« Voudriez-vous donner l'hospitalité à ces quelques lignes qui ont pour but de faire connaître, dès maintenant, à vos lecteurs un projet dont nous avons à cœur de poursuivre la réalisation. Il s'agit de rétablir l'antique pèlerinage de Notre-Dame de Celles.

ÉGLISE DE CELLES

---

1. Dom Fonteneau n'était pas le seul à manifester des sentiments pareils. On ne saurait les excuser. Toutefois, pour les apprécier sainement, il nous faudrait des renseignements beaucoup plus nombreux. Ceux qui écriront un jour l'histoire de la Congrégation de Saint-Maur pourront nous dire la nature et les causes véritables d'un état d'âme qui accuse des souffrances intimes communes à beaucoup d'autres.

« Pour préparer les esprits à cette pieuse entreprise, qui pourrait avoir une heureuse influence dans notre Mellois, plusieurs articles ont déjà paru, et d'autres vont paraître dans les journaux du département, sur l'église très remarquable de Celles, sur son abbaye, ainsi que sur son pèlerinage, qui fut célèbre au moyen âge. Des recherches très sérieuses ont été faites qui ont éu pour résultat la découverte de documents précieux et très précis. Ces documents laissent loin derrière eux le peu qu'on avait écrit jusque-là sur cette question. Les articles déjà parus et ceux qui suivront en donneront quelques aperçus et suffiront, en attendant une publication plus complète, à prouver qu'au moyen âge Notre-Dame de Celles était universellement connue, en France, par son pèlerinage, dont on trouve encore quelques vestiges jusqu'à la veille de la Révolution.

« Rappeler à notre contrée son glorieux passé au point de vue religieux, reprendre la tradition interrompue par le malheur des temps, donner à nos populations le fortifiant exemple de nombreux fidèles venant, de toutes les contrées voisines, prier la Vierge de Celles pour le retour de tous à une vie plus chrétienne : tel est le but que nous nous proposons en nous efforçant de rétablir l'ancien pèlerinage.

« Les circonstances nous y invitent vivement. Les Beaux-Arts viennent de terminer, à l'intérieur de notre belle église, des réparations importantes qui ont pour effet de lui restituer son véritable cachet architectonique. Elle est prête à recevoir, sous ses voûtes harmonieuses et dans ses nefs rajeunies, des foules nombreuses de pèlerins. Le temps, du reste, n'est-il pas aux pèlerinages? C'est sous cette forme populaire entraînante que la foi chrétienne aime, de nos jours, à se manifester, depuis que la sainte Vierge nous a donné le signal à Lourdes.

« Enfin c'est un puissant moyen pour réveiller la foi endormie de nos contrées melloises, dont l'esprit religieux se meurt sous la double et funeste influence de l'indifférence et de l'hérésie.

« Les motifs ne manquent donc pas pour justifier notre entreprise.

« De nombreux et dévoués concours nous sont promis ; et nous comptons, avec une entière confiance, sur la protection de Notre-Dame de Celles.

« C'est au printemps prochain que nous espérons pouvoir inaugurer ce pèlerinage.

« L. Raynard,
« Curé-Doyen de Celles .»

LÉGENDE DORÉE

Les Oraisons populaires

(Suite et fin)

V

LA MORT. — RÉCIT DE LA PASSION

Le 6 juillet 1887, jour de pèlerinage à la chapelle Sainte-Macrine, paroisse de Magné, à peu de distance de Niort, je rencontrai, près de la fontanelle de la Gravée des Horteaux, une pauvresse accompagnée d'un grand enfant chétif, presque perclus. La femme débitait, au lieu de la requête lamentable des aveugles et autres infirmes de naissance, une sorte de boniment pieux, où je reconnus bientôt une oraison. Je m'approchai d'elle, lui glissai dans la main une aumône suffisante pour qu'elle n'eût pas à regretter celle des rares pèlerins attardés qui s'avançaient encore dans la direction du sanctuaire, et j'écrivis, sous sa dictée, les trois morceaux qui vont suivre. Pour elle, l'ensemble ne formait qu'une seule et vaste invocation, sans aucune coupure, et qu'elle paraissait très fière d'avoir pu loger en entier dans sa mémoire.

Elle était originaire de Baignes (Charente), et m'avoua qu'elle « faisait » ainsi tous les *pèlerinages* de la région. Elle ne savait pas lire, et quand j'hésitais devant quelque locution dépourvue de sens, elle reprenait avec assurance le même passage, sans y rien changer jamais : « Je ne sais pas ce que ça veut dire, mais je suis sûre que c'est comme ça. » Je me bornai donc à transcrire sous la dictée aussi fidèlement que possible, respectant les passages incompris, me réservant toutefois de demander à ceux de mes lecteurs qui connaîtraient une version plus correcte, de vouloir bien m'en faire part. Je me contenterai de marquer ici la séparation de la première oraison, assurément tronquée, et des deux fragments du récit de la Passion.

*
* *

Chrétiens, pensez à la mort,
Nous n'avons rien de plus fort.
Ecoute, âme indocile,
La mort viendra un jour,
Nous surprendra un jour
Que nous n'y penserons pas.
Pour la bien tromper
Il faut faire pénitence,
Pénitence aussi longue
Que la vie de l'homme est courte.
Pour un petit plaisir,
Une grande privation.
Tu seras jugé
Dans ton lit couché,
Pour ta maudite damnation...

*
* *

Entendez cet écornement dans les bois de Nazareth, qui est pour juger et disputer un si grand Dieu d'amour. Sa chère Mère, qui pleurait tant son cher enfant, voit venir saint Jean :

— Vous n'avez pas vu mon Fils ?

— Si fait, ma douce Vierge, nous l'avons vu en maniement entre les mains des Juifs, qui sont prêts à vous le faire mourir.

Saint Jean la prit par sa main blanche et la lui amena :

— Dis-moi donc, Credo (?), que t'a fait mon Fils pour le mettre dans ce pitoyable état ?

— Oui, bonne Vierge, nous l'avons joué, nous l'avons vendu trente-six deniers, nous avons couvert sa figure de nos maudits crachats...

Allez, mes amis, tous ceux qui diront cette oraison, le soir en se couchant et le matin en se levant, jamais ne verront le feu de l'enfer.

*
* *

Jésus-Christ est arrivé au jardin des Olives. Le lendemain, il fut affligé. Le bon Dieu lui dit : « Mon Fils, il faut mourir. Avant de mourir, il faut boire cinq calices. »

Judas vint contre (près de) lui, lui fit bonne mine ; il l'embrasse et le caresse. Notre-Seigneur Jésus-Christ en tomba de faiblesse[1]. Ils l'ont relevé à coups de fouet et de bâton, lui ont mis une corde au cou, et l'ont traîné dans le sable et dans la boue. Ils ont coupé sa chair avec un rasoir ; sa chair a volé en l'air, son sang a coulé par terre. Ils ont vendu le corps adorable de Notre-Seigneur Jésus-Christ trente deniers. Ils ont rencontré sa bonne Mère, aussi triste comme la bonne dame de Jérusalem.

— Bonjour, bonne dame de Jérusalem. Vous n'avez pas vu mon Fils ?

— Non, bonne Vierge. Nous avons vu passer un homme tout déchiré, tout dénué, que personne ne peut reconnaître.

Tant loin les Juifs le voient venir, ils lui crachent dans le visage.

— Allons, mon Fils, tire-nous d'entre les mains des Juifs.

— Non, ma Mère, il faut en souffrir davantage.

---

1. Certaines parties de ce récit présentent des traces évidentes de rythme et des répétitions d'assonance.

La sainte Vierge quitte le grand chemin, passe par un petit violet (sentier), en voyant une troupe de soldats portant l'ébaupin (l'aubépine) sous leurs bras.

— Ma Mère, c'est pour me couronner. J'ai mes mains percées, mon côté percé, mes pieds pendants, ma bouche riant et ma tête couronnée.

Dès qu'ils l'ont eu crucifié sur l'arbre de la croix, Notre-Seigneur demanda à boire, bien pitoyablement. Judas lui en a donné, bien rigoureusement. Il lui ont fait prendre un breuvage mêlé de fiel, de suie et de vinaigre. Notre-Seigneur en a goûté, en a perdu les poussées (la connaissance). Les femmes enceintes, les petits enfants, sont tombés en inanité, le soleil et la lune en ont perdu leur clarté.

Courage, mes amis. Ceux qui diront cette petite oraison le soir en se couchant, le matin en se levant, ils auraient fait autant de péchés comme il y a de grains de sable dans la mer, que le ciel leur serait ouvert. Que Dieu m'en fasse la grâce. Ainsi soit-il.

Nous n'avons pas rencontré dans les oraisons du Poitou de récits de la Passion aussi longuement développés que ceux qu'on vient de lire. Cependant, au milieu des patenôtres recueillies par M. Puichaud, à Sérign (Vendée) et à Moncoutant (Deux-Sèvres), se trouvent inclus quelques lambeaux de la Crucifixion :

> ... Les Juifs l'ont pris,
> Sur l'arbre de la croix l'ont mis,
> Ses deux pieds cloués, ses deux bras étendus,
> Sa tête couronnée d'épine ardente....

> ... C'était un vendredi béni
> Que le bon Dieu fut pris,
> A la croix fut mis...

A Niort même, M. Léo Desaivre a trouvé un chant monorime, qui raconte également des épisodes de la Passion :

> La Passion de Jésus-Christ, bien triste et bien dolente :
> Saint Jean va devant Jésus-Christ tout nu-pieds, tout nu-jambes.
> Saint Jean dit à Jésus-Christ : « Quelles grandes souffrances ! »
> — Avant qu'il soit vendredi nuit, tu en verras de plus grandes ;
> Tu verras mon côté percé par une cruelle lance,
> ... Tu verras ma tête couronnée d'épines bien piquantes...

Sur ce, je noue ma glane, ne voulant pas la muer en gerbe démesurée.

On retrouvera encore, en cherchant un peu, au moins l'écho de ces vieilles oraisons. Leurs variantes étaient infinies : jamais deux personnes, fussent-elles du même village, ne donnent exactement la même version. Toute littérature orale reste ainsi fatalement imprécise dans ses formes.

Et puis, il faut le dire, nous ne retrouvons plus nos rustiques prières que dans la mémoire fluctuante de personnes d'un grand âge, qui tronquent, mutilent, agglutinent ou désagrègent inconsciemment ce qui passe par leurs lèvres séniles. La période de vie pleine et intense a disparu. Nous assistons à la dégénérescence organique qui précède toute agonie. Car demain les générations nouvelles ne porteront plus dans leur mémoire, ces poèmes naïfs qui bercèrent l'imagination des aïeux.

Cependant, mortes ou agonisantes, toutes ces choses du temps passé : oraisons, chants, contes, légendes, valent qu'on les recueille pieusement, puisqu'elles apportent un témoignage, modeste sans doute, mais précieux, à l'histoire de l'évolution morale et intellectuelle des races.

H. GELIN.

Prière contre les brûlures. — Voici une prière jadis usitée en Poitou contre les brûlures par des guérisseurs qui

étaient réputés se passer leur secret de père en fils. La divulgation du secret faisait perdre le pouvoir de guérison.

On commençait par un signe de croix, puis on passait l'index de la main droite autour de la plaie, ensuite on récitait un *Pater* et un *Ave* suivis de cette formule :

> Saint Feu de Dieu, perds ta chaleur,
> Comme Judas a perdu ses couleurs
> En trahissant Notre-Seigneur Jésus-Christ
> Au jardin des Oliviers.

Deux fois encore on renouvelait les oraisons en touchant la plaie, et l'opération se terminait par un signe de croix.

E.-G. D., à Liguge.

Mégalithes sacrés

Le pas de la Vierge. — Dans la commune de La Chapelle-Saint-Laurent, canton de Moncoutant, arrondissement de Parthenay (Deux-Sèvres), se trouve le village de Notre-Dame-de-Pitié, objet d'un antique pèlerinage.

A Pitié, près l'ancienne route stratégique d'Angers à Niort, on montre le pas de la Vierge. Les pèlerins ne manquent pas de le visiter et d'y essayer leur chaussure. Le pas se trouve vers le haut d'un rocher peu élevé ; à un niveau un peu inférieur, on voit de fort petites dépressions ; ce sont les griffes du diable.

Il poursuivait la Vierge qui, dans son vol, était venue se poser sur le rocher ; le diable croyait la prendre, mais le granit s'amollit sous ses ongles et il y resta empêtré, tandis que la Vierge, dans son dernier élan, atteignait un autre rocher, là où se trouve aujourd'hui la chapelle.

(D'après M. Léo Desaivre.)

Complainte

SUR LA CHUTE D'ADAM

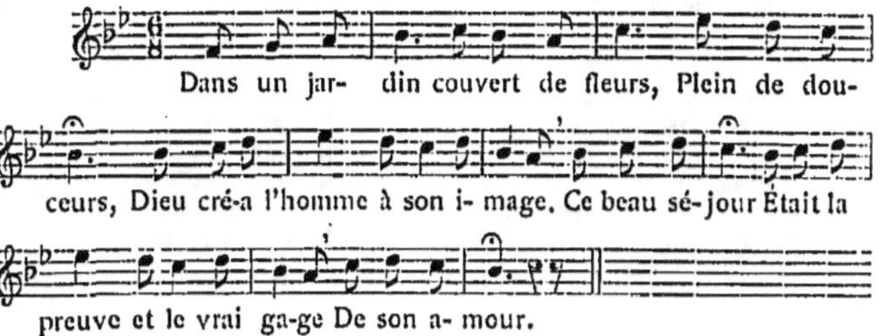

1.

Dans un jardin couvert de fleurs,
  Plein de douceurs,
Dieu créa l'homme à son image,
  Ce beau séjour,
Etait la preuve et le vrai gage
  De son amour.

2.

Comme Adam reposait tout seul,
  Sous un tilleul,
Était couché sur l'herbe tendre
  Tranquillement,
Un doux sommeil vint le surprendre
  Dans ce moment.

3.

Pendant qu'il dort, le Créateur,
  Près de son cœur,
Où brûle une céleste flamme,
  A vite ôté
Une côte dont il fait femme
  Riche en beauté.

4.

Adam la voyant s'écria :
  « Ah ! la voilà !
Oui, la voilà, celle que j'aime
  L'os de mes os ;
Donnez-la moi, Bonté suprême,
  Pour mon repos. »

5.

Adam, père du genre humain,
Prend par la main,
Ève, cette étonnante belle,
Et digne épouse,
Devant Dieu se jette avec elle
A deux genoux.

6.

Dieu bénit le couple charmant
Dans ce moment; ·
Un berceau de fraîche verdure
Fut leur logis;
Là des fleurs par leur bigarrure
Formaient tapis.

7.

Dieu le premier homme conduit,
Devant un fruit :   [de,
« Mon fils, lui dit-il, prends bien gar-
N'y touche pas.
Car ce fruit que ton œil regarde
Donne trépas.

8.

De ce lieu je te fais le roi,
Tout est à toi;
Mais te rappelant ma défense
A l'avenir,
Respecte l'arbre de science
Peur de mourir. »

9.

Adam à sa femme montra,
Cet arbre-là,
Et lui dit : « Epouse chérie,
Garde-toi bien,
De toucher là, je t'en supplie,
Pour notre bien. »

10.

Mais Ève, s'écartant un jour,
Dans un détour,
Le serpent rencontra la belle
Et lui parla,
L'entretien qu'il eut avec elle
Cher nous coûta !

11.

« Salut à toi, divinité,
Rare beauté!
Pourquoi ne fais-tu connaissance
Avec ce fruit?
Si tu soupçonnais la science
Qui s'en produit!

12.

Mange ce fruit délicieux
Ouvre les yeux! »
La friande cueillit la pomme
Et en mangea,
Puis elle en offrit à son homme
Qui s'affligea.

13.

« Ah! malheureuse, que fais-tu?
Je suis perdu!
Pourquoi cueillir le fruit d'un arbre
Qui n'est à moi!   [marbre
Mon cœur devient froid comme un
Dans son effroi ! »

14.

Dieu dit : « Adam, entends ma voix,
Sors de ce bois!
Pour vouloir t'en faire une cache
Quelle raison?
Ne crois-tu pas que je ne sache
Ta trahison ? »

15.

« Mon Créateur j'ai reconnu...
Que j'étais nu !...
Mon Créateur !... Mon divin Maître !
En vérité !...
J'ai honte... de... faire paraître...
Ma nudité ! »

16.

« Approche ici, monstre infernal,
Auteur du mal !
Vil corrupteur de l'innocence,
Malheur à toi !
Je vais prononcer la sentence
Écoute-moi :

17.

« Serpent, organe du démon,
Point de pardon !
La terre comme nourriture
Tu mangeras,
Et sur le ventre par nature
Tu ramperas.

18.

« Adam, tu mangeras ton pain
Avec chagrin;
Ingrat, va cultiver la terre,
Sors de ce lieu,
Où tu trouves par trop austère,
Le joug de Dieu!

19.

« Tu n'as pas écouté ma voix,
Femme, pourquoi?
Puisque la révolte te tente,
Sens ma rigueur,
Et de ce jour jamais n'enfante
Qu'avec douleur! »

20.

« Je te fais mes derniers adieux,
Larmes aux yeux.
Jardin charmant, heureux parterre,
Quel triste sort!
Faut aller cultiver la terre
Jusqu'à la mort! »

21.

Dieu voulut encor leur parler,
Les consoler,
Leur annonçant que le Messie,
Viendrait un jour,
Naître de la Vierge Marie
Pour leur amour.

22.

Enfin pour l'homme infortuné,
Jésus est né!
Il s'est donné sur le Calvaire
Par charité,
Ce fruit de grâce salutaire
En vérité.

Trouvé par l'abbé A. André, curé de Nancras (Charente-Inférieure).

Écrit sous la dictée d'une femme âgée de 73 ans, qui le sait depuis l'âge de 10 ans et le tient de son père.

Musique notée par M. Thomas, instituteur à Nancras.

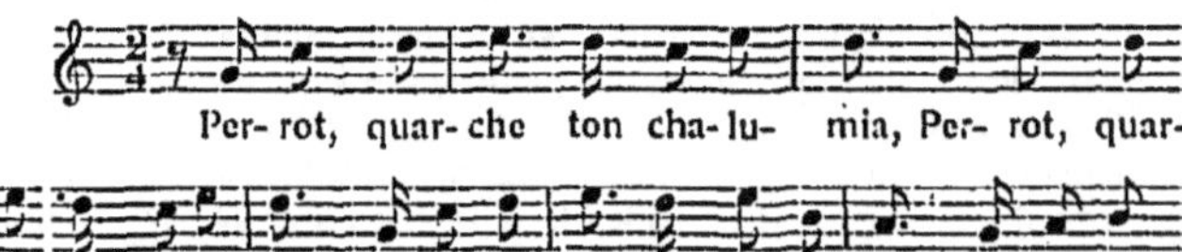

Noëls et Cantiques

PERROT, QUARCHE TON CHALUMIA

Perrot, quarche ton chalumia, (*bis*)
Plante m'y thi tous tes agneas,
Per venir ocque nous;   [bia,
Vint t'en veure thieute chouse de
Que j'allons veure tertous.

In onge avecque daux plumets (*bis*)
Vaint de m'avreti qu'à minet
Ol est né chez Colas,
Sus de la paille, dans son tet,
Daux enfants le plus bia.

Allons trechez quiau doux poupon,
Gle mérite bay qui courgeons, [(*bis*)
Car l'est, se disant-ail,
Le Roi daux ciaux que j'attendons,
Et dau bon Dieu le Fail.

Séchons rendus tout dau premay (*bis*)
Pre le besay, pre l'edoray,
Pre chauffay ses drapias,
Pre buffay son feu, pre tiray
De l'ève en ses seillus.

PERROT

Oui, mais velat men embarras : (*bis*)
Que dire quand je serons là-bas
Pre nontre complimont ?
Ça, Grigot, que diras-tu, ta
Quand tu voiras l'Infant ?

GRIGOT

Y l'y dirai : Mon bon Seigneur, (*bis*)
Ayez sous plaît pitié de nous ;
Ah! qui s'rions ravis
De veure le Maître de tertous
Dans un pus bia logis !

COLIN

Y cré mai qui feront fort bay (*bis*)
Si le voyons de le priay
De béni nos troupias,
Nos bus, nos vaches, nos vachais,
Nos moutons, nos agneas.

GEORGES

Per mai, qui sait trop poué hardi,
Y tirerais le pé devant ly,   [(*bis*)
Sans autre complimont :
Gle lira en mon quieur qui dit
Qui l'aime grondemont.

Quié bay dit, car pour les grands gens
O sont de pauvres complimonts [(*bis*)
Que font gens quemme nous;
Quand y font surtout les savants
Y passons per daux foux.

ROBIN

Y en ai pretant bay fait un bia ; (*bis*)
Pre le dressay j'étions trois ;
Et j'avons ben sué :
Regardez si le cadre pas ;
Le m'a presque tué.

Après avoir pris mon bounet, (*bis*)
M'être mouché pr'être bay net,
Et fait les baisemains
De mon père et pis de Jacquet
Y dirai, si ne crains :

Mon bon Jésus, quand y ve vai, (*bis*)
Mon cœur est farfouillé de joy;
L'aise me fait chantay,
Qui me donne à vous mille fay,
Et qui veut vous aimay.

Hier au sair j'étais dans mon lit (*bis*)
Quand l'onge comme ça me dit
Que vous étiez naquiu ;
Je partis des le premier brit
Et me vela vinguiu.

Mon grand père autrefois lisa (*bis*)
Dans in grou livre qu'il boutra,
Que vous deviez veni;
En mourant il me prescriva
De trejou vous servi.

TERTOUS LES AUTRES

Ah! Jarty, t'ay le plus savant (*bis*)
Et bay Robin, marche devant
Et prale pre tertous,
Qui crayet que t'en savait tant ?
Tay bay pus fin que nous.

Recueilli par M. Aug. Gaud, air noté par M. Moinard, Chef-Boutonne.

N° 2 — AOUT 1898.

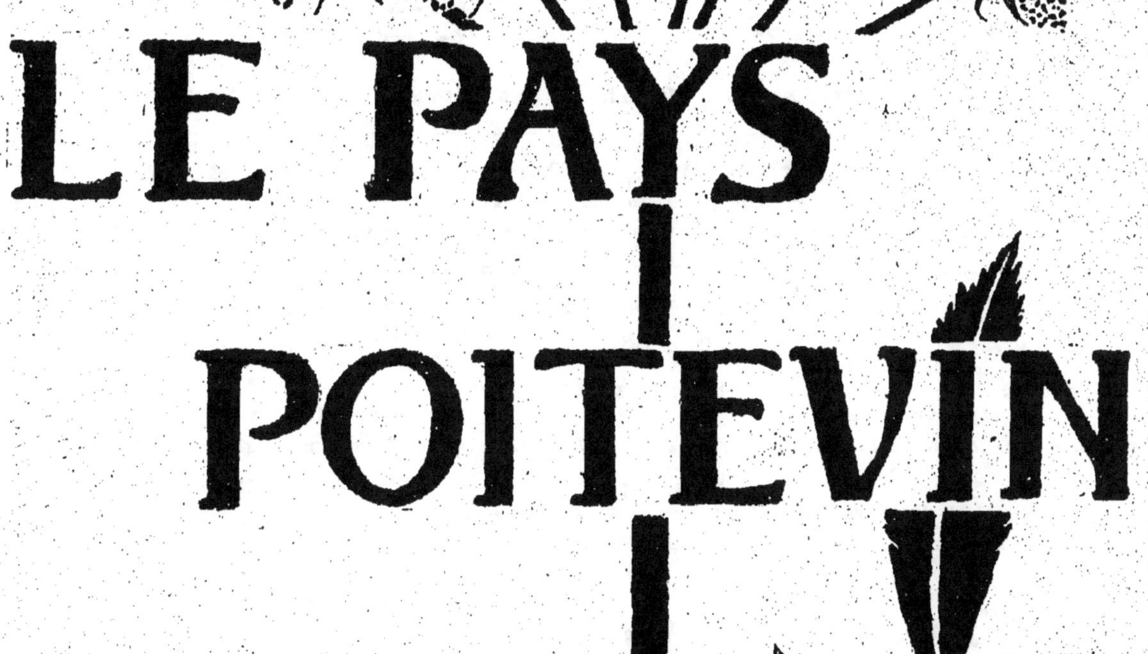

LE PAYS POITEVIN

REVUE MENSUELLE ILLUSTRÉE

50 cent.

LE PAYS POITEVIN

Vienne, Deux-Sèvres, Vendée, Charente, Charente-Inférieure

REVUE MENSUELLE ILLUSTRÉE

PUBLIÉE SOUS LE PATRONAGE DU COMITÉ POITOU-CHARENTES D'ETHNOGRAPHIE & D'ART POPULAIRE

SOUS LA DIRECTION DE

GUSTAVE BOUCHER | **CONSTANT ROY**

Délégué régional | *Agrégé de l'Université,*
de la Société d'Ethnographie nationale | *Professeur au Lycée de Poitiers.*
et d'Art populaire. |

Rédaction : 12, rue du Moulin-à-Vent, POITIERS. — Administration : LIGUGÉ (Vienne)

Abonnement annuel : **Province, 5 fr.;** — **Paris, 6 fr.;** — **Étranger : 8 fr.**

Par recouvrement, 50 centimes en plus.

Les abonnés peuvent recevoir la revue roulée en tube moyennant un supplément de 10 centimes par numéro

COMITÉ POITOU-CHARENTES D'ETHNOGRAPHIE & D'ART POPULAIRE

Fondé en 1895

PRÉSIDENTS

POUR LA SECTION RELIGIEUSE | POUR LA SECTION PROFANE
Dom CHAMARD, *Prieur de l'Abbaye de Ligugé* | **M. Th. LÉAUD,** *Conservateur du Musée de Niort*

SECRÉTAIRES
M. Gustave BOUCHER — **M. Constant ROY**

Programme.

Le Comité Poitou-Charentes d'Ethnographie et d'Art populaire, et le *Pays Poitevin* qui en est l'organe indépendant, ont pour but :

De provoquer la création de musées d'ethnographie, d'histoire, d'art populaire, d'art religieux et profane, d'industrie, de commerce, destinés à assurer la conservation des objets de bibliographie et d'iconographie, de beaux-arts, d'art domestique (meubles, poteries, costumes, bijoux), propres à fournir aux artistes et aux historiens des documents sur l'histoire, la tradition, les idées, les mœurs et l'art en Poitou;

De patronner les musées de ce genre déjà existants ;

D'organiser annuellement des congrès et des expositions, sur un point déterminé de l'histoire ou des traditions locales, religieuses ou profanes;

De restaurer ou de soutenir les fêtes corporatives, patronales, commémoratives, etc.

D'encourager par des concours le port des costumes locaux;

De mettre en lumière les industries d'art local, les œuvres originales des artisans ;

De patronner les productions de l'art dramatique local, la publication et la diffusion d'œuvres des artistes, littérateurs et musiciens poitevins;

De poursuivre, dans les écoles d'art et dans les écoles professionnelles régionales, la création d'un enseignement de dessin basé sur la tradition, l'étude de la faune et de la flore locales; et dans les facultés, la création d'une chaire d'ethnologie et de philologie poitevines;

De poursuivre, dans les séminaires, la création de cours d'esthétique et d'archéologie, également basés sur les traditions locales;

De favoriser la restauration du chant grégorien dans les paroisses;

De favoriser la restauration de l'art religieux (décoratif, pictural et sculptural), par le groupement d'artistes s'inspirant dans leurs œuvres de la tradition, de la théologie et de la liturgie, et ayant pour mission de remplacer, dans les églises du Poitou, les productions actuelles du commerce par des œuvres d'art originales.

LA VIVONNAISE

Roue de pleine eau

à godets siphoïdes de contenance variable

SYSTÈME PASCAULT & DE COURSAC

Breveté s. g. d. g. en France et à l'Étranger

pour la destruction du ver blanc, du phylloxera, l'arrosage économique des prairies
et jardins, et tous les usages industriels

Vue photographique d'une « Vivonnaise » fonctionnant dans la propriété de M. de Gennes, à Iteuil (Vienne).

La « Vivonnaise », mue par le **courant seul**, ne nécessite aucun barrage ni chute d'eau.
Débit considérable.
Très grande solidité.
Meilleur marché que toute autre machine similaire.

NOMBREUSES RÉFÉRENCES

S'adresser, pour tous renseignements et prix, à M. DE COURSAC, au château
de la Planche, par Vivonne (Vienne).

COMITÉ POITOU-CHARENTES D'ETHNOGRAPHIE ET D'ART POPULAIRE

ACTES DU COMITÉ & ŒUVRES PATRONNÉES

ANNÉE 1896

Musée Poitevin d'Ethnographie et d'Art populaire, fondé à Niort.

Exposition d'Ethnographie et d'Art populaire, tenue à Niort en mai-juin 1896.

Premier Congrès de la Tradition en Poitou et Charentes, tenu à Niort en mai-juin 1896.

Création d'une **Société régionale de la « Schola Cantorum »**.

Restauration de la **fête corporative de la Saint-Jean**, à *Niort*.

ANNÉE 1897

Publication du volume : **La Tradition en Poitou et Charentes**.

Fête du jubilé du poète **Émile du Tiers**, à *Termenteuil*.

Concours de **Costumes** à Termenteuil et à Chef-Boutonne.

Exposition des Œuvres du peintre **De Parny**, à *Niort*.

Création du **Théâtre en plein air** (légendes, mystères, moralités, pastorales, empruntés à l'histoire du Poitou et joués sur les lieux mêmes de l'action).

Répertoire du Théâtre en plein air. — Du Dʳ Pierre Corneille : *Bonne Fée*, pastorale jouée dans les ruines du château Salbart, à l'occasion du jubilé Émile du Tiers ; — *La Légende de Chambrille*, représentée dans le parc de La Mothe-Saint-Héray, à l'occasion de la fête des Rosières.

De M. Auguste Gaud : *La Dame de Chambrille*, à-propos, représenté à l'occasion de la fête susmentionnée ; — *Un Pésan de chez nous*, moralité patoise, jouée dans le parc municipal de Chef-Boutonne, à l'occasion de l'inauguration de l'Hôtel de Ville.

Création du **Musée du Poitou chrétien**, à *Ligugé*.

Contribution à la célébration du **quinzième centenaire de saint Martin**, à *Ligugé*.

ANNÉE 1898

Publication du " **Pays Poitevin** ", *revue mensuelle illustrée*.

THÉATRE EN PLEIN AIR

Saint Martin, mystère en deux tableaux avec chœurs, du R. P. Chauvin, bénédictin. — A été joué à Ligugé le 14 juillet 1898.

◆ PROJETS ◆

FÊTE LITTÉRAIRE ET ETHNOGRAPHIQUE

Pose d'un médaillon d'Émile du Tiers ; fête littéraire ; concours de costumes. — A Échiré, en octobre.

CONGRÈS

Deuxième Congrès de la Tradition en Poitou et Charentes : " L'Hagiographie et la Légende Dorée en Poitou et Charentes ". — Se tiendra à Poitiers et à Ligugé les 10, 11 et 12 novembre.

Exposition des documents envoyés au Comité.

ANNÉE 1899

CONGRÈS

Troisième Congrès de la Tradition en Poitou et Charentes : " Le Folk-Lore Poitevin ".

Exposition des documents envoyés au Comité. — Se tiendra à Poitiers.

THÉATRE EN PLEIN AIR

Mélusine, drame légendaire de M. Constant Roy. — Sera joué à Lusignan.

PUBLICATIONS

Le deuxième recueil de la **Tradition en Poitou et Charentes :** " Hagiographie et Légende Dorée ".

Mélusine, drame légendaire de M. Constant Roy.

Le troisième recueil de la **Tradition en Poitou et Charentes :** " Le Folk-Lore Poitevin ".

Nº 3 — SEPTEMBRE 1898.

LE PAYS POITEVIN

Vienne, Deux-Sèvres, Vendée, Charente, Charente-Inférieure

REVUE MENSUELLE ILLUSTRÉE

PUBLIÉE SOUS LE PATRONAGE DU COMITÉ POITOU-CHARENTES D'ETHNOGRAPHIE & D'ART POPULAIRE

SOUS LA DIRECTION DE

GUSTAVE BOUCHER	CONSTANT ROY
Délégué régional	*Agrégé de l'Université,*
de la Société d'Ethnographie nationale	*Professeur au Lycée de Poitiers.*
et d'Art populaire.	

Rédaction : 12, rue du Moulin-à-Vent, POITIERS. — Administration : LIGUGÉ (Vienne)

Abonnement annuel : Province, 5 fr.; — Paris, 6 fr.; — Étranger : 8 fr.

Par recouvrement, 50 centimes en plus

Les abonnés peuvent recevoir la revue roulée en tube moyennant un supplément de 10 centimes par numéro

---

COMITÉ POITOU-CHARENTES D'ETHNOGRAPHIE & D'ART POPULAIRE

Fondé en 1895

PRÉSIDENTS

POUR LA SECTION RELIGIEUSE	POUR LA SECTION PROFANE
Dom CHAMARD, *Prieur de l'Abbaye de Ligugé*	M. Th. LÉAUD, *Conservateur du Musée de Niort*

SECRÉTAIRES

M. Gustave BOUCHER   M. Constant ROY

Programme.

Le Comité Poitou-Charentes d'Ethnographie et d'Art populaire, et le *Pays Poitevin* qui en est l'organe indépendant, ont pour but :

De provoquer la création de musées d'ethnographie, d'histoire, d'art populaire, d'art religieux et profane, d'industrie, de commerce, destinés à assurer la conservation des objets de bibliographie et d'iconographie, de beaux-arts, d'art domestique (meubles, poteries, costumes, bijoux), propres à fournir aux artistes et aux historiens des documents sur l'histoire, la tradition, les idées, les mœurs et l'art en Poitou ;

De patronner les musées de ce genre déjà existants ;

D'organiser annuellement des congrès et des expositions, sur un point déterminé de l'histoire ou des traditions locales, religieuses ou profanes ;

De restaurer ou de soutenir les fêtes corporatives, patronales, commémoratives, etc.

D'encourager par des concours le port des costumes locaux ;

De mettre en lumière les industries d'art local, les œuvres originales des artisans ;

De patronner les productions de l'art dramatique local, la publication et la diffusion d'œuvres des artistes, littérateurs et musiciens poitevins ;

De poursuivre, dans les écoles d'art et dans les écoles professionnelles régionales, la création d'un enseignement de dessin basé sur la tradition, l'étude de la faune et de la flore locales ; et dans les facultés, la création d'une chaire d'ethnologie et de philologie poitevines ;

De poursuivre, dans les séminaires, la création de cours d'esthétique et d'archéologie, également basés sur les traditions locales ;

De favoriser la restauration du chant grégorien dans les paroisses ;

De favoriser la restauration de l'art religieux (décoratif, pictural et sculptural), par le groupement d'artistes s'inspirant dans leurs œuvres de la tradition, de la théologie et de la liturgie, et ayant pour mission de remplacer, dans les églises du Poitou, les productions actuelles du commerce par des œuvres d'art originales.

LA VIVONNAISE

Roue de pleine eau

à godets siphoïdes de contenance variable

SYSTÈME PASCAULT & DE COURSAC

Breveté s. g. d. g. en France et à l'Étranger

pour la destruction du ver blanc, du phylloxera, l'arrosage économique des prairies
et jardins, et tous les usages industriels

Vue photographique d'une « Vivonnaise » fonctionnant dans la propriété de M. de Gennes, à Iteuil (Vienne).

La « Vivonnaise », mue par le **courant seul,** ne nécessite aucun barrage ni chute d'eau.
Débit considérable.
Très grande solidité.
Meilleur marché que toute autre machine similaire.

NOMBREUSES RÉFÉRENCES

S'adresser, pour tous renseignements et prix, à **M. DE COURSAC,** au château
de la Planche, par Vivonne (Vienne).

AVIS. — Nos abonnés recevront encarté dans le n° 4 le répertoire bibliographique des mois de septembre et d'octobre.

12 gravures

COMITÉ POITOU-CHARENTES D'ETHNOGRAPHIE ET D'ART POPULAIRE

ACTES DU COMITÉ & ŒUVRES PATRONNÉES

ANNÉE 1896

Musée Poitevin d'Ethnographie et d'Art populaire, fondé à Niort.

Exposition d'Ethnographie et d'Art populaire, tenue à Niort en mai-juin 1896.

Premier Congrès de la Tradition en Poitou et Charentes, tenu à Niort en mai-juin 1896.

Création d'une **Société régionale de la « Schola Cantorum ».**

Restauration de la **fête corporative de la Saint-Jean, à** *Niort.*

ANNÉE 1897

Publication du volume : **La Tradition en Poitou et Charentes.**

Fête du jubilé du poète **Émile du Tiers,** *à Termenteuil.*

Concours de **Costumes** à Termenteuil et à Chef-Boutonne.

Exposition des Œuvres du peintre **De Parny,** *à Niort.*

Création du **Théâtre en plein air** (légendes, mystères, moralités, pastorales, empruntés à l'histoire du Poitou et joués sur les lieux mêmes de l'action).

  Répertoire du Théâtre en plein air. — Du Dʳ Pierre Corneille : *Bonne Fée,* pastorale jouée dans les ruines du château Salbart, à l'occasion du jubilé Émile du Tiers ; — *La Légende de Chambrille,* représentée dans le parc de La Mothe-Saint-Héray, à l'occasion de la fête des Rosières.

  De M. Auguste Gaud : *La Dame de Chambrille,* à-propos, représenté à l'occasion de la fête susmentionnée ; — *Un Pésan de chez nous,* moralité patoise, jouée dans le parc municipal de Chef-Boutonne, à l'occasion de l'inauguration de l'Hôtel de Ville.

Création du **Musée du Poitou chrétien,** *à Ligugé.*

Contribution à la célébration du **quinzième centenaire de saint Martin,** *à Ligugé.*

ANNÉE 1898

Publication du **"Pays Poitevin",** *revue mensuelle illustrée.*

THÉÂTRE EN PLEIN AIR

Saint Martin, mystère en deux tableaux avec chœurs, du R. P. Chauvin, bénédictin. — A été joué à Ligugé le 14 juillet 1898.

◆ PROJETS ◆

FÊTE LITTÉRAIRE ET ETHNOGRAPHIQUE

Pose d'un médaillon d'Émile du Tiers ; fête littéraire ; concours de costumes. — A Échiré, en octobre.

CONGRÈS

Deuxième Congrès de la Tradition en Poitou et Charentes : " L'Hagiographie et la Légende Dorée en Poitou et Charentes ". — Se tiendra à Poitiers et à Ligugé les 10, 11 et 12 novembre.

Exposition des documents envoyés au Comité.

ANNÉE 1899

CONGRÈS

Troisième Congrès de la Tradition en Poitou et Charentes : " Le Folk-Lore Poitevin ".

Exposition des documents envoyés au Comité. — Se tiendra à Poitiers.

THÉÂTRE EN PLEIN AIR

Mélusine, drame légendaire de M. Constant Roy. — Sera joué à Lusignan.

PUBLICATIONS

Le deuxième recueil de la **Tradition en Poitou et Charentes :** " Hagiographie et Légende Dorée ".

Mélusine, drame légendaire de M. Constant Roy.

Le troisième recueil de la **Tradition en Poitou et Charentes :** " Le Folk-Lore Poitevin ".

N° 4 — OCTOBRE 1898.

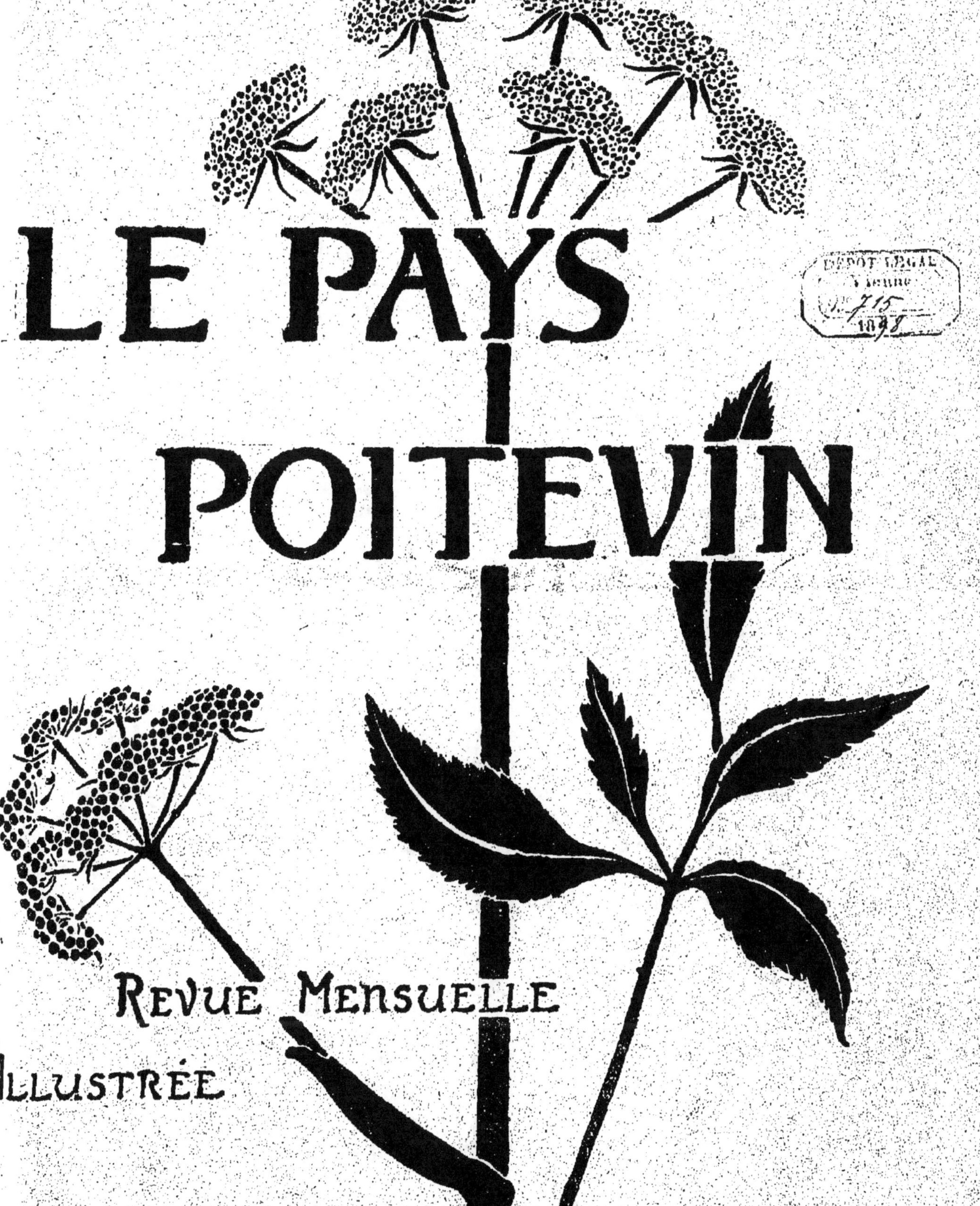

LE PAYS POITEVIN

Vienne, Deux-Sèvres, Vendée, Charente, Charente-Inférieure

REVUE MENSUELLE ILLUSTRÉE

PUBLIÉE SOUS LE PATRONAGE DU COMITÉ POITOU-CHARENTES D'ETHNOGRAPHIE & D'ART POPULAIRE

SOUS LA DIRECTION DE

GUSTAVE BOUCHER	CONSTANT ROY
Délégué régional	*Agrégé de l'Université,*
de la Société d'Ethnographie nationale	*Professeur au Lycée de Poitiers.*
et d'Art populaire.	

Direction et Administration : LIGUGÉ (Vienne). — Rédaction : 1, rue Saint-Savin, POITIERS

Abonnement annuel : Province, 5 fr.; — Paris, 6 fr.; — Étranger : 8 fr.

Par recouvrement, 50 centimes en plus

Les abonnés peuvent recevoir la revue roulée en tube moyennant un supplément de 10 centimes par numéro

---

COMITÉ POITOU-CHARENTES D'ETHNOGRAPHIE & D'ART POPULAIRE

Fondé en 1895

PRÉSIDENTS

POUR LA SECTION RELIGIEUSE   POUR LA SECTION PROFANE

Dom CHAMARD, *Prieur de l'Abbaye de Ligugé*   M. Th. LÉAUD, *Conservateur du Musée de Niort*

SECRÉTAIRES

M. Gustave BOUCHER   M. Constant ROY

Programme.

Le Comité Poitou-Charentes d'Ethnographie et d'Art populaire, et le *Pays Poitevin* qui en est l'organe indépendant, ont pour but :

De provoquer la création de musées d'ethnographie, d'histoire, d'art populaire, d'art religieux et profane, d'industrie, de commerce, destinés à assurer la conservation des objets de bibliographie et d'iconographie, de beaux-arts, d'art domestique (meubles, poteries, costumes, bijoux), propres à fournir aux artistes et aux historiens des documents sur l'histoire, la tradition, les idées, les mœurs et l'art en Poitou;

De patronner les musées de ce genre déjà existants ;

D'organiser annuellement des congrès et des expositions, sur un point déterminé de l'histoire ou des traditions locales, religieuses ou profanes ;

De restaurer ou de soutenir les fêtes corporatives, patronales, commémoratives, etc.

D'encourager par des concours le port des costumes locaux;

De mettre en lumière les industries d'art local, les œuvres originales des artisans;

De patronner les productions de l'art dramatique local, la publication et la diffusion d'œuvres des artistes, littérateurs et musiciens poitevins;

De poursuivre, dans les écoles d'art et dans les écoles professionnelles régionales, la création d'un enseignement de dessin basé sur la tradition, l'étude de la faune et de la flore locales; et dans les facultés, la création d'une chaire d'ethnologie et de philologie poitevines;

De poursuivre, dans les séminaires, la création de cours d'esthétique et d'archéologie, également basés sur les traditions locales;

De favoriser la restauration du chant grégorien dans les paroisses;

De favoriser la restauration de l'art religieux (décoratif, pictural et sculptural), par le groupement d'artistes s'inspirant dans leurs œuvres de la tradition, de la théologie et de la liturgie, et ayant pour mission de remplacer, dans les églises du Poitou, les productions actuelles du commerce par des œuvres d'art originales.

LA VIVONNAISE

Roue de pleine eau

à godets siphoïdes de contenance variable

SYSTÈME PASCAULT & DE COURSAC

Breveté s. g. d. g. en France et à l'Étranger

pour la destruction du ver blanc, du phylloxera, l'arrosage économique des prairies et jardins, et tous les usages industriels

Vue photographique d'une « Vivonnaise » fonctionnant dans la propriété de M. de Gennes, à Iteuil (Vienne).

La « Vivonnaise », mue par le **courant seul,** ne nécessite aucun barrage ni chute d'eau.
Débit considérable.
Très grande solidité.
Meilleur marché que toute autre machine similaire.

NOMBREUSES RÉFÉRENCES

S'adresser, pour tous renseignements et prix, à M. DE COURSAC, au château de la Planche, par Vivonne (Vienne).

COMITÉ POITOU-CHARENTES D'ETHNOGRAPHIE ET D'ART POPULAIRE

ACTES DU COMITÉ & ŒUVRES PATRONNÉES

ANNÉE 1896

Musée Poitevin d'Ethnographie et d'Art populaire, fondé à Niort.

Exposition d'Ethnographie et d'Art populaire, tenue à Niort en mai-juin 1896.

Premier Congrès de la Tradition en Poitou et Charentes, tenu à Niort en mai-juin 1896.

Création d'une **Société régionale de la « Schola Cantorum ».**

Restauration de la **fête corporative de la Saint-Jean**, à Niort.

ANNÉE 1897

Publication du volume : **La Tradition en Poitou et Charentes.**

Fête du jubilé du poète **Émile du Tiers**, à Termenteuil.

Concours de **Costumes** à Termenteuil et à Chef-Boutonne.

Exposition des Œuvres du peintre **De Parny**, à Niort.

Création du **Théâtre en plein air** (légendes, mystères, moralités, pastorales, empruntés à l'histoire du Poitou et joués sur les lieux mêmes de l'action).

Répertoire du Théâtre en plein air. — Du Dr Pierre
Corneille : *Bonne Fée*, pastorale jouée dans les ruines du château Salbart, à l'occasion du jubilé Émile du Tiers ; — *La Légende de Cham-*
brille, représentée dans le parc de La Mothe-Saint-Héray, à l'occasion
de la fête des Rosières.
De M. Auguste Gaud : *La Dame de Chambrille*, à-propos, représenté à l'occasion de la fête susmentionnée ; — *Un Pésan de chez*
nous, moralité patoise, jouée dans le parc municipal de Chef-Boutonne,
à l'occasion de l'inauguration de l'Hôtel de Ville.

Création du **Musée du Poitou chrétien**, à Ligugé.

Contribution à la célébration du **quinzième centenaire de saint**
Martin, à Ligugé.

ANNÉE 1898

PUBLICATIONS

Le Pays Poitevin, revue mensuelle illustrée.

Visions rustiques, poésies d'Émile du Tiers.

THÉÂTRE EN PLEIN AIR

Saint Martin, mystère en deux tableaux avec chœurs, du R. P. Chauvin,
bénédictin. — A été joué à Ligugé le 14 juillet 1898.

Une Merienne chez Jacquiet-Labertuche, pièce patoise de
M. Aug. Gaud. — Jouée à Chef-Boutonne le 23 septembre.

FÊTE LITTÉRAIRE ET ETHNOGRAPHIQUE

Pose d'un médaillon d'Émile du Tiers ; fête littéraire ; con-
cours de costumes. — A Échiré, le 16 octobre 1898.

◆ PROJETS ◆

ANNÉE 1899

CONGRÈS

Troisième Congrès de la Tradition en Poitou et Charentes.

Exposition des documents envoyés au Comité. — Se tiendra à Poitiers.

THÉÂTRE EN PLEIN AIR

Mélusine, drame légendaire de M. Constant Roy. — Sera joué à Lusignan.

PUBLICATIONS

Le deuxième recueil de la **Tradition en Poitou et Charentes.**

Mélusine, drame légendaire de M. Constant Roy.

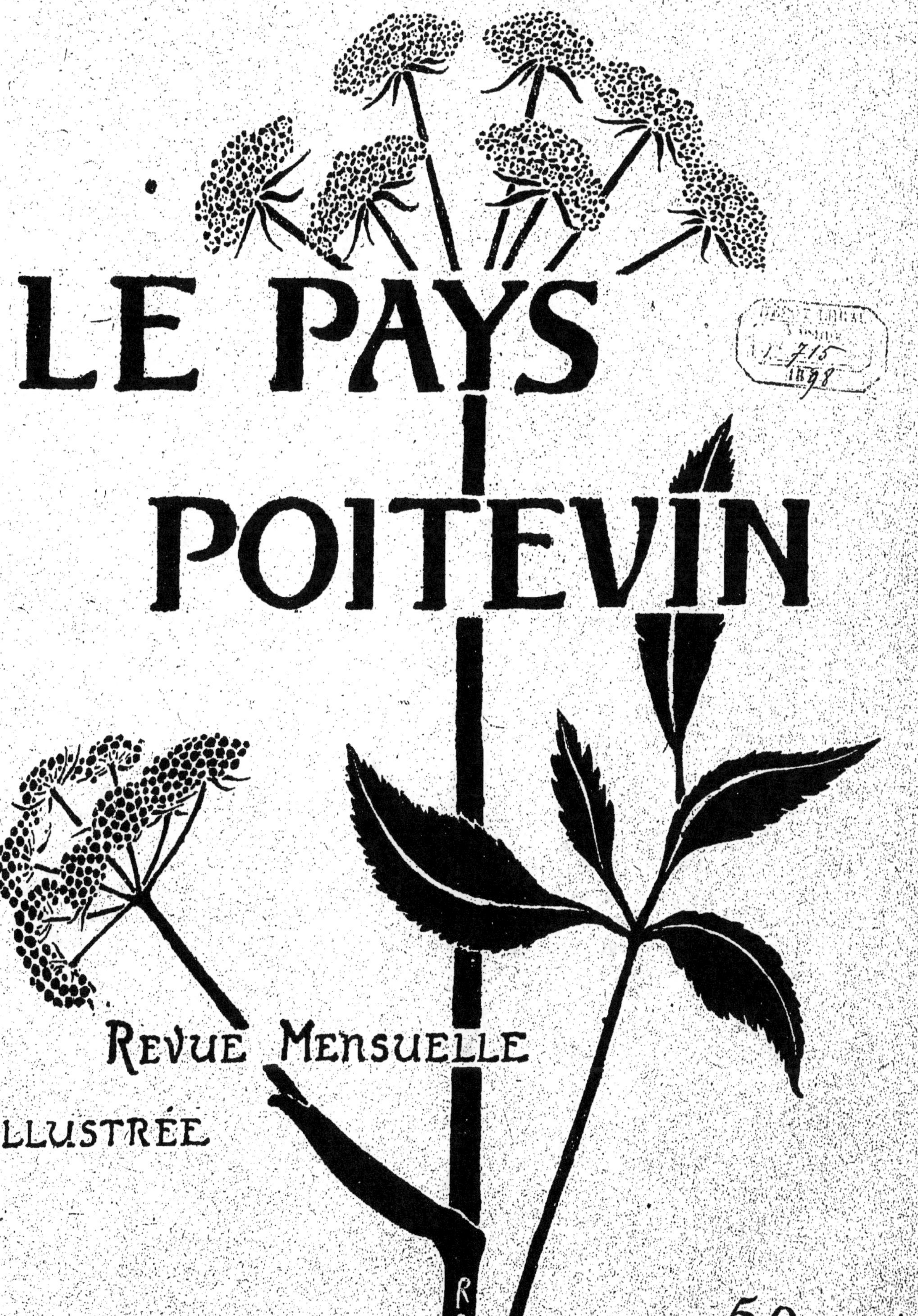
LE PAYS
POITEVIN
REVUE MENSUELLE
ILLUSTRÉE
50 cent.

LE PAYS POITEVIN

Vienne, Deux-Sèvres, Vendée, Charente, Charente-Inférieure

REVUE MENSUELLE ILLUSTRÉE

PUBLIÉE SOUS LE PATRONAGE DU COMITÉ POITOU-CHARENTES D'ETHNOGRAPHIE & D'ART POPULAIRE

SOUS LA DIRECTION DE

GUSTAVE BOUCHER | **CONSTANT ROY**

Délégué régional | *Agrégé de l'Université,*
de la Société d'Ethnographie nationale | *Professeur au Lycée de Poitiers.*
et d'Art populaire. |

Administration et Rédaction : LIGUGÉ (Vienne)

Abonnement annuel : Province, 5 fr.; — Paris, 6 fr.; — Étranger : 8 fr.

Par recouvrement, 50 centimes en plus

Les abonnés peuvent recevoir la revue roulée en tube moyennant un supplément de 10 centimes par numéro

---

COMITÉ POITOU-CHARENTES D'ETHNOGRAPHIE & D'ART POPULAIRE

Fondé en 1895

PRÉSIDENTS

POUR LA SECTION RELIGIEUSE | POUR LA SECTION PROFANE

Dom CHAMARD, *Prieur de l'Abbaye de Liguge* | M. Th. LÉAUD, *Conservateur du Musée de Niort*

SECRÉTAIRES

M. Gustave BOUCHER, à *LIGUGÉ (Vienne)* — M. Constant ROY, 1, rue Saint-Savin, *POITIERS*

Programme.

Le Comité Poitou-Charentes d'Ethnographie et d'Art populaire, et le *Pays Poitevin* qui en est l'organe indépendant, ont pour but :

De provoquer la création de musées d'ethnographie, d'histoire, d'art populaire, d'art religieux et profane, d'industrie, de commerce, destinés à assurer la conservation des objets de bibliographie et d'iconographie, de beaux-arts, d'art domestique (meubles, poteries, costumes, bijoux), propres à fournir aux artistes et aux historiens des documents sur l'histoire, la tradition, les idées, les mœurs et l'art en Poitou ;

De patronner les musées de ce genre déjà existants ;

D'organiser annuellement des congrès et des expositions, sur un point déterminé de l'histoire ou des traditions locales, religieuses ou profanes ;

De restaurer ou de soutenir les fêtes corporatives, patronales, commémoratives, etc.

D'encourager par des concours le port des costumes locaux ;

De mettre en lumière les industries d'art local, les œuvres originales des artisans ;

De patronner les productions de l'art dramatique local, la publication et la diffusion d'œuvres des artistes, littérateurs et musiciens poitevins ;

De poursuivre, dans les écoles d'art et dans les écoles professionnelles régionales, la création d'un enseignement de dessin basé sur la tradition, l'étude de la faune et de la flore locales ; et dans les facultés, la création d'une chaire d'ethnologie et de philologie poitevines ;

De poursuivre, dans les séminaires, la création de cours d'esthétique et d'archéologie, également basés sur les traditions locales ;

De favoriser la restauration du chant grégorien dans les paroisses ;

De favoriser la restauration de l'art religieux (décoratif, pictural et sculptural), par le groupement d'artistes s'inspirant dans leurs œuvres de la tradition, de la théologie et de la liturgie, et ayant pour mission de remplacer, dans les églises du Poitou, les productions actuelles du commerce par des œuvres d'art originales.

LA VIVONNAISE

Roue de pleine eau

à godets siphoïdes de contenance variable

SYSTÈME PASCAULT & DE COURSAC

Breveté s. g. d. g. en France et à l'Étranger

pour la destruction du ver blanc, du phylloxera, l'arrosage économique des prairies
et jardins, et tous les usages industriels

Vue photographique d'une « Vivonnaise » fonctionnant dans la propriété de M. de Gennes, à Iteuil (Vienne).

La « Vivonnaise », mue par le **courant seul,** ne nécessite aucun barrage ni chute d'eau.
Débit considérable.
Très grande solidité.
Meilleur marché que toute autre machine similaire.

NOMBREUSES RÉFÉRENCES

S'adresser, pour tous renseignements et prix, à M. DE COURSAC, au château
de la Planche, par Vivonne (Vienne).

COMITÉ POITOU-CHARENTES D'ETHNOGRAPHIE ET D'ART POPULAIRE

ACTES DU COMITÉ & ŒUVRES PATRONNÉES

ANNÉE 1896

Musée Poitevin d'Ethnographie et d'Art populaire, fondé à Niort.

Exposition d'Ethnographie et d'Art populaire, tenue à Niort en mai-juin 1896.

Premier Congrès de la Tradition en Poitou et Charentes, tenu à Niort en mai-juin 1896.

Création d'une **Société régionale de la « Schola Cantorum ».**

Restauration de la **fête corporative de la Saint-Jean,** à Niort.

ANNÉE 1897

Publication du volume : **La Tradition en Poitou et Charentes.**

Fête du jubilé du poète **Émile du Tiers,** à Ternenteuil.

Concours de **Costumes** à Ternenteuil et à Chef-Boutonne.

Exposition des Œuvres du peintre **De Parny,** à Niort.

Création du **Théâtre en plein air** (légendes, mystères, moralités, pastorales, empruntés à l'histoire du Poitou et joués sur les lieux mêmes de l'action).

> **Répertoire du Théâtre en plein air.** — Du Dʳ Pierre Corneille : *Bonne Fée,* pastorale jouée dans les ruines du château Salbart, à l'occasion du jubilé Émile du Tiers ; — *La Légende de Chambrille,* représentée dans le parc de La Mothe-Saint-Héray, à l'occasion de la fête des Rosières.
>
> De M. Auguste Gaud : *La Dame de Chambrille,* à-propos, représenté à l'occasion de la fête susmentionnée ; — *Un Pésan de chez nous,* moralité patoise, jouée dans le parc municipal de Chef-Boutonne, à l'occasion de l'inauguration de l'Hôtel de Ville.

Création du **Musée du Poitou chrétien,** à Ligugé.

Contribution à la célébration du **quinzième centenaire de saint Martin,** à Ligugé.

ANNÉE 1898

PUBLICATIONS

Le Pays Poitevin, revue mensuelle illustrée.
Visions rustiques, poésies d'Émile du Tiers.

THÉATRE EN PLEIN AIR

Saint Martin, mystère en deux tableaux avec chœurs, du R. P. Chauvin, bénédictin. — A été joué à Ligugé le 14 juillet 1898.
Une Merienne chez Jacquiet-Labertuche, pièce patoise de M. Aug. Gaud. — Jouée à Chef-Boutonne, le 23 septembre.

FÊTE LITTÉRAIRE ET ETHNOGRAPHIQUE

Pose d'un médaillon d'Émile du Tiers ; fête littéraire ; concours de costumes. — A Échiré, le 16 octobre 1898.

◆ PROJETS ◆

ANNÉE 1899

CONGRÈS

Troisième Congrès de la Tradition en Poitou et Charentes.
Exposition des documents envoyés au Comité. — Se tiendra à Poitiers.

THÉATRE EN PLEIN AIR

Mélusine, drame légendaire de M. Constant Roy. — Sera joué à Lusignan.

PUBLICATIONS

Le deuxième recueil de la **Tradition en Poitou et Charentes.**
Mélusine, drame légendaire de M. Constant Roy.

N° 6 — DÉCEMBRE 1898.

LE PAYS POITEVIN

REVUE MENSUELLE

ILLUSTRÉE

50 cent.

LE PAYS POITEVIN

Vienne, Deux-Sèvres, Vendée, Charente, Charente-Inférieure

REVUE MENSUELLE ILLUSTRÉE

PUBLIÉE SOUS LE PATRONAGE DU COMITÉ POITOU-CHARENTES D'ETHNOGRAPHIE & D'ART POPULAIRE

SOUS LA DIRECTION DE

Gustave BOUCHER	Constant ROY
Délégué régional	*Agrégé de l'Université,*
de la Société d'Ethnographie nationale	*Professeur au Lycée de Poitiers.*
et d'Art populaire.	

Administration et Rédaction : LIGUGÉ (Vienne)

Abonnement annuel : Province, 5 fr.; — Paris, 6 fr.; — Étranger : 8 fr.

Par recouvrement, 50 centimes en plus

Les abonnés peuvent recevoir la revue roulée en tube moyennant un supplément de 10 centimes par numéro

---

COMITÉ POITOU-CHARENTES D'ETHNOGRAPHIE & D'ART POPULAIRE

Fondé en 1895

PRÉSIDENTS

POUR LA SECTION RELIGIEUSE	POUR LA SECTION PROFANE
Dom CHAMARD, *Prieur de l'Abbaye de Ligugé*	M. Th. LÉAUD, *Conservateur du Musée de Niort*

SECRÉTAIRES

M. Gustave BOUCHER, *à LIGUGÉ (Vienne)* — M. Constant ROY, *1, rue Saint-Savin, POITIERS.*

Programme.

Le Comité Poitou-Charentes d'Ethnographie et d'Art populaire, et le *Pays Poitevin* qui en est l'organe indépendant, ont pour but :

De provoquer la création de musées d'ethnographie, d'histoire, d'art populaire, d'art religieux et profane, d'industrie, de commerce, destinés à assurer la conservation des objets de bibliographie et d'iconographie, de beaux-arts, d'art domestique (meubles, poteries, costumes, bijoux), propres à fournir aux artistes et aux historiens des documents sur l'histoire, la tradition, les idées, les mœurs et l'art en Poitou;

De patronner les musées de ce genre déjà existants;

D'organiser annuellement des congrès et des expositions, sur un point déterminé de l'histoire ou des traditions locales, religieuses ou profanes;

De restaurer ou de soutenir les fêtes corporatives, patronales, commémoratives, etc.

D'encourager par des concours le port des costumes locaux;

De mettre en lumière les industries d'art local, les œuvres originales des artisans;

De patronner les productions de l'art dramatique local, la publication et la diffusion d'œuvres des artistes, littérateurs et musiciens poitevins;

De poursuivre, dans les écoles d'art et dans les écoles professionnelles régionales, la création d'un enseignement de dessin basé sur la tradition, l'étude de la faune et de la flore locales; et dans les facultés, la création d'une chaire d'ethnologie et de philologie poitevines;

De poursuivre, dans les séminaires, la création de cours d'esthétique et d'archéologie, également basés sur les traditions locales;

De favoriser la restauration du chant grégorien dans les paroisses;

De favoriser la restauration de l'art religieux (décoratif, pictural et sculptural), par le groupement d'artistes s'inspirant dans leurs œuvres de la tradition, de la théologie et de la liturgie, et ayant pour mission de remplacer, dans les églises du Poitou, les productions actuelles du commerce par des œuvres d'art originales.

LA VIVONNAISE

Roue de pleine eau

à godets siphoïdes de contenance variable

SYSTÈME PASCAULT & DE COURSAC

Breveté s. g. d. g. en France et à l'Étranger

pour la destruction du ver blanc, du phylloxera, l'arrosage économique des prairies
et jardins, et tous les usages industriels

Vue photographique d'une « Vivonnaise » fonctionnant dans la propriété de M. de Gennes, à Iteuil (Vienne).

La « Vivonnaise », mue par le **courant seul,** ne nécessite aucun barrage ni chute d'eau.
Débit considérable.
Très grande solidité.
Meilleur marché que toute autre machine similaire.

NOMBREUSES RÉFÉRENCES

S'adresser, pour tous renseignements et prix, à M. DE COURSAC, au château
de la Planche, par Vivonne (Vienne).

COMITÉ POITOU-CHARENTES D'ETHNOGRAPHIE ET D'ART POPULAIRE

ACTES DU COMITÉ & ŒUVRES PATRONNÉES

ANNÉE 1896

Musée Poitevin d'Ethnographie et d'Art populaire, fondé à Niort.

Exposition d'Ethnographie et d'Art populaire, tenue à Niort en mai-juin 1896.

Premier Congrès de la Tradition en Poitou et Charentes, tenu à Niort en mai-juin 1896.

Création d'une **Société régionale de la « Schola Cantorum ».**

Restauration de la **fête corporative de la Saint-Jean,** *à Niort.*

ANNÉE 1897

Publication du volume : **La Tradition en Poitou et Charentes.**

Fête du jubilé du poète **Émile du Tiers,** *à Ternenteuil.*

Concours de **Costumes** à Ternenteuil et à Chef-Boutonne.

Exposition des Œuvres du peintre **De Parny,** *à Niort.*

Création du **Théâtre en plein air** (légendes, mystères, moralités, pastorales, empruntés à l'histoire du Poitou et joués sur les lieux mêmes de l'action).

Répertoire du Théâtre en plein air. — Du Dr Pierre Corneille : *Bonne Fée,* pastorale jouée dans les ruines du château Salbart, à l'occasion du jubilé Émile du Tiers ; — *La Légende de Chambrille,* représentée dans le parc de La Mothe-Saint-Héray, à l'occasion de la fête des Rosières.
De M. Auguste Gaud : *La Dame de Chambrille,* à-propos, représenté à l'occasion de la fête susmentionnée ; — *Un Pésan de chez nous,* moralité patoise, jouée dans le parc municipal de Chef-Boutonne, à l'occasion de l'inauguration de l'Hôtel de Ville.

Création du **Musée du Poitou chrétien,** *à Ligugé.*

Contribution à la célébration du **quinzième centenaire de saint Martin,** *à Ligugé.*

ANNÉE 1898

PUBLICATIONS

Le Pays Poitevin, revue mensuelle illustrée.
Visions rustiques, poésies d'Émile du Tiers.

THÉATRE EN PLEIN AIR

Saint Martin, mystère en deux tableaux avec chœurs, du R. P. Chauvin, bénédictin. — A été joué à Ligugé le 14 juillet 1898.
Une Merienne chez Jacquiet-Labertuche, pièce patoise de M. Aug. Gaud. — Jouée à Chef-Boutonne le 23 septembre.

FÊTE LITTÉRAIRE ET ETHNOGRAPHIQUE

Pose d'un médaillon d'Émile du Tiers ; fête littéraire ; concours de costumes. — A Échiré, le 16 octobre 1898.

◆ PROJETS ◆

ANNÉE 1899

CONGRÈS

Troisième Congrès de la Tradition en Poitou et Charentes.
Exposition des documents envoyés au Comité. — Se tiendra à Poitiers.

THÉATRE EN PLEIN AIR

Mélusine, drame légendaire de M. Constant Roy. — Sera joué à Lusignan.

PUBLICATIONS

Le deuxième recueil de la Tradition en Poitou et Charentes.
Mélusine, drame légendaire de M. Constant Roy.